U0566368

集人文社科之思 刊专业学术之声

中國歷史研究院集刊

PROCEEDINGS OF CHINESE ACADEMY OF HISTORY 2023 No.1 (Vol. 7)

高 翔 主编

2023年 1 总第7辑

中國歷史研究院集刊

中国历史研究院集刊

2020年1月创刊　　半年刊　　第7辑　　1/2023

目　录

Proceedings of Chinese Academy of History

Founded in January 2020 Semiyearly Vol. 7 **1**/2023

Contents

从“以官相属”到“以职相从”

——《百官志》体例与汉唐行政体制变迁续论

楼　劲

摘　要： 汉唐正史《百官志》载长官与属官关系，体现了行政秩序和组织规则的深刻变迁。《汉书·百官公卿表》载长官下属有“属官”、“又属官”，前者职能非必与长官相关，后者多双重管理，履职与长官关系间接。这反映长官与属官可不按职能而按官位组合，即“以官相属”。两《唐书·职（百）官志》载长、属官，皆为履行机构职能所需而分工，科层井然，可称“以职相从”。从以官相属到以职相从，是周汉政体递嬗的特有态势，也是皇权统治和集权官僚政体内生规则不断发育起来的进程。其势至东汉加速，以台阁为主导形成了共同对皇帝负责的上下级关系，重在控制行政过程的管理方式，高度依赖行政指令、权力切割和牵制协调的控制格局，从而催驱了一系列体制变化，奠定了隋唐官制的基本面貌。

关键词： 汉唐　《百官志》　行政体制　职官制度

笔者曾提出汉唐正史《百官志》（或名《职官志》，以下概称《百官志》）记载体例有三大不同，并具体讨论了官制记载主体从官员转为机构的变化原因和内涵。① 这一变化所寓的机构“法人化”和机构行政一体化进程，表明汉唐行政体制除有相同一面外，其间之异实远超学界以往了解。后人习惯的一系列行政秩序，实际上不是秦汉即然，而是经长期演化逐渐定型的，可见近代以来广被认同

① 楼劲：《从“以官存司”到“以司存官”——〈百官志〉体例与汉唐行政体制变迁研究》，《历史研究》2021 年第 1 期。

的“两千年之政，秦政也”之说过于笼统，① 无法涵盖也无助于探讨古代中国政治、行政体制的一系列重大变化，其清算批判秦以来皇权传统的积极意义，本不应也无从取代对中国古代整个政治系统和政治文明发展进程的研究讨论。

本文即拟承续前文，从《汉书·百官公卿表》（以下简称“前表”）、《续汉书·百官志》（以下简称“续汉志”，又凡简称“某志”皆指该正史《百官志》）和两《唐书·职（百）官志》（以下简称“新唐志”、“旧唐志”，合称“两唐志”）记载之式出发，考察汉唐官制记载从“以官相属”到“以职相从”的变化，讨论其具体样态、所蕴内涵及历史背景，以深化对汉唐间行政秩序和组织规则变迁过程的认识。

一、两唐志“以职相从”而前表“以官相属”

两唐志载百官建制，皆以长官代表机构职能，其下所有人员和部门皆围绕此设置和履职，整套行政体系实以职能为导向组织而成，此即所谓“以职相从”。如新唐志载尚书省设置：

> 尚书省
>
> 尚书令一人，正二品，掌典领百官。其属有六尚书：一曰吏部，二曰户部，三曰礼部，四曰兵部，五曰刑部，六曰工部。庶务皆会决焉……
>
> 左右仆射，各一人，从二品，掌统理六官，为令之贰，令阙则总省事，劾御史纠不当者。
>
> 左丞一人，正四品上；右丞一人，正四品下。掌辨六官之仪，纠正省

① 欧阳修《问进士策一》有曰：“秦既诽古，尽去古制。自汉以后，帝王称号，官府制度，皆袭秦故，以至于今，虽有因有革，然大抵皆秦制也。未尝有意于《周礼》者，岂其体大而难乎，其果不可行乎？”（欧阳修撰，李之亮笺注：《欧阳修集编年笺注》，成都：巴蜀书社，2007年，第3册，第278页）所述盖承柳宗元《封建论》而发挥之，从皇权郡县官僚体制立论。其说至于近代而丕变，谭嗣同《仁学》第29章曰：“故常以为二千年来之政，秦政也，皆大盗也；二千年来之学，荀学也，皆乡愿也。惟大盗利用乡愿；惟乡愿工媚大盗。二者交相资，而罔不托之于孔。”（蔡尚思、方行编：《谭嗣同全集》，北京：中华书局，1981年，下册，第337页）此论与“百代皆行秦政法”正反悬隔，而皆概其一端不及其余。

内，劾御史举不当者。吏部、户部、礼部，左丞总焉；兵部、刑部、工部，右丞总焉。郎中各一人，从五品上；员外郎各一人，从六品上。掌付诸司之务，举稽违，署符目，知宿直，为丞之贰。以都事受事发辰、察稽失、监印、给纸笔；以主事、令史、书令史署覆文案，出符目；以亭长启闭、传禁约；以掌固守当仓库及陈设。诸司皆如之。①

以下依次叙六部二十四司职掌与建制。所载尚书令典领百官、统属六部、会决庶务，代表尚书省综理国政的职能，下载既有不同于寻常机构佐贰官的左右仆射、左右丞，又有功能强大的左右司和六部二十四司，有类今人所称的长官办公机构和各职能部门，呈现了上下官吏均围绕尚书省职能而分工有序、各有其责的状态。

两唐志史源主要是《职员令》，被称“政本”、“会府”的尚书省，又是唐代行政秩序的样板，② 故不仅两唐志，举凡《唐六典》《通典》《唐会要》《职官分纪》等政书、类书，凡载唐代百官建制，具体表述有所不同，大体则皆如上引文之“以职相从”。其所传递的建制精神，是长官职能即代表机构职能，机构成员设置和职责皆由此分解而来，基本上没有与此无关的官吏。与之相伴，直属长官的左右司、主簿、录事之类，所掌以“受事发辰，勾检稽失”等文书督核之责为主，③

① 《新唐书》卷46《百官志一》，北京：中华书局，1975年，第1184—1186页。旧唐志载尚书令、仆、丞、郎设置及职能，与新唐志相类而稍详，其首行亦如《唐六典》列“尚书都省”，则是因尚书令既典领百官，会决庶务，都省所管为举国政务而非止六部。参见《旧唐书》卷43《职官志二》，北京：中华书局，1975年，第1816—1818页。

② 敦煌文书《开元公式令残卷》（P. 2819）第7—10行（分行以“/”表示）：“右尚书省与诸台省相移式。内外诸司/非相管疑者，皆为移。其长官署位准尚/书（原注：长官无，则次官通判者署）。州别驾、长史、司马、县丞署位/亦准尚书省。判官皆准郎中。”（刘俊文：《敦煌吐鲁番唐代法制文书考释》，北京：中华书局，1989年，第221—222页）可见，唐代法定公文程序以尚书省为范，各机构建制和秩序亦以尚书省为范。

③ 《唐六典》卷14《太常寺》载太常寺置主簿、录事，“主簿掌印，勾检稽失，省署抄目。录事掌受事发辰”；卷30《府州县》载，“司录、录事参军掌付事勾稽，省署抄目。纠正非违，监守符印”（北京：中华书局，1992年，第396、748页）。各机构办公部门检覆督责之职大体一致，故《唐律疏议》卷5《名例律》“诸同职犯公坐”条规定，公罪按长官、通判官、判官、主典四等连坐，“检勾之官，同下从之罪”（北京：中华书局，1983年，第113页），即在法律上明确长官办公部门受事发辰、勾检稽失之责的一致性。

各机构处理具体文案、杂务的官吏职责亦已大体一致。① 这都表明唐代行政组织已以职能为导向，即在多种行政关系中突出职能分工关系，诸官府已各为特定职能单位，其间可以交叉互补而不重复，总合起来则为完整的职能分工网络，各种官职皆被一一纳入其中，各司其事，凡具通性的公文处理流程和文案杂务，则已尽可能规范化。这样的状态在今人看来或不足为奇，那是因为其已相当合乎近现代政府的组织秩序，久处其中往往忘了如此分工明确、职责规范的行政科层结构，实须长期发育演化才能形成。

西汉的情况即与之大相径庭。如前表载太常所属建制：

> 奉常，秦官，掌宗庙礼仪，有丞。景帝中六年更名太常。属官有太乐、太祝、太宰、太史、太卜、太医六令丞。又均官、都水两长丞，又诸庙寝园食官令长丞，有廱太宰、太祝令丞，五畤各一尉，又博士及诸陵县皆属焉。②

除间及沿革外，所述“某官，掌某某，有丞；属官有某某；又某某等官皆属焉”，实为前表记载西汉百官建制的通用文式。从源自周代的内史到武帝时新设的水衡都尉，前表所载职责及其下属建制殆皆如此。因而上引文虽简短，却透露了其迥然不同于两唐志、诸多下属职能不必与长官相关的丰富信息。考虑到前表所记本于官簿，而官簿大抵为不同时期设官之况的簿录，遂可断定官制记载是否“以职相从”，是否在多种行政关系中突出职能分工关系，也像“以官存司”或“以司存官”那样，从一个独特的方面体现了汉、唐官制法令和官制实际的重大不同。从前表提供的线索约可揭出三端。

① 《唐六典》卷2《尚书吏部》述“诸司长官，谓三品已上长官”（第33页），尚书六部、门下省、中书省、秘书省、御史台及诸寺监卫府等皆为诸司，故上引文末述“诸司皆如之”，已明凡各机构主事、录事、主簿、令史、书令史、亭长、掌固、府史、佐史、监门、直长等官吏设置及其职能，大抵略同都省。

② 《汉书》卷19上《百官公卿表上》，北京：中华书局，1962年，第726页。上引文“太医六令丞”后原为逗号，“五畤各一尉”后原为句号，点校者显然没有注意到前表皆先述长官、佐官，继述“属官”，再述“又属官”之叙次。今将之乙正为句号和逗号，以下亦准此改动。后引其他文献部分标点亦有改动，不一一出注。

一是“属官”与“又属官”（即“又某某等官皆属焉”者）明显有别，后者与长官的职务关系相对间接，似为双重管理的官员。前表载朝廷二千石长官下属多有“属官有某某，又某某等官皆属焉”之别，只有典客（大鸿胪）和太子太傅等少数长官仅有“属官”而无“又属官”，① 可见这是一种刻意凸显两者有别的史笔。上举太常属官太乐、太祝、太宰、太史、太卜、太医令丞，前五个均在太常“掌宗庙礼仪”的涵盖之下，太医令丞似嫌不合，但若考虑早期医、巫相通，太常性质又被认为近乎周官宗伯掌及教学，② 太医与太祝、太卜、太史等令丞皆为其属官，且分别教习医生及有关学童，③ 似亦合理。接下来的一连串“又属官”中，均官为“主山陵上橐输入之官”，都水据汉律是“治渠堤水门”，④ 即便与长安城内外祠庙陵园的给排水相关，也只能说勉强与太常职能沾边。“诸庙寝园食官令长丞，有廱太宰、太祝令丞，五畤各一尉”，

---

① 另廷尉正、监、平不载其“属”或“又属”。安作璋、熊铁基认为廷尉正相当于“丞”，廷尉监秩与正同，可直受王命逮系诏狱人犯，廷尉平则掌判案，参见《秦汉官制史稿》上册，济南：齐鲁书社，1984 年，第 154—156 页。廷尉正显非廷尉属官，汪启淑辑《汉铜印原》著录有“廷尉正印”和“廷尉监印”（杭州：西泠印社出版社，2010 年，第 42 页），说明皆可独立办案，性质相当于“又属官”，可见前表载“属官”和“又属官”确有讲究。

② 《艺文类聚》卷 49《职官部五·太常》引扬雄《太常箴》曰：“翼翼太常，实为宗伯。”（上海：上海古籍出版社，1982 年，第 878 页）孙星衍校集蔡质《汉官典职仪式选用》：“惠帝改太常为奉常，景帝复为太常，盖周官宗伯也。”（孙星衍等辑：《汉官六种》，周天游点校，北京：中华书局，1990 年，第 202 页）

③ 《二年律令·史律》简 474—480 为太史、太卜、太祝教习学童之制，似是承秦《内史杂律》相关内容发展而来。参见彭浩等主编：《二年律令与奏谳书：张家山二四七号汉墓出土法律文献释读》，上海：上海古籍出版社，2007 年，第 296—301 页。汉初奉常地位不高，太史、太卜、太祝归属不详，至前表所据官簿已属太常。从职业要求及后世之况看，太宰、太乐、太医亦必有教习宰工、乐人、医生之制。故武帝建元五年（前 136）初置五经博士教授弟子，亦将之归属太常。

④ 参见前表颜师古注引服虔、如淳曰（第 727 页）。陈直认为“均官为管理均输之事”，与太常所属陵寝诸庙隙地之代田相关，参见《汉书新证》，天津：天津人民出版社，1979 年，第 86 页。20 世纪 90 年代西汉阳陵出土有“均长”封泥，研究者以为乃“均官长”之省文，并按服虔说释为主管帝陵营建所需木料运输之官，参见杨武站：《汉阳陵出土封泥考》，《考古与文物》2011 年第 4 期。

散布于各地。[1]《汉书·韦贤附韦玄成传》载：

> 凡祖宗庙在郡国六十八，合百六十七所。而京师自高祖下至宣帝，与太上皇、悼皇考各自居陵旁立庙，并为百七十六。又园中各有寝、便殿。日祭于寝，月祭于庙，时祭于便殿……一岁祠，上食二万四千四百五十五，用卫士四万五千一百二十九人，祝宰乐人万二千一百四十七人，养牺牲卒不在数中。[2]

其下文载元帝时议罢郡国宗庙及诸非所宜祀之庙，后“尽复诸所罢寝庙园”，直至平帝时又有反复。[3] 这些庙寝陵园散在各地，所用人财物力包括卫士数量巨大，很难设想其仅由太常调度督率，而无三辅、郡国及军事部门参与管理。[4]

如果说这几种“又属官”与太常的关系不易判断，那么其下“又博士及诸陵县皆属焉”，就有一些确凿证据表明其绝非仅属太常。汉初以来，承秦设博士“掌通古今”，以备顾问咨询。且原无员额、秩次，为皇帝侍臣，即所谓“宦皇帝”者。[5] 前表载其汉初以后定为比秩六百石，也与其他比秩官一样，遗有依附皇帝个人而不同于一般官员的性质。[6] 因而在职能上，博士虽可就礼仪提供意见，

---

① 《汉书》卷19上《百官公卿表上》，第726页。前表颜师古注“有廱太宰、太祝”曰：“文颖曰：‘廱，主熟食官。’如淳曰：‘五畤在廱，故特置太宰以下诸官。’师古曰：‘如说是也。雍，右扶风之县也。太宰即是具食之官，不当复置饔人也。’”（第727页）据前表下文的“五畤各一尉”，有廱太宰、太祝应不只是为五畤配套。秦以来雍地除五畤外，还分布着大量神祠，其中不少延至汉代，有廱太宰、太祝之职当与之相关。

② 《汉书》卷73《韦贤附韦玄成传》，第3115—3116页。

③ 《汉书》卷73《韦贤附韦玄成传》，第3124—3130页。

④ 孙星衍校卫宏《汉旧仪》卷上载：“监祠寝园庙，调御史少史属守，不足，丞相少史属为倅，事已罢。”（孙星衍等辑：《汉官六种》，第72页）可见祠寝园庙凡有大典，须遣二府僚属监督。

⑤ 孙星衍校集应劭《汉官仪》卷上：“博士，秦官也。博者，通博古今；士者，辨于然否。”所述与前表载博士“掌通古今”略同，其后文又载“博士入平尚书，出部刺史、诸侯相，次转谏大夫”（孙星衍等辑：《汉官六种》，第128、129页）。所述即博士作为侍臣的职能，可见前表概括诸官职掌是有所取舍的。

⑥ 阎步克：《从爵本位到官本位：秦汉官僚品位结构研究》，北京：三联书店，2009年，第88—123页。

与太常关系却比较间接，履职活动既有博士仆射为其首领，① 其侍臣身分更说明对之管理绝非太常可专。② 这大概都是前表将之归在“又属官”之列的理由。

至于从旧有县域析设以奉陵园的诸陵县，尽管陵寝祭拜等务确实与太常掌宗庙礼仪之职相合，但县政与太常职掌毕竟不同，陵县诸政“又属”太常不免不便，故前表载“元帝永光元年分诸陵邑属三辅”。③ 在此之前，三辅作为陵县所在地方的最高长官，对陵县教化、行政包括治安等事肯定也有责任。④ 汉初以来，在京畿的陵县治理之况依律亦须上报属所二千石，也就是内史之类。⑤ 正是在这样的基础上，元帝才会将陵县划属三辅。⑥ 看来，除不同时期官簿所载属官之况

① 前表“郎中令”条载：“仆射，秦官，自侍中、尚书、博士、郎皆有。”（第728页）此类皆皇帝侍臣而各有仆射，体现的是秦汉官廷内部管理的特有秩序。如《史记》卷6《秦始皇本纪》载秦始皇三十四年（前213）置酒咸阳宫，“博士七十人前为寿。仆射周青臣进颂”（北京：中华书局，1982年，第254页），博士履职活动至少有部分应由博士仆射管领。又如《汉书》卷50《张释之传》载其为谒者，论秦汉间事，“文帝称善，拜释之为谒者仆射”（第2307页）。足见这类侍从及仆射性质之特殊，与武帝始立五经博士由太常差次祭酒总领之况相当不同。

② 孙星衍辑王隆《汉官解诂》载：“武帝以中大夫为光禄大夫，与博士俱以儒雅之选，异官通职，《周官》所谓‘官联’者也。”（孙星衍等辑：《汉官六种》，第13页）说明光禄大夫与博士官虽不同而性质相类。

③ 《汉书》卷19上《百官公卿表上》，第726页。《汉书》卷9《元帝纪》载此在永光四年（前40年），参见该书第292页。

④ 《汉书》卷76《韩延寿传》载宣帝时，其代萧望之为左冯翊，“行县至高陵，民有昆弟相与讼田”，延寿以为咎在冯翊，自闭于传舍，“一县莫知所为，令丞、啬夫、三老亦皆自系待罪”（第3213页）。又前表载“左、右、京辅都尉”为中尉的“又属”官，《三辅黄图》卷1《三辅治所》载，“三辅郡皆有都尉，如诸郡……左辅都尉治高陵”（陈直校证：《三辅黄图校证》，西安：陕西人民出版社，1980年，第4页）。据此则中尉北军系统的三辅都尉对陵县治安亦俱有责。由此也可以理解均官、都水长丞及诸庙寝园食官令长丞，有廱太宰、太祝令丞，五畤尉“又属”太常，是因其虽涉及诸陵园祠庙，其事却都绕不开三辅及中尉等管理之故。

⑤ 《二年律令·置吏律》简214—215载：“县道官之计，各关属所二千石官。其受恒秩气禀，及求财用委输，郡关其守，中关/内史。”（彭浩等主编：《二年律令与奏谳书：张家山二四七号汉墓出土法律文献释读》，第174页）居延新简E. P. T10：2A载：“《囚律》：告劾毋轻重，皆关属所二千石官。”（甘肃省文物考古研究所等编：《居延新简　甲渠候官与第四燧》，北京：文物出版社，1990年，第55页）

⑥ 学界有关于西汉“太常郡”性质的讨论，诸家所说似未注意陵县的双重管理性质，亦未涉前表何以叙其“又属”太常的问题。相关讨论参见马孟龙：《西汉存在“太常郡”吗？——西汉政区研究视野下与太常相关的几个问题》，《中国历史地理论丛》2013年第3辑。

有所不同外，职务关系相对间接和双重管理的存在，应是前表及其所据官簿区分“属官”和“又属官”的要因，其况在下面讨论中还可看到。

二是前表所载长官之“属官”和“又属官”，并非同一机构不可或缺的组成部分，而是一个个各有职能的独立机构，且其职能有的与长官无关。上举太常所属即皆如此，再如前表载卫尉及其下属之况：

> 卫尉，秦官，掌宫门卫屯兵，有丞……属官有公车司马、卫士、旅贲三令丞，卫士三丞。又诸屯卫候、司马二十二官皆属焉。①

这样的记载确易给人长官统率“属官”、“又属官”进行履职活动的印象，实际情况却不尽如此。第一，文中没有交代卫尉及其下属令丞各有府僚属吏。这是前表取据官簿不载僚属的体例使然，却多少遮蔽了彼此各有其府的事实。《二年律令·秩律》简 471—472 载秩百廿石的“卫将军、卫尉士吏”，② 后者应是卫尉府属吏，此外亦当有诸曹掾属、书佐之类，其下的令丞亦皆有属吏。③ 第二，今存汉封泥中有“公车司马”、“卫士令印”、“卫士丞印”、“未央卫丞”等印，④ 未央宫遗址出土骨签则有旅贲令、丞、令史、啬夫督工修缮的题识，⑤ 可见卫尉的

---

① 《汉书》卷 19 上《百官公卿表上》，第 728 页。

② 彭浩等主编：《二年律令与奏谳书：张家山二四七号汉墓出土法律文献释读》，第 293 页。

③ 续汉志二“卫尉”条刘昭补注引《汉官》曰：“员吏四十一人，其九人四科，二人二百石，文学三人百石，十二人斗食，二人佐，十二人学事，一人官医。卫士六十人。”（《后汉书》，北京：中华书局，1965 年，第 3579—3580 页）此必承西汉损益而来，其下文载卫尉所属令长丞尉等官，刘昭补注亦引《汉官》述其员吏。

④ 吴镇烽《陕西历史博物馆馆藏封泥考（下）》录有汉“未央卫丞”和“公车司马”印（《考古与文物》1996 年第 6 期）。“未央卫丞”或即“未央卫士丞”之省文，与长沙近郊出土的“长沙卫长”印乃“长沙卫士长”之省文相仿。参见王人聪：《汉晋官印考证》，《故宫博物院院刊》1983 年第 4 期。卫士令、丞印参见吴幼潜编：《封泥汇编》，上海：上海古籍书店，1984 年，第 9 页。需说明的是，清末著录之封泥不少为临淄等齐鲁之地所出，其中多有诸侯王国之物，从王国之制类于朝廷的角度来看，也有一定参考价值。

⑤ 如中国社会科学院考古研究所编著《汉长安城未央宫：1980—1989 年考古发掘报告》中举例之 3：00359：“神爵四年卫尉旅贲令铠丞/万年啬夫临工易缮/六石。”3：00555：“卫尉旅贲初元五年令/詌丞谊掾万啬夫动/工光缮。”3：00683：“永光三年卫尉旅贲令/丞谊令史棱啬夫志/工万缮。”（北京：中国大百科全书出版社，1996 年，第 115—116 页）

这些“属官”各为一独立机构，并非事事需要承秉卫尉指令。第三，据前表师古注及应劭《汉官仪》等处所述，卫士令丞应掌卫士管理；① 旅贲令丞率众以供奔走之任，未央宫出土骨签题识显示旅贲令丞辖有修缮兵械器物之工匠；公车司马令丞则掌未央、长乐等宫北阙之司马门，又总领天下上书及征召至阙下者。旅贲和公车司马令丞的后一部分职能，看起来与卫尉掌宫门卫屯兵没有多少关系，② 公车司马掌领天下上书及征召阙下者之职，恐亦不能全由卫尉节制，而应经常直承王命各司其事，故居延汉简中多有居延丞等封书上公车司马的实例。③ 第四，据诸“属官”及汉简所示候官、司马之况，④ 可推“诸屯卫候、司马二十二官”同样各为独立机构，其所以“又属”卫尉，或是因为诸宫门屯卫皆非卫尉独自节制之故，⑤ 至

---

① 《汉书》卷19上《百官公卿表上》师古注，第728—729页。续汉志二“卫尉”条载其属官有南北宫卫士令丞，分掌南北宫卫士（《后汉书》，第3579页）。孙星衍校卫宏《汉旧仪》卷上载“司马掖门殿门屯卫士，皆属卫尉”（孙星衍等辑：《汉官六种》，第65页），此条各本皆然，称“屯卫士”而非“屯卫”皆属卫尉，盖因卫士名籍功次之类由卫士令丞管理而上属卫尉，并不等于宫门屯卫由卫尉全权节制。

② 《汉书》卷99中《王莽传中》载王莽时改“公车司马曰王路四门”，命“谏大夫四人常坐王路门受言事者”（第4103、4104页），即欲以之取代卫尉禁卫系统的这部分职能。

③ 如居延汉简506·5载：“□□平明里大女子妾上书一封，居延丞印，/上公车司马。”（谢桂华等：《居延汉简释文合校》，北京：文物出版社，1987年，第608页）此为哀帝建平元年（前6年）二月辛未夤夜传送的上书，由居延丞印封上公车司马，乃公车司马可独立接收各地上书的明证。又如肩水金关汉简73EJT24：244载：“张掖肩水广地候宾□□长昌昧死再拜□□/骑置驰行上/行在所公车司马以闻/□□五年四月戊申日铺时受□□□”［甘肃简牍保护研究中心等编：《肩水金关汉简（贰）》，上海：中西书局，2012年，上册，第310页］，皇帝出行则公车司马须随行处理各地上书及征召至行在者事务。汪启淑编《汉铜印原》著录有“左公车官”、“右公车官”印（第40页），似亦反映公车司马的这部分职能相对独立。

④ 陈梦家：《汉简所见居延边塞与防御组织》，《汉简缀述》，北京：中华书局，1980年，第44—48页。

⑤ 《汉书》卷77《盖宽饶传》载其宣帝时左迁卫司马，“先是时，卫司马在部，见卫尉拜谒……卫尉私使宽饶出，宽饶以令诣官府门上谒辞。尚书责问卫尉，由是卫官不复私使候、司马。候、司马不拜”（第3243—3244页）。法令规定卫尉不得私使候、司马，经盖宽饶此事后，原先屯卫候、司马拜谒卫尉的惯例也取消了。又前表载军屯吏、驺、宰、永巷官人皆有仆射，“取其领事之号”（第728页），是屯卫吏亦有仆射领其事。

少主管禁卫事务的卫将军常为其统帅,① 丞相也有“月一行屯卫”之制。② 因而实情应是诸屯卫士之名籍、功次之类由卫士令丞掌管而属卫尉，至于宫门禁卫及卫士之调迁，则仍实行双重管理。③

从上述四点来看，当时是将与宫门守卫有关或无关的人员和部门，都挂在卫尉名下；至于其职能是否相谐，是否合乎卫尉之职，则似无关紧要。事实上，卫尉与“属官”和“又属官”职能相关度还算是比较高的，前表所载有的诸卿属官则看不出与长官职能有何瓜葛。如宗正“属官有都司空令丞，内官长丞。又诸公主家令、门尉皆属焉”,④ 其“又属官”公主家令、门尉倒是在宗正“掌亲属”的职责范围内，将之列在“又属”，显然是因其更直接和经常受公主管理。⑤ 难解的是其“属官”都司空令丞和内官长丞的职责,⑥ 按师古注所

---

① 《二年律令·秩律》简 440 以卫将军与卫尉并列，卫将军为出现于《秩律》的唯一将军；简 444 开头为“司马，卫尉司马，秩各千石，丞四百石”，或以为此简应前接简 468，其末三字难辨者即“卫将军”。简 446“……卫将军候，卫尉候，秩各六百石，有丞者二百石”，简 471 又以“卫将军、卫尉士吏”并列，似卫将军下属与卫尉下属性质类同。相关简文参见彭浩等主编：《二年律令与奏谳书：张家山二四七号汉墓出土法律文献释读》，第 258、260、263、293 页。还可参见《汉书》卷 4《文帝纪》、卷 59《张安世传》所载卫将军领南北军之故事（第 108、2648 页）。

② 孙星衍校卫宏《汉旧仪》卷上载：“君侯月一行屯卫，骑不以车。卫士初置未入，君侯到都门外劳赐吏士。”（孙星衍等辑：《汉官六种》，第 69 页）又《汉书》卷 72《鲍宣传》载其哀帝时为司隶，“丞相孔光四时行园陵，官属以令行驰道中，宣出逢之，使吏钩止丞相掾史，没入其车马，摧辱宰相”（第 3093 页）。丞相月巡屯卫之制与其四时行陵之制可以互明，可视为太常不专陵园而卫尉不专屯卫的体现。

③ 战国秦新郪虎符铭有“用兵五十人以上——会王符，乃敢行之”（编号 12108，中国社会科学院考古研究所编：《殷周金文集成》，北京：中华书局，2007 年，第 6599 页。下文简称《集成》，不另出注）。汉制大略亦然，发兵皆须合符，参见杨桂梅：《汉代虎符考略》，《中国国家博物馆馆刊》2013 年第 5 期。

④ 《汉书》卷 19 上《百官公卿表上》，第 730 页。

⑤ 孙星衍校集应劭《汉官仪》卷上载：“长公主官属：傅一人，员吏五人，驺仆射五人，私府、食官、永巷长令、家令各一人。”（孙星衍等辑：《汉官六种》，第 134 页）即家令为公主“官属”之证。

⑥ 居延新简 E. P. T52：413 记有成帝建始二年（前 31 年）“三月丁酉宗正庆忌、丞延年下都司空”，转达右扶风下至宗正的一份公文（甘肃省文物考古研究所等编：《居延新简甲渠候官与第四燧》，第 256 页），即为都司空令丞确属宗正的明证。

引诸家之释，前者“主水及罪人”，后者“主分寸尺丈”即度量衡中的标准尺度，① 汉长安城遗址所出之瓦有的刻有“都司空”字样，即为都司空令丞所隶罪徒制作。②《二年律令·具律》简119载赎刑规定，后述“有罪当府（腐）者，移内官，内官府（腐）之”，③ 则内官长丞又掌宫刑。无论如何，内官长丞和都司空令丞的这些职能与宗正关系不明，制造砖瓦、器物和实施宫刑是否皆与宗室成员犯罪徒作相关，是否也像上举公车司马令管理上书及征召者可各司其事，目前均难作出判断。这种情况在前表所载诸卿“属官”中着实不少，④ 令人怀疑班固所记诸官职掌挂一漏万。⑤ 而其直接原因，则无非汉代尚无统一规定百官职掌的法令，所反映的还是当时百官职能仅可粗略归类而难以明确界定的实际状态。

三是前表所载多有隶属于不同长官的同名官职或处理同类事务的机构，呈现一事多头、各归各管的状态。如前表述太常“属官”有太医令丞，少府“属官”亦有太医令丞；⑥ 太常“又属官”有均官、都水长丞，少府“又属

① 《汉书》卷19上《百官公卿表上》，第731页。

② 关于都司空所隶罪徒制作砖瓦的考证，参见陈直：《汉书新证》，第96页。

③ 彭浩等主编：《二年律令与奏谳书：张家山二四七号汉墓出土法律文献释读》，第140页。此条适可与《汉书》卷65《东方朔传》载隆虑公主之子召平君“醉杀主傅，狱系内官”相证（第2851页）。又陕西茂陵陪葬坑出土一尊铜熏炉，上有铭文云其为未央宫尚卧所有，“四年内官造，五年十月输，第初三”（咸阳地区文管会、茂陵博物馆：《陕西茂陵一号无名冢从葬坑的发掘》，《文物》1982年第9期），内官又有铜作工坊，与其主管尺度似相关联。

④ 如光禄勋“属官”中只有“掌守门户，出充车骑”的郎，合乎光禄勋掌宫殿掖门户之事，而大夫“掌论议”、谒者“掌宾赞受事”，很难设想其御前议论和受事须由光禄勋节制。又如少府“属官”中的尚书、符节等令丞，“又属官”中的中书谒者、黄门、钩盾等令丞，与少府“掌山海池泽之税，以给共养”的职掌亦属无关，其行事也碍难承秉少府。参见《汉书》卷19上《百官公卿表上》，第727、731—732页。

⑤ 《急就篇》第26章“丞相御史郎中君”颜注：“郎中令也，掌宫殿门户及从官，并秦所置，而汉因之。”（张传官：《急就篇校理》，北京：中华书局，2017年，第423页）则大夫、谒者属郎中令也算合理。

⑥ 刘庆柱、李毓芳《西安相家巷遗址秦封泥考略》提到这一现象，并赞同沈钦韩《汉书疏证》之说，认为太医先属太常，后属少府，前表载太常和少府皆有太医令丞为误（《考古学报》2001年第4期）。实际上，西汉多同名之官的分头设置，少府所属太医令丞应专事宫廷医务，犹唐代教坊之有内教坊。

官”也有都水、均官长丞，三辅“又属官”又有都水长丞。① 此外，治粟内史（大司农）“又属官”中还有郡国“都水六十五官长丞”，水衡都尉“又属官”中则有都水和甘泉都水长丞。又如宗正“属官”有都司空令丞，少府“属官”有“左右司空令丞”，水衡都尉“又属官”则有水司空长丞，这些连同郡国县道所设各色“司空”，其事虽或参差不一，但大抵皆有督率罪徒工作的职能。② 另如少府“又属官”有永巷令丞及“上林中十池监”；詹事“又属官”也有永巷令丞；武帝元鼎二年（前 115）初置的水衡都尉“掌上林苑，有五丞”，“属官”上林令更多达八丞十二尉。在更高层级，如前表“卫尉”条载“长乐、建章、甘泉卫尉皆掌其宫，职略同，不常置”；“太仆”条载“中太仆掌皇太后舆马，不常置”；“詹事”条载其“掌皇后、太子家”，“长信詹事掌皇太后宫”，师古注称“皇后、太子各置詹事，随其所在以名官”。③ 当时显然并不在意这种官名重复和机构的交叠设置，在后世却难以理解。

此外还有前表不载的大量同类事务存在多头管辖，最为典型的是狱事，《汉旧仪》卷上载：

> 黄门冗从持兵，无数，宣通内外。宦者署、尚书皆属少府。殿中诸署、五郎将属光禄勋。宫司马、诸队都候领督盗贼，属执金吾。司马掖门殿门屯卫士，皆属卫尉。右中二千石、二千石四官，奉宿卫，各领其属，断其狱。④

---

① 《汉书》卷 36《楚元王传附刘向传》载其成帝时复进用，“以故九卿召拜为中郎，使领护三辅都水”；卷 45《息夫躬传》载其哀帝时为光禄大夫左曹给事中，“持节领护三辅都水”（第 1949、2182 页）。可见当时已甚感京畿都水多头管理之不便，因而有所措置。

② 《汉书》卷 28 上《地理志上》“京兆尹”条下有“船司空”县，师古注：“本主船之官，遂为以县。”（第 1543—1544 页）《二年律令·秩律》简 445 有秩八百石的“中司空”，整理小组释此为“中央政府所设主罪人作役官”（彭浩等主编：《二年律令与奏谳书：张家山二四七号汉墓出土法律文献释读》，第 262、263 页），即以“中”为与郡国相对而言。又岳麓书院藏秦简《律令杂抄》中有“四司空共令”、“四司空卒令”等篇名，亦说明秦时“司空”一职即有其共性。参见陈松长：《岳麓书院所藏秦简综述》，《文物》2009 年第 3 期。

③ 上引文除出注者外，皆出前表（第 726—735 页）。

④ 孙星衍校卫宏《汉旧仪》卷上，孙星衍等辑：《汉官六种》，第 65 页。

少府、光禄勋、执金吾和卫尉四官分掌宿卫，相互制衡，所谓“各领其属，断其狱”则说明皆自成体系，各审理所领范围内的狱讼。其实不止此四官，诸卿领狱相当普遍，长安城内可谓牢狱林立。《汉书·宣帝纪》载武帝晚年“望气者言长安狱中有天子气，上遣使者分条中都官狱”；同书《张汤传》注引苏林曰：“《汉仪注》狱二十六所，导官无狱也。”① 这26所皆在长安城内，而长安县狱还不在其中。从散见各处的记载来看，朝廷各机构包括不少二级机构皆设有狱，有的似为“各断其狱”所需，有的则是诏狱。其具体构成，清人陈树镛、沈家本皆有所考，② 毋庸再赘，但应看到其同样体现了朝廷各部门所属各成一系，相关职能并未得到应有归置和梳理。

综此三端，足见西汉行政建制中，长官与下属令丞等官各自构成独立行事的机构；其中“又属官”与长官关系较远，似由长官与其他部门双重管理；“属官”应由长官主管，但其间关系仍有不明之处，有些职能似与长官无关或难以干预；另又大量存在同类职务多头管理和重复设置。这说明当时官僚体制的许多职能仅有粗略归类，设官分职缺少统一安排和明确规定，官员常一身多任，行政建制尚难以职能为导向，也无从避免职能分工本应尽可能消除的重复设置。正因如此，长官与下属主要不是履行同一职能的职务组合，而只是某些官员在诸种因缘下历史地形成的一种组合。对西汉官制记载和官制实际的这种迥然不同于唐代“以职相从”的状态，本文概之为“以官相属”，视之为当时行政体制基本组织规则，遂须进一步论其来龙去脉及背景、内涵。

① 《汉书》卷8《宣帝纪》，第236页；卷59《张汤传》，第2643—2644页。又《汉书·宣帝纪》载神爵元年（前61年）三月“发三辅、中都官徒弛刑”，师古注：“中都官，京师诸官府也。《汉仪注》长安中诸官狱三十六所。”（第260页）沈家本《历代刑法考》疑“三”字误，指出“《黄图》言二十四，与三书皆乖异”，后文列相关记载，以“可考者凡十九”（北京：中华书局，1985年，第1165、1170—1171页）。

② 陈树镛：《汉官答问》卷2，宣统二年（1910）汪康年刊《振绮堂丛书初集》本，第10—11页。居延汉简18.5有“闰月戊子少府余、狱丞从事”（谢桂华等：《居延汉简释文合校》，第28页）。阳陵出有“都司狱丞”封泥，或为“都司空狱丞”的省文；又有“大厩□丞”封泥，第三字残笔似“狱”字，参见杨武站：《汉阳陵出土封泥考》，《考古与文物》2011年第4期。

二、“以官相属”的先秦源头和现实背景

西汉长官与属官主要是官员的集合而非职务的有序组合，令人想到西周以来的同类现象，如西周晚期毛公鼎铭文中的一段：

> 王曰：父厝，已曰，抄兹卿事寮、大史寮于父即尹，命女缵司公族，雩参有司、小子、师氏、虎臣，雩朕亵事，以乃族干吾王身。（《集成》02841）①

这是毛公鼎铭最为核心的内容，大意是周王命毛公管领卿士寮、太史寮、公族、三有司、小子、师氏、虎臣与周王近臣亵事等众多人员和部门。所谓“卿事寮”、“太史寮”，殷末周初以来大抵是两类官职的集合，前者主要是分掌要务的卿士，后者主要是太史等神职和书记近侍官。即便认为“寮”不仅指僚友，还可兼指某种机构组织，那也肯定是由一些直承王命、各司其事之官构成，② 除有卿士和史官的粗略归类外，不仅没有常设首长，各自职能恐怕也无明确界定。这种状态，也包括周王随人随事命某位大臣统领卿事寮、太史寮以及其他各色人员和部门的做法，③ 即可视为“以官相属”的原型。再看毛公鼎之前，约恭王、懿王时期的扬簋铭文：

> 王乎内史史敖册命扬，王若曰：扬，作司工，官司量田佃，眔司位，眔司刍，眔司寇，眔司工司（事），赐女赤□芾、銮旂，讯讼，取征五寽……（《集成》04294）

① 毛公鼎时代诸家所说不一，多以为是西周晚期夷王以后之器。

② 杨宽《西周中央政权机构剖析》以卿士寮和太史寮为官署（《历史研究》1984 年第 1 期），李学勤《论卿事寮、太史寮》以之为官僚集合（《松辽学刊》1989 年第 3 期）。

③ 约昭王时期的夨令方彝铭文有“隹八月，辰在甲申，王令周公子明保，尹三事四方，受卿事寮”（《集成》09901），西周晚期的番生簋盖铭有“王令缵司公族、卿事、大史寮”（《集成》04326），重臣所领之务仍有同有异。另参见伊藤道治『中國古代國家の支配構造——西周封建制度と金文』关于裘卫诸器所示三有司由井伯管领之事的讨论（東京：中央公論社、1987 年、第 261 頁）。

周王命扬为司工，管领田佃及诸营造、草料、刑狱等事，赐以服物。这是把不同人员和部门都归属新任司工扬，特别点明其职包括“司工事”，足见西周官员职能常名不副实而变动不居。引文中的“司某事，眔某事”云云，①“眔”作“及”解，似可视为前表所载“属官有某某，又某某等官皆属焉”句式的源头。又如西周晚期的颂鼎铭文：

王乎史虢生册令颂，王曰：颂，令女官司成周贮（廛）廿家，监司新造，贮（廛）用宫御，赐女玄衣黹屯、赤芾朱黄、銮旂、攸勒，用事……（《集成》02827）②

周王命颂管领成周“廛廿家”，又监管新建的“廛用宫御”，句式虽不同于扬簋铭文，然其司某事又及某事之况相类。这种任命之况也延续到春秋时期，如春秋晚期叔尸（夷）钟铭文：

公曰：女尸，余经乃先祖，余既尃乃心，女少心畏忌，女不坠夙夜，宦执而政事，余引厌乃心。余命女政于朕三军，肃成朕师旟之政德，谏罚朕庶民，左右毋讳，尸不敢弗憼戒，虔恤厥死事，勠龢三军徒遡，雩厥行师，慎中厥罚。公曰：尸，女敬共辝命，女膺鬲公家，女巩劳朕行师，女肇敏于戎功。余赐女厘（莱）都、密胶其县三百，余命女司辝厘，造戜（越）徒四千，为女敵（敌）寮……公曰：尸，女康能乃又事，眔乃敵（敌）寮，余用虔恤不易，左右余一人。余命女织差正卿，缵命于外内之事，中尃盟井，台尃戒公家，膺恤余于盟恤。女台恤余朕身，余赐女马车戎兵，厘仆三百又五十家。（《集成》00272—00275）

① 类此者如上引矢令方彝铭文亦有“遂令舍三事令，眔卿事寮、眔诸尹，眔里君、眔百工，眔诸侯：侯、甸、男”之文（《集成》09901）。再如西周中期免簠铭文：“王在周，命免作司土，司郑还廪，眔吴、眔牧。”（《集成》04626）1996年陕西丹凤出土的西周中晚期器虎簋盖，载王让内史册命虎，其文有“更乃祖考，疋师戏（司）走马驭人，眔五邑走马驭人”（王翰章等：《虎簋盖铭简释》，《考古与文物》1997年第3期）。

② 颂簋铭文无“廿家”二字（《集成》04332）。

东周器铭多自作辞，并开始向物勒工名过渡，所记锡命如此器者犹凤毛麟角。上引铭文包括齐灵公的两次锡命：先命叔夷“肃成朕师旟之政德”，因其能使三军勠力，慎中厥罚，赐其厘（莱）都等地，并以莱之造铁徒四千直属叔夷；再命叔夷职次正卿，① 承命掌理内外之事，且特别要求其“盟（明）井（刑）”和戒恤公族成员，赐其马车戎兵与莱仆。这两次锡命可证当时确实延续西周做法，即在任命时指定官员职掌，命其司某事又别领某事，把职能不同的人员和部门归属其下。② 因此，前表所载西汉行政组织“以官相属”的历史渊源，应推溯到西周以来多见的这种任用状态。③

那么这样的源，又如何在历史长河中通向汉制“以官相属”之流呢？或者说，究竟是什么要素和逻辑贯穿于政体发生巨大变化的周汉之间，使得等级分封体制和集权官僚体制下相当不同的行政设置，出现如此相类相通的一面呢？

其中奥妙不外乎二，其一蕴藏在诸策命铭文后半段的赐物中，如上引扬簋“赐女赤□芾、銮旂”、颂鼎“赐女玄衣黹屯、赤芾朱黄、銮旂、攸勒”之类。策命时所赐的这些服物有其规格，这种规格意味着身分等级。学界目前较为一致的看法，是周王策命所赐服物与具体官、职似无固定对应关系，却的确呈现若干层级，除约略相当于春秋以来文献所述的诸侯、卿大夫、士三层外，赐裳的朱芾

① 《左传》文公六年载晋公子雍“仕诸秦为亚卿焉”（《春秋左传正义》卷19上，阮元校刻：《十三经注疏》，北京：中华书局，1980年，第1844页）。“职差正卿”近乎春秋战国的“亚卿”。或释此“差”为差遣，然正卿不可暂差，春秋似无其例，且与前文不合。

② 《左传》成公十八年二月，晋悼公即位，始命百官，“使士渥浊为大傅，使修范武子之法；右行辛为司空，使修士蒍之法。弁纠御戎，校正属焉，使训诸御知义。荀宾为右，司士属焉，使训勇力之士时使”（《春秋左传正义》卷28，阮元校刻：《十三经注疏》，第1923页）。此事是晋国复霸关键，《国语·晋语七》述此为“定百事，立百官”（徐元诰：《国语集解》，北京：中华书局，2002年，第403页）。其中“修范武子之法”是对官职有所规范，“校正属焉”则长官下属也有所调整，类似整顿各国皆陆续有之。

③ 蒙文通《治学杂语》述《周礼》职分多有重复，“选举不尽属大宗伯，军事不尽属大司马，冢宰所主则多为王朝内府之事”（《甄微别集》，蒙默编：《蒙文通全集》，成都：巴蜀书社，2015年，第6册，第7页），以之为西周实情。

悤黄、赤芾幽黄和赤芾，似还对应了上、中、下士之等级。① 即在当时的身分社会中，在既定的贵族等级制度下，周王不会让毛公去管领刍稿市廛，也不会把太史寮、卿事寮、三有司、公族诸务都交给史颂管领，一般情况下总是身分最贵重者管司诸多大事要事，以下还要再分等次。不同家世身分者受命管领不同人员、事务的过程反复展开，终将在分封身分等级的基础上形成类于公、卿、大夫、士,② 兼具一定身分与理务性质的等级,③ 至于其究竟分为几等、如何称呼、是不是一种爵级并像春秋战国以来说的那样整齐划一，自可另论。④

其二，如诸多策命铭文所示，西周官职大都只有粗略的理务范围，其具体下属及所管之事多在任用时指定而变动不居。⑤ 这是因为当时等级分封政体使官僚

---

① 参见陈汉平：《西周册命制度研究》，上海：学林出版社，1986 年，第 295—304 页；何树环：《西周锡命铭文新研》，台北：文津出版社，2007 年，第 246—249 页。这类讨论多以西周确有公侯伯子男和公卿大夫士序列为前提，而论策命赐物与之的对应关系。其实策命赐物规格所示卿大夫层级的含糊，和诸侯、士层级的清晰很可能就是史实，因为西周本没有后世所说这么整齐划一的公侯伯子男和公卿大夫士序列。

② 西周早期班簋载：“隹八月初吉，在宗周，甲戌，王令毛伯更虢城公服，甹王立，乍四方亟，秉繁、蜀、巢，令赐铃勒。咸，王令毛公以邦冢君、土驭、或人伐东或痛戎”（《集成》04341）。铭文载王命毛伯替虢城公为卿士，下文命其率诸邦冢君、徒驭等伐东国猾戎，改称“毛公”，即提供了“毛伯”变为“毛公”的实例。

③ 王国维《殷周制度论》言周制“天子、诸侯世，而天子、诸侯之卿、大夫、士皆不世”（《观堂集林》，北京：中华书局，1959 年，第 472 页），即就理务必须王命而言。金文策命辞多有“更乃祖考司某事”等文，体现了家世身分的重要性，但其职位既须王命，即难视为世袭，况且这类铭文中父祖与子孙的理务范围常有出入，故李峰《西周的政体：中国早期的官僚制度和国家》称之为“世袭进入政府服务的家庭资格”（吴敏娜等译，北京：三联书店，2010 年，第 194—201 页）。

④ 史学界多认为西周虽有身分等级，却无公侯伯子男和公卿大夫士这样整齐的爵级序列，述此为西周之制，主要是春秋以来的叙说。参见傅斯年：《论所谓五等爵》，欧阳哲生编：《傅斯年文集》第 3 卷，北京：中华书局，2017 年，第 20—45 页。最新研究如阎步克《层级化与席位爵——试论东周卿大夫士爵之演生》一文认为，西周时期与分封身分等级匹配的理务层级是卿士、师尹（或诸尹）、御事（或百执事），至春秋方演变为卿、大夫、士序列（《北京大学学报》2021 年第 4 期）。

⑤ 李峰《西周的政体：中国早期的官僚制度和国家》曾引免簠等器，述司土策命铭文中有命其负责郑邑林、吴、牧的，也有命司土负责河闸及籍田礼的，“说明司土的职责是与土地相关的民事行政管理”（第 76 页）。其“民事行政”的概括有问题，但所述仍反映了司土职责有大略范围而无稳定事项的状态。

系统和行政分工的发育程度受限，不仅谈不上对各官职作统一法令规定，连职能明确、经常设置的官职恐怕也不多，[①] 大部分职务只能因人因事因时而任，也就势必因人因事因时而变，很难形成稳定职能分工和科层结构。这又衬出公卿大夫士这类等级作为秩序基准的重要性。质言之，在一个职务关系变动不居而又身分至上的行政系统中，理务者身分等级就像乱兵中的军衔一样，有助于形成必要的长官与下属组合，维系起码的管理秩序。

也正是在这个节点上，秦汉时期面临的问题与周制确有相通之处。一方面，官僚体系和行政分工虽经春秋战国的巨大发展，却仍存在如何与新建“大一统”王朝体制相互匹配和共同演化的问题，其应有职能及朝廷和各地诸官设置远未定型，更有大量政治、行政关系亟待理顺。另一方面，历经社会大变动和战国变法，新的社会和政治秩序开始占据主导地位，但周朝近800年身分社会的影响不容低估，身分地位在社会和政治各领域仍是各种秩序的基准，军功爵和官职等新的身分标识也仍带有诸多旧时印记。[②] 这两个方面、两大历史因缘的汇聚，同样凸显了官员身分等级对于一个诸多职能有待定型而制度粗疏的行政体系的重大意义。最为突出的证据，即经春秋战国淘洗而嵌入集权官僚体制的公卿大夫士序列，演变至秦汉仍具特定权力和地位，并在行政组织和秩序维系上发挥重要作用。

关于秦汉官秩、爵级与公卿大夫士的对应关系，学界多有研究。[③] 本文关心

---

① 如顾立雅即认为，西周官制研究的问题不在史料匮乏，而在“这样一个规范组织的职官系统是否真正存在过”，参见 Herrlee G. Creel, *The Origins of Statecraft in China, Vol. 1, The Western Chou Empire*, Chicago: University of Chicago Press, 1970, p. 114. 张亚初、刘雨《西周金文官制研究》正可为之佐证，其书“西周铭文分类汇考”所列官职，最多的如司某事之类仍是动宾结构的差遣，其次是牧、戍、邑人、庶人、小臣、小子等身分或职业名词，又次是各种官职类名或泛称如各种史、师、士、宰、尹、正等。除去这些，所剩的膳夫等职务性官称数量很少，其职也常名不副实（北京：中华书局，1986年，第1—100页）。

② 西嶋定生：《中国古代帝国的形成与结构——二十等爵制研究》，武尚清译，北京：中华书局，2004年，第440—457页；李学勤：《东周与秦代文明》，北京：文物出版社，1984年，第209页。

③ 卜宪群：《秦汉官僚制度》，北京：社会科学文献出版社，2002年，第122—123、150—170页；杨振红：《秦汉官僚体系中的公卿大夫士爵位系统及其意义——中国古代官僚政治社会构造研究之一》，《文史哲》2008年第5期；阎步克：《从爵本位到官本位：秦汉官僚品位结构研究》，第73—75页。综合现有研究，学界对秦汉公卿大夫士对应的爵级并无多少异议，但对其对应的官秩分歧较多。

的是公卿大夫士层级与集权官僚体制的关联，这在前表中多有表述，如：

> 御史大夫，秦官，位上卿，银印青绶，掌副丞相。有两丞，秩千石。一曰中丞，在殿中兰台……受公卿奏事，举劾按章。[①]

所述御史大夫“位上卿，银印青绶”，必有法令依据。前表之末所载相对完整：

> 凡吏秩比二千石以上，皆银印青绶，光禄大夫无。秩比六百石以上，皆铜印黑绶，大夫、博士、御史、谒者、郎无。其仆射、御史治书尚符玺者，有印绶。比二百石以上，皆铜印黄绶。[②]

这里划出了秩比二千石、比六百石、比二百石以上执事者的印绶等级，[③] 结合御史大夫“位上卿，银印青绶”，汉初诸侯国“群卿大夫都官如汉朝”，以及二百石以上为“长吏”而百石以下为“少吏”之文，[④] 即可推断印绶等级同样反映了公卿大夫士序列嵌入整套行政体制的状态。这不仅可以帮助理解其与官秩的对应关系，还可明白“大夫”、“士”主要是指二千石以下至六百石乃至二百石的

---

① 《汉书》卷19上《百官公卿表上》，第725页。其后文又述前后左右将军“皆周末官，秦因之，位上卿，金印紫绶。汉不常置”；加官“所加或列侯、将军、卿、大夫、将、都尉、尚书、太医、太官令至郎中”（第726、739页）。

② 《汉书》卷19上《百官公卿表上》，第743页。此处所述“大夫”为光禄大夫等无职侍从之官。

③ 孙星衍校卫宏《汉旧仪》卷上：“秦以前民皆佩绶，以金、银、铜、犀、象为方寸玺，各服所好。”（孙星衍等辑：《汉官六种》，第62页）可见上述印绶等级及其对应于公卿大夫士之况，为秦汉所定之制。

④ 前表载县令长秩三百石以上，丞尉二百石以上，“是为长吏。百石以下有斗食、佐史之秩，是为少吏”（第742页）。然“长吏”并不仅指各地令长丞尉，如《汉书》卷5《景帝纪》中元六年（前144）五月诏“吏六百石以上，皆长吏也”；卷9《元帝纪》永光二年二月大赦赏赐，“中都官长吏各有差”（第149、288页）。《二年律令·秩律》简465—466载“太医、祝长及它都官长、黄乡长、万年邑长、长安厨/长，秩各三百石，有丞尉者二百石”（彭浩等主编：《二年律令与奏谳书：张家山二四七号汉墓出土法律文献释读》，第290页）。这些显然均是“长吏”，是其可指所有二百石黄绶以上长官，故孙星衍辑王隆《汉官解诂》述“明帝诏书不得僇辱黄绶，以别小人吏也”（孙星衍等辑：《汉官六种》，第20页）。

“长吏”,[1] 二千石以上之“卿”即是这些“长吏”的长官,[2] 其上的“公”自然就是掌丞天子、助理万机的丞相之类。[3]

公卿大夫士对应的这种官员身分层级，不仅与给赐、司法、礼仪等方面待遇直接挂钩,[4] 更各具特定行政权力和地位，切关整套行政体系的组织运行。在大政决策上，汉制大事多“下公卿议”，与议者各可奏明意见，《史记》《汉书》《汉纪》所载不胜枚举。这是当时议处国务最为核心的官员圈层，前表载御史中丞在兰台“受公卿奏事”，要即此类。又《汉书·京房传》载其元帝时奏考功课吏法：

> 上令公卿朝臣与房会议温室，皆以房言烦碎，令上下相司，不可许……唯御史大夫郑弘、光禄大夫周堪初言不可，后善之。[5]

---

① 睡虎地秦简《法律答问》有曰：“可谓‘宦者显大夫’？宦及智于王，及六百石吏以上，皆为‘显大夫’。”（睡虎地秦墓竹简整理小组编：《睡虎地秦墓竹简》，北京：文物出版社，1990年，第139页）“显大夫”指仕宦至六百石以上及为王所知的近侍之臣，整理小组认为此条可参《汉书》卷2《惠帝纪》载其即位恩赐，“爵五大夫、吏六百石以上及宦皇帝而知名者，有罪当盗械者，皆颂系”（第85页），似汉初承秦有同类律条。又《汉书》卷8《宣帝纪》黄龙元年（前49年）四月诏“吏六百石位大夫，有罪先请，秩禄上通”云云（第274页），足见吏六百石以上“位大夫”而寓特定管理内涵。

② 《汉书》卷83《朱博传》载成帝时，丞相翟方进“奏罢刺史，更置州牧，秩真二千石，位次九卿。九卿缺，以高第补”（第3406页）。“位次九卿”即近乎诸卿，郡国守相亦在其列。孙星衍辑王隆《汉官解诂》述都尉“与太守俱受银印部符之任”，孙星衍校卫宏《汉旧仪》卷上载“御史大夫见皇帝称‘谨谢’，将军见皇帝称‘谢’，中二千石见皇帝称‘谢’，二千石见皇帝称‘制曰可’，太守见皇帝称‘谢’”（孙星衍等辑：《汉官六种》，第21、66页）。二千石皆银印，守相陛见礼如中二千石，其登进亦多至中二千石，似亦为广义之卿。

③ 平中苓次已指出前表所载印绶与卿大夫士层级的这种对应关系，参见「漢代の官吏の家族の復除と『軍賦』の負擔」、『中國古代の田制と稅法——秦漢經濟史研究』、京都：東洋史研究會、1967年、第337頁。当然也可把“大夫”视同二百石以上所有“长吏”，以下方为士和胥史；或把大夫、士再分上下。据现有证据，这在秦汉不同时期的观念和实际中或许都曾存在。

④ 杨振红《秦汉官僚体系中的公卿大夫士爵位系统及其意义——中国古代官僚政治社会构造研究之一》多有所述（《文史哲》2008年第5期），另外还有奏事、陛见等诸多例证可举，此不赘述。

⑤ 《汉书》卷75《京房传》，第3161页。

诏与议者包括“朝臣”，相当于平常处理大政的廷议，也就是从公卿扩大到依法须参与廷议的“大夫”，[①] 亦即中都官六百石以上长吏。[②] 汉制凡灾异辄命公卿大夫论政得失，即是因其本在大政决策的制度化圈层内，同时也因其就是各种政务处理的实际负责人。如上所述，“大夫”、“士”即二千石以下、二百石以上“长吏”，皆属于“卿”，再上则由“公”佐助皇帝统领。《史记·平准书》述汉武帝甚重公孙弘、张汤而法网渐密：

> 其明年，淮南、衡山、江都王谋反迹见，而公卿寻端治之，竟其党与，而坐死者数万人，长吏益惨急而法令明察。当是之时，招尊方正贤良文学之士，或至公卿大夫……然无益于俗，稍骛于功利矣。[③]

所谓“寻端治之”，尽显公卿在大政要务处理上的能动地位；“长吏益惨急而法令明察”，则是公卿之下处理各种行政实务的大夫、士承风为政的写照。下述贤良方正“或至公卿大夫”，也强调这是实权要官。故汉帝每遇大事常督责公卿大夫。[④]

除参与大政决策和负责行政实务外，公卿大夫士还各有特定用人权和人事管理权。《汉书·文帝纪》载十五年（前165）九月：

---

① 孙星衍校集应劭《汉官仪》卷下述正旦“天子御德阳殿，临轩。公、卿、大夫、百官各陪位朝贺”（孙星衍等辑：《汉官六种》，第183页），此为东汉之制，但西汉正旦大会亦然。这类大朝会百官皆预，却无多少实际理政功能。汉代六百石以下长吏除可由诏书指定参加公卿大夫议事外，似无其他参议大政的常规化途径。

② 《史记》卷28《封禅书》载元鼎四年汾阴获鼎，“至长安，公卿大夫皆议请尊宝鼎”；卷99《刘敬叔孙通列传》载叔孙通制朝仪，于高帝七年（前200）十月朝会施行之，“于是皇帝辇出房，百官执职传警，引诸侯王以下至吏六百石以次奉贺。自诸侯王以下莫不振恐肃敬”（第1392、2722—2723页）。即为公卿大夫皆预廷议之证。

③ 《史记》卷30《平准书》，第1424页。

④ 如《汉书》卷8《宣帝纪》黄龙元年二月，诏政化不肃，称“数申诏公卿大夫务行宽大”；卷9《元帝纪》永光四年三月诏责“公卿大夫其勉思天戒，慎身修永，以辅朕之不逮”；卷11《哀帝纪》元寿元年（前2年）正月辛丑朔，因日蚀诏“公卿大夫其各悉心勉帅百寮，敦任仁人，黜远残贼，期于安民。陈朕之过失，无有所讳”（第273、291、343页）。

诏诸侯王公卿郡守举贤良能直言极谏者，上亲策之，傅纳以言。①

公卿在文帝初创察举制后，即为重要举主，武帝以来设茂才、孝廉科后，公卿也可与州郡一样察举所属。② 又《汉旧仪》卷上载武帝“令丞相设四科之辟，以博选异德名士，称才量能，不宜者还故官”：

> 第一科曰德行高妙，志节清白。二科曰学通行修，经中博士。三科曰明晓法令，足以决疑，能案章覆问，文中御史。四科曰刚毅多略，遭事不惑，明足以照奸，勇足以决断，才任三辅剧令。皆使以能，信然后官之。第一科补西曹南阁祭酒，二科补议曹，三科补四辟八奏，四科补贼决……岁举秀才一人，廉吏六人。③

丞相可博选官员为其府僚属，四科之名更表明其为博士、御史和三辅县令的当然人选，另外还有从僚属中岁举秀才和廉吏的名额。丞相统领百僚，用人权确有特殊之处，但其他诸公列卿，也各在府僚及下属选用和出路上有相应权力。④

再者，丞相、御史二府僚属与诸卿下属，似还存在制度化的互调关系。《汉

① 《汉书》卷 4《文帝纪》，第 127 页。其前文载文帝二年十一月因日食诏“举贤良方正能直言极谏者，以匡朕之不逮”（第 116 页）。一般认为此即汉代察举制之始，惜所载未明举者范围，从前后文可推当时至少应包括公卿在内，十五年诏则明确为诸侯王、公卿、郡守。

② 武帝元光元年（前 134）令郡国举孝廉，元封五年（前 106）诏州察茂材，是为察举孝廉和茂才之始。据《汉书》卷 8《宣帝纪》，元康四年（前 62 年）遣大中大夫强等 12 人循行天下，“举茂材异伦之士”；卷 9《元帝纪》初元二年（前 47 年）诏称灾异频仍，“丞相、御史、中二千石举茂材异等直言极谏之士”；卷 79《冯逡传》载其为杜陵人，先被“太常察孝廉为郎”，后被“光禄勋于永举茂材”；卷 83《薛宣传》载其“以大司农斗食属察廉”（第 258、281—282、3305、3385 页）。可举茂才、孝廉者已不限州郡。

③ 孙星衍校卫宏《汉旧仪》卷上，孙星衍等辑：《汉官六种》，第 69 页。

④ 孙星衍辑佚名《汉官》载：“建武十二年八月乙未诏书，三公举茂才各一人，廉吏各二人；光禄岁举茂才四行各一人，察廉吏三人；中二千石岁察廉吏各一人，廷尉、大司农各二人；将兵将军岁察廉吏各二人；监察御史、司隶、州牧岁举茂才各一人。”（孙星衍等辑：《汉官六种》，第 1 页）此必从西汉公卿察举之额损益而来。

旧仪》卷上载丞相府“东门、西门长史物故，廷尉正、监守”，后文又载：

> 廷尉正、监、平物故，以御史高第补之。御史少史行事如御史，少史有所为，即少史属得守御史，行事如少史。少史秩比六百石。御史少史物故，以功次征丞相史守御史少史……丞相史物故，调御史少史守丞相史，若御史少史监祠寝园庙，调御史少史属守，不足，丞相少史属为倅。事已罢。①

汉代二府僚属与诸卿下属间的调补及其进一步升迁之况，因记载散佚而不详。引文所述廷尉正、监、平与二府僚属的调补，看来似非个别之例，背后当有一套完整的规定。② 此外，诸卿对其下属即便职事上关系间接，但在选用和人事管理上仍有责任。《汉官仪》卷上载：

> 光禄勋有南北庐主事、三署主事。于诸郎之中，察茂才高第者为之，秩四百石。次补尚书郎，出宰百里……光禄举敦厚、质朴、逊让、节俭，此为四行。③

光禄勋可在所属郎官中察举茂才，也可按四种品行课第下属郎、从官，④ 荐其高第者任南北庐及三署主事，次补尚书郎，或出任县令。又续汉志“太常”条本注

① 孙星衍校卫宏《汉旧仪》卷上，孙星衍等辑：《汉官六种》，第67、72页。沈钦韩《汉书疏证》卷4以为，“少史秩比六百石”，“少史”应作御史；“御史少史物故，以功次征丞相史守御史少史”，二“少史”衍（上海：上海古籍出版社，2006年，第109页）。

② 孙星衍校卫宏《汉旧仪》卷下载：“旧制：令六百石以上，尚书调、拜、迁，四百石长相至二百石，丞相调、除。中都官百石，大鸿胪调。郡国百石，二千石调。”（孙星衍等辑：《汉官六种》，第82页）按“调”即“调御史少史守丞相史”之类，《汉书》卷83《薛宣传》载其为东海郯人，“少为廷尉书佐都船狱史。后以大司农斗食属察廉，补不其丞”（第3385页），即为诸卿属吏跨部门调补之例。“除”、“拜”、“迁”亦各有其义，如《汉书》卷5《景帝纪》师古注引如淳曰：“凡言除者，除故官就新官也。”（第145页）

③ 孙星衍校集应劭《汉官仪》卷上，孙星衍等辑：《汉官六种》，第129—130页。

④ 《汉书》卷9《元帝纪》载永光元年二月“诏丞相、御史举质朴敦厚逊让有行者，光禄岁以此科第郎、从官”（第287页），为此制之始。

“每选试博士，奏其能否”，[①] 近侍皇帝的“从官”和备顾问咨询的博士，职事常直承王命不受干预，但光禄勋和太常作为其长官仍可决定考课和选用，这应当是诸卿下属皆然的通例。[②]

因此，在朝廷统一任命六百石以上和通行的长官辟署制框架下，公卿既可通过专属察举推荐权，提拔自行选辟的府僚和下属，[③] 又可有力干预府僚、下属间的调迁摄守，使之较快升迁甚至成为博士、御史等要职人选，更可通过既定考课功次等选拔途径，主导其府僚和下属的登进。尤需点明的是，公卿人事权任的这种安排，实已从整套行政体系顶层决定了其下层级的人事权任之态：大夫与士作为二千石以下至二百石以上“长吏”，像公卿一样有其辟署的府僚和归属其下的官吏，都对之拥有考课、调遣、摄守、举荐等权，也就同样在很大程度上掌握了这些官吏的选用及其凭借功次才行经由既定途径升迁登进的命运。[④]

以上所述大政决策、政务处理，尤其是人事权任之况，集中体现了汉代把官

---

① 《续汉书·百官志二》，《后汉书》，第 3571 页。孙星衍校卫宏《汉旧仪》补遗卷上载：“武帝初置博士，取学通行修，博学多艺，晓古文《尔雅》，能属文章者为高第。”（孙星衍等辑：《汉官六种》，第 89 页）这显然是武帝时始设的五经博士，与前引丞相四科之二“学通行修，经中博士”相类。《史记》卷 28《封禅书》载文帝时，鲁人公孙臣上书请改正朔服色，召“拜为博士”；卷 121《儒林列传》载辕固生为齐人，“以治《诗》，孝景时为博士”（第 1381、3122 页）。这两种博士从属于太常的程度不一，但皆须“选试”，由太常具体主持。

② 《汉书》卷 71《平当传》载其为平陵人，“少为大行治礼丞，功次补大鸿胪文学，察廉为顺阳长”（第 3048 页）。大行治礼丞亦为大鸿胪下属，“功次”由考课确认，察廉为大鸿胪的专属察举权。《史记》卷 18《高祖功臣侯者年表》序述自古“功有五品”，除以德定宗庙社稷之勋外，“以言曰劳，用力曰功，明其等曰伐，积日曰阅”（第 877 页）。其事皆为各级长官所主。

③ 孙星衍校卫宏《汉旧仪》补遗卷上：“或曰汉初掾史辟，皆上言，故有秩皆比命士。其所不言，则为百石属。其后皆自辟，故通为百石云。”（孙星衍等辑：《汉官六种》，第 87 页）阎步克《从爵本位到官本位：秦汉官僚品位结构研究》认为“皆上言”或是“不皆上言”（第 444—451 页）。但即便“皆上言”，也难影响“上言”的长官实际决定其僚属署用的权力。

④ 大庭脩：《秦汉法制史研究》，林剑鸣等译，上海：上海人民出版社，1991 年，第 442—457 页；廖伯源：《汉代仕进制度新考》，《简牍与制度：尹湾汉墓简牍官文书考证（增订版）》，桂林：广西师范大学出版社，2005 年，第 1—46 页。

员分为公、卿、大夫、士层级的政治行政内涵，这些权任与其他各种足以彰显官员身分等级的特权待遇叠加，说明历经战国以来变迁衰退的公卿大夫士序列，直至西汉也远不只是一种因崇古复古观念而生的秩次别称，而是仍像春秋以来那样兼具身分和理务性质，有其确切的权力、地位和作用。其中至为重大却已多被岁月湮没的一点，即是在集权官僚体制从等级贵族体制内部发育成长起来时，在秦汉王朝从三代王朝的发展实际和理念擘画中脱胎重建的过程中，在身分等级仍具基准地位而行政组织尚难以职能为导向的前提下，以其特具的权力和身分地位，组合、管理不同职能及身分的下属和部门，也就是按“以官相属”的组织规则搭起朝廷和各地政府机构框架，维系基本的行政架构和管理秩序。在此意义上，秦汉官员的公卿大夫士分层对新建“大一统”王朝行政秩序所起的作用，正如涵盖全部吏民的爵级对于巩固新的社会秩序一样具有基础性，这当然也是秦汉行政体制可概括为公卿体制的根基所在。

在此背景下总结当时官制实际和官制记载“以官相属”的内涵，即可明白其长官与下属之间，本来就不是重在职能节制关系，而是公、卿、大夫、士所寓的等级关系和人事管理权任。据上所述，公、卿、大夫、士对应的用人和人事管理权任，首先保障了各级行政长官对其府僚和下属的管理激励，由此具备影响和干预其府僚、下属行事的有力杠杆，而渗透于政治和社会生活各领域的等级待遇和特权，则事事提点着所有官吏知其高下和分所当为。① 这些都支撑了公、卿、大夫、士对其府僚和下属的把控，其中高层尤其是经常参与大政决策的公卿，还可通过力推某些制度举措和重大任免，影响整个行政系统的状态。此即前表所载长官与下属多有职能无关、双重管理和重复设置等紊乱现象背后的秩序。反过来看，如果不是因为存在这种与公卿大夫士分层相应的等级关系尤其是人事权任，那么前表取本官簿所载“属官”和“又属官”之“属”，也就真的尽失凭依而无从提起了。

---

① 《汉书》卷 83《朱博传》载何武与翟方进欲改刺史为州牧，理由是“《春秋》之义，用贵治贱，不以卑临尊。刺史位下大夫，而临二千石，轻重不相准，失位次之序”；卷 84《翟方进传》载其奏免不敬丞相的司隶涓勋，称“爵位上下之礼，王道纲纪”，斥其“堕国体，乱朝廷之序”（第 3406、3414 页）。《汉旧仪》等载有大量官员相见等礼仪故事，即因汉代特重其确定和维护上下之分的功能。

三、汉魏以来“以官相属”现象逐渐消失

据上所述，西汉官制实际和官制记载的“以官相属”，可归为春秋战国以来等级贵族体制过渡为集权官僚体制的进程在行政组织上的表现，故其趋势是逐渐衰退的，相应发展起来的是皇权所率官僚行政系统内生的规则，也包括职能不断分化及其对设官分职的导向。由此观之，前表所示西汉百官建制的职能分化程度尽管不高，却体现了战国、秦朝以来相关进展，[①] 而续汉志所载东汉初年以来的设官分职之况，在适应集权官僚行政体系自身要求和职能分工关系的梳理上，较前表所示又更进一步。要而言之，随“大一统”王朝建立后新旧身分等级交替和官僚体系发展，秦汉百官建制正处于“以官相属”向“以职相从”过渡的历史进程之中，并且预示了魏晋以后加速演进的趋势。

前表即载有不少汉初以来这方面的调整，如述宗正为秦官，掌亲属，属官有内官长丞：

> 初，内官属少府，中属主爵，后属宗正。

又述治粟内史（大司农）为秦官，掌谷货，属官有斡官长丞：

> 初，斡官属少府，中属主爵，后属大司农。

又述中尉（执金吾）为秦官，掌徼循京师，属官有寺互令丞：

> 初，寺互属少府，中属主爵，后属中尉。[②]

前表记叙二级机构沿革的文字较少，这三处郑重载录，是要表明汉初以来不少职

---

① 关于秦朝诸卿“原始性”的讨论，参见沈刚：《汉代国家统治方式研究：列卿、宗室、信仰与基层社会》，北京：社会科学文献出版社，2017年，第16—18页。

② 三处引文参见《汉书》卷19上《百官公卿表上》，第730、731、732页。

能曾从少府划归主爵中尉，后来又被分属宗正等卿。少府作为君主私府，[①] 涉及诸多宫廷之务，有的确实归其管领，有的只是挂其名下。故前表述少府“掌山海池泽之税，以给共养”，实应理解为武帝以来其职之要，是对秦以来屡经分化之后少府职能的概括。[②] 前已指出内官长丞“主分寸尺丈”及工坊、宫刑等事，斡官长丞据如淳说是“主均输”即盐铁榷酒之类，但也掌管铸钱等事，[③] 寺互令丞之“互”或为“工”之形讹，秦封泥有“寺工之印”、“寺工丞印”，战国至汉器物铭刻及简牍亦有“寺工”，[④] 则其亦掌工坊之事。这三个原属少府的部门均涉器物制作，甚合秦时少府兼掌作坊的事实，[⑤] 至于三者后来两次改变所属的时间点，有可能就在前表载主爵中尉“景帝中六年更名都尉，武帝太初元年更名右扶风”之时。[⑥]

景帝中元六年成批更改官称，显示了依据儒经变制的倾向，亦伴有职能、部门调整，[⑦] 主爵中尉改名主爵都尉，似要强调其为外朝官而属有更多部门。无论如何，把这三个部门从掌管宫廷诸务的少府划属掌管列侯之务的主爵都尉，合乎先秦以来官僚行政系统从君主家臣近侍不断分化发展起来的大势。从列侯中多宗

① 续汉志“少府”条刘昭补注引《汉官》曰：“少者小也，小故称少府。王者以租税为公用，山泽陂池之税以供王之私用。古皆作小府。”（《后汉书》，第3592页）居延汉简多见“小府”，其中部分即指太守私府。尹湾汉简载东海郡有“小府啬夫”，学界多以之为掌太守私府的属吏。参见谢桂华：《尹湾汉墓简牍和西汉地方行政制度》，《汉晋简牍论丛》，桂林：广西师范大学出版社，2014年，第214页。

② 续汉志“少府”条刘昭补注引《汉官仪》曰：“田租、刍稿以给经用，凶年，山泽鱼盐市税少府以给私用也。”（《后汉书》，第3592页）即武帝整顿过的少府职能写照，与前表载少府所掌略同。

③ 《汉书》卷19上《百官公卿表上》，第731页。陈直《汉书新证》以罗振玉藏“斡官泉丞”印证斡官除掌均输盐铁榷酒等事，亦铸造钱货（第98页）。

④ 黄盛璋提出见于吕不韦戈铭之“寺工”或即“寺互”之讹，后来学界以战国秦汉器物铭刻、官印封泥及简牍所载证明了这一卓见，参见黄盛璋：《寺工新考》，《考古》1983年第9期；吴荣曾：《西汉骨签中所见的工官》，《考古》2000年第9期。

⑤ 刘庆柱、李毓芳《西安相家巷遗址秦封泥考略》述秦封泥有“少府”、“少府工官”、“少府工室”、“少府工丞”等（《考古学报》2001年第4期），足证秦时少府属下多有工坊。

⑥ 《汉书》卷19上《百官公卿表上》，第736页。

⑦ 《史记》卷11《孝景本纪》载中元六年更诸官名，“大行为行人，奉常为太常，典客为大行，治粟内史为大农。以大内为二千石，置左右内官，属大内”（第446页）。可证其时机构确有调整。

戚子弟、掌宫廷与掌列侯在皇家事务上有其因缘和相通处来看，这些部门从少府划属主爵都尉似亦合理。到武帝太初元年（前 104）京畿改制，右、左内史改为京兆尹和左冯翊，是为周秦以来内史职能分化发展的一个终结，① 主爵都尉则相应改为右扶风，前表载其时“列侯更属大鸿胪”，② 故其原有下属势必调整剥离。其中斡官划归属官有太仓、均输等令丞的大司农，寺工划归属官有武库、都船令丞的中尉，都很合乎职能归口管理的原则。至于内官从原掌列侯的主爵都尉归到掌亲属的宗正，也可说是职类相近，况且《汉书·律历志上》载其后还有调整：

> 度者，分、寸、尺、丈、引也，所以度长短也……职在内官，廷尉掌之。③

这是刘歆条奏钟律之事的节文，可见内官长丞因掌标准尺度又兼领宫刑等事，后不知何时已划属掌管刑狱的廷尉。师古注此“法度所起，故属廷尉”，以为合乎职能归口管理的要求。是故这三个部门的两次划属虽似微小，却像内史等官的分化发展一样，反映了周秦以来设官分职逐步调整的大势，体现了职能分工关系在“以官相属”局面中逐渐突出起来的历程。

这一历程在两汉的发展状态，集中体现于前表所载与续汉志的异同中。下面就朝廷各部门设置择述其要。

一是“又属官”大部分消失。如续汉志载太常下属部门（引文不含本注，分段以“/”隔开）：

① 前表载治粟内史为秦官，景帝后元元年（前 143）更名大农令，武帝太初元年改大司农；内史为周官，秦因之，掌治京师，景帝二年（前 155）分为右、左内史，武帝太初元年改京兆尹和左冯翊（第 731、736 页）。学界已指出其皆由周秦内史职能分化发展而来，且其过程亦与少府相关，参见工藤元男：《内史的改组和内史、治粟内史的形成》，《睡虎地秦简所见秦代国家与社会》，广濑薰雄、曹峰译，上海：上海古籍出版社，2010 年，第 18—49 页；彭邦炯：《从出土秦简再探秦内史与大内、少内和少府的关系与职掌》，《考古与文物》1987 年第 5 期。

② 《汉书》卷 19 上《百官公卿表上》，第 736 页。

③ 《汉书》卷 21 上《律历志上》，第 966—967 页。《律历志》序述此为元始中王莽秉政时刘歆条奏钟律之事的内容，师古注曰：“班氏自云作志取刘歆之义也。自此以下讫于‘用竹为引者，事之宜也’，则其辞焉。”（第 955—956 页）

> 太常，卿一人，中二千石。丞一人，比千石。/太史令一人，六百石。丞一人。明堂及灵台丞一人，二百石。/博士祭酒一人，六百石。博士十四人，比六百石。/太祝令一人，六百石。丞一人。/太宰令一人，六百石。丞一人。/大予乐令一人，六百石。丞一人。/高庙令一人，六百石。无丞。/世祖庙令一人，六百石。/先帝陵，每陵园令各一人，六百石。丞及校长各一人。/先帝陵，每陵食官令各一人，六百石。/右属太常。①

这直观展示了续汉志所据官簿登录长官与下属之况，可见东汉太常下属不仅较前表所见大为精简，且已是太常“掌礼仪祭祀”的必要部门。其末的“右属太常”，也已不再像前表区别“属官”与“又属官”。② 以下除光禄勋和少府外，凡卫尉、太仆、廷尉、大鸿胪、宗正、大司农、执金吾、大长秋、太子少傅、将作大匠、城门校尉、北军中候，续汉志载其属官皆称“右属某某”，且绝大部分属官看起来皆像上列太常下属那样与长官职掌相谐。可见东汉各部门下属的管理和职能关系大体已得明确，③ 较前表所示诸卿“属官”、“又属官”构成驳杂之态，显然是一个按长官职能清理、整顿过的局面。

二是出现“职属”与“文属”之别。上文之所以说“又属官”大部分消失而把光禄勋和少府除外，是因续汉志所载诸卿唯有这两者仍下属繁多、职能庞杂。其载光禄勋“掌宿卫宫殿门户，典谒署郎更直执戟，宿卫门户”，下属五官、左、右三署及虎贲、羽林中郎将，羽林左右监，奉车、驸马、骑都尉，光禄、太中、中散、谏议大夫，议郎，谒者与谒者仆射。其末仍书“右属光禄勋”，下有本注曰：

---

① 《续汉书·百官志二》，《后汉书》，第 3571—3574 页。

② 续汉志载太子太傅一人，本注述其“掌辅导太子，礼如师，不领官属”，由太子少傅“悉主太子官属”（《后汉书》，第 3606、3608 页），与前表载太子太傅、少傅属官有太子门大夫等官不同。可见续汉志载“右属某某”绝非随意，而是其所据官簿使然，从而可推西汉至东汉官簿记载属官的形态已有变化。

③ 如续汉志载廷尉之下列正、左监各一人，右平一人，末亦云“右属廷尉”（《后汉书》，第 3582 页）。前已述前表不载廷尉正、监、平为“属官”，是因廷尉正即丞，监、平亦直承皇命治狱。续汉志既载“右属廷尉”，表明正已明确为属官，监、平虽仍“平决诏狱”，亦必明确廷尉对之的管理关系。

> 职属光禄者，自五官将至羽林右监，凡七署。自奉车都尉至谒者，以文属焉。①

其后文载少府所属人员和部门，末书“右属少府”后也有本注：“职属少府者，自太医、上林凡四官。自侍中至御史，皆以文属焉。”② 这种“职属”和“文属”的区别早已引起学界关注，其由来和内涵却一直未有确诂。③

应当看到，续汉志本注虽交代光禄勋和少府下属分为“职属”和“文属”，但正文仍与其他诸卿下属一样书“右属某某”。故先应肯定“文属”还是长官下属，而不能说其“严格说来”或“其实不是”长官下属，那都是用今人之见衡量汉制。再是所谓“职属”和“文属”，应是从前表区分“属官”、“又属官”发展而来，④“职属”大体指职务对口隶属关系，“文属”则是职务并不隶属而人事管理仍隶属长官的下属。前已指出公卿大夫士作为“长吏”的人事权任，东汉大体照旧。具体如《汉官解诂》述诸宫门出入之制：

> 居宫中者，皆施籍于门，案其姓名。若有医巫僦人当入者，本官长吏为封启传……皆复有符。符用木，长二寸，以当所属两字为铁印，亦太卿炙

---

① 《续汉书·百官志二》，《后汉书》，第3574—3578页。

② 《续汉书·百官志二》，《后汉书》，第3592—3600页。

③ 安作璋、熊铁基认为“文属”反映了某些官职的特殊关系，参见《秦汉官制史稿》上册，第126—129、204—210页。刘啸认为“文属”指三公九卿体制下直属皇帝之官，参见《家国分离视野下的汉唐间少府职能变迁》，《史林》2013年第2期。

④ 孙星衍校集应劭《汉官仪》卷上载：“羽林左、右监，属光禄。”又载：“光禄大夫，秩比二千石，不言属光禄勋。”（孙星衍等辑：《汉官六种》，第131页）《汉旧仪》《汉官仪》等书像这样称“属”之例不少而含义错杂，按前表载羽林为光禄勋“又属官”，光禄大夫为“属官”；续汉志载前者为“职属”，后者为“文属”；《汉官仪》这两条佚文则以“文属”为“不言属”。未央厩令、车府令在前表分别为太仆“属官”和“又属官”，续汉志载其与考工令皆在“右属太仆”之列；公主家令在前表为宗正又属官，续汉志载此已为宗正的唯一属官，因为都司空令丞等至东汉皆已罢省。凡此之类，均表明东汉对西汉“属官”和“又属官”作了全面整顿，凡与长官职能关系间接的部分或被裁撤归并，仅剩的则称“文属”。

符，当出入者，案籍毕，复齿符，乃引内之也。①

其文或有脱讹，所述大意是出入宫门者须有门籍和符，证明其人官位身分和给事宫中。“文属”官皆给事或居于宫中，“太卿炙符”表明其出入宫门至少仍须光禄勋和少府参与证明身分地位，② 为之对“文属”官人事管理的组成部分。至于续汉志本注并未明言的其他诸卿下属，究竟是相当于光禄勋和少府的“职属”，即职事和人事皆归长官管理，还是大多如此但亦间有近乎“文属”者，则应具体分析。当然，东汉官制在职能分工关系上较之西汉大有推进应无问题，而“文属”的存在，则表明部分属官的履职仍可与长官无关，“以官相属”作为特定组织规则仍在发挥作用。

三是重复设置和不必要的双重管理部门被大批裁撤。续汉志“廷尉”条本注曰：“孝武帝以下，置中都官狱二十六所，各令长名世祖中兴皆省，唯廷尉及雒阳有诏狱。”③ 即西汉长安城中直属朝廷的众多狱官唯留两处诏狱。相应地，续汉志中已看不到前表所载诸多都水和司空官，亦应是光武帝以来罢省。④ 又续汉志“大司农”条本注：

郡国盐官、铁官本属司农，中兴皆属郡县。又有廪牺令，六百石，掌祭祀牺牲雁鹜之属。及雒阳市长、荥阳敖仓官，中兴皆属河南尹。余均输等

① 孙星衍辑王隆《汉官解诂》，孙星衍等辑：《汉官六种》，第 14 页。此条各处所引文字有所不同，参见周天游之校记。

② 《艺文类聚》卷 49《职官部五·卫尉》引，第 880 页。按“太卿”即大卿，《通典》卷 25《职官七·总论诸卿》曰：“汉以太常……少府谓之九寺大卿。”（北京：中华书局，1988 年，第 690 页）从西汉诸卿二千石而此九卿为中二千石看，其说必有所据。

③ 《续汉书·百官志二》，《后汉书》，第 3582 页。所述“各令长名”云云，即是其文取本官簿的明证。

④ 续汉志“太仆”条本注曰：“旧有六厩，皆六百石令，中兴省约，但置一厩……又有牧师菀，皆令官，主养马，分在河西六郡界中，中兴皆省，唯汉阳有流马菀，但以羽林郎监领。”（《后汉书》，第 3582 页）朝廷设于各地的农、牧官亦大多裁撤。又前表载大司农下属有“郡国诸仓农监、都水六十五官长丞”（第 731 页），这些亦多裁撤而不见于续汉志。相关讨论参见龚留柱：《秦汉时期军马的牧养和征集》，《史学月刊》1987 年第 6 期；王勇：《秦汉地方农官建置考述》，《中国农史》2008 年第 3 期。

皆省。①

除廪牺令和雒阳市长、荥阳敖仓官划属河南尹外，把大量散在各地直属朝廷掌管盐、铁、工坊等专门事务的人员和部门划属郡国，是因这些人员和部门本来就须由各地郡县协助履职和管理。② 光武帝明确其划属郡国，事与前述元帝把陵县划归三辅相类。因而将之划属郡国，实际是明确其主要归各地管理，③ 但工、铁等官在制作工艺与产品调拨等方面，显然仍须接受朝廷相关部门指导。④

四是公卿体制旧中有新。续汉志载：

> 太尉，公一人。本注曰：掌四方兵事功课，岁尽即奏其殿最而行赏罚。凡郊祀之事，掌亚献；大丧则告谥南郊。凡国有大造大疑，则与司徒、司空通而论之。国有过事，则与二公通谏争之。⑤

后文述司徒、司空，文式与此相同。其载太尉、司徒、司空皆先书“公一人”，与前文载太傅“上公一人”，后文载太常等诸卿皆先书“卿一人”格式相同。这些明

① 《续汉书·百官志二》，《后汉书》，第3590页。

② 尹湾汉简《集簿》木牍原题如此，首行述县邑侯国数后，述“都官二”。整理者以此为直属大司农的铁官和盐官，并以为东海郡将之纳入上计簿，说明其“受中央和地方双重领导”。参见连云港市博物馆等编：《尹湾汉墓简牍》，北京：中华书局，1997年，第5、77页。另参见刘庆柱：《汉代骨签与汉代工官研究》，《陕西历史博物馆馆刊》第4辑，西安：西北大学出版社，1997年，第1—13页。

③ 续汉志述各地盐铁工官建制曰：“其郡有盐官、铁官、工官、都水官者，随事广狭置令、长及丞，秩次皆如县、道，无分士，给均本吏。本注曰：凡郡县出盐多者置盐官，主盐税。出铁多者置铁官，主鼓铸。有工多者置工官，主工税物。有水池及鱼利多者置水官，主平水收渔税。在所诸县均差吏更给之，置吏随事，不具县员。”（《后汉书》，第3625页）此即盐铁工官划属郡国后的管理之要。

④ 如许建强《东汉元和二年“蜀郡西工造”鎏金银铜舟》录其铭文：“元和二年，蜀郡西工造乘舆黄白涂舟，中铜五升粉铫，铸工陵，涂工歆，文工顺，洀工来，造工世，护工掾敦、长廷、丞盱、掾嗣、令史况主。”（《文物》2014年第1期）其前一段述“乘舆黄白涂舟，中铜五升粉铫”，明确这是御用器物及其工艺要求，“铸工陵”至“造工世”为制作工匠，“护工掾敦”为郡遣监工者，以下为西工长丞等管理者。

⑤ 《续汉书·百官志二》，《后汉书》，第3557页。

显录自官簿的文字，说明公、卿身分地位仍有重要政治行政内涵。近年学界对两汉三公、九卿称谓到其制变迁续有研究，① 最为关键的变迁仍如上引文所示，即太尉、司徒、司空作为“三公”在议政上固可“通而论之”，其行政职能却已被破天荒加以限定，② 举国政务和诸卿各部门由此自须归口管理，也就构成一套职能分工关系相对突出和明确的公卿理务系统。③ “事无不统”的丞相，自此已“非寻常人臣之职”；西汉那样由大司农、大鸿胪等为将出征，④ 此后也罕有发生了。

据上四端，尽管光禄勋和少府仍有不少“文属”官，其他诸卿属官如考工属太仆之类，职能关系还有待理顺；⑤ 即便是“职属”，与后世那种事事需要长官

① 徐冲：《西汉后期至新莽时代“三公制”的演生》，《文史》2018 年第 4 辑；孙正军：《汉代九卿制度的形成》，《历史研究》2019 年第 5 期。

② 《汉书》卷 83《朱博传》载成帝时何武建言：“今末俗之弊，政事烦多，宰相之材不能及古，而丞相独兼三公之事，所以久废而不治也。宜建三公官，定卿大夫之任，分职授政，以考功效。”（第 3404—3405 页）此为成、哀时三公改制之始，其后波折皆因三公分职成为“三司”引起，因为传统观念是三公即相。如《春秋公羊传》隐公五年即述三公为“天子之相”（阮元校刻：《十三经注疏》，第 2207 页）。王弼注本《老子》第 62 章：“故立天子，置三公，虽有拱璧以先驷马，不如坐进此道。”帛书《老子》甲、乙本“三公”皆作“三卿”，末无“道”字（高明：《帛书老子校注》，北京：中华书局，1996 年，第 129 页）。可见汉魏人已习惯于三公论道经邦说，故王弼本改“三卿”为“三公”而增“道”字。

③ 《白虎通·封公侯》“三公九卿”条述司马主兵、司徒主人、司空主地，天子“分职以置三公，各主其一，以效其功。一公置三卿，故九卿也”（陈立：《白虎通疏证》，北京：中华书局，1994 年，第 130—131 页）。这是基于成帝至东汉三公的叙说，所据为诸今文经说，续汉志刘昭补注引《汉官目录》载三公各领三卿，应是当时刻意比附经说的结果，事实上三公应按何武建议分领诸卿之务。

④ 《汉书》卷 52《韩安国传》载其武帝时“迁为大司农。闽、东越相攻，迁安国、大行王恢将兵。未至越，越杀其王降，汉兵亦罢”；卷 7《昭帝纪》载始元四年（前 83 年）冬，“遣大鸿胪田广明击益州”（第 2398、222—223 页），大有斩获。两汉九卿中唯主马政的太仆似有武勇领兵传统，《后汉书》卷 20《祭彤传》载其守辽东 30 年，迁太仆，明帝重之，称“太仆，吾之御侮也”，祭彤后来又率万余骑出高阙伐北匈奴；卷 47《梁慬传》载永初三年（109）冬南单于与乌桓大人反，“以大司农何熙行车骑将军事”，发缘边郡兵共击之（第 745—746、1592 页）。何熙行将军事，与西汉直接以大司农、大鸿胪领兵出征性质不同。

⑤ 除光禄勋和少府外，续汉志载考工令“主作兵器”及“织绶诸杂工”，职能与太仆掌车马不符。又载卫尉所属有左右都候，“主剑戟士，徼循宫，及天子有所收考”。刘昭补注引蔡质《汉仪》述之为左都候之职，且其“见尚书令、尚书仆射、尚书皆执板拜，见丞、郎皆揖”（《后汉书》，第 3581、3579—3580 页）。是其收考职能直承王命，非卫尉可管。

裁断签署的状态肯定还存在差距；但续汉志所示百官职能分工和归口管理，较之前表所载已获较大进展，仍是显著事实。由于所据主要是光武帝省官以来的官簿，因而此次省官，实应视为秦汉以来集权官僚体制职能分工和管理格局的一大变革，在很大程度上改变了行政组织以往长期“以官相属”的状态。与之相应，公卿作为官僚高层的身分地位固然仍具特定政治和行政内涵，但与西汉成帝以前丞相协理万机事无不统、御史大夫为之副贰、诸卿则直属皇帝而承秉二府的体制相较，东汉三公分领诸卿政务的公、卿，实质已降同春秋战国以来的卿、大夫，而西汉以来大夫尤其是士在行政领域的存在感本已愈弱，至东汉除去作为“长吏”的地位权任，士层级在礼仪待遇方面已与庶民相当。① 这种状态，正是公、卿、大夫、士作为官僚身分层级已近完成其在周汉政体过渡时期的使命，集权官僚体制内生规则已真正成为行政组织和行政秩序根基的反映。

再看此后正史《百官志》所载，即可发现“以官相属”现象的衰亡经魏晋以来加速，到南北朝后期已基本消失，其进程与公卿体制到三省体制的转折相关。即以“文属”官下落而言，晋志载：

> 光禄勋，统武贲中郎将、羽林郎将、冗从仆射、羽林左监、五官左右中郎将、东园匠、太官、御府、守宫、黄门、掖庭、清商、华林园、暴室等令。②

据此，续汉志中存在不少“文属”官的光禄勋，至晋定制后，其下已皆为“职属”。但唐修晋志应有唐人之见，引文述光禄勋即略去了其下仍如东汉以来有光禄、中散等大夫官。宋志明载这些大夫官曹魏以来养老无职，至晋仍列光禄勋

---

① 《续汉书·礼仪志上》载籍田仪，“天子、三公、九卿、诸侯、百官以次耕”（《后汉书》，第3106页）。其文不列大夫、士。孙星衍校卫宏《汉旧仪》补遗卷下载籍田时祠先农以太牢，百官皆从：“皇帝亲执耒耜而耕。天子三推，三公五，孤卿十，大夫十二，士庶人终亩。”（孙星衍等辑：《汉官六种》，第102—103页）士与庶人相同。《续汉书·舆服志下》载进贤冠“公侯三梁，中二千石以下至博士两梁，自博士以下至小史私学弟子，皆一梁”（《后汉书》，第3666页）。博士即大夫之下限，以下即为士，已与小史私学弟子同等。

② 《晋书》卷24《职官志》，北京：中华书局，1974年，第736页。

下，南齐志更载光禄勋所领仅剩此类，[①] 隋志上载萧梁诸大夫官也仍系于光禄勋之下。[②] 晋志当是因这些大夫官并无职事，位在诸卿之上，遂将之前移至诸公、特进后一并叙述，却是有违史实的败笔。光禄勋下的光禄大夫等官虽不言"文属"而有其实，这一状态应是在北朝后期结束的。隋志中载北齐光禄大夫等与特进及诸将军并为散官，故光禄寺下无诸大夫，官品序列中则多与北魏孝文帝末所定官品一样与同品爵位并列。[③] 这表明集中反映"以官相属"规则仍存的东汉文属官中，并无常事的光禄大夫之类是从北魏后期渐成散阶而消亡的。

当然大部分"文属"官的消亡，是因其已自立门户组成正规机构，也就无所谓"文属"、"职属"了。东汉以后官制变迁最为显著的是，大批协助皇帝处理国务和督责百官的内廷台阁人员，到魏晋已不再"文属"光禄勋和少府，而已分别组成或归属已具独立地位的省台机构，[④] 从而深切影响了行政体制的发展进程。关于诸省台机构在魏晋已具独立地位的依据和时间节点，晋志把尚书、门下、中书省及秘书监列在朝廷机构设置最前，又把同从省闼官员演变而来的御史、谒者等台列在诸卿之后，宋志和南齐志载诸省台机构则皆在诸卿之后。这种出入说明晋志的叙次也像其述光禄大夫等官那样体现了唐人之见，但诸省台机构俱已单列，似可表明这些机构在晋、宋、南齐志取本的法令中，确

---

① 宋志光禄勋下明载"晋初又置左右光禄大夫，而光禄大夫如故"，又有中散大夫、中大夫等，"魏以来复无员。自左光禄大夫以下，养老疾，无职事"（北京：中华书局，1974年，第1230页）。南齐志则书光禄勋"领官如左"，下列左右光禄大夫、光禄大夫、太中大夫、中散大夫，述其"皆处旧齿老年"（北京：中华书局，1972年，第316—317页）。

② 隋志上光禄勋下载其统守官等令，"又有左右光禄、金紫光禄、太中、中散等大夫，并无员，以养老疾"。后文载左右光禄大夫十六班，金紫光禄大夫十四班，光禄大夫十三班，而光禄勋十一班；陈制左右光禄大夫二品，金紫光禄大夫和光禄大夫三品，光禄勋亦三品而位在其后（北京：中华书局，1973年，第725—726、729—730、742页）。光禄大夫选叙品位高于光禄勋的状态应自晋以来即然。

③ 《隋书》卷27《百官志中》，第752、765页。其载左右光禄大夫、散郡公、开国县公在第二品末，金紫光禄大夫、散县公、开国县侯在从二品末，银青光禄大夫、散县侯、开国县伯在第三品末。魏志载太和二十三年（499）所定而宣武帝初班行的官品序列，左右光禄大夫、开国县侯在第二品末；金紫光禄大夫、散侯在从二品末；光禄大夫、开国县伯在第三品末（北京：中华书局，1974年，第2994—2995页）。但太中大夫和中散大夫，北魏后期和北齐官品均列在地方官、武散官和爵级之间。

④ 洪诒孙：《三国职官表》序，《二十五史补编》，北京：中华书局，1955年，第2731页。

已具有独立地位。足以佐证这一点的，是《唐六典·刑部》关于魏晋定令的下列原注：

> 魏命陈群等撰《州郡令》四十五篇，《尚书官令》、《军中令》合百八十余篇。晋命贾充等撰《令》四十篇：一、《户》，二、《学》，三、《贡士》，四、《官品》，五、《吏员》，六、《俸廪》……二十一、《门下散骑中书》，二十二、《尚书》，二十三、《三台秘书》，二十四、《王公侯》，二十五、《军吏员》，二十六、《选吏》，二十七、《选将》，二十八、《选杂士》，二十九、《宫卫》。①

引文列出了《晋令》中所有与官制相关之篇，可见门下、散骑、中书、尚书省和秘书监俱已列在篇名，“三台”应即晋、宋志所载之御史、谒者、都水台。② 尽管令文内容今已难知，却可肯定当时对两汉以来逐渐发育于内廷的省台组织及其礼秩、履职等事作了规范，足为其法律地位已得确立的明证。由此上溯曹魏定令，构成其令的三大部分中有关朝廷的设置既称“尚书官令”，则尚书省法律地位当时似已率先确立，《晋令》中以诸省台为名之篇正踵此而来，且《唐六典》上引文后载其沿至萧梁定《令》而篇名不改，正是晋、宋、南齐志载省台机构俱已单列而以尚书省为首的原因。

因此，以曹魏至西晋泰始四年正月颁令为标志，诸省台机构已获独立法律地位，此即东汉以来最大一批“文属”官消亡之时。作为行政组织规则，“以官相属”至此实已仅存余绪。除前述光禄勋名下诸大夫官至北魏后期因成散官而消亡外，一方面是新近独立出来的省台机构和相互关系有一个成长期，像门下省接管

① 《唐六典》卷6《刑部》，第184页。

② 晋志以御史、符节、司隶、谒者、都水五部门并列，且载符节御史“至魏，别为一台，位次御史中丞，掌授节、铜武符、竹使符。及泰始九年，武帝省并兰台”，又载谒者“自汉至魏因之。魏置仆射，掌大拜授及百官班次，统谒者十人。及武帝省仆射，以谒者并兰台”（第739页）。按汉晋司隶不称台；符节台为符节御史所掌，无论是否省并皆在御史台下；谒者并入兰台应当也在泰始九年（273），而《晋令》先已于泰始四年班行，且其仅省仆射而谒者台建制依旧，犹散骑省系于门下省下。故宋志以御史、谒者、都水并列，符节御史系于御史台下（第1251—1252页）。

的内廷枢机之务和多种庶务，就有一个继续分化出新机构的过程；① 另一方面是公卿体制因省台崛起而瓦解，诸卿一度多被罢撤而所属凋散，后虽复置而原有奉御和军事职能被剥离殆尽，改由分化发展中的省台机构和禁卫武官系统掌管。② 这就不免会有一些人员、部门一时归属无着，不少职能之间的分工和对口管理显得不甚协调，③ 其大体理顺则要到南北朝后期及隋唐省台寺监卫府体制定型之时。从新旧过渡角度看，这也是各时期制度发展无时不有的问题，况其解决过程即便在发生曲折时，大体也是以职能为导向展开的。④ 其况具见隋志诸篇，毋庸在此赘述。

四、台阁秩序主导下的汉唐行政秩序变迁

从“以官相属”到“以职相从”，既是周汉政体变迁过渡的特有现象，又是一种千年尺度的秩序转换，更是集权官僚政体发育成长的重要线索。经春秋战国

---

① 魏晋以来中书、门下省在协助皇帝处理章奏和形成诏书时职能交叉，又因皇帝委寄游移而致省中有省及下官权势超过上官。如散骑省、集书省、舍人省等皆门下、中书省官而分侍中、中书令之权，或兼门下与中书之职。参见《通典》卷21《职官三》“门下省散骑常侍”、“中书省中书舍人”条，第551—554、563—565页；祝总斌：《两汉魏晋南北朝宰相制度研究》，北京：北京大学出版社，2017年，第214—272页。

② 楼劲：《汉—唐诸卿沿革发微》，《青海社会科学》1988年第3期。

③ 如宋志载武库、车府、上林令、材官将军隶尚书相应曹署，其中材官又隶领军，上林又隶少府；公车、太医、太官令及骅骝厩丞隶门下省侍中（第1238、1243—1244页）。南齐志载这些部门及内外殿中监，均划归尚书省相应曹署所领，材官将军和上林令仍受双重管理（第318、321—322页）。尽管其职能对口而归属合理，从侍中出纳帝命和尚书诸曹分总举国专务来看，仍是显得别扭的过渡现象。

④ 如隋志上载梁武帝天监七年（508）定立十二卿，萧齐仅掌宫城管钥的卫尉复“掌宫门屯兵”，统武库、公车司马令；萧齐已为空衔的光禄复“掌宫殿门户”，统守宫、黄门、华林园、暴室等令及诸大夫官。其复汉之意似与北魏太和以来提高诸卿地位之举相关。隋志中载北齐卫尉寺掌禁卫甲兵，统城门寺及公车、武库、卫士等署令；光禄寺掌诸膳食、帐幕器物及宫殿门户等事，统守宫、太官、宫门、供府、肴藏、清漳、华林等署。隋志下载隋初光禄寺已不统守宫、宫门等署，卫尉寺已不统卫士署（第725—726、755—756、776页）。旧唐志载光禄寺仅掌酒醴膳馐，卫尉寺仅掌器械文物（第1877—1880页）。至于公车令，魏晋以来早不“总领”吏民上书，其事已被省台所分，至唐罢撤。从梁武帝至北齐光禄、卫尉复与禁卫相关，对诸卿承秉尚书政令的体制来说多少形成干扰，然上列其所统诸署仍是职能对口而归属合理的。

到秦汉建立和巩固“大一统”王朝，尽管屡有调整逐渐加速，“以官相属”与“以职相从”的消长却要到东汉才基本转折，魏晋以来方在动荡中逐步完成。这一进程总的态势是集权官僚体制基本职能和内生规则的日趋明确，是“大一统”皇权统治终于意识到其势须有一套直接协助皇帝处理国政的强大班子，且非分工合理、职责明确、组织健全不可。具体言之，则仍与东汉以来台阁秩序的发展、扩散，与公卿体制向三省体制过渡的进程丝丝相扣。

西汉成帝建始四年尚书台机构规模初具，[①] 武帝以来事态错综的内廷，至此终于形成统会众务且具稳定发展趋势的政务中枢，也就容不下另有一个协理万机、事无不统的中心了，遂有前述二府理政改为三公分职各领诸卿的变制，其事本就蕴含光武帝以来“虽置三公，事归台阁”的局面。[②] 问题关键正在于台阁秩序自有特点，本质就与“以官相属”的组织状态和行政秩序格格不入。

一是近侍秘书性质，使台官首先必须共同对皇帝负责而非对上官负责，也使其身分层级和秩位高低远不如皇帝委信之重要。

续汉志载尚书令千石，仆射、尚书六百石，丞、郎四百石，[③] 东汉尚书台官秩次仅在大夫、士之间。其权所以“重于三公”，[④] 全因近在禁密协助皇帝处理国务。故其秩次虽低，却有“士之权贵，不过尚书”之说，[⑤] 又有“尚书官出，百官

① 孙星衍校集应劭《汉官仪》卷上述“尚书四员，武帝置，成帝加一为五”云云（孙星衍等辑：《汉官六种》，第141页）。其文或有脱讹。续汉志本注明言“成帝初置尚书四人，分为四曹”，至光武帝始为五曹（《后汉书》，第3597页）。宋志明载“初置尚书，员四人”在成帝建始四年（第1234页）。

② 《后汉书》卷49《仲长统传》，第1657页。

③ 《续汉书·百官志二》，《后汉书》，第3596—3597页。宋志载尚书令、仆、尚书及丞、郎秩仍同东汉（第1238页）。汉以来大臣任令可加秩至二千石。魏志载太和中官品尚书令从一品上（第2978页）。《初学记》卷11《职官部上·尚书令第三》引《齐职仪》曰“尚书令品第三”，又述其“至梁加秩中二千石，至陈加品至第一”（北京：中华书局，2004年，第260、259页）。据隋志上载梁初定令官分九品，帝于品下注秩，梁之中二千石相当于第二或三品（第729页）。

④ 《后汉书》卷46《陈宠附陈忠传》载其上疏称“今之三公，虽当其名而无其实，选举诛赏，一由尚书，尚书见任，重于三公”（第1565页）。

⑤ 孙星衍辑王隆《汉官解诂》，孙星衍等辑：《汉官六种》，第16页。

寮皆回车避也”之仪。① 台阁官因皇帝委寄而权势凌驾公卿之上，标志了公卿大夫士层级的末路，体现了集权官僚体制终须以皇帝亲疏来决定权力大小的规则。而其另一侧面，则是与皇帝亲疏一致的台阁同僚之间相对平等，如《汉官仪》卷上载：

> 尚书郎主作文书起草，昼夜更直五日于建礼门内……郎握兰含香，趋走丹墀奏事。黄门郎与对揖。②

对于这样近在禁密独立值班拟诏奏事的尚书郎，任何上官包括尚书、仆射和令，实难以身分秩次凌驾其上。故东汉以来很长一段时期，台阁官虽品秩高低有别，却不同于一般机构的长官与下属。如宋志载：

> 晋西朝八坐丞郎，朝晡诣都坐朝，江左唯旦朝而已。八坐丞郎初拜，并集都坐，交礼。迁，又解交。汉旧制也。今唯八坐解交，丞郎不复解交也。③

汉魏以来令、仆、尚书称八坐，④ 虽秩次有别，却共为省中高层；西晋时还须与秩次最低的丞、郎早晚两次共诣都坐大厅朝集理事，至东晋仍须每旦朝集。相应地，汉魏两晋令仆尚书丞、郎上任或离任，亦须会集此厅相共行礼，直至刘宋只行解任礼，丞、郎已被排除在外。这表明尚书省官因皆近侍秘书而并肩事主，抑

---

① 《初学记》卷11《职官部上·尚书令第三》引《汉官》，第260页。孙星衍校集应劭《汉官仪》卷上：“其三公、列卿、大夫、五营校尉行复道中，遇尚书令、仆射、左、右丞，皆回车豫避。卫士传不得纡台官，台官过，乃得去。”孙星衍校集蔡质《汉官典职仪式选用》载：“御史中丞遇尚书丞、郎，避车执板住揖，丞、郎坐车举手礼之，车过远乃去。”（孙星衍等辑：《汉官六种》，第140、205页）

② 孙星衍校集应劭《汉官仪》卷上，孙星衍等辑：《汉官六种》，第142—143页。

③ 《宋书》卷39《百官志上》，第1237—1238页。孙星衍校集蔡质《汉官典职仪式选用》：“郎见左、右丞，对揖无敬，称曰左、右君。丞、郎见尚书，执板对揖，称曰明时。见令、仆射，执板拜，朝贺对揖。”（孙星衍等辑：《汉官六种》，第205页）此即其行礼之况。

④ 《文选》卷60任彦升《齐竟陵文宣王行状》“固辞不拜八座”注引“《晋百官名》曰：尚书令、尚书仆射、六尚书，古为八座尚书”（北京：中华书局，1977年，第828页）。其末“尚书”二字似衍，或应在“八座”二字前，称“古”说明八坐地位东汉已然。

制了其实际首长的权势和上下级关系的发育，故续汉志和晋志载尚书令以下诸官，不言“统”、“属”、“领”、“隶”。① 而东晋、刘宋台官诣都坐朝集和交礼的变化，正反映台阁自魏晋变为尚书省，其职责重心从出纳帝命转为统会众务，机构组织和上下秩序也在随之发展，故宋志才有“尚书令，任总机衡；仆射、尚书分领诸曹”这样的表述。② 可见尚书省机构秩序在诸省台之中率先严整起来，是其得以高效运转，并在晋宋间公卿体制迅速瓦解和其他省台发展态势错综的局面下，稳定充当行政轴心的前提条件。在这种相对平等和共同对皇帝负责的氛围中发育起来的上下级关系，与基于身分层级而“以官相属”的长官和下属间，自会有极大不同。

二是因台阁审奏、拟诏等职过于紧要，对之控制势须贯穿于其履职的全过程，原则上不能像寻常官员那样视其成效再定赏罚，甚至只问结果不论过程。台阁既“出纳诏命，齐众喉口”，“机事所总，号令攸发”，③ 对之管理不能不严。《汉书·魏相传》载其宣帝即位后为御史大夫，因平恩侯许伯上言，请抑霍氏子侄分别为大将军和领尚书事之权：

> 故事诸上书者皆为二封，署其一曰副，领尚书者先发副封，所言不善，屏去不奏。相复因许伯白，去副封以防雍蔽。宣帝善之，诏相给事中，皆从其议。④

此举虽有针对霍氏之意，但也可见台阁管理自宣帝以来已在加密。至东汉明帝更

① 对诸下属人员和机构，宋志称“属”或“隶”，南齐志皆称“领”，魏志多称“属”，晋志称“属”或“统”，隋志上称“统”、“掌”、“属”，隋志中称“统”、“领”、“属”。凡所称不同者，似与长官性质级别、所指是人员还是曹署、是职能部门还是直属部门相关。

② 《宋书》卷39《百官志上》，第1235页。尚书省数十曹郎分属左右仆射及各部尚书又上总于令的格局由此方得明确。又《艺文类聚》卷48《职官部四·尚书令》引《百官表》曰：“尚书令是谓文章天府，铜印墨绶，五时朝服，纳言帻，进贤两梁冠，佩水苍玉。总摄诸曹，出纳王命，敷奏万机。”（第851页）所述冠服实为晋制，故非《东观汉记》之表，而应是何法盛《晋中兴书》之《百官公卿表注》佚文，隋唐类书所引常简称其为“百官表”或“百官表注”。然则晋时已有尚书令“总摄诸曹”之说。

③ 孙星衍辑王隆《汉官解诂》，孙星衍等辑：《汉官六种》，第16页。并参见陈树镛：《汉官答问》卷1《尚书》，第8—12页。

④ 《汉书》卷74《魏相传》，第3135页。

明确强调台阁履职要慎密,[①] 如《艺文类聚·职官部》引《钟离意别传》载:

> 意为尚书仆射，其年匈奴羌胡归义，诏赐缣三百匹。尚书侍郎广陵暨鄞误以为三千匹。诏大怒，鞭鄞欲死。意入谏曰：“海内遐迩谓陛下贵征财而贱人命，愚臣所不安。”明帝以意谏，且鄞错合大义，贳鄞。[②]

因暨鄞书诏有误而欲杀之，既是明帝为政峻察的体现，也反映了台官履职的容错度之低。故钟离意之谏着眼其仅涉“征财”，帝亦以“鄞错合大义”，倘为兵机要务后果恶劣，依理也就无从贳之了。正是由于出纳帝命性质特殊，其控制不仅要看结果，更要注重过程防范，绝不能像西汉以来士人推重的那样大而化之、不重文法。[③] 东汉以来台内秩序也正是朝加强过程控制的方向不断完善的，如《宋书·顾琛传》载其文帝时为尚书库部郎，曾坐事遣出：

> 凡尚书官，大罪则免，小罪则遣出。遣出者百日无代人，听还本职。[④]

此必魏晋以来故事，其“大罪”应指一般过失，故仅即时免职而已。所谓“小罪”既可百日而还本职，则仅微末之过，却也须遣出示惩，以待自省。这也可见“以官相属”至为看重岁终考课以行赏罚等人事手段，而不甚在意下属履职过程

---

① 孙星衍校集应劭《汉官仪》卷上载：“汉明帝诏曰：尚书盖古之纳言，出纳朕命。机事不密则害成，可不慎欤!”(孙星衍等辑:《汉官六种》，第 141 页)

② 《艺文类聚》卷 48《职官部四·仆射》，第 854 页。

③ 《汉书》卷 50《汲黯传》载其武帝时任东海太守、主爵都尉，其治“引大体，不拘文法”；卷 74《丙吉传》载其宣帝时为相，宽大好礼，公府不案吏之故事自吉始，出行不问道路斗殴而问牛喘之因，以为斗殴则“长安令、京兆尹职所当禁备逐捕，岁竟丞相课其殿最，奏行赏罚而已”，牛喘则关“时气失节”，为“三公典调和阴阳，职所当忧”，时评“以吉知大体”(第 2316、3145—3147 页)。

④ 《宋书》卷 81《顾琛传》，第 2076 页。《三国志》卷 22《魏书·陈矫传》载其明帝时为尚书令，帝至尚书欲案行文书，“矫曰：‘此自臣职分，非陛下所宜临也。若臣不称其职，则请就黜退。陛下宜还。’帝惭，回车而反”（北京：中华书局，1982 年，第 644 页）。其“请就黜退”即“大罪则免，小罪遣出”故事，非岁终考课之谓。

的惯常做法，并不适合重在过程控制而须处处讲究文法的台阁管理。①

三是过程控制不能不依赖持续不断的行政指令和上下左右的配合、牵制，遂须分割权力，细化职责而明确分工，催驱相关的监察和督录日常化，也使作为公文流转枢纽和内外协调中心的文书督录部门地位上升。

论者常以出土简牍证秦汉“以文书御天下”,② 当时官文书数量较之以往大幅增加，正反映了“大一统”王朝建立、巩固和集权官僚体制成长的大势。但其毕竟仍在发展初期，各级长官权力还比较完整，诏令还难以完全贯彻至各地各部门的行政一线,③ 尤其“以官相属”而下属职责不尽与长官相关，控制重在行政结果而非过程，更制约了行政指令和公文的频度。其数量真正迅猛增长，以至必须改善书写载体而废简用纸，还是在“虽置三公，事归台阁”的东汉,④ 与台阁秩序确立和扩散密切相关。这也是造纸术成熟于东汉宦者蔡伦，至晋官文书开始大规模用纸的社会动因。⑤ 在成帝以来尚书分曹的基础

① 《史记》卷30《平准书》载武帝时“见知之法生，而废格沮诽穷治之狱用矣”。集解引如淳释“废格”为“天子文法，使不行也”（第1424页）。《汉书》卷78《萧望之传》则载宣帝时“中书令弘恭、石显久典枢机，明习文法”云云（第3284页）。

② 黄晖：《论衡校释（附刘盼遂集解）》卷13《别通》，北京：中华书局，1990年，第591页。

③ 《初学记》卷24《居处部·墙壁第十一》引崔寔《正论》曰：“今典州郡者，自违诏书，纵意出入。故里语曰：州郡诏，如霹雳；得诏书，但挂壁。”（第585页）这种承自春秋战国以来的诏令不如现管，“上级的上级不是我的上级”的风气，正因各级长官权力相当完整所致，为集权官僚政体当时尚在初级阶段的体现。

④ 《文心雕龙》卷4《诏策》曰“两汉诏诰，职在尚书。王言之大。动入史策……逮光武拨乱，留意斯文，而造次喜怒，时或偏滥”，卷5《章表》说“前汉表谢，遗篇寡存。及后汉察举，必试章奏。左雄奏议，台阁为式”而存者方多，卷5《书记》说“战国以前，君臣同书，秦汉立仪，始有表奏；王公国内，亦称奏书……迄至后汉，稍有名品”（刘勰著，黄叔琳注，李详补注，杨明照校注拾遗：《增订文心雕龙校注》，北京：中华书局，2012年，第267、308、349页），都指出东汉以来诏策章表等公文迅速增长的势头。

⑤ 续汉志本注述尚书右丞掌“纸笔墨诸财用库藏”（《后汉书》，第3597页）。《文房四谱》卷3《纸谱》引魏武令曰：“自今诸掾属、侍中、别驾，常于月朔各进得失，给纸函各一。”又引《晋令》：“诸作纸：大纸一尺三分，长一尺八分，听参作广一尺四寸。小纸广九寸五分，长一尺四寸。”［苏易简：《文房四谱（外十七种）》，朱学博整理校点，上海：上海书店出版社，2015年，第54、55页］曹操相府亲信赐纸及晋初规定官作坊造纸规格，均说明蔡伦改进之纸是从中枢到官贵再到民间逐渐普及的。

上，东汉尚书台迅速形成六尚书三十六侍郎分曹理务的空前规模，① 不仅体现了台阁持续下达诏令的能力显著提升，更反映重在过程控制的行政秩序正在不断从台内向各地各部门官府扩展，故须进一步细化原来仍嫌笼统的曹署分工和对口管辖，既通过权力分割以利控制，又尽可能在海量增加的官文书处理上提高时效。

控制重心向行政过程转移，催驱了指令频度增加、职能细化和公文数量膨胀，各种日常的牵制和监督发达起来，文案督责和上下左右协调尤显重要。这都使得承担其事的阁下班子即今所谓长官办公部门地位上升，② 最终超过掌管人事等实务的其他人员和部门，其况有类原为皇帝秘书的台阁权势之上升。当然台阁自身的阁下班子率先体现了这一点，晋志载：

> 左丞主台内禁令，宗庙祠祀，朝仪礼制，选用署吏，急假；右丞掌台内库藏庐舍，凡诸器用之物，及廪振人租布，刑狱兵器，督录远道文书章表奏事。③

尚书左右丞即为尚书省阁下之主管，引文与《晋中兴书·百官公卿表注》所述大体相同，唯“选用”前脱“弹按”，“急假”前脱“督近道文书”，“凡诸器用之物，及廪振人租布”一句作“量物多少及廪赐民户租布”，④ 其史源应皆为

① 续汉志载尚书“凡六曹”，各有令史三人；“侍郎三十六人”，一曹有六人（《后汉书》，第3597页）。宋志载曹魏青龙二年（234）定尚书郎为殿中、吏部等二十五曹，西晋定为三十五曹（第1236页）。

② 陈梦家将之分为“阁下与诸曹两类”（《汉简所见太守、都尉二府属吏》，《汉简缀述》，第97页）。严耕望分郡府属吏为“纲纪”、“门下”、“列曹”、“监察”和“散吏”（《中国地方行政制度史——秦汉地方行政制度》，上海：上海古籍出版社，2007年，第116—146页）。近年学界对此续有所论，但对“阁（门）下”署诸曹文书录府内众事，类今所谓办公部门的看法大体一致。

③ 《晋书》卷24《职官志》，第731页。

④ 《北堂书钞》卷60《设官部十二·诸尚书左右丞》引，孔广陶校注，台北：新兴书局，1978年，第257页。左丞掌“弹按”多见记载，其前后当有脱文，“近道”亦与“远道”相应。

《晋令》。将之与续汉志等载东汉左右丞之职比较，① 可知汉晋间其职已从主管内部秩序扩展到台阁职掌所及的外部实务，因为控制重心转移和公文流转重要性倍增以后，督录“文书期会”已是监控行政过程的要害所在。故魏晋时人多以“百僚所惮”、“在朝清肃”以喻地位相对更高的左丞，西晋傅咸《答辛旷诗序》云：

尚书左丞，弹八座以下，居万事之会，斯乃皇朝之司直，天台之管辖。余前为左丞，具此职之要，后忝此任，黾俛从事，日慎一日。②

傅咸极喻左丞职权之要，又备知此职须“日慎一日”，是因其主管尚书省内外文书流转，遂得纠弹省内并与右丞分别督责举国百寮诸务，③ 势不能不慎密有加之故。如南齐志载左右丞连署文案之制：

白案，右丞上署，左丞次署。黄案，左丞上署，右丞次署。诸立格制及详谳大事宗庙朝廷仪体，左丞上署，右丞次署……应须命议相值者，皆郎先立意，应奏黄案及关事，以立意官为议主。④

是齐制凡诏案省符之下达，其始虽由主管其事的尚书诸曹为“议主”，却皆须经左右丞审核连署。其前文则载黄案由左右仆射连署后，亦须再“经都丞竟”，最

① 续汉志载左右丞“掌录文书期会”，“左丞主吏民章报及驺伯史。右丞假署印绶，及纸笔墨诸财用库藏”（《后汉书》，第 3597 页）。孙星衍校集蔡质《汉官典职仪式选用》述“尚书左、右丞典台事，绳纠无所不总”，“左丞总典台中纲纪，无所不统”，“右丞与仆射对掌授廪假钱谷，与左丞无所不统”（孙星衍等辑：《汉官六种》，第 205 页）。

② 此条与“百僚所惮”等语俱见《北堂书钞》卷 60《设官部十二 · 诸尚书左右丞》，第 257 页。《初学记》卷 11《职官部上 · 尚书令第三》引此为傅玄《答卞壶诗序》文（第 259 页）。

③ 左丞弹纠省内之例，如《初学记》卷 11《职官部上 · 尚书令第三》引《宋元嘉起居注》述左丞袁璠弹郎中荀万秋文；同卷《职官部上 · 左右丞第七》引王隐《晋书》载左丞傅咸举奏其故将尚书郭奕、左丞郄诜推奏吏部尚书崔洪之事（第 259、268 页）。

④ 《南齐书》卷 16《百官志》，第 321 页。

终由尚书令许可下达。① 尚书都省与诸曹尚书及郎官履职由此已被连为一体，以防范其间可能发生错误，承上启下督录纠核的左右丞则起到枢纽作用。因而到南北朝后期，左右丞同汉魏以来一直与之同秩的诸曹尚书郎中品位已明显拉开，阁下班子地位高于诸曹遂成定局。②

以上三点，足见东汉以来台阁代表的一系列秩序既内在相关又势头迅猛，较之“以官相属”所示官僚体系发展早期的粗疏之况，台阁秩序显然要更为切合皇权统治和集权官僚体制的本质，适于这一体制进入成熟阶段的形态和需要，也就势必要随台阁统辖举国众务的过程主导各地各部门秩序之变迁。

即以阁下办公部门的地位为例，续汉志本注述太常丞一人“总署曹事”，又述太常“署曹掾史，随事为员，诸卿皆然”。③ 诸曹掾史设员不作统一规定，乃西汉以来即然，由丞主管阁下则是东汉开启的新局面。至隋志上载梁武帝定立十二卿，“皆置丞及功曹、主簿”；隋志中载北齐诸寺各“置卿、少卿、丞各一人。各有功曹、五官、主簿、录事等员”。④ 可见南北朝后期相对于省台处于权力外围的诸寺之中，其阁下部门的设置和管理都被强化和规范化了。尤其少卿之设早在北魏太和中定令前，以补东汉卿丞“总署曹事”而位望不足的欠缺，⑤ 更体现了提高佐官位望牵制长官和强调其督责诸曹文案处理之责的法意。至隋志下述隋炀帝大业三年（607）定制“少卿各加置二人”，又载：

---

① 南齐志载：“凡诸除署、功论、封爵、贬黜、八议、疑谳、通关案，则左仆射主，右仆射次经，维是黄案，左仆射右仆射署朱符见字，经都丞竟，右仆射横画成目，左仆射画，令画。右官阙，则以次并画。”（第 319—320 页）

② 魏志载太和中定令尚书左、右丞第四品上、中，吏部郎中从四品上，尚书郎中第五品上；太和末定令尚书左、右丞从四品上、下，尚书郎中第六品下（第 2982—2984、2996—2999 页）。《初学记》卷 11《职官部上·左右丞第七》载：“自汉魏以来品皆第六，秩四百石。梁加品第四，秩六百石。”（第 267—268 页）隋志载北齐尚书左、右丞从四品，尚书诸曹郎中第六品（第 730、766—767 页）。

③ 《续汉书·百官志二》，《后汉书》，第 3571 页。

④ 《隋书》卷 26《百官志上》，第 724 页；卷 27《百官志中》，第 755 页。

⑤ 魏志载太和中定令，少卿第三品上，太常丞第五品下，列卿丞从五品中。又载太和末定宣武帝初班行之令少卿第四品上，三卿丞从六品下，列卿丞第七品下（第 2980、2984、2986、2996、2999、3000 页）。

> 开皇中，署司唯典掌受纳，至是署令为判首，取二卿判。丞唯知勾检。令阙，丞判。五年，寺丞并增为从五品。①

开皇时诸寺所统各署皆须承秉二卿指令办事，至炀帝此时方明确署令为判官，二少卿为通判官，丞仍督署诸署文案为勾检官，署令缺则丞可判署其事，故又增其品位。其制正是从南北朝诏案省符判署之制发展而来，同时说明诸寺阁下部门地位已在分掌本寺实务的诸署之上，唐律“同职犯公坐”条所示长官、通判官、判官、主典及勾检官的职责分工，尤其是机构上下俱须为行政过程负责的行政一体化状态，至此已完全明确。

在地方行政方面，汉代有“督邮、功曹，郡之极位”之说。② 功曹地位之所以重要，是因其协助长官管理人事。③ 前已指出人事权任实为“以官相属”的主要管理手段，主管人事也就统掌了长官的所有下属，故常慎其选署，以为一府之管辖，严耕望以之为“纲纪”，列于郡府属吏之首。具体如尹湾汉墓墓主师饶为西汉成帝时期的东海太守府功曹，墓中出土木牍中有沛郡太守、琅邪太守和楚相等遣吏请谒师饶或问起居的名谒，如 YM6D16 正面书“奏东海大守功曹/师卿”，背面书：

> 琅邪大守贤迫秉职，不得离国，谨遣吏奉谒再拜
>
> 请

① 《隋书》卷28《百官志下》，第797页。

② 孙星衍校集应劭《汉官仪》卷上，孙星衍等辑：《汉官六种》，第153页。《论衡》卷16《遭虎》述“功曹众吏之率，虎亦诸禽之雄”，又述“功曹之官，相国是也”［黄晖：《论衡校释（附刘盼遂集解）》，第707、709页］。《风俗通义》卷4《过誉》载汝南郅恽“少时，为郡功曹”，冬飨时太守褒奖西部督邮繇延，恽以为不当，劾其“朋党构奸，罔上害民，所在荒乱，虚而不治，怨慝并作，百姓苦之”（应劭撰，王利器校注：《风俗通义校注》，北京：中华书局，2010年，第168—169页）。足见功曹地位尤尊。《北堂书钞》卷68《设官部二十·功曹》有“纠司外内，扶直绳违”、“止举大纲，不拘文法”等目（第303—304页），亦形容其近乎一郡县之“宰相”。

③ 同理，汉代督邮之所以重要，是因其督捕盗贼纠察各县，在办理实务的郡府僚属中权势最盛，但两汉间这类属吏的地位已愈逊于诸曹掾史。姚立伟《从诸官到列曹：秦汉县政承担者的转变及其动因考论》指出，县政重心至东汉已从诸官啬夫转至列曹掾史，认为这是对接郡列曹体制的结果（《史学月刊》2020年第1期）。可为补充的是郡府列曹地位突出，正是台阁秩序扩散的体现，故督邮地位汉魏以来亦已衰落。

君兄马足下　　　　南阳杨平卿。[①]

这类名谒直观地表明，功曹在其他郡县长官眼里，确实在一定程度上为郡守或一郡之代表。东汉功曹在太守委寄或放手时形同一郡之主的传说，应该就是在此基础上发生的。[②]

但后来功曹地位已逊于掌管阁下文书的主簿。[③]《三国志·魏书·邴原传》裴注引《原别传》述其“为郡所召，署功曹主簿”。[④] 似汉魏间主管阁下署诸文书的主簿已位在功曹之上。又《襄阳耆旧记》载：

> 习嘏字彦玄，山简以嘏才有文章，听为征南功曹。止举大纲而已，不拘文法。简益器之，转为记室参军。[⑤]

据《晋书》本传，山简于永嘉三年（309）为征南将军都督荆襄交广四州诸军事，假节镇襄阳。[⑥] 魏晋时期军府参军为朝廷命官，其迁转之次已不同于长官辟署属吏之相对随意，而是直接体现相关官职法律地位的高下。习嘏从征南将军府功曹参军转为主管文书的记室参军，即为西晋时阁下文书官地位已高于功曹

---

① YM6D15、YM6D17 分别为沛郡太守憙和楚相延遣吏奉谒师饶的名谒，文式同此，而无“迫秉职，不得离国”之文。参见连云港市博物馆等编：《尹湾汉墓简牍》，第 26—28、133—135 页。

② 严耕望：《中国地方行政制度史——秦汉地方行政制度》，第 119—122 页。

③ 《北堂书钞》卷 69《设官部二十一·主簿》引《续汉书·百官志》云：“司徒黄阁主簿省著众事，掌阁下威仪。”同书卷 73《设官部二十五·主簿》引韦昭《辨释名》云：“主簿者，主诸簿书。辨云：簿，普也，普闻诸事也。”（第 305、322 页）“普闻诸事”之“闻”，一作“关”。今本续汉志“司徒”条下无“主簿省著众事掌阁下威仪”之文，唯“太尉”条述“黄阁主簿录省众事”（《后汉书》，第 3559 页）。

④ 《三国志》卷 11《魏书·邴原传》，第 352 页。安作璋、熊铁基《秦汉官制史稿》下册认为，“主簿地位之提高，职权之加大，当是东汉后期开始的事”（济南：齐鲁书社，1985 年，第 114 页）。《北堂书钞》卷 69《设官部二十一·主簿》引《桓阶别传》云：“上平荆州，乃引桓阶入为主簿，内经社稷百度之规，外谘广胜千里之策。”（第 305 页）隋《王轨及妻冯氏墓志》述王轨父祖并为本郡功曹，王轨“本郡守引君为功曹，非其好也”，卒时为“齐故章武郡主簿”（罗新、叶炜：《新出魏晋南北朝墓志疏证》，北京：中华书局，2016 年，第 324 页）。

⑤ 《北堂书钞》卷 68《设官部二十·功曹》引，第 304 页。

⑥ 《晋书》卷 43《山涛附子简传》，第 1229 页。

的明证。① 至于原在主簿之下的录事地位迅速提高，② 南北朝后期以来诸府功曹参军为诸曹之首，录事参军一职已凌驾诸曹之上而为一府管辖，③ 也同样反映阁下办公部门省署符目，勾检稽失等文书督录和审核之责，重要性已非执掌人事的功曹可比拟。

讨论至此已可断言，台阁秩序的发展、扩散，意味着整套新行政组织秩序的成长以及推广到各地各部门。质言之，汉魏以来“以官相属”和“以职相从”的加速消长，并不只是一般意义上的行政组织优化，或依循秦朝轨辙在职能分工和对口管理上的续加细化与合理化，而是在台阁主导下形成了一种共同对皇帝负责的上下级关系，要在控制行政过程的管理方式，高度依赖连续行政指令、权力切割分工和牵制协调关系的行政格局。这就全面改变了秦汉形成的行政秩序包括长官与属官的关系，切实开启了机构行政一体化、设官分职法典化、监察督责日常化及负责文书督录的阁下办公部门地位加重等影响深远的进程，从而奠定了隋唐行政组织秩序的新局面。

由此再思汉唐间正史《百官志》记载之式的变迁，“以职相从”取代“以官相属”既然是台阁秩序成长推广的进程，那就不能不重视《晋令》率先出现专事规范省台的《门下散骑中书》《尚书》《三台秘书》篇的事实，不能不关注其相关内容和篇章的后续补充完善，尤其是北魏太和十七年《职员令》21 卷出现，④ 至隋《开皇令》定之为《省台职员》《诸寺职员》《诸卫职员》《东宫职员》《行

---

① 《三国志》卷 28《魏书 · 钟会传》载其早为司马氏亲信，司马师、司马昭时皆典密事，谋谟帷幄，“寿春之破，会谋居多，亲待日隆，时人谓之子房。军还，迁为太仆，固辞不就。以中郎在大将军府管记室事，为腹心之任”（第 784—787 页）。

② 《北堂书钞》卷 69《设官部二十一 · 录事参军》引干宝《司徒仪》云：“录事之职，掌总录众曹，管其文案，凡府自上章以下意，远失者弹正以法，掌凡诣同案之事。”又引《刘弘教》云：“录事参军务举善弹非，令史亦各随职事修习也。”（第 306 页）《宋书》卷 77《颜师伯传》载其父颜邵为谢晦所知，“晦镇江陵，请为谘议参军，领录事，军府之务悉委焉”（第 1992 页）。

③ 如《宋书》卷 1《武帝纪上》载义熙五年（409）刘裕率军灭南燕，“录事参军刘穆之，有经略才具，公以为谋主，动止必谘焉”；卷 87《殷琰传》载武帝时“临海王子顼为冠军将军、吴兴太守，以琰为录事参军，行郡事”（第 16、2204 页）。又《唐会要》卷 25《文武百官朝谒班序》载会昌二年（842）十月尚书左丞孙简奏班位等差有云：“今京兆、河南司录，及诸州录事参军，皆操纪律，纠正诸曹，与尚书省左右丞，纲纪六典略同，设使诸曹掾，因其功劳，朝廷就加台省官，立位岂得使在司录及录事参军之上?”（上海：上海古籍出版社，1991 年，第 567 页）

④ 楼劲：《太和十六年后的官制改革与相关诸〈令〉的修订》，《魏晋南北朝隋唐立法与法律体系：敕例、法典与唐法系源流》，北京：中国社会科学出版社，2014 年，第 148—202 页。

台诸监职员》《诸州郡县镇戍职员》等篇的发展过程。① 即便这些令篇内容今难得知，但其发展到隋初的篇名次第，仍透露了魏晋以来关于设官分职的统一法律规定，始于省台再逐次及于其他机构的进程，展示了台阁代表的行政组织秩序，从省台向寺监卫府和州郡县建制扩展的大势。又《魏书·高凉王孤传附元子思传》载其孝庄帝时为御史中尉：

> 先是，兼尚书仆射元顺奏，以尚书百揆之本，至于公事，不应送御史。至子思，奏曰："案《御史令》云：'中尉督司百僚，治书侍御史纠察禁内。'又云：'中尉出行，车辐前驱，除道一里，王公百辟避路。'时经四帝，前后中尉二十许人，奉以周旋，未曾暂废。府寺台省，并从此令……"②

既称"时经四帝"，是子思所引"《御史令》"始于孝文帝时，似太和年间所定诸令确如《晋令》有"三台秘书"篇。引文所存此令佚文规定了御史台官的职责和仪制，即有可能承自晋以来续有所补的《三台秘书令》相关内容。③ 故可合理推想，续汉志以后正史《百官志》所载"以官相属"现象的消失到"以职相从"的定局，直接原因正是官制法令内容和篇章不断增益的发展大势。唯惜《百官志》所载碍于其体仅为大纲线索，实难载及"以官相属"到"以职相从"背后的行政内涵，其他官制书佚文存此亦多一鳞半爪，遂致今人对汉唐行政体制变迁史上的这些大事节目已多惘然。笔者有鉴于此，遂略为钩稽，草成此文，以求正于学界同仁。

〔作者楼劲，湖南大学岳麓书院讲座教授。长沙 410082〕

（责任编辑：高智敏 张 璇）

① 《唐六典》卷6《刑部》，第184页。

② 《魏书》卷14《神元平文诸帝子孙·高凉王孤传附元子思传》，第353—354页。

③ 《晋书》卷47《傅玄附子咸传》载其西晋末长兼司隶校尉，上书论政有曰："按《令》，御史中丞督司百僚。皇太子以下，其在行马内，有违法宪者皆弹纠之。虽在行马外，而监司不纠，亦得奏之。"（第1329页）所引应即《御史令》文。隋志上载梁制尚书"左、右丞各一人，佐令、仆射知省事。左掌台内分职仪、禁令、报人章，督录近道文书章表奏事，纠诸不法。右掌台内藏及庐舍、凡诸器用之物，督录远道文书章表奏事"（第721页）。所述左掌、右掌云云与前引晋志及《晋中兴书·百官表注》文相当接近，可见《梁令》之《尚书》篇乃损益《晋令》而来，则北魏《太和令》之《三台御史》篇亦有可能如此。

《宋史翼》发覆

王瑞来

摘　要：明清以来，重修《宋史》者层出不穷，晚清学者陆心源为此画上了句号。陆氏编纂的《宋史翼》从各种存世资料中钩玄索隐，为900余位宋代各色人物立传，不仅成为补充《宋史》的重要典籍，还展现出两宋政治、经济、社会、文化等各方面景象。《宋史翼》编撰一方面有可取之处；另一方面也存在诸多问题，特别是史料来源复杂，很多不是一手史料，在使用时需仔细辨别。

关键词：陆心源　《宋史翼》　《宋史》

元朝史臣编纂《宋史》时，纠结于宋、辽、金孰为正统，几经反复，最后利用旧有宋朝国史资料，略作加工，草草成编。① 因此《宋史》频遭后人诟病，如清人缪荃孙就提出《宋史》“芜杂之讥，史家引为大耻”，还引述钱大昕归纳的《宋史》四弊：“一曰南渡诸传不备，二曰一人重复列传，三曰编次前后失实，四曰褒贬不可信。”②

由于《宋史》存在诸多问题，问世之后，发愿重修的学者不乏其人，成书也不乏其作。早在元末便有陈桱以宋为正统，以编年史的形式编纂刊刻《通鉴续编》。明代自认承宋正统，朝野重修《宋史》蔚然成风，仅成书者，就有王洙《宋史质》100卷、柯维骐《宋史新编》200卷、王惟俭《宋史记》250卷等。

---

① 参见王瑞来：《漫说〈宋史〉》，《书品》1987年第2期。

② 缪荃孙：《艺风堂文续集》卷5《〈宋史翼〉序》，《清代诗文集汇编》，上海：上海古籍出版社，2019年，第756册，第623页。

堆砌宋朝国史等资料而成的《宋史》，分量为“二十四史”之最，多达496卷。因此明人重修，除了强调宋朝正统地位外，主要着眼于删削《宋史》芜杂烦冗之处。其实，烦冗的《宋史》也有失于简略之处。南宋中兴，为了宣扬对北宋正统的承继，官方着力整理补修北宋历朝史籍的同时，私家也多有北宋史之作。然而，降至南宋中后期，伴随国势日下，加之各种现实因素，南宋的当代史修纂受到影响，留下的资料很不完备。元朝代宋，也接收了宋廷的国史资料，成为日后编纂《宋史》的基础。宋代资料存留的现状也就决定了《宋史》的面貌，这就是人们常说《宋史》详北宋而略南宋的记载失衡。

明人重修没有从根本上改变《宋史》记载失衡的状况。缪荃孙认为：“柯维骐《宋史新编》、王惟俭《宋史记》、王洙《宋史质》，其书主意曰删曰订，皆恨本书之繁芜，而思薙治之，未尝病本书之疏漏，而转补苴之也。”① 欧阳修说他和宋祁编纂的《新唐书》，是“其事则增于前，其文则省于旧”，② 而观明人重修《宋史》，文虽省于旧，事却未增于前，仍留有未竟之遗憾。降至晚清，方有人作了弥补，这就是陆心源编纂的《宋史翼》。

《宋史翼》，就是羽翼《宋史》，是对《宋史》记载未备之处的增益。针对明以来重修《宋史》的缺陷，陆心源编纂《宋史翼》的创意与成书，虽有一定客观因素，然亦不可不谓是别具只眼。明清以来，重修《宋史》层出不穷，《宋史翼》的编纂为此画上了一个句号。

《宋史翼》研究在学界已有一定积累，为此后研究提供了有益启示，对本文考述的一些问题也有不同程度的触及。③ 不过，由于缺乏全面整理和考证，相关研究对于《宋史翼》的认识尚有停留于表层之憾，于其得失之揭示亦有未尽。

---

① 缪荃孙：《艺风堂文续集》卷5《〈宋史翼〉序》，《清代诗文集汇编》第756册，第623页。

② 欧阳修：《进新修唐书表》，《欧阳修全集》卷91，李逸安点校，北京：中华书局，2001年，第1341页。

③ 王海根：《陆心源和〈宋史翼〉》，《浙江师范学院学报》1982年第4期；郝兆矩：《〈宋史翼〉校正举例》，《文献》1995年第2期；张勤、邵雪荣：《陆心源学术成就述论》，《浙江学刊》1999年第4期；孙万洁：《陆心源〈宋史翼〉研究》，硕士学位论文，上海师范大学人文与传播学院，2010年；吴伯雄：《陆心源〈宋史翼〉史料价值再评价》，《福州大学学报》2016年第1期。

一、陆心源的生平、学术成就与《宋史翼》编纂

清道光十四年（1834），陆心源生于浙江归安（今湖州吴兴）。在人文氛围浓郁的江南成长起来的陆心源，25 岁时考中举人。在此后不长的仕途中，历任广东南韶兵备道和广东高廉兵备道。因与上司不合，陆心源被参奏削职近 20 年。后得时任直隶总督李鸿章“气局远大、见义勇为”的评价推荐，得旨开复原官。光绪十九年（1893），他被皇帝引见召对，然而不假天年，翌年刚过花甲，便因病谢世，官至二品顶戴。①

陆心源一生著述极丰，有《仪顾堂文集》20 卷、《仪顾堂题跋》16 卷、《仪顾堂续跋》16 卷、《皕宋楼藏书志》120 卷、《皕宋楼藏书续志》4 卷、《金石粹编续》200 卷、《穰梨馆过眼录》40 卷、《穰梨馆过眼续录》16 卷、《唐文拾遗》72 卷、《唐文续拾》16 卷、《群书校补》92 卷、《吴兴诗存初集》8 卷、《吴兴诗存二集》14 卷、《吴兴诗存三集》6 卷、《吴兴诗存四集》20 卷、《吴兴金石记》16 卷、《归安县志》52 卷、《三续疑年录》10 卷、《金石学录补》4 卷、《千甓亭砖录》6 卷、《千甓亭砖续录》4 卷、《千甓亭古砖图释》20 卷。对于天水一朝，陆心源也颇为留心，除《宋史翼》40 卷外，还著有《元祐党人传》10 卷、《宋诗纪事小传补正》4 卷、《宋诗纪事补遗》100 卷。②

如此众多的著述，无疑是源自陆心源一生的学术积累，但主要还是成就于其罢官乡居的 20 余年。罢官乡居，作为乡绅的陆心源，除了参加公益活动，如独建升山桥，修复安定、爱山两书院，援建济善堂，赞助义学之外，主要精力投入于撰写研究著述之中。陆心源的全部著述汇集于多达 730 余卷《潜园总集》之中。

陆心源还以藏书闻名，是清末四大藏书家之一。太平天国战乱之后，大量稀见善本珍籍散出，陆心源乘机收购，珍藏宋版书 100 余种、元刊 400 余种，储之皕宋楼。尽管后来皕宋楼的藏书多被卖掉，转徙收藏于日本静嘉堂文库，但毕竟

① 陆心源生平事迹，主要据缪荃孙《二品顶戴记名简放道员前广东高廉兵备道陆公神道碑铭》（《艺风堂文续集》卷 1，《清代诗文集汇编》第 756 册，第 556—558 页。以下简称《陆公神道碑铭》）归纳。

② 陆心源著述情况，见于缪荃孙《陆公神道碑铭》所述，并据《潜园总集》（归安陆氏光绪十年编定，陆续刊刻至光绪十九年）细目有所增益和订正。

还能够被阅览利用，这也得益于当年陆氏于兵燹之余的收购之功。光绪十四年，陆心源曾向国子监进书旧刻旧钞 150 种，计 2400 余卷，附以所刻丛书 300 余卷。对此，光绪皇帝有“校刊古籍，潜心著述”的谕旨褒奖。

丰富的藏书让陆心源的学术著述如鱼得水。因为心仪明末清初思想家顾炎武的学问，陆心源以“仪顾”名堂。缪荃孙为陆心源写的墓志铭说道：“顾则空谈，公则实事。”姑且不论缪氏贬顾是否合适，这里说陆心源扎实践行学问，倒是实事求是，有陆氏的大量著述可证。

《宋史翼》最终成书与陆氏最初设想并不一样。由于不满意《宋史》的编纂，陆心源同许多学者一样，最初也是希望全面重编《宋史》。缪荃孙《〈宋史翼〉序》曾提到，陆氏“初拟改编《宋史》，积稿至四五尺”，“后虑卷帙重大，而精力渐衰，乃先刺取各书，积录应补之传”,① 从而成为现在的《宋史翼》。

承乾嘉学风之余绪，陆心源喜爱并长于考索文献。在《宋史翼》之前，他已作过一些宋代人物及作品的考证与搜集。这些都可以视为陆心源为重修《宋史》做的准备工作。不过，个人精力毕竟有限。陆心源也曾跟朋友提到：“改修《宋史》之稿，正如满屋散钱，体例难定。”② 这句慨叹既表明他曾有重修的打算，又显示他感到难以驾驭所搜集的大量资料。已届晚年的陆心源，最后只好将搜集到的资料简单拣选分类，草草编纂成书。从最初计划重修《宋史》，到后来的《宋史翼》，其中隐藏着陆心源的无奈与不甘。有人说《宋史翼》只是一部半成品,③ 恐怕未得其实，至少为《宋史翼》作序的俞樾和缪荃孙都没有这样认为；且《宋史翼》一书首尾完整，也很难视为半成品。

由于上述客观原因，《宋史翼》并不遵循纪传体的体裁。《宋史翼》没有本纪、志、表，只是补撰了列传，长短不一。缪荃孙《〈宋史翼〉序》统计的数字为，凡立正传“至七百八十有一，附传六十四”。笔者据原书统计，实际数字当为正传 881 人，附传 65 人，合计超过 900 人，几达《宋史》列传之半。

---

① 缪荃孙：《艺风堂文续集》卷 5《〈宋史翼〉序》，《清代诗文集汇编》第 756 册，第 623 页。

② 陆心源：《上李石农侍郎书》，《仪顾堂集》卷 4，王增清点校，杭州：浙江古籍出版社，2015 年，第 60 页。标点有改动。

③ 吴伯雄：《陆心源〈宋史翼〉史料价值再评价》，《福州大学学报》2016 年第 1 期。

对于传记分类，陆氏也没有照葫芦画瓢，恪守《宋史》立传成规。《宋史翼》前 17 卷虽未加分类，但之后 23 卷则分立《循吏》5 卷、《儒林》3 卷、《文苑》4 卷、《忠义》3 卷、《孝义》1 卷、《遗献》2 卷、《隐逸》1 卷、《方技》2 卷、《宦者》1 卷、《奸臣》1 卷。《宋史翼》的分类，既有与《宋史》相同者，又有新创者。跟传统的目录学异曲同工，分类本身即可“辨章学术，考镜源流”,① 表明撰者的史学思想与历史认识。俞樾就注意到了这一点，他在《〈宋史翼〉序》中就讲道：“其有《儒林传》，而无《道学传》，自有微意。有《隐逸传》而又有《遗献传》，使王炎午、郑思肖之徒皆炳然史策，表彰风义，尤深远矣。”②

《宋史翼》立传分类的标准，究竟有何“微意”？由于看不到陆氏的具体言论，在陆氏去世十多年后利用旧稿刊刻的《宋史翼》，又缺少史书通常列于卷首的“编纂凡例”一类文字，因此只能略作揣测。《宋史》立《道学传》，其实折射了由南宋入元道学大盛的背景。降至晚清，道学从官学到私学，虽然依旧是儒学的重要组成部分，但毕竟不能涵盖其全部。陆氏等知识分子对此已有明确认识，或许这就是将道学中人统括于《儒林传》的主要原因。

此外，《宋史翼》作为《宋史》的拾遗补阙，所收录者多非宏学巨儒，仅为道学领域的二三流人物，因此以“道学”名传，倒不如称为《儒林传》准确符实。至于《宋史翼》“有《隐逸传》，而又有《遗献传》”，则反映了由宋入元之际，存在大量不与元廷合作、选择隐逸的遗民。同时，由元入明、由明入清同样出现不少前朝遗民的历史事实，无疑也会唤起陆氏对亡宋遗民现象的更多留意。

《宋史翼》为 900 余人立传，极大丰富了宋代人物的传记史料，为知人论世的历史研究奠定了资料基础。与《宋史》相比较，俞樾从数量角度归纳了《宋史翼》的贡献：

> 所补列传多至十七卷，得百三十余人。其中多有昭昭在人耳目，而《宋史》顾无传。非君搜补，无乃阙如欤？《宋史·循吏传》寥寥十二人，而程

① 章学诚：《校雠通义》卷 1，叶瑛校注：《文史通义校注》附，北京：中华书局，1985 年，“序”，第 945 页。

② 俞樾：《陆存斋先生〈宋史翼〉序》，《春在堂杂文》6 编《补遗》卷 2，赵一生主编：《俞樾全集》，余国庆点校，杭州：浙江古籍出版社，2017 年，第 15 册，第 1218 页。

师孟已见列传，则实止十一人。君所补五卷，凡一百二十八人，何其多也。①

对于“昭昭在人耳目，而《宋史》顾无传”者，缪荃孙在《宋史翼》序中，则具体列举《宋史翼》所立之传，批评《宋史》说：

其中《名臣》如孔延之、徐彦若、喻汝砺、袁说友，《循吏》如侍其玮、韩正彦、桂万荣，《儒林》如宋咸、阮逸、董鼎、游九言，《文苑》如二洪、二崔、姜夔、高似孙、刘过，《忠义》如丁黼、鲍廉，《方技》如孙兆、唐慎微、李廷珪、李成、王诜，《奸臣》如吕升卿、廖莹中，皆彰彰在人耳目，何转弃之如遗？当时秉笔诸臣，如前代列国达官降宋，无事可纪，至盈数卷碑传原文，率尔录入，无类叙之才，无考订之学，繁芜者自繁芜，疏陋者自疏陋。先生之补《宋史》，固其宜矣。②

为了表明所述皆信实可征，陆氏多于传末或行间注明文献来源。由此可见，《宋史翼》人物传记史料取资来源，皆非偏僻稀见文献。《宋史翼》北宋人物多采自李焘《续资治通鉴长编》，两宋之交或南宋初年人物多采自李心传《建炎以来系年要录》，此外，还大量参考宋元文集中的碑志及野史笔记、历代方志文献。特别是汇集人物传记的《宋元学案》，《宋史翼》多为援引。总之，凡是容易寓目的文献，都成为陆氏的取材对象。

二、《宋史翼》呈现宋代多重面相

陆心源在编撰《宋史翼》时，利用各种寓目的文献，为各色人等立传，记录了很多有意义的人物言行以及有价值的史料，数百人的传记呈现两宋政治、经济、社会、文化各方面的多重面相。以下试列举部分典型记载，展示《宋史翼》的研究价值。

---

① 俞樾：《陆存斋先生〈宋史翼〉序》，《春在堂杂文》6编《补遗》卷2，赵一生主编：《俞樾全集》第15册，第1218页。

② 缪荃孙：《艺风堂文续集》卷5《〈宋史翼〉序》，《清代诗文集汇编》第756册，第623页。

（一）相权上升的趋势

《宋史翼》反映的宋代宰相权重现象，由人事任命可见一斑。《宋史翼·陈并传》记载其奏疏："能言元祐之非，能顺执政之意者，荐之登对，其次堂除。不能言元祐之非，不能顺执政之意者，送归吏部。"① 吏部铨注，是按制度规定的依序任命，堂除则是宰相的破格任用。魏了翁就曾记载虞刚简"堂差知华阳县"。② 关于堂除，《宋史翼·黄公度传》也有涉及："高宗亲政，始召还，询以岭内外弊事。（黄）公度曰：广东西路数小郡如贵新、南恩之类，守臣有至十年不迁者。权官苟且，郡政弛废，民受其弊。高宗曰：何不除人？公度曰：缘阙在堂除，欲者不与，与者不欲。"③ 可见宋代宰相掌握人事任免等主要权力。正因为宰相权重，宋人对宰相的选用很重视。《宋史翼·余应球传》记其奏疏云："人主以论相为职，得其人则天下治，失其人则天下乱。"④ 程颐也说"天下治乱系宰相"。⑤

宋代宰相权重现象表明，伴随行政机制的日臻完善，宰相日益活跃于行政运作的前台；皇帝则逐渐淡出行政长官的角色，以不断强化的象征性力量发挥影响。这正是宋代士大夫期待和竭力营造的政治生态。⑥《宋史翼·贺允中传》记其奏疏："君子志在尊君，则不能无忤。小人志在悦君，故第为诡随。此不可不辨也。"⑦ 尊君才应当冒犯君主，正是宋代士大夫对待君主的认知逻辑与实际做法，与北宋宰相吕蒙正对太宗所讲"臣不欲用媚道妄随人主意，以害国事"一脉

① 陆心源辑撰：《宋史翼》卷5《陈并传》，北京：中华书局，1991年，第54页。

② 魏了翁：《朝请大夫利州路提点刑狱主管冲佑观虞公墓志铭》，《鹤山先生大全文集》卷76，景印文渊阁《四库全书》，台北：台湾商务印书馆，1986年，集部，第1173册，第183页。

③ 陆心源辑撰：《宋史翼》卷24《儒林二·黄公度传》，第255页。

④ 陆心源辑撰：《宋史翼》卷7《余应球传》，第83页。

⑤ 《续资治通鉴长编》卷373，元祐元年三月辛巳条，北京：中华书局，2004年，第9031页。

⑥ 参见王瑞来：《论宋代相权》，《历史研究》1985年第2期；《论宋代皇权》，《历史研究》1989年第1期；《皇权再论》，《史学集刊》2010年第1期。

⑦ 陆心源辑撰：《宋史翼》卷9《贺允中传》，第99页。

相承。[①] 宋代士大夫政治对皇权形成极大制约，如《宋史翼·杨子谟传》载："淳熙七年省试，胡晋臣得其文，以为有格君气象，列优等。"[②] "格君"，就是格君心之非，限制皇权。参加礼部进士考试的杨子谟，因此被列入优等。

从两汉三公到唐代政事堂集体议政，到宋代御前听政，再到明朱元璋废宰相，似乎皇权一直在不断强化。不过应当从政治运作的实态来观察皇权的伸缩，而不能惑于表面的静态制度规定。从上述几例观察，无论从政治运作的实态看，还是从精神层面对君主的引导看，宋代士大夫政治对皇权形成较大制约。

（二）党争实态

两宋时期，政治舞台上纵横驰骋的是士大夫精英。宋代党争激烈，败北的一方常遭贬谪。其实，除了激烈的党争时期之外，失败一方往往只是稍被贬谪而已。《宋史翼·陈并传》就曾提到："近世如仁宗朝，容纳谏诤。其甚切直者，量行贬谪，近不过三两月，远不过半年，例行牵复，或遂召用。"[③]

在宋代党争中，台谏起了推波助澜作用，南宋尤甚。面对这一状况，不断有官员提出强化皇权，不能让台谏左右一切。《宋史翼·周紫芝传》就记载他在奏疏中讲述的历史教训："渊圣皇帝（宋钦宗——引者注）虚以受谏，常若不及，惜其群言交至，一切听纳受之，泛然无所甄别，而人主之权遂归台谏。"[④]

元祐党籍碑曾是入籍者的耻辱柱，不过随着后来政治形势逆转，反而成为入籍者及其后代引以为耀的资本。这在《宋史翼》中也有反映，《周锷传》载："锷初娶胡氏，尚书右丞宗愈之女，再娶王氏，翰林学士觌之女，而妹适陈忠肃公瓘。蔡京作党碑，妇翁甥舅俱入籍，世以为盛事。"[⑤]

为元祐党人立传的陆心源，对王安石持淡化或贬低的立场。如《宋史翼·苏京传》援引《京口耆旧传》，在"监江宁府税"之下，[⑥] 删去《京口耆旧传》所

---

① 《宋史》卷265《吕蒙正传》，北京：中华书局，1977年，第9147页。
② 陆心源辑撰：《宋史翼》卷24《儒林三·杨子谟传》，第262页。
③ 陆心源辑撰：《宋史翼》卷5《陈并传》，第54页。
④ 陆心源辑撰：《宋史翼》卷27《文苑二·周紫芝传》，第296页。
⑤ 陆心源辑撰：《宋史翼》卷5《周锷传》，第59页。
⑥ 陆心源辑撰：《宋史翼》卷4《苏嘉传附苏京》，第42页。

载“王安石闻其所为，叹苏氏之有子”一句，[①] 可见陆氏有意节略王安石之事。

《宋史翼》中还有为君掩恶的改动。《宋史翼·胡珵传》引录其奏疏云：“而执事者顾方以吾为母后、为梓宫、为渊圣属之故，遂不复顾祖宗社稷二百年付托之重，而轻从之。”[②]《建炎以来系年要录》《三朝北盟会编》《皇宋中兴两朝圣政》《宋史全文》所引此奏疏，[③] 均记作“陛下奈何不顾祖宗社稷二百年付托之重，将不虑而从之”，直指为“陛下”，而非作为大臣的“执事者”。

（三）官员升迁的选人改官记载

为了限制官员数量的增长，宋代在下层与中层官员之间设置了一个过滤器，进士登第的绝大多数成为下层官员的选人，经过年历、政绩、考课以及上级官员的推荐，每年有一定数量的选人可以升迁为中层官员（京官）。但由于制度的制约与各种人为因素，绝大多数选人终生无法突破这一瓶颈。[④]《宋史翼·王晞亮传》引述的奏疏，就指出了这一状况及其弊病：

> 臣等窃详选人改官之法，自祖宗以来，行至二百年，至于今日，不能无弊者，非法之不善也，患在士大夫以私情汩之耳。夫自一命以上仕于州县之间，虽有真贤实绩，势不能以自达于上，故为立监司郡守荐举之法。必使之历任六考，所以迟其岁月，而责其赴功；必使之举官五员，所以多其保任而必于向用。奸赃巨蠹既有常科，而龌龊冗懦之辈无才可以被荐，又无过可以斥逐，但予之幕职曹掾之禄，足以代耕，虽没齿而不敢望置身于京官。[⑤]

---

① 刘宰撰，王勇、李金坤校证：《京口耆旧传校证》卷 4《苏颂传附苏京》，镇江：江苏大学出版社，2016 年，第 124 页。

② 陆心源辑撰：《宋史翼》卷 11《胡珵传》，第 120 页。

③ 李心传：《建炎以来系年要录》卷 124，绍兴八年十二月辛未条，北京：中华书局，1988 年，第 2019 页；徐梦莘：《三朝北盟会编》卷 186，上海：上海古籍出版社，2019 年，第 1343 页；佚名撰，孔学辑校：《皇宋中兴两朝圣政辑校》卷 24，北京：中华书局，2019 年，第 773 页；《宋史全文》卷 20，汪圣铎点校，北京：中华书局，2016 年，第 1563 页。

④ 参见王瑞来：《金榜题名后：“破白”与“合尖”——宋元变革论实证研究举隅之一》，《国际社会科学杂志》2009 年第 3 期。

⑤ 陆心源辑撰：《宋史翼》卷 9《王晞亮传》，第 101 页。

这一奏疏也是研究宋代官僚制度的宝贵史料。选人改官，推荐状难求。奇货可居，也让推荐状有了牟利市场，《宋史翼・刘度传》就记载刘度“劾参知政事杨椿贪懦无耻，为湖北宪，率以三百千售一举状”。①

宋朝在行政中注重参照惯例，反映时代变化的习惯法成为执法的主要依据，因此有《庆元条法事类》等惯例汇编。关于用例的理由，《宋史翼・凌景夏传》所载奏疏讲得很清楚：

> 奏论吏部七司有法有例，法可按籍而视，例则散于案牍之中，匿于胥吏之手，官有去来，不能遽知，故索例而不获，虽有强明健决之才，不复敢议。臣愚以为吏部七司宜置例册，凡经取旨或堂白者每一事已，命郎官书时拟定，长贰书之于册以为例。每半年则上于尚书，用印给下。如此则前后予决悉在有司之目，猾吏无所措巧，铨综渐以平允。②

（四）文武与和战的折射

《宋史翼・喻汝砺传》载其在南宋初年奏疏云：“今人主威柄移于帅臣之顽扈，朝廷号令夺于监司之狂率。”③ 包括军阀在内地方势力的强盛，是终南宋一朝一直没有解决好的问题。

在“宁可玉碎，不可瓦全”的传统观念支配之下，只有杀身成仁才会得到赞扬，成为俘虏则历来被视为耻辱。但也不乏对俘虏的同情理解，《宋史翼・王平传》载：

> 庆历五年，召为御史。先是，石元孙兵败被执，传闻已死，朝廷举赠典，录诸孤。已而西人请成，归元孙。宰执责其不死，请斩之以厉后。平上言：“西戎比年犯塞，将校覆殁几何？甫归元孙，随而见戮，是坚降者之志，而绝内顾之望，非计之便。”元孙得不诛。尝因转对，乘间言：“人不能无

① 陆心源辑撰：《宋史翼》卷13《刘度传》，第136页。

② 陆心源辑撰：《宋史翼》卷12《凌景夏传》，第129页。

③ 陆心源辑撰：《宋史翼》卷8《喻汝砺传》，第87页。

过，若以古绳墨治之，世殆无全人。要之为国家用者，忠信而已。忠信，虽有过，尚足用也。”①

王平的奏疏，既有策略性的考量，也有道义上的申说。

对于南宋几次和议，在当时和后世虽颇多情绪化非议，但也不乏比较务实的认识。《宋史翼·刘朔传》就记载其上奏：“臣观今日通和，未为失策。昔绍兴间累增岁币，今减十万矣。往者两淮不许备守，今江北诸城增陴浚隍矣。”②

南宋初年，主张抗金的张浚屡屡败挫，宋高宗对他不满，据说曾讲过“宁失天下，不用张浚”；南宋人罗大经在《鹤林玉露》中曾力辩此说之非。③ 不过，《宋史翼·冯时行传》记载他上疏高宗：“张浚忧患顿挫更历，已无年少轻锐之气，愿陛下舍一己之好恶，勉用浚，以副人望。”④ 一句“舍一己之好恶”，基本坐实了上述传言。

（五）国家财政与社会财富的史实

宋朝对辽、西夏、金都有岁币等财物支给。从当时乃至后日，都有“岁赐浩瀚，蠹国用”的看法，《宋史翼·宋昭传》所载奏疏则揭示了其中秘密：“盖祖宗朝赐予之费，皆出于榷场。岁得之息，取之于虏，而复以予虏，中国初无毫发损也。”⑤ 这一说法，也有助于今天我们对这一历史事实的认识。

关于南宋的主要财政来源，《宋史翼·张郯传》也有透露：“两淮凋瘵如此，诸郡赖以给用度者，不过酒税。”从记载中，便可以理解何以南宋从朝廷到地方政府都开始严格管理酒的生产与贩卖。《宋史翼·张行成传》所载奏疏也说：“天下之谷，半縻于酒。”⑥

---

① 陆心源辑撰：《宋史翼》卷18《循吏一·王平传》，第186—187页。

② 陆心源辑撰：《宋史翼》卷24《儒林二·刘凤传附刘朔》，第258页。

③ 罗大经：《鹤林玉露》丙编卷1《高宗眷紫岩》，王瑞来点校，北京：中华书局，1983年，第242页。

④ 陆心源辑撰：《宋史翼》卷10《冯时行传》，第110页。

⑤ 陆心源辑撰：《宋史翼》卷9《宋昭传》，第103页。

⑥ 陆心源辑撰：《宋史翼》卷13《张郯传》，第140页；卷28《文苑三·张行成传》，第300页。

《宋史翼·方逢辰传》奏疏还提及社会财富的分布："天下有贫州郡而无贫太守，有贫国家而无贫邸第。南司贫而北司之应奉不贫，百姓贫而缁黄之窟宅不贫。"由于各种因素，有些地方财政窘迫，甚至发不出薪水。对于这种状况，《宋史翼·汪大定传》也有反映："江州素号名郡，自征赋弗办，又耗于游士之干请，至是帑藏遂不盈万缗，而负诸司之钱几二十万，官兵俸给亦积至万五千。"后来经过知州汪大定的治理，"属邑旧逋尽蠲贷之，不数月而用粗足。补解诸司十七万缗，吏俸亦以次支给"。①

（六）南宋对元祐党争的认识变化与学术倾向

为了张扬正统、拨乱反正，南宋初年主流论调是推崇元祐之政。不过，到了孝宗朝，已能较为平和地看待早已过去的党争了。而这种平和看待北宋党争的倾向，其实在南宋初年已开其渐，在张浚主持下，宋代国史编纂已经开始了这方面准备工作。当然，与主流论调相左，自然会遭遇阻力。《宋史翼·胡珵传》载：

> 赵鼎入相，召直翰林，兼史馆校勘，与张嵲同入书局。未几，鼎去国，张浚以为元祐未必全是、熙宁未必全非，遂擢何抡仲、李似表为史官，欲有改定。珵与嵲不可，遂皆求去。②

传中所述张浚"元祐未必全是、熙宁未必全非"的认识，应当说是相当平允。这种认识无疑会影响其子，即后来成为道学大宗之一的张栻。其实，在绍兴和议之后，伴随着南宋政权走向稳定，连宋高宗就学术问题都说出了一些自己的认识："王安石、程颐之学各有所长，学者当取其所长，不执于一偏，乃为善学。"③

关于学术上的交流与融合，《宋史翼》也有涉及。《宋史翼·赵昱传》载：

① 陆心源辑撰：《宋史翼》卷17《方逢辰传》，第175页；卷22《循吏五·汪大定传》，第232页。

② 陆心源辑撰：《宋史翼》卷11《胡珵传》，第120页。

③ 李心传：《建炎以来系年要录》卷151，绍兴十四年三月癸酉条，第2431页。

当是时，南轩之教盛行蜀中，黄兼山、范文叔皆导其绪。雄故尝与南轩不咸，以是两家子弟其初不甚往还，而昱独与其高弟议论多合。说者以为吕正献公之于范、欧诸老为亲炙，而昱之于南轩为私淑，然其善于亲师取友则同也。①

这段记载讲述了不记父辈恩怨向张栻学习的赵雄之子赵昱，又提及北宋吕夷简之子吕公著跟范仲淹、欧阳修的良好关系，也是破解范吕解仇公案的一个证据。②

《宋史翼·萧楚传》的记载则反映了宋人治经方式：“自汉唐迄宋，《春秋》家且千，皆癖于传，而楚则独断于经，著《春秋辨疑》行于世。”③ 关于为学修身，朱熹曾赞扬吕祖谦说：“学如伯恭，方是能变化气质。”④“变化气质”是朱熹常说的一句话。《宋史翼·滕璘传》载：“初，璘为《论语说》，朱子见而善之，既而语之曰：学以变化气质为功，而不在于多立说。”⑤ 在朱熹之后，“变化气质”也曾被王夫之反复强调。⑥ 朱熹这一思想的源流，从《宋史翼》记载中也可以捕捉到。

《宋史翼·游九言传》记其解释无极、太极有新颖发挥之处：“周子以无极加太极，何也？方其寂然无思，万善未发，是无极也。虽云未发，而此心昭然，灵源不昧，是太极也。欲知太极，先识吾心。”关于道学，我们还可以看到很多精辟的议论。《宋史翼·董楷传》记其有关《易》学言论：“偏于象占而不该夫义理，则孔子之意泯。一于义理而不及象占，则羲、文、周公之心亦几乎息矣。”⑦

道学向社会推广浸透的态势，也见于《宋史翼》记载中。《宋史翼·程永奇

① 陆心源辑撰：《宋史翼》卷 15《赵昱传》，第 161 页。

② 关于范吕解仇公案，参见王瑞来：《范吕解仇公案再探讨》，《历史研究》2013 年第 1 期。

③ 陆心源辑撰：《宋史翼》卷 23《儒林一·萧楚传》，第 247 页。

④ 《宋史》卷 434《吕祖谦传》，第 12874 页。

⑤ 陆心源辑撰：《宋史翼》卷 25《儒林三·滕璘传》，第 265 页。

⑥ 王夫之：《礼记章句》卷 26、31、48，《船山全书》，长沙：岳麓书社，1988 年，第 1171—1178、1245—1317、1547—1556 页。

⑦ 陆心源辑撰：《宋史翼》卷 25《儒林三·游九言传》，第 267 页；卷 25《儒林三·董楷传》，第 270 页。

传》载："居家尝仿行伊川宗会法，以合族人。又举行吕氏乡约。冠婚丧祭，悉用朱氏礼，乡族化之。"①

（七）社会百相的展现

《宋史翼》中各种社会史资料也值得重视，如《岑象求传》记载其在奏疏中提到"十六七万缗，中人千家之产也"，可以为观察宋代一般家庭的经济水准提供参照。《连南夫传》在议论治赃吏的奏疏云，"选人七阶之俸不越十千，军兴物货倍百，当先养其廉，稍增其俸，使足赡十口之家，然后复行赃吏旧制"，提及了宋代下层官僚的具体俸禄。②

《宋史翼·陈并传》论及宋哲宗废黜皇后时说道："今闾巷贱夫，尚以出妻为耻。"③ 婚礼由于政治因素而突然中止，可以折射宋代社会对离婚的观念。《宋史翼·周端朝传》记载了周氏终止女儿婚姻之事：

> （周端朝）以女妻富阳令之子，亲迎之夕，有持诸生刺以入者。端朝曰：暮矣，来朝于崇化堂当相见。诸生曰：我来为国录事，非私也，有书在此。书入，则述令为史氏私人，恐先生官职骎骎，天下以为出于姻亚之力。端朝愕然。则已奏乐行酒，亟告女以其故。女素娴礼教，遽称疾，请展日行礼。令子登车惘然。已而以女废疾请停昏。④

这种事情在当时不被允许，周端朝被告后受到处分。书中也有恪守婚约的记载，如《宋史翼·周行己传》载：

> 行己未达时，从母有女，为其母所属意，尝有成言，而未纳采。至是，其女双瞽，而京师贵人欲以女女之。行己谢曰："吾母所许，吾养志可也。"

① 陆心源辑撰：《宋史翼》卷25《儒林三·程永奇传》，第269页。

② 陆心源辑撰：《宋史翼》卷4《岑象求传》，第38页；卷9《连南夫传》，第96页。

③ 陆心源辑撰：《宋史翼》卷5《陈并传》，第52页。

④ 陆心源辑撰：《宋史翼》卷16《周端朝传》，第172—173页。

竟娶之，爱过常人。伊川常语人曰："某未三十时，亦不能如此。"①

《宋史翼·康与之传》还记载了康与之"为乐妓赵芷脱藉，携以去"，最终"竟娶芷为俪"。②

《宋史翼》中还有关于宋代妇女的记载，如《吴安诗传》载："安诗母，正宪夫人也，知识过人，最能文。"③ 这一说法可以从同时期宋人其他记载中得到旁证，吕本中《东莱吕紫薇诗话》载："吴正献夫人最能文，尝雪夜作诗云：夜深人在水晶宫。"④《洪朋传》载："朋幼孤，受业于祖母文成君李氏。"⑤ 以此为线索，找到了黄庭坚的记载："民师之母文城县君李氏，太夫人母弟也，治《春秋》，甚文，有权智，如士大夫。"黄庭坚高度赞扬李氏所作《白山茶赋》"兴寄高远，盖以自况，类楚人之《橘颂》"。⑥ 说到宋代妇女能武，或许会想到韩世忠之妻梁夫人，⑦《宋史翼·晏溥传》记载，晏殊之孙晏溥"靖康初，官河北。金贼犯顺，散家财募兵捍贼，与妻玉牒赵氏戎服率义士，力战而死"。⑧ 晏溥妻赵氏虽出身赵宋皇室，但"戎服率义士"，完全如同梁夫人。

（八）印刷业兴盛与社会文化水准的史实

《宋史翼·李新传》有对宋代和平时期社会安定景象的描述："白首休居，拊子孙以待尽；卖剑买书，广弦诵以竟日。外户弗阖，而无有犬吠；行人千里，而

① 陆心源辑撰：《宋史翼》卷23《儒林一·周行己传》，第247页。

② 陆心源辑撰：《宋史翼》卷27《文苑二·康与之传》，第293页。

③ 陆心源辑撰：《宋史翼》卷6《吴安诗传》，第63页。

④ 吕本中：《东莱吕紫薇诗话》，王云五主编：《丛书集成初编》，北京：商务印书馆，1939年，第2550册，第8页。

⑤ 陆心源辑撰：《宋史翼》卷27《文苑二·洪朋传》，第284页。

⑥ 黄庭坚：《毁壁序》，曾枣庄、刘琳主编：《全宋文》卷2037，上海：上海辞书出版社、合肥：安徽教育出版社，2006年，第106册，第158页；《白山茶赋》，曾枣庄、刘琳主编：《全宋文》卷2278，第104册，第236页。

⑦《宋史》卷364《韩世忠传》载，"兀术遣使通问，约日大战，许之。战将十合，梁夫人亲执桴鼓，金兵终不得渡"（第11361页）。

⑧ 陆心源辑撰：《宋史翼》卷30《忠义一·晏溥传》，第327页。

不持寸刃。”[①] 宋代整体文化水准上升，与两宋长时期相对和平有关。只有在和平环境中，才会有“卖剑买书，弦诵竟日”景象出现。

在印刷术普及前后，抄录是书籍流传的主要方式。《宋史翼·方崧卿传》载：“居官凡三十年，所得俸赐，半以钞书，筑聚书堂贮之，积卷至四万有余，皆手自雠校。”《单锷传》载：“它经及子史，皆手自抄纂，篇秩盈庋。笔札细楷，几若摩印。”《陈长方传》载：“家贫不能置书，借钞至数千卷。”[②]

购买应当是宋人获得图书的主要方式。《宋史翼·刘牧传》就有北宋刘牧 16 岁落第后“买书闭户治之”的记载。在印刷术普及之后，购置图书反映了当时图书市场的繁荣。《宋史翼·刘靖之传》载，担任赣州教授的刘靖之“间斥其赢，以市图史至若干卷”。[③] 以此为线索，从罗愿《鄂州小集》看到具体记载：“先是，官书少，君（刘靖之——引者注）买于旁郡，及出箧中书诸生所未见者，令传写。”[④]《宋史翼·李杰传》亦载：“尝买书万卷，藏之郡庠。”[⑤] 北宋初，朝廷藏书才几万卷，到了李杰生活的北宋末年，一所地方学校居然可以购买上万卷图书，可见宋代文化的繁荣以及图书市场的兴盛。

除了为官府和学校购书，《宋史翼》还记载士大夫个人大量购书。如《方翥传》载：“从兄略造万卷楼，储书千二百笥。”《吴与传》载：“生平历官凡七任，悉以俸余市书，所藏至三万余卷。郑樵称海内藏书者四家，以（吴）与所藏本为最善。”[⑥] 的确，郑樵曾针对吴氏藏书，具体讲道：“书不存于秘府，而出于民间者甚多。如漳州吴氏，其家甚微，其官甚卑，然一生文字间，至老不休，故所得之书多蓬山所无者。”[⑦]“蓬山所无”，就是慨叹连中央的秘书省都

---

① 陆心源辑撰：《宋史翼》卷 6《李新传》，第 72 页。

② 陆心源辑撰：《宋史翼》卷 21《循吏四·方崧卿传》，第 224 页；卷 23《儒林一·单锷传》，第 246 页；卷 23《儒林一·陈长方传》，第 250 页。

③ 陆心源辑撰：《宋史翼》卷 23《儒林一·刘牧传》，第 245 页；卷 15《刘靖之传》，第 156 页。

④ 罗愿：《书刘子和行状后》，《鄂州小集》卷 4，王云五主编：《丛书集成初编》第 2033 册，第 46 页。

⑤ 陆心源辑撰：《宋史翼》卷 19《循吏二·李杰传》，第 202 页。

⑥ 陆心源辑撰：《宋史翼》卷 21《循吏四·方翥传》，第 218 页；卷 19《循吏二·吴与传》，第 204 页。

⑦ 郑樵：《通志二十略·校雠略》，王树民点校，北京：中华书局，1995 年，第 1814 页。

没有。《叶庭珪传》记叶氏上奏："比者专尚文德，天下廓廓无事。然芸省书籍未富，切见闽中不经屡破之郡，士大夫藏书之家，宛如平时。如兴化之方，临彰之吴，所藏尤富，悉其善本，望陛下逐州搜访抄录。"① 其中就提到吴氏的藏书。

到了南宋，更不乏藏书万卷的人家。《宋史翼·方悫传》亦载："家置万卷书堂，虽老手不释卷。"《宋史翼·杨景略传》载："平居占哔之外，无他玩好，常以雠校得失为乐事。所藏书万余卷，犹缮写不辍。"《宋史翼·慕容彦逢传》载："藏书数万卷，朝夕翻阅经史诸子。"不仅富裕人家藏书，而且贫困士人也买书藏书。《宋史翼·许棐传》记载他"储书数千卷，丹黄不休"，② 以此为线索，可以找到许棐的夫子自道："予贫喜书，书积千余卷，今倍之未足也。肆有新刊，知无不市。人有奇编，见无不录。故环室皆书也。"③ 书在民间，动辄过万卷，盛过官府，正折射了以文化下移作为标志之一的宋元社会转型，亦可概见宋代社会文化繁荣。

南宋福建以刻书闻名，《宋史翼·郑伯熊传》就记载郑伯熊"首雕程氏书于闽中"。除了福建，四川也是当时的刻书重镇，拥有兴盛的图书市场。《宋史翼·滕璘传》记载："璘自少喜读书，在蜀得官书数千卷以归。"④ 在《宋史翼》中，还有不少士大夫刊刻书籍的记载。如《慕容彦逢传》载："绍圣二年中宏词科，改越州州学教授。刊印三史，雠校精审，遂为善本，四方士大夫争购求之。"⑤ 慕容彦逢刊印书籍是一种商业行为，"鬻以养士，迨今蒙利焉"。⑥ 同卷《郑厚传》载："厚少时尝著《艺圃折衷》，论多过激，既而悔之。有窃

① 陆心源辑撰：《宋史翼》卷27《文苑二·叶庭珪传》，第286页。

② 陆心源辑撰：《宋史翼》卷24《儒林二·方悫传》，第259页；卷26《文苑一·杨景略传》，第276页；卷27《文苑二·慕容彦逢传》，第285页；卷36《隐逸·许棐传》，第393页。

③ 许棐：《梅屋书目序》，《献丑集》，王云五主编：《丛书集成初编》第2405册，第3页。

④ 陆心源辑撰：《宋史翼》卷13《郑伯熊传》，第137页；卷25《儒林三·滕璘传》，第265页。

⑤ 陆心源辑撰：《宋史翼》卷27《文苑二·慕容彦逢传》，第284—285页。

⑥《慕容彦逢墓志铭》，慕容彦逢：《摛文堂集》附录，景印文渊阁《四库全书》，集部，第1123册，第487页。

其稿以刊者，遂布于外。”① 出现“窃其稿以刊”的现象，可见当时图书市场竞争激烈。

（九）地方官作为的反映

地方官员展开的社会救济及移风易俗活动，《宋史翼》中也有涉及。如《梁季珌传》载：“江西之俗，生子不能赡，即委弃不顾。季珌创慈幼院以收育之，且拨公田为经久计，多所全活。”对江西溺女的习俗也有记载，《罗棐恭传》载：“通判赣州。俗憎女，生则溺之，乃作《溺女戒》文下十邑，悉禁民之溺女者。”②《幸元龙传》记载民间土地纷争，出现了岳飞后人的事例：

> 幸元龙，字震甫，高安人。庆元进士，初尉京邑。时万俟卨之孙与岳飞家争田，岁久不决，府檄元龙裁断。积案如山，元龙并不阅视，即拟云：“岳武穆一代忠臣，万俟卨助桧逆贼，虽籍其家不足谢天下，尚敢与岳氏争田乎？田归于岳，卷畀于火。”时论韪之。③

幸元龙的做法未必合法，但“时论韪之”，反映了开禧北伐前朝野舆论风向。

作为地方官清廉的榜样，《宋史翼》为杨万里的儿子杨长孺立传，其中有“士大夫清廉，便是七分人矣”，④ 折射出当时士大夫廉洁者少。方志中还有相关记载：“杨长孺，吉安吉水人。以荫补，知湖州，有廉名。与秀邸相持，谮之，问要钱否，曰不要，宁宗曰：‘不要钱是好官。’”⑤ 岳飞说“文官不爱钱，武官不惜命，则太平矣”。⑥ 皇帝和武将都讲出类似的话，也是痛感现状发出的

---

① 陆心源辑撰：《宋史翼》卷27《文苑二・郑厚传》，第294页。

② 陆心源辑撰：《宋史翼》卷15《梁季珌传》，第157页；卷20《循吏三・罗棐恭传》，第213页。

③ 陆心源辑撰：《宋史翼》卷22《循吏五・幸元龙传》，第232—233页。

④ 陆心源辑撰：《宋史翼》卷22《循吏五・杨长孺》，第237页。

⑤ 嘉靖《赣州府志》卷8《名宦》，《天一阁藏明代方志选刊》，上海：上海书店，1976年，第4页。

⑥ 《鄂国金佗稡编》卷21《百氏昭忠录》，岳珂编，王曾瑜校注：《鄂国金佗稡编・续编校注》，北京：中华书局，1989年，第1509页。

感慨。

地方官员整顿吏治，在《宋史翼·陈琥传》中也有反映：

（陈琥）开庆初知南丰县，痛绳群吏，尝曰："民不得安者，吏为之蠹也。"取巨猾吏曰三陈者断手足以令，于是胥吏皆股栗不敢肆，百姓欢呼载道。有问之者曰："公以恕斋自号，而竟不恕，何也?"曰："吾恕于民耳，吏可恕乎?"识者以为名言。[①]

《宋史翼·程迈传》载："鄱阳岁饥多盗，帝忧之，以迈知饶州。至则手条宽恤三十余事，揭于州门。又奏蠲舟车征算，增米价以招商贾。不逾月，米大至，价为损半，而民食以足，盗亦潜消。"[②] 岁饥之际，高价买米，大量商贾运米到来，在市场机制的自然调节之下，米价大降，百姓度过了饥荒，社会也安定，不能不说是充满智慧的行政施策。

作为地方官的治迹，范仲淹以工代赈的救灾方式曾被称道。[③]《宋史翼·黎淳传》记载神宗时期黎淳的做法，跟范仲淹的做法相类似："在唐安，乘岁饥，募民完堤堰，两得其利，不殍而稔。"[④] 关于官员政治规范，范仲淹曾有言"私罪不可有，公罪不可无"，[⑤] 意思是不能因私犯罪，而要勇于任事，工作中出现过失则是正常的。范仲淹的这一理念，也为南宋士大夫所继承。《宋史翼·时澜传》载："或有以邑弊不可为语澜者，澜曰：安有不可为之邑？其

① 陆心源辑撰：《宋史翼》卷22《循吏五·陈琥传》，第240页。

② 陆心源辑撰：《宋史翼》卷20《循吏三·程迈传》，第207页。

③《梦溪笔谈》卷11《官政》："皇祐二年，吴中大饥，殍殣枕路。是时范文正领浙西发粟，乃募民存饷……又召诸佛寺主首谕之曰：'饥岁工价至贱，可以大兴土木之役。'于是诸寺工作鼎兴。又新敖仓吏舍，日役千夫。监司奏劾杭州不恤荒政，嬉游不节及公私兴造伤耗民力。文正乃自条叙所以宴游及兴造，皆欲以发有余之财，以惠贫者。贸易、饮食、工技、服力之人仰食于公私者，日无虑数万人。荒政之施，莫此为大。是岁两浙，唯杭州晏然不流徙，皆公之惠也。"（沈括撰，金良年点校，北京：中华书局，2015年，第114页）

④ 陆心源辑撰：《宋史翼》卷23《儒林一·黎淳传》，第244页。

⑤ 施德操：《北窗炙輠录》卷上，朱易安等主编：《全宋笔记》第3编，郑州：大象出版社，2008年，第8册，第172页。

身不正，是为私罪，私罪断不可有也。催科政拙，是为公罪，公罪其可无乎？”①

（十）士人的地方活动

在南宋，士人注重地方建设，为了增强地方认同，从不分地域的先贤宣传，开始转向对本地乡贤的发掘与树立。这在《宋史翼》中也有反映，《苏玭传》记载：“通判明州。城东有造船场，崇宁中，晁以道坐元符党锢，来为船官。玭慨然为筑祠立碣。陈瓘尝谪于明，而丰稷明人也，玭复请于郡，立二祠于学宫。”树立乡贤，由于具有亲切感，容易唤起当地人共鸣。《王楠传》就记载：“起知赣州，谕其耆老曰：元祐党籍，赣人一十有四，何多君子也？汝曹勉之。”②

对乡贤的发掘与树立，一直延续到元代。根据《宋史翼·赵良坡传》“戒子孙弗仕元”的线索，③查到《上虞县志》记载：赵良坡后人“季忠、季恕，薄元不仕。后至正间，有举良坡乡贤者，二子不从曰：吾祖生既耻食元粟，殁岂享元祀？盖有祖父遗风焉”。④

在南宋，科举考试落第后不再应试，或一开始就不习举业的士人不少。这些士人或专注学问，或投入社会活动之中。这种现象在《宋史翼》中也有所反映，如《郑起传》载：“起少试礼部不第，弃举子业，潜心穷理尽性之学。”⑤

（十一）宋人的政治智慧与人生认识

关于政治智慧，《宋史翼·刘谊传》记载其引述经典讲道：“知予之为取，政之宝也。”《李新传》记载他在奏疏中说：“夫治道恶太甚，见渊鱼为不祥。”这是说凡事当留有回旋余地，不能做得太过分。⑥

---

① 陆心源辑撰：《宋史翼》卷25《儒林三·时澜传》，第263页。

② 陆心源辑撰：《宋史翼》卷4《苏嘉传附苏玭》，第43页；卷14《王楠传》，第151页。

③ 陆心源辑撰：《宋史翼》卷31《忠义二·赵良坡传》，第334页。

④ 万历新修《上虞县志》，万历三十四年刊本，第10页。

⑤ 陆心源辑撰：《宋史翼》卷17《郑起传》，第178页。

⑥ 陆心源辑撰：《宋史翼》卷3《刘谊传》，第30页；卷6《李新传》，第66页。

《宋史翼·毕从古传》记述刘湜与毕从古论及法与情的关系：“每与湜论，湜言其律，从古言其情，无不合。湜叹曰：‘嗟乎！法非仁人不能知也。如通判者，殆可谓知法矣。’”《周尹传》记载他讲货币流通：“臣闻钱币之用，古者或谓之泉，欲其流行而无滞。或谓之布，取其周遍而平均。”《蔡承禧传》记载其论述提举常平的重要性：“朝廷提仓之官，所系不轻，一路承禀按察，与监司无异，当用天下有吏干之人。”①

《宋史翼·岑象求传》记载其所言儒释道的共通性颇值玩味：“老子言清净无为，则是与佛之圆通无著，同其大旨也。佛之言圆通无著，则是与孔子之寂然不动，感而遂通天下之故，同其大旨也。”而关于儒佛之异，《宋史翼·罗博文传》也记载了他的认识：“儒佛之异无他，公与私之间耳。”②

《宋史翼·岑象求传》还记载他转述唐代名相狄仁杰关于崇佛耗费社会财富的话，富有启发意义：“工不使鬼，必是役人；物不天来，皆从地出。”《林季仲传》记载其讲人事与天命的关系：“人事尽而后可以言命。”他还引述说道：“李泌以谓君相不可言命，惟当修人事而已矣。”这种认识很有积极意义。③

《宋史翼·王益传》记载其担任知州时的事迹：“属县翁源多虎，益教捕之。令欲媚益，言虎自死，舆之至州，为颂以献。益使归之曰：政在德，不在异。”④这一记述源自曾巩撰写的《尚书都官员外郎王公墓志铭》。⑤ 韶州属县翁源虎多成害，王益组织捕杀。县令为了讨好王益，就说有老虎不打自死，并把老虎抬到州衙门，还附上一篇歌功颂德的文章，一同献给王益。对此，王益让县令把老虎抬回去，并冷冷地回应，为政在于行德政、不在宣扬灵异。“政在德，不在异”，是说施政需要做德在人心的实事，而不是借助一些奇异或意外之事为执政者空立

① 陆心源辑撰：《宋史翼》卷1《毕从古传》，第4页；卷1《周尹传》，第6页；卷2《蔡承禧传》，第14页。

② 陆心源辑撰：《宋史翼》卷4《岑象求传》，第39页；卷22《循吏五·罗博文传》，第236页。

③ 陆心源辑撰：《宋史翼》卷4《岑象求传》，第39页；卷10《林季仲传》，第108页。

④ 陆心源辑撰：《宋史翼》卷18《循吏一·王益传》，第185页。

⑤ 曾巩：《尚书都官员外郎王公墓志铭》，《曾巩集》卷44，陈杏珍、晁继周点校，北京：中华书局，1984年，第599页。

牌坊。“子不语怪力乱神”，儒家道德传承落实在政治行为上。王益是王安石的父亲，其行德政的主张无疑会影响到王安石。

《宋史翼·李大训传》中，南宋知县李大训被黄榦评价为“儒而不懦，吏而不俗”。① 懦儒、俗吏皆令人生厌，这样的评价很有意思。查黄榦原话，前一句本来为“儒而不腐”。② 改腐为懦，估计是陆氏既根据李大训表现强势的事迹，又取了“儒”字相近字形的“懦”字。

《宋史翼·朱翌传》记述“人生五计”很有意趣：

> 人生寿夭不齐，姑以七十为率。十岁为儿童，父母膝下乳哺衣食，以须成立，其名曰生计；二十为丈夫，骨强志坚，问津名利之场，意在千里，其名曰身计；三十至四十，日夜注思，择利而行，位欲高，财欲厚，门欲大，子孙欲盛，其名曰家计；五十之年，心怠力疲，俯仰世间，智术用尽，过隙之驹不留，当随缘任运，息念休心，善刀而藏，如蚕作茧，其名曰老计；六十以往，甲子一周，夕阳衔山，倏尔就木，内观一心，要使丝毫无慊，其名曰死计。③

《宋史翼·郑思肖传》引述他的一段话颇值得回味：“古人重立身，今人重养身。立身者盖超乎千古之上，与天地周流于不识不知之天也。养身者惜一粟以活微命，役于万物，死于万变者也，何足道哉?”④

（十二）呈现宦官的正面形象

《宋史翼》卷39为14位宦官立传，从中可以看到宦官的另一种面相。《宋史翼·乐士宣传》载：

---

① 陆心源辑撰：《宋史翼》卷22《循吏五·李大训传》，第231页。

② 黄榦：《李知县墓志铭》，《勉斋先生黄文肃公文集》卷35，《宋集珍本丛刊》，北京：线装书局，2004年，第68册，第154页。

③ 陆心源辑撰：《宋史翼》卷27《文苑二·朱翌传》，第287页。

④ 陆心源辑撰：《宋史翼》卷34《遗献一·郑思肖传》，第371页。

熙宁中，神宗以谓夏童不恭，乃肆大讨。尝命李宪等以五路之兵进攻灵武，期于一举成捷。尝下诏曰："如有敢议班师者，以军法从事。"至于师老储之，主帅方议班师，无敢启言者。独士宣毅然白于帅府，请自边乘驿，七昼夕达奏至于京师。神考欣然从之。①

关于这一记载，陆氏如此议论道："其时士宣方为小行人之职，而敢冒死犯颜以请者，臣子之奇节也。故知其胸中轩昂，挺然不凡。"② 从乐士宣冒死犯颜的奇节，可以看到这个宦官的担当精神。

在宣仁太后垂帘听政的"元祐更化"期间遭受打击的王安石变法支持者，在哲宗绍述神宗之政的背景下重新执政，对变法反对派进行了残酷打击，并波及已去世的宣仁太后，宣称宣仁太后曾打算废黜哲宗。为了坐实这件事，章惇、蔡卞等人把已经贬放到海南，曾担任皇城使、宣仁殿御药的宦官张士良抓回京城，让他证明"宣仁有废立意"。《宋史翼·张士良传》载：

元符三年，惇、卞逮赴诏狱，使证宣仁有废立意。士良既至，以旧御药告并列鼎镬刀锯置前，谓之曰："言有即还旧官，言无则死。"士良仰天哭曰："太皇太后不可诬，天地神祇何可欺也？乞就戮。"京、惇无如之何。③

在张士良的面前摆上貌似证据的旧文件和油锅、铡刀等，对他进行威胁利诱。张士良仰天哭诉说，不能污蔑太皇太后、不能欺瞒天地神灵，表现出临死不惧的刚烈。这一时期，其他宦官也跟张士良一样，深深卷入党争漩涡之中。《宋史翼·蔡克明传》载：

蔡京蓄恨范正平，及当国，言李之仪所撰范纯仁行状，妄载中使蔡克明传二圣虚伫之意，与之仪、正平同逮至御史府。之仪、正平皆欲诬服，独克明曰："旧制，凡传圣语，受本于御前，请宝印出，注籍内东门。"使从其家

① 陆心源辑撰：《宋史翼》卷 39《宦者·乐士宣传》，第 418 页。
② 陆心源辑撰：《宋史翼》卷 39《宦者·乐士宣传》，第 418 页。
③ 陆心源辑撰：《宋史翼》卷 39《宦者·张士良传》，第 420 页。

得圣语本有御宝，验内东门籍，皆同，狱遂解。①

蔡京迫害范正平，被抓到监狱中的范正平和李之仪可能遭受了酷刑，他们本打算违心承认被诬陷的事实，这时作为另一个当事人的宦官蔡克明，则出示了证据，使蔡京的诬陷最终没有得逞。这一记载也反映了作为宦官的蔡克明不与权势同流合污的正直。

此外，《宋史翼》还集中引述《宣和画谱》，对宦官在诗词书画方面的出色才艺进行了较多记载。选择这样一组群体，有助于人们发现这一特殊群体的另一种面相。

（十三）珍稀史料与独特认识的载录

《宋史翼》转录各种文献特别是地方文献，往往收录一些不大为人所注目的珍贵史料。崖山战败，陆秀夫负帝蹈海，② 是人们熟知的史实，但可能对陆秀夫是否全家殉国并不清楚，《宋史翼·陆钊传》披露了陆秀夫仍有后代存世：

陆钊，字二思，福建福州人，左丞相秀夫子。端王殁，秀夫与张世杰、陈宜中等立卫王为帝，奉驾至枫亭。蔡曰："忠感异梦，以女为秀夫次室。"而有孕，遂留于枫亭，而生钊。崖山之难，秀夫殉国。蔡氏闻之，以秀夫别时衣冠招魂，葬于莆之嵩山。元元贞二年，命宣抚李文虎访秀夫子录用。钊却聘，以诗谢。文虎叹曰："孝子出于忠节之门，无容强也。"初迁莆，后复居枫亭。终元之世，其子孙无有仕者。③

① 陆心源辑撰：《宋史翼》卷39《宦者·蔡克明传》，第421页。

② 《宋季三朝政要笺证》卷6载："秀夫至此，知无可奈何，乃取舟中物悉沈之，仗剑驱其妻子赴水，妻挽舟不可赴水，秀夫曰：'尔去，怕我不来?'于是登御舟启上曰：'国事至此，陛下当为国死。太皇后辱已甚，陛下不可以再辱。'抱宋卫王俱投水中。"（佚名撰，王瑞来笺证，北京：中华书局，2010年，第503页）

③ 陆心源辑撰：《宋史翼》卷35《遗献二·陆钊传》，第377页。

且不论这条记载是否准确，但可以进一步考证。① 崖山覆亡前夕，宰相陈宜中以求援为名逃往暹罗。《宋史翼·方凤传》则披露跟随陈宜中亡命的宋人，后来又作为暹罗使臣出使元朝，也是值得注意的史料线索。②

以上列举《宋史翼》有价值的各个方面，尽管是转录各种文献而成，但汇集于一书之中，为研究提供了很大便利。《宋史翼》入传者，多是地位不甚显赫的人物，即使是研究宋代文史的学者，对其中的不少人名也比较陌生。这些人物的言行，可以让我们观察到正史中难以见到的宋代政治与社会另一面相。因此《宋史翼》也具有相当的史料价值，不过在利用之时需要认真辨析。

三、《宋史翼》指瑕

在肯定《宋史翼》学术价值前提下，必须指出，这部史籍还存在很多问题。其中既有与生俱来转录文献的问题，又有陆氏编纂之际理解和剪裁中出现的失误，还有刊刻时的鲁鱼亥豕之误。如果不加以辨析，而继续原封不动地利用，势必影响研究质量。

以下，笔者对《宋史翼》存在的问题分类列举。除编纂问题之外，各类讹误指正仅为二三例典型个案，全面发覆正误则可参见笔者另撰《宋史翼证误》的《文字篇》与《事实篇》二文。

（一）立传与《宋史》重出

《宋史翼》之宗旨，本为补《宋史》之阙。但由于陆氏失检，径直从方志等文献中转录，以至《宋史翼》与《宋史》多有重复。

如《宋史翼》卷15有《吴琚传》，《宋史》卷456《吴益传》后已有吴琚简

---

① 乾隆《仙游县志》卷42所载稍为详尽："陆钊，字二思，丞相秀夫子。端王没，秀夫与张世杰、陈宜中等立卫王为帝，奉驾至枫亭。蔡曰：'忠感异梦，以女荔娘为之次室。'蔡氏孕，遂留枫生男。报闻，名之曰钊。秀夫偕太后航海，崖山之难，秀夫驱妻子入海，负帝殉国。蔡氏闻之，以秀夫别时衣冠招魂，葬于莆之嵩山。钊幼随母氏迁徙藏匿，备历险艰，后卒成立。元元贞二年八月，命宣抚李文虎访秀夫子录用。钊却聘，以诗谢。文虎叹曰：'孝子出于忠节之门，无容强也。'初迁莆，后复居枫亭，遗命子孙不得仕元。竟元之世，其子孙无有读书仕宦者。"（清同治重刊本，第4页）

② 陆心源辑撰：《宋史翼》卷35《遗献二·方凤传》，第378页。

略附传。[①]《宋史翼》卷17有《丁黼传》,《宋史》已于卷454《忠义传》为其立传,[②]《宋史翼·丁黼传》虽为重出，然较《宋史·丁黼传》稍详。《宋史翼》卷23有《刘颜传》,《宋史》已于卷432《儒林传二》为刘颜立传,[③]《宋史翼·刘颜传》所述几全同《宋史·刘颜传》，传末还写道：“子庠，《宋史》有传。”[④]令人不解的是，陆氏在《宋史》查到了《刘庠传》，却未发现其父刘颜也已入传。《宋史翼》卷25有《度正传》,《宋史》已于卷422为其立传,[⑤] 内容与录自《宋元学案》的《宋史翼·度正传》几乎相同而稍详。《宋史翼》卷26有《王巩传》,《宋史》卷465《王素传》后有王巩简略附传。[⑥]

《宋史翼》卷30《王霁传》，标注出处为“《山西通志》参《长编》”，实则全同《宋史》卷357《王云传》所附王霁传。[⑦]《宋史翼·王霁传》中有“弟云，《宋史》自有传”,[⑧] 陆心源似已检视《宋史》，不知为何又犯重出的错误。《宋史翼》卷30有《詹良臣传》,《宋史》卷446《忠义传一》已入传,[⑨] 且较《宋史翼·詹良臣传》所引《福建通志》为详。[⑩] 同卷有《张理传》，《宋史》卷453《忠义传八·丁仲修传》中已述及《宋史翼·张理传》所录基本事迹。[⑪] 中华书局点校本《宋史》将“张理”与其下“同”连标，误作人名“张理同”，陆氏可能亦是误认而未检视《宋史》。同卷还有《吕由诚传》,《宋史》卷448《忠义传三》也已入传,[⑫] 且远详于《宋史翼·吕由诚传》。陆氏失检，反求诸晚出且简略的《山东通志》。

---

① 《宋史》卷465《吴琚传》，第13592页。
② 《宋史》卷454《丁黼传》，第13345页。
③ 《宋史》卷432《刘颜传》，第12831页。
④ 陆心源辑撰:《宋史翼》卷23《儒林一·刘颜传》，第244页。
⑤ 《宋史》卷422《度正传》，第12615—12616页。
⑥ 《宋史》卷320《王素传附王巩》，第10405页。
⑦ 《宋史》卷357《王云传》，第11229—11230页。
⑧ 陆心源辑撰:《宋史翼》卷30《忠义一·王霁传》，第323页。
⑨ 《宋史》卷446《詹良臣传》，第13159页。
⑩ 陆心源辑撰:《宋史翼》卷30《忠义一·詹良臣传》，第324页。
⑪ 《宋史》卷453《丁仲修传》，第13317页。
⑫ 《宋史》卷448《吕由诚传》，第13203页。

《宋史翼》卷 31 有《吴从龙传》，《宋史》卷 452《忠义传七》已为其入传,① 与《宋史翼》所记互有详略。同卷有《高谈传》,《宋史》卷 453《忠义传八》已为高谈立传,② 内容全同《宋史翼》而略详。同卷《陈龙复传》,《宋史》卷 454《忠义传九》有目无文。同卷还有《高应松传》,《宋史》卷 454《忠义传九》已为高应松立传,③ 与《宋史翼》所录《福建通志》稍有不同。

《宋史翼》卷 32 有《吴楚材传》,《宋史》卷 452《忠义传七》已为吴楚材立传,《宋史翼》所引方志乃是《宋史·吴楚材传》的节录且有误。同卷《李成大传》,《宋史》卷 452《忠义传七》已为李成大立传,《宋史翼》所引方志同样为《宋史·李成大传》的节录且有误。同卷《林琦传》,《宋史》卷 454《忠义传九》已为林琦立传，两者所记互有详略。同卷《黄介传》,《宋史》卷 452《忠义传七》已为黄介立传,④《宋史翼》所引未如《宋史》之详，当为节录。同卷有《廖明哲传》，此“廖明哲”实为“萧明哲”之误。文天祥诗中即有“萧明哲”，诗序云：“督干架阁监军萧明哲，字元甫，吉州贡士。”⑤《宋史》卷 454《忠义传九》已为萧明哲立传，内容详于本传。⑥ 郝玉麟修、谢道承纂乾隆《福建通志》卷 46 误作“廖明哲”,⑦ 陆氏转录沿误，且与《宋史》重出。

《宋史翼》卷 33 有《郭琮传》,《宋史》卷 456《孝义传》已为郭琮立传,⑧《宋史翼》虽重出，但所载事迹互有正误，详略亦不同。同卷有《赵善应传》，赵善应为南宋名臣赵汝愚之父,《宋史翼·赵善应传》源自《宋史》卷 352《赵汝愚传》传首部分,⑨ 且有节略。

---

① 《宋史》卷 452《吴从龙传》，第 13308 页。

② 《宋史》卷 453《高谈传》，第 13308 页。

③ 《宋史》卷 454《高应松传》，第 13346 页。

④ 《宋史》卷 452《吴楚材传》，第 13311 页；卷 452《李成大传》，第 13312 页；卷 454《林琦传》，第 13354 页；卷 452《黄介传》，第 13309 页。

⑤ 文天祥撰，刘文源校笺：《文天祥诗集校笺》卷 15《萧架阁》，北京：中华书局，2017 年，第 1492 页。

⑥ 《宋史》卷 454《萧明哲传》，第 13353 页。

⑦ 乾隆《福建通志》卷 46，清乾隆二年刻本，第 52 页。

⑧ 《宋史》卷 456《郭琮传》，第 13394 页。

⑨ 《宋史》卷 392《赵汝愚传》，第 11981 页。

《宋史翼》卷40有《林特传》，《宋史》卷283已为林特立传，[1]《宋史翼》所述大同小异，《宋史》盖为源头。林特之子潍，《宋史》也可见，不过不如《宋史翼》之详。《宋史翼·林特传》所附林洙传则全同《宋史》。林特为北宋真宗朝有名的“五鬼”之一，陆氏居然不知《宋史》已有传，也是令人费解之事。同卷有《钱遹传》，《宋史》卷356已为钱遹立传，[2]《宋史翼》虽重出，然所记事迹，间有《宋史》未载者，可互为补充。同卷《蔡密传》，《宋史》卷472已为蔡密立传，[3]《宋史翼》重出且有误，所述事实亦多有节略。

除了与《宋史》重出，由宋入元的人物，《元史》已经立传，《宋史翼》亦重复立传。如《宋史翼》卷34《胡一桂传》，《元史》卷189《儒林传一》已立传，[4] 且更详细。除了《元史》，还有《金史》中的列传被收录者。《宋史翼》卷36《褚承亮传》，便见于《金史》卷127《隐逸》，[5] 标记出处的《宋史新编》也转录自《金史》，且有所节略。此外，《宋史翼》卷38入传的卜则巍，文献中均记作唐人，唯《宋史翼》及其转录《江西通志》卷106记在宋人之列。

以上分析了《宋史翼》与《宋史》重出的具体状况。除1人在《宋史》有目无传，不算重复，剩下22人与《宋史》重出。从具体状况看，有些重出并非完全没有意义，不少重出传记由于史料来源不同，与《宋史》已立传记互有详略，亦具有对人物传记资料补阙拾遗的价值。然而作为一部史书，由于陆氏的失检，重出毕竟成了《宋史翼》一个最为明显的瑕疵，有违《宋史翼》补充《宋史》的立传宗旨。不过与《金史》《元史》重出，或有陆氏之考量，则不当苛责。

（二）传主人名子虚乌有

《宋史翼》卷7《余应球传》的“余应球”之名，《宋史》《建炎以来系年要

---

① 《宋史》卷283《林特传》，第5964—5966页。

② 《宋史》卷356《钱遹传》，第11200页。

③ 《宋史》卷47《蔡密传》，第13733页。

④ 《元史》卷189《胡一桂传》，北京：中华书局，1976年，第4389页。

⑤ 《金史》卷127《褚承亮传》，北京：中华书局，1975年，第2748页。

录》《宋宰辅编年录》《皇朝编年纲目备要》等相关文献均作“余应求”,① 唯明清文献如《大明一统志》《万姓统谱》《江西通志》等为“余应球”。② 实际上，余氏其字为“国器”，名自当以“应求”为是。

《宋史翼》卷 32 有《颜斯理传》,③ 检明乌斯道《谭节妇祠堂记》载：“至元十三年丙子，江南内附，越一岁丁丑，宋丞相文天祥志恢复，有书约女弟之婿彭震龙起兵，以是岁七月十有九日，兵内外合发。震龙亦永新人，盟同邑张履翁、颜司理先一月起，与降将江西运使镏槃，并槃之裨将萧明合战永新，而丞相之兵不至，遂败衄。”④ 据此可知，“司理”非人名，而系官名“司理参军”之省称，此处代指颜姓司理参军者。《吉安府志》卷 22《忠节传》、⑤ 明谈迁《国榷》卷 58 亦均记作“颜司理”,⑥《宋史翼》误作“斯理”，《宋元学案补遗》卷 88《巽斋学案补遗》附传亦沿方志之误，立有“颜先生斯理”小传。⑦

（三）原封不动转录有误文献，造成史实讹误

《宋史翼》卷 22《宋慈传》将其卒年记为“淳祐六年”,⑧ 但《广东通志初

---

① 《宋史》卷 23《钦宗纪》，第 428 页；卷 158《艺文志》，第 5176 页；卷 379《陈公辅传》，第 11684 页；李心传：《建炎以来系年要录》卷 6，第 15 页；卷 16，第 327 页；卷 93，第 1549 页；卷 117，第 1879 页；卷 132，第 2124 页；卷 148，第 2390 页；卷 163，第 2664 页；徐自明撰，王瑞来校补：《宋宰辅编年录校补》卷 15《高宗皇帝中》，北京：中华书局，1986 年，第 977 页；陈均：《皇朝编年纲目备要》，许沛藻等点校，北京：中华书局，2006 年，第 771 页。

② 李贤：《大明一统志》卷 51，方志远等点校，成都：巴蜀书社，2017 年，第 2269 页；凌迪知：《万姓统谱》卷 8，景印文渊阁《四库全书》，子部，第 956 册，第 187 页；嘉靖《江西通志》卷 11，嘉靖四年刻本，第 73 页；康熙《江西通志》，康熙二十二年刻本，第 13 页；光绪《江西通志》，光绪七年刻本，第 8 页。

③ 陆心源辑撰：《宋史翼》卷 32《忠义三 · 颜斯理传》，第 349 页。

④ 乌斯道：《春草斋集》卷 1，《四明丛书》第 3 集，扬州：广陵书社影印本，2006 年，第 11 页。

⑤ 万历《吉安府志》，万历十三年刻本，第 16 页。

⑥ 谈迁：《国榷》卷 58，张宗祥校点，北京：中华书局，1958 年，第 3655 页。

⑦ 王梓材、冯云濠编撰：《宋元学案补遗》卷 88，沈芝盈、梁运华点校，北京：中华书局，2012 年，第 5242—5243 页。

⑧ 陆心源辑撰：《宋史翼》卷 22《循吏五 · 宋慈传》，第 238 页。

稿》卷7载："宋慈，淳祐九年任。"[①] 赵文撰、袁铦续修《景泰建阳县志》卷3：

> （宋慈）再进朝请大夫、直焕章阁、知广州，兼广东经略安抚使。作《洗冤录》，年七十一致仕，终于淳祐庚戌，寿七十四。淳祐十二年，敕葬乐田里之昌茂，特赠朝议大夫、直焕章阁致仕，御书神道门以旌之，以其为中外分忧之臣，密替阃书之功也。[②]

据此可知，宋慈卒于淳祐庚戌，即淳祐九年。《宋史翼》承袭刘克庄所撰墓志铭，[③] 将宋慈卒年误记作"淳祐六年"。

《宋史翼》卷23《刘牧传》记其"知大名府"，王安石《临川先生文集》卷97《荆湖北路转运判官尚书屯田郎中刘君墓志铭》记作"知大名府馆陶县"，[④] 知州与知县地位悬殊。《宋史翼》虽标注出处之一为"临川集九十七刘君墓志"，[⑤] 实际却未加检视，原封不动转录《宋元学案》卷2《泰山学案・泰山门人・运判刘长民先生牧》中的脱误。

（四）转录文献节略重要内容或是改变史实

《宋史翼》卷9《方廷寔传》引述其奏疏云："或传陛下欲屈膝受诏，臣不知谁为陛下谋者?"[⑥] 对照《皇宋中兴两朝圣政》所引方廷寔奏疏，知此处内容节略过甚："或传陛下欲屈膝受诏，则臣不知所谓也。呜呼！谁为陛下谋此也？天下者，中国之天下，祖宗之天下，群臣万姓三军之天下，非陛下之天下。"[⑦] 这句反映宋代士大夫皇权观与国家意识的话，在《宋史翼》中消失了。

① 嘉靖《广东通志初稿》，嘉靖刻本，第9页。

② 景泰《建阳县志》，弘治十七年刻本，第25页。

③ 刘克庄：《宋经略墓志铭》，辛更儒笺校：《刘克庄集笺校》卷159，北京：中华书局，2011年，第6213—6217页。

④ 《王安石文集》卷97，刘成国点校，北京：中华书局，2021年，第1674页。

⑤ 陆心源辑撰：《宋史翼》卷23《儒林一・刘牧传》，第245页。

⑥ 陆心源辑撰：《宋史翼》卷9《方廷寔传》，第98页。

⑦ 佚名撰，孔学辑校：《皇宋中兴两朝圣政辑校》卷24，第774页。

《宋史翼》卷 19《王默传》："熙宁中，熊本察访陕、夔路，荐默任提举常平，寻除转运使。苗时中馈军兴，奏默管勾文字讨乞弟。"[①] 核查黄庭坚《朝奉郎致仕王君墓志铭》："本荐君可任提举常平，诏引上殿，会耳聩不能奉诏，乞得监味江镇茶场。以忧去，服除，转运使苗时中馈军兴，奏君管勾文字，讨乞弟。"[②] 据此可知，王默虽被举荐，实际未尝任提举常平。又"寻除"属下读作"寻除转运使"，转运使位高，与王默此前所任县令官秩差距悬殊，明显有误。观《朝奉郎致仕王君墓志铭》所载，转运使乃是苗时中。苗时中，《宋史》卷 331 本传载："徙梓州转运副使。韩存宝讨蛮乞弟，逗遛不行。时中曰：师老矣，将士暴露，非计之善者。存宝不听，卒坐诛。"[③] 此事正与此处所记事实相应，可证苗时中为转运副使。《宋史翼》此处节略不当，又改"服除"为"寻除"，且连属下文，大误。

（五）不谙宋制及典故而误

《宋史翼》卷 22《桂万荣传》记其"迁尚书右丞奉祠"。[④] "尚书右丞"在北宋时相当于副宰相的执政职位，南宋不置，《宋史翼》误；《宁波郡志》作"尚书右郎"亦不确。[⑤] 据洪咨夔《平斋集》卷 18《考功员外郎桂万荣除尚右郎官制》，[⑥] 可知桂万荣所迁为"尚右郎官"。又据《宋史》卷 163《职官志三·吏部》，尚右郎官为主管武官升迁之尚书右选所隶郎官。[⑦]

《宋史翼》卷 25《滕璘传》载："韩侂胄当国，或劝璘一见可得掌政。"[⑧] 真德秀《西山文集》卷 46 详载此事："余丞相将以掌故处公，议未决，时韩侂胄阴

① 陆心源辑撰：《宋史翼》卷 19《王默传》，第 198 页。

② 黄庭坚：《朝奉郎致仕王君墓志铭》，曾枣庄、刘琳主编：《全宋文》卷 2334，第 108 册，第 49—50 页。

③ 《宋史》卷 331《苗时中传》，第 10666 页。

④ 陆心源辑撰：《宋史翼》卷 22《循吏五·桂万荣传》，第 232 页。

⑤ 《宁波郡志》，明成化四年刊本，第 24 页。

⑥ 洪咨夔：《考功员外郎桂万荣除尚右郎官制》，《平斋文集》卷 18，侯体健点校，杭州：浙江古籍出版社，2015 年，第 452 页。

⑦ 《宋史》卷 163《职官志三》，第 3836 页。

⑧ 陆心源辑撰：《宋史翼》卷 25《儒林三·滕璘传》，第 265 页。

操国柄，或劝公一见宜可得，公曰：‘彼以伪学诬一世儒宗，以邪党锢天下善士，恨位卑不能为万言书疏其罪，顾可谒之以干进乎！’”① 据此可知，《宋史翼》“掌政”，当为“掌故”之讹。掌故为西汉官名，此处雅用旧称，代指太常属官。

（六）所据引录文献版本不善而沿误

《宋史翼》卷7《余应球传》因其奏疏“若陛下意而不能达明”。清刻十万卷楼本《靖康要录》同《宋史翼》，但文渊阁《四库全书》本于“陛下”上有一“出”字，当从。又如“太学书生上书陈六臣之奸”一句的“书生”，十万卷楼本《靖康要录》同《宋史翼》，文渊阁《四库全书》本则作“诸生”，义胜。

转录文献原本阙字，亦未加考证，一仍其旧。《宋史翼·周行己传》载：“大观三年，御史毛□劾行己师事程氏卑污苟贱。”② 本传卷末虽标记出处为“《万历温州府志》参《浮沚集》”，实际转引自《宋元学案》卷32《周许诸儒学案·程吕门人·正字周浮沚先生行己》，③ 此句即有阙字。据《宋史》记载，此时担任侍御史者为毛注。④《宋史翼》这种存有阙字墨丁之处为数不少。

（七）以时语改动宋人惯用语

《宋史翼》卷15《丁伯桂传》记载其应诏上疏指摘时弊，“干进者奔走于厮役之门”。⑤ “干进”，刘克庄《后村集》卷141《丁给事神道碑》作“干堂”。⑥“干进”虽不误，“干堂”则特指游走宰相以谋求官职，系当时固有说法。宋人赵升《朝野类要》卷3《参堂》条云：“京朝官不于部授，即于庙堂陶铸差遣，谓之参堂，又曰干堂，亦有堂阙或差选人者。”⑦ 此处批评史弥远，当作

① 真德秀：《西山文集》卷46《朝奉大夫赐紫金鱼袋致仕滕公墓志铭》，景印文渊阁《四库全书》，集部，第1174册，第730页。

② 陆心源辑撰：《宋史翼》卷23《儒林一·周行己传》，第247页。

③ 黄宗羲撰，全祖望补修：《宋元学案》卷32《周许诸儒学案》，陈金生、梁云华点校，北京：中华书局，1986年，第1132页。

④ 《宋史》卷348《毛注传》，第11033页。

⑤ 陆心源辑撰：《宋史翼》卷15《丁伯桂传》，第161页。

⑥ 刘克庄：《丁给事神道碑》，辛更儒笺校：《刘克庄集笺校》卷141，第5612页。

⑦ 赵升：《朝野类要》，王瑞来点校，北京：中华书局，2007年，第68页。

“干堂”。

《宋史翼》卷 17《方逢辰传》奏疏云“亲察之地惟恐浸浸之易行”。①《故侍读尚书方公墓志铭》所引奏疏“察”作“密”，后一“浸”作“润”。②“亲密”非通常之语，连接“之地”当指宫禁近密要地。《宋史翼》作“察”，误。而审此句与下句“严邃如天，谁敢执拗以取祸”为对句，“执拗”为实词，此句当作“浸润”为是。

《宋史翼》卷 21《陈琦传》载：“与人绝无崖岸。”③“崖岸”，杨万里《陈择之墓志铭》作“崖异”，④ 典出《庄子・天地篇》“行不崖异之谓宽”。⑤ 宋人亦常用此词，《宋史》卷 434《吕祖谦传》有云：“心平气和，不立崖异。”⑥《宋史翼》盖不解而误。

（八）有不必改与以意改者

如《宋史翼》卷 6《李新传》奏疏有“则舞阳不可以使”一句。⑦“舞阳”，李新《跨鳌集》、⑧《历代名臣奏议》卷 43 均作“武阳”。⑨ 此处确指荆轲谋刺秦王之燕国勇士秦舞阳，然古人多记作“武阳”，李白《结客少年场行》即云“武阳死灰人，安可与成功”。⑩ 作“武阳”当系李新奏疏原貌，《宋史翼》改作“舞阳”，实无必要。

《宋史翼》卷 15《丁伯桂传》载：“蒙古北人岁入寇。”⑪ 按，“蒙古”即为

① 陆心源辑撰：《宋史翼》卷 17《方逢辰传》，第 175 页。
② 文及翁：《故侍读尚书方公墓志铭》，曾枣庄、刘琳主编：《全宋文》卷 8207，第 354 册，第 396 页。
③ 陆心源辑撰：《宋史翼》卷 21《循吏四・陈琦传》，第 225 页。
④ 杨万里撰，辛更儒笺校：《杨万里集笺校》卷 129，北京：中华书局，2007 年，第 4992 页。
⑤ 王先谦：《庄子集解》卷 3《天地》，沈啸寰点校，北京：中华书局，1987 年，第 100 页。
⑥《宋史》卷 434《吕祖谦传》，第 12847 页。
⑦ 陆心源辑撰：《宋史翼》卷 6《李新传》，第 68 页。
⑧ 李新：《上皇帝万言书》，曾枣庄、刘琳主编：《全宋文》卷 2882，第 133 册，第 342 页。
⑨ 黄淮、杨士奇编：《历代名臣奏议》卷 43，上海：上海古籍出版社，1989 年，第 593 页。
⑩ 李白：《结客少年场行》，《李太白全集》卷 4，北京：中华书局，1977 年，第 254 页。
⑪ 陆心源辑撰：《宋史翼》卷 15《丁伯桂传》，第 162 页。

“北人”，语意重复，刘克庄《后村集》卷141《丁给事神道碑》作“蒙古比岁入寇举”。① 盖“比”字形误作“北”，陆氏因句意不通而又添加一“人”字。

（九）考辨有误

陆氏编纂《宋史翼》，间或于史事叙述之下加以考辨，但个别考辨存在问题。《李撰传》载：“福建连江人，熙宁六年进士。”② 此下陆氏记有考辨按语：

> 案，《续通鉴长编》以撰为苏州人，而《宋史》撰子弥远传亦云苏州吴县人。考撰墓志言撰父处常娶范氏，司封员外郎元之女，国博之丧，诸孤无所归，范为营室于苏，故今为苏人。然弥远作《连江县移学记》云，自三世祖出居越，百年而归。是撰家特侨寓于苏，其后仍归连江，史未之详考耳。③

按语中“弥远作《连江县移学记》”，“弥远”当为“弥逊”之误，据李弥逊《筠溪集》卷22，《连江县移学记》当为《福州连江县新学记》之误。④

《宋史翼》卷35《皇甫明子传》于“德祐二年”之下原刊有考辨云：“案，原作至元丙子，乃顺帝后至元二年，与宋无涉。至元丙子，当系德祐丙子之误。故钱志改为德祐二年，今从之。”⑤ 事实上，作“至元丙子”亦不误，指前至元丙子十三年（1276），与用宋朝年号德祐丙子二年为同一年。

（十）标记出处有误或不实

如《宋史翼》卷4《苏符传》“依祖宗忌辰例建置道场行香，从之”之下夹注标记出处，为“（《要录》）百九十”，⑥ 检《建炎以来系年要录》，该事实在卷

---

① 刘克庄：《丁给事神道碑》，辛更儒笺校：《刘克庄集笺校》卷141，第5612页。

② 陆心源辑撰：《宋史翼》卷19《循吏二·李撰传》，第198页。

③ 陆心源辑撰：《宋史翼》卷19《循吏二·李撰传》，第198—199页。

④ 李弥逊：《福州连江县新学记》，曾枣庄、刘琳主编：《全宋文》卷3956，第180册，第340页。

⑤ 陆心源辑撰：《宋史翼》卷35《遗献二·皇甫明子传》，第378页。

⑥ 陆心源辑撰：《宋史翼》卷4《苏符传》，第45页。

119。①

《宋史翼》卷 30《王宠传》，传末标记出处为“《系年要录》七十一”，② 检视发现，实在《建炎以来系年要录》卷 136。③ 同卷《陈士尹传》，传末标记出处为“《人物志》”，④ 但《宋史翼》所述，实际全同雍正《江西通志》卷 92，其后亦注出处《人物志》，⑤ 可知《宋史翼》盖转录自雍正《江西通志》。同卷《于琳传》，传末标记出处为“两浙名贤录”，⑥ 但《宋史翼》所述全同雍正《浙江通志》卷 164，其后亦注出处为《两浙名贤录》，⑦ 可知《宋史翼》盖转录自雍正《浙江通志》。同卷《沈攸传》，传末标记出处为“嘉靖扬州志”，⑧ 但《宋史翼》本传所述，全同嘉庆重修《扬州府志》卷 49，⑨ 其后注出处为《嘉靖志》，可知《宋史翼》盖转录自嘉庆重修《扬州府志》。

《宋史翼》卷 31《胡德广传》，全同雍正《浙江通志》卷 165 所载，雍正《浙江通志》亦注明转引自《东阳县志》，《宋史翼》实出雍正《浙江通志》。卷 32《许伯继传》，雍正《浙江通志》卷 165 记许伯继事迹注明援引自《金华先民传》，《宋史翼》全同，盖自雍正《浙江通志》转引。卷 33《戴松传》，全同雍正《江西通志》卷 87《人物》，其传末亦注出处为“安志”，⑩ 可知《宋史翼》非径引“安志”，而系转录雍正《江西通志》。卷 35《张千载传》，传末记出处为《辍耕录》，⑪ 实则转录自雍正《江西通志》卷 76，其传末亦记出处为《辍耕

① 李心传：《建炎以来系年要录》卷 119，绍兴八年夏四月丙辰条，第 1919 页。
② 陆心源辑撰：《宋史翼》卷 30《忠义一 · 王宠传》，第 327 页。
③ 李心传：《建炎以来系年要录》卷 136，绍兴十年闰六月癸酉条，第 2189 页。
④ 陆心源辑撰：《宋史翼》卷 30《忠义一 · 陈士尹传》，第 328 页。
⑤ 雍正《江西通志》卷 92，景印文渊阁《四库全书》，史部，第 516 册，第 23 页。
⑥ 陆心源辑撰：《宋史翼》卷 30《忠义一 · 于琳传》，第 328 页。
⑦ 雍正《浙江通志》卷 164，景印文渊阁《四库全书》，史部，第 523 册，第 383 页。
⑧ 陆心源辑撰：《宋史翼》卷 30《忠义一 · 沈攸传》，第 330 页。
⑨ 阿克当阿修，姚文田等撰：嘉庆重修《扬州府志》卷 49《沈攸传》，扬州：广陵书社，2006 年，第 925—926 页。
⑩ 雍正《江西通志》卷 165，景印文渊阁《四库全书》，史部，第 523 册，第 403 页；卷 87，景印文渊阁《四库全书》，史部，第 516 册，第 25 页。
⑪ 陆心源辑撰：《宋史翼》卷 35《遗献二 · 张千载传》，第 377 页。

录》,[①] 传文全同《宋史翼》。元陶宗仪《南村辍耕录》卷5《隆友道》条所载,[②] 则远详于《宋史翼》本传节录文字。

（十一）仅录寓目文献，搜罗不广

《宋史翼》卷40《奸臣传》入传者，算上附传凡29人，除《钱遹传》未具出处之外，审其各传之末均标记出处，居然皆出清修《福建通志》。何为奸臣，固然有陆氏之认识，但天下奸臣不可能尽出福建。《宋史翼·奸臣传》是一个典型例子,《宋史翼》其他部分，也存在这样的问题。除了《福建通志》,《浙江通志》《江西通志》等也被频繁转录。只图方便，转录手头资料，编纂起来比较容易，但无疑会使列传的整体构成失之片面。

（十二）对清朝违碍文字的改易

《宋史翼》卷9《方廷寔传》引述其奏疏云“何遽欲屈膝于敌人乎”,[③] 其中“敌人”,《重刊兴化府志》所引作“虏”,[④] 当系原貌,“敌人”乃出清人或陆氏改易。卷13《刘度传》记载刘度弹劾龙大渊“至引北人孙昭出入清禁，为系球旋舞之戏”,[⑤] 其中“旋”,《朝野杂记》作“胡”,[⑥] 盖出陆氏视为清朝之违碍文字而改。卷14《沈清臣传》引述他的奏疏云：“窃考仁宗时，尝使契丹，遭卤有丧，至柳河而还，卤主不见也。”[⑦] 两处“卤”字，检《建炎以来朝野杂记》，均当作“虏”,[⑧] 盖为陆氏回避清朝违碍文字而改。卷14《蔡戡传》引述其奏疏“亮即授首”,[⑨]“亮即”,《历代名臣奏议》卷335《乞备边札子》作“虏酋”,[⑩]

① 雍正《江西通志》卷76，景印文渊阁《四库全书》，史部，第515册，第613页。

② 陶宗仪:《南村辍耕录》卷5《隆友道》，北京：中华书局，1959年，第63—64页。

③ 陆心源辑撰:《宋史翼》卷9《方廷寔传》，第98页。

④ 重刊明弘治十六年《兴化府志》卷37，清同治十年刻本，第11页。

⑤ 陆心源辑撰:《宋史翼》卷13《刘度传》，第136页。

⑥ 李心传:《建炎以来朝野杂记》乙集卷6，徐规点校，北京：中华书局，2000年，第603页。

⑦ 陆心源辑撰:《宋史翼》卷14《沈清臣传》，第144页。

⑧ 李心传:《建炎以来朝野杂记》乙集卷3，第551页。

⑨ 陆心源辑撰:《宋史翼》卷14《蔡戡传》，第149页。

⑩ 黄淮、杨士奇编:《历代名臣奏议》卷335《乞备边札子》，第4348页。

盖陆氏因违碍而改。卷16《虞刚简传》载：“遂自移金平。”① “金平”，魏了翁《朝请大夫利州路提点刑狱主管冲佑观虞公墓志铭》作“杀金平”。② 杀金平乃南宋初年吴玠命名的地名。李心传在《建炎以来朝野杂记》中具体讲道：“（绍兴元年）秋，兀术败牛皋、李横于牟驼岗，自商于谋寇蜀。四年春，与撒离喝以十万骑寇仙人关。时张公已去，武安豫为垒于关侧，号杀金平，严兵待之。”③ 作“金平”，或系陆氏出于违碍而删“杀”字。

除了违碍文字，《宋史翼》还有避清帝讳之处。卷37《卫朴传》，引录《梦溪笔谈》，凡作“历”处，皆易记作“术”，盖避乾隆帝“弘历”之讳。同样，灭宋的元军将领张弘范的“弘”，卷32《胡敬方传》《伍隆起传》和卷34《邓光荐传》均改易为“宏”字。

（十三）编纂粗糙，刊刻不精

《宋史翼》卷9《连南夫传》屡称“连公”，当为移录墓志时“连公”之笔误。类似状况在卷18《寇平传》也可以看到，传中有云“公既密得其名”。④ “公”，在《寇平传》他处指寇平者径称“平”，寇平墓志铭作“公”，此处盖陆氏抄录之际回改未尽者。卷17《赵必瑑传》载“日署宋植号”，⑤ “植”字于此，义不可通，据《覆瓿集》附陈纪所撰《故宋朝散郎签书惠州军事判官兼知录事秋晓赵公行状》，当为“旗”字之讹。⑥

《宋史翼·邵博传》中有“屡官右朝奉大夫”。⑦ “屡”字于此，义不可通，当为“历”字之误。卷16《方大琮传》云：“江北清野而内庭水妖方兴。”“水”，刘克庄《后村集》卷151《铁庵方阁学墓志铭》作“木”，⑧ 当是。“木

① 陆心源辑撰：《宋史翼》卷16《虞刚简传》，第171页。

② 魏了翁：《朝请大夫利州路提点刑狱主管冲佑观虞公墓志铭》，《鹤山先生大全文集》卷76，景印文渊阁《四库全书》，集部，第1173册，第183页。

③ 李心传：《建炎以来朝野杂记》甲集卷19，第452页。

④ 陆心源辑撰：《宋史翼》卷18《循吏一·寇平传》，第188页。

⑤ 陆心源辑撰：《宋史翼》卷17《赵必瑑传》，第181页。

⑥ 赵必瑑：《覆瓿集》卷6，景印文渊阁《四库全书》，集部，第1187册，第309页。

⑦ 陆心源辑撰：《宋史翼》卷10《邵溥传附邵博传》，第112页。

⑧ 刘克庄：《铁庵方阁学墓志铭》，辛更儒笺校：《刘克庄集笺校》卷151，第5964页。

妖”指建筑奢华。《旧唐书》卷152《马璘传》载，“及安、史大乱之后，法度隳弛，内臣戎帅，竞务奢豪，亭馆第舍，力穷乃止，时谓‘木妖’”。①

《宋史翼》卷18《西门成允传》云“躬书夜趣成之”，②“书”字义不可通，刘挚《赠谏议大夫西门公墓志铭》作“昼”，③《宋史翼》因形而误。卷18《沈衡传》讲释放囚犯之事，记作“因遂得释”。“因”，据苏颂《职方郎中沈君墓表》，当为“囚”字之形讹。④卷22《吴懿德传》所记“一豪不欺”之“豪”，⑤据真德秀《通判广州吴君墓志铭》，当为“毫”字之讹。⑥卷24《黄公度传》记“宁庆元五年特奏名”，⑦“宁”后明显脱一“宗”字。

《宋史翼》卷27《周紫芝传》载：“著有竹彼诗话一卷。”“彼”，据本传首云“号竹坡”，当为“坡”字之误。卷34《陆霆龙传》标记出处为“颜志节义”，⑧嘉庆《松江府志》卷50《陆霆龙传》后注出处为“顾志节义”，⑨“顾志”指明代陈威修、顾清纂正德《松江府志》，“颜”当为“顾”字之误，本传转录却将文字误刊。卷36《冯贯道传》标记出处“周道乡集”，当为“邹道乡集”，“邹”指邹浩。⑩

如果不是全面整理，很难发现上述问题，只能人云亦云。前人看《宋史翼》往往如此。如为其写序的著名学者俞樾举例证明陆氏严谨：“《方技传》亦倍于原

① 《旧唐书》卷152《马璘传》，北京：中华书局，1975年，第4067页。

② 陆心源辑撰：《宋史翼》卷18《循吏一·西门成允传》，第184页。

③ 刘挚：《赠谏议大夫西门公墓志铭》，《忠肃集》卷13，裴汝诚、陈晓平点校，北京：中华书局，2002年，第261页。

④ 苏颂：《职方郎中沈君墓表》，《苏魏公文集》卷55，王同策等点校，北京：中华书局，1988年，第829页。

⑤ 陆心源辑撰：《宋史翼》卷22《循吏五·吴懿德传》，第237页。

⑥ 真德秀：《通判广州吴君墓志铭》，《西山文集》卷45，景印文渊阁《四库全书》，集部，第1174册，第721页。

⑦ 陆心源辑撰：《宋史翼》卷24《儒林二·黄公度传》，第255页。

⑧ 陆心源辑撰：《宋史翼》卷27《文苑二·周紫芝传》，第296页；卷34《遗献一·陆霆龙传》，第368页。

⑨ 嘉庆《松江府志》卷50《陆霆龙传》，嘉庆松江府学刻本，第22页。

⑩ 陆心源辑撰：《宋史翼》卷36《隐逸·冯贯道传》，第387页。

书，然如徐神翁之类，仍不孱入，亦见其采择之精矣。”① 其实，以“徐守信”为名，徐神翁的传记已收录于《宋史翼》卷 37，可见俞樾并未仔细翻阅而加谬赞。不虚美，不掩恶，客观地指出存在问题，有利于对《宋史翼》的使用。公允地说，《宋史翼》问题多系转录之际的沿误，不能全归在陆氏身上，不过其失察之责难免。

无论是转录之误，还是陆氏自误，如果不对《宋史翼》存在的错误进行全面发覆是正，研究者使用之时，便有可能沿袭其中的错误而不自知，从而影响研究质量。对此，仅举一例以明之。刘永翔所撰《清波杂志校注》享誉学林，其中便有沿袭《宋史翼》之误而失察之处，如卷 9《侍儿小名》条校注云：

> 王明清，字仲言，王铚次子。绍熙乙酉，签书宁国军节度判官。著有《挥麈录》《玉照新志》《投辖录》等。传见《宋史翼》卷二七。②

绍熙凡五年，无乙酉岁，然《宋史翼》卷 27《王铚传》便是如此记载。③ 检《玉照新志》卷 5 载王明清“夫子自道”云：“绍熙癸丑岁，明清任签书宁国军节度判官。”④ 癸丑为绍熙四年（1193），《宋史翼》记作“乙酉”，纯属子虚乌有。由此可见，使用未经整理的《宋史翼》，无论任何人，稍为疏忽，都有可能沿误。

四、《宋史翼》编校间有可取

《宋史》虽说烦冗，却在一定程度上保存了宋朝国史的原貌。尽管《宋史翼》存在很多问题，但在编纂方面并非没有可取之处。

---

① 俞樾：《陆存斋先生〈宋史翼〉序》，《春在堂杂文》6 编《补遗》卷 2，赵一生主编：《俞樾全集》第 15 册，第 1218 页。

② 周煇撰，刘永翔校注：《清波杂志校注》卷 9，北京：中华书局，1994 年，第 391 页。

③ 陆心源辑撰：《宋史翼》卷 27《文苑二・王铚传》，第 294—295 页。

④ 王明清撰：《玉照新志》卷 5，朱易安等主编：《全宋笔记》第 6 编，郑州：大象出版社，2013 年，第 2 册，第 118 页。

《宋史翼》卷10《王之道传》记载王之道“绍兴三十年至郡”，[①]《赠故太师王公神道碑》则记作“绍兴三十一年至郡”。下文云“明年，金人败盟”，据《宋史》卷32《高宗纪》，金人败盟在绍兴三十一年（1161），[②]《赠故太师王公神道碑》所记误，《宋史翼》援引之际，当是作了考证，故删去“一”字。

也有诸书所记多误而《宋史翼》不误者。如《宋史翼》卷13《沈复传》记沈复之名，《南宋馆阁续录》卷8、[③]《宋史》卷34《孝宗纪》及卷203《艺文志》、《宋史全文》卷26均记为“沈夏”，[④]《宋史》卷213《宰辅表》记作“沈复”，[⑤]《宋会要辑稿》亦同，[⑥]周必大《文忠集》宋刊本及明钞本所载多通制词亦作“沈复”。[⑦]考《南宋馆阁录》记沈夏字得之，周必大《与范至能参政札子》亦作“沈得之”。[⑧]由名与字意义相应可知，当作“沈复”为是。

再如《宋史翼》卷14《黄由传》的“黄由”之名，《宋史》《金史》均误作“黄申”，钱大昕曾为考辨，《潜研堂金石文跋尾》卷16《黄由等题名》载：

> 右黄由等题名，四行。文云：“黄由、张宗益以使事同来，凭高望远，为之慨然。绍熙辛亥冬至前一日。”按：《宋史·光宗纪》：“绍熙二年九月，遣黄申等使金贺正旦。”《金史·交聘表》：“明昌三年正月乙巳朔，宋焕章阁学士黄申、明州观察使张宗益贺正旦。”即是此事。但《宋史》纪差遣之日，《金史》纪入贺之日，故年月各殊耳。黄由字子由，苏州人，淳熙八年进士第一人及第，官至宝谟阁学士、刑部尚书、直学士院。两史皆讹“由”

---

① 陆心源辑撰：《宋史翼》卷10《王之道传》，第111页。

② 尤袤：《赠故太师王公神道碑》，曾枣庄、刘琳主编：《全宋文》卷5001，第225册，第252页；《宋史》卷32《高宗纪》，第602页。

③ 陈骙：《南宋馆阁录续录》卷8，张富祥点校，北京：中华书局，1998年，第136页。

④ 《宋史》卷34《孝宗纪二》，第654、656、658、659、660页；卷203《艺文志七》，第5376页；《宋史全文》卷26上《宋孝宗五》，第2165页。

⑤ 《宋史》卷213《宰辅表四》，第5578、5579、5580页。

⑥ 《宋会要辑稿·职官七八》，上海：上海古籍出版社，2014年，第5220页。

⑦ 《周必大集校证》对此已有说明，参见周必大撰，王瑞来校证：《周必大集校证》，上海：上海古籍出版社，2020年，第1455、1569、1612页。

⑧ 周必大撰，王瑞来校证：《周必大集校证》卷191，第2924页。

为“申”，当据石刻正之。[①]

此误点校本《宋史》亦未能正之，《宋史翼》则不误。

《宋史翼》卷 19《吴思传》载：“元丰二年进士。”[②] 杨时《吴子正墓志铭》作“中元丰三年第”。[③] 检《宋史》卷 15《神宗纪》，元丰三年（1080）未有开科取士之记录，而元丰二年三月“庚辰，亲试礼部进士”，[④] 据此可知，《宋史翼》作“元丰二年”是正确的，《龟山先生集》诸版本均误。《宋史翼·吴思传》又载：“再调虔州右司理参军。”[⑤]“虔州”，《吴子正墓志铭》作“处州”。[⑥] 据下文所记治会昌狱，核检《宋史》卷 88《地理志》，会昌乃虔州属县之一。[⑦] 据此可知，《宋史翼》作“虔州”为是，《龟山先生集》诸版本亦均误。卷 31《陈希造传》记其“字贤御”。[⑧]“御”，《万姓统谱》卷 18 作“复”。[⑨]“希造”之“造”有造访之意，作“复”虽亦可通，但应以“御”为是。陈希造字贤御，乃系用造父御良马的典故。

《宋史翼》除基本转录之外，也有转录文献所未详的内容，同样有补缺之功。卷 25《滕璘传》记滕璘之后云“子钲”，[⑩] 而主要转录的真德秀《朝奉大夫赐紫金鱼袋致仕滕公墓志铭》仅载“子某，夔漕贡士，早世。某某，今某官。某，业进士”，未详滕璘子嗣之名。[⑪] 许月卿《婺源朱塘晦庵亭祠堂碑》云：

---

① 钱大昕：《潜研堂金石文跋尾》卷 16，陈文和主编：《嘉定钱大昕全集》，南京：凤凰出版社，2016 年，第 6 册，第 378 页。

② 陆心源辑撰：《宋史翼》卷 19《循吏二·吴思传》，第 203 页。

③ 杨时：《吴子正墓志铭》，《杨时集》卷 30，林海权校理，北京：中华书局，2018 年，第 784 页。

④《宋史》卷 15《神宗纪二》，第 297 页。

⑤ 陆心源辑撰：《宋史翼》卷 19《循吏二·吴思传》，第 203 页。

⑥ 杨时：《吴子正墓志铭》，《杨时集》卷 30，第 784 页。

⑦《宋史》卷 88《地理志四》，第 2189—2190 页。

⑧ 陆心源辑撰：《宋史翼》卷 31《陈希造传》，第 332 页。

⑨ 凌迪知：《万姓统谱》卷 18，景印文渊阁《四库全书》，子部，第 956 册，第 331 页。

⑩ 陆心源辑撰：《宋史翼》卷 25《儒林三·滕璘传》，第 265 页。

⑪ 真德秀：《朝奉大夫赐紫金鱼袋致仕滕公墓志铭》，《西山文集》卷 46，景印文渊阁《四库全书》，集部，第 1174 册，第 731 页。

> 孔子庙，终汉世不出阙里。婺源，朱文公之阙里也。上即位之十有八年，始以公从祀孔子，则天下皆得祀，况婺源乎。二十有三年，滕和叔以书来曰，先君从游于朱塘之上，钲兄弟子侄既沿文公昨梦之语，作晦翁亭，又立祠其西，为屋若干楹。文公南乡坐，先父溪斋先生、告院君季父蒙斋先生合肥君东西乡以侑焉。①

据此可知，滕璘之子诚如《宋史翼》所记，名钲。

通过校勘检核，还可以确认陆氏援据文献的版本。如《宋史翼》卷12《张戒传》记载高宗说“然其忧国爱君之心诚有可嘉”，此下原刊有出处：“（《要录》）九十三。”② 检广雅书局本《建炎以来系年要录》卷93无此语，③ 文渊阁《四库全书》本具载。④ 可知陆氏使用的是文渊阁《四库全书》本《建炎以来系年要录》。

结　　语

在考述陆心源生平、学术以及编纂《宋史翼》背景与原委基础上，本文着力通过对《宋史翼》所载史料的分析，展示宋代历史诸多面相，以此彰显《宋史翼》研究价值。对于抄撮群籍而成的《宋史翼》，也条分缕析，举例指出其中存在各种问题，以期引起学者警觉。

陆心源著述丰富，许多学术领域均有涉猎。平心而论，其所长并不在史学。《宋史翼》名为史书，实为资料汇编，并没有完全体现陆心源的史学思想，也很难窥见其史才、史识。尽管陆心源对天水一朝抱有极大兴趣，除《宋史翼》以外，还撰有《元祐党人传》《宋诗纪事小传补正》《宋诗纪事补遗》等有关宋代的文史著述，但他的着眼点主要落在人物事迹与文学作品的钩玄索隐上，对宋代

---

① 许月卿：《婺源朱塘晦庵亭祠堂碑》，《新安文献志》卷45，景印文渊阁《四库全书》，集部，第1375册，第574页。

② 陆心源辑撰：《宋史翼》卷12《张戒传》，第127页。

③ 李心传：《建炎以来系年要录》卷93，第1543—1549页。

④ 李心传：《建炎以来系年要录》卷93，景印文渊阁《四库全书》，史部，第325册，第313页。

历史演进与制度沿革都没有作深入钻研。因此，在处理史料时，就不免会出现本文所指摘的问题。

但如果转换视角就会发现，《宋史翼》跟《宋史》情况类似，最大价值在于汇集大量史料。梁启超评价袁枢《通鉴纪事本末》时说过一句话，“善抄书者可以成创作”。[①] 将这句话借来评价《宋史翼》也同样适用。以人物为中心的《宋史翼》，汇集了许多《宋史》缺载的史料，是研究宋代不可或缺的史籍。

当然，《宋史翼》跟《宋史》照录宋朝国史不太一样，其所转录的史料有不少是几经转录的后出材料，辗转抄录，讹误丛生。利用《宋史翼》的史料，一定要仔细甄别辨析。

〔作者王瑞来，四川大学讲座教授暨日本学习院大学东洋文化研究所研究员。东京　1718588〕

（责任编辑：管俊玮　李　壮）

① 梁启超：《中国历史研究法》，《饮冰室合集》，北京：中华书局，1989 年，第 11 册，第 20 页。

《金史·地理志》文献系统与金源政区地理再认识*

陈晓伟

摘　要：《金史·地理志》序文、路制、州府等第应照搬《金虏图经》。这套金章宗明昌年间形成的统县府州系统是《金史·地理志》的主体框架，由此构建出金代政区基本轮廓。而《金史·地理志》最基础的沿革部分主要来源于《大元大一统志》系统，再通过"金实录"补充若干条目，其中县、镇及山川形胜等细节内容，与宋代《元丰九域志》等文献无关，依据《金人疆域图》等资料的可能性更大。

关键词：金代政区　《金史·地理志》《大元大一统志》《金虏图经》《江北郡县》

近年来金代政区地理研究取得长足进步，① 然有缺憾的是，作为最基础史料《金史·地理志》（下文简称《金志》）的纂修问题尚未得到圆满解决，仍需要突破几个关节。第一，元修《金志》底本是什么？具体编纂过程如何？这是需要厘清的根本问题。第二，传统观点认为《金志》断限为金世宗泰和八年（1208），有学者据此推测元人修史时所据的是一部泰和末"地志"，但此说破绽很多。第

---

*　本文系2022—2023年复旦大学人文社科青年融合创新团队项目"多语言史料背景下的中国西北边疆与民族研究"阶段性成果。

①　参见张帆：《金朝路制再探讨——兼论其在元朝的演变》，燕京研究院编：《燕京学报》新12期，北京：北京大学出版社，2002年，第99—121页；王颋：《完颜金行政地理》，香港：天马出版有限公司，2005年；余蔚：《中国行政区划通史·辽金卷》，上海：复旦大学出版社，2012年；李昌宪：《金代行政区划史》，上海：上海古籍出版社，2015年。

三，关于金代政区整体格局的路制结构以及府州县等级，是根据什么编制出来的？本文以《金志》探源为目标，借此澄清这些疑惑。

一、问题缘起

关于元末编写《金志》的材料来源，主要有两种观点：一种认为源自元初王鹗《金史稿》，一种主张兼采金陈大任《辽史·地理志》、宋《元丰九域志》及金代地志。下文对此略作辨析。

（一）王鹗《金史稿》说

元世祖中统初年，王鹗倡议编修《金史》，曾草拟过一份提纲（《金史大略》），志书体例设“地里”，小注作“边境附”。① 邱靖嘉据此推测：“王鹗《金史稿》已编就《地里志》，遂成为元末修《金史》地理部分的主要依据。”其理由是，《金志》北京路、南京路、鄜延路、庆原路各条后有一段似显突兀的文字，叙述金朝北部边疆的堡戍壕堑防御体系以及金宋、金夏边界划定情况，又采用低三格书写的独特行文格式，显然要着意突出这些描述金朝边境的内容，恰好与王鹗大纲“边境附”符合。②

元世祖至正初年编纂《金史》时，在体例方面或受王鹗《金史大略》影响，但正文内容未必如此。我们重新核实这4条史文：

（1）北京路条附录金世宗大定二十一年（1181）“边堡”设置详情，根据《世宗纪》大定二十一年四月戊申“增筑泰州、临潢府等路边堡及屋宇”记载，确认《金志》“边堡”实与此条有关。

（2）南京路条“边戍”载有金熙宗皇统元年（1141）十月“都元帅宗弼与宋约，以淮水中流为界”和泰和八年“设沿淮巡检使”两事。其中前一事详见《宗弼传》何铸等进誓表，《熙宗纪》皇统元年秋月条也略有记述，乃同抄自《熙宗实录》。

（3）鄜延路条载金太宗天会五年（1127）“分割楚、夏疆封”内容，与《西夏

---

① 王恽：《玉堂嘉话》卷8，杨晓春点校，北京：中华书局，2006年，第180—181页。

② 邱靖嘉：《〈金史〉纂修考》，北京：中华书局，2017年，第173—176页。

传》“乃画陕西分界”至“以河为界”的记述完全相同。经过对《西夏传》史源整体分析，传文与诸帝本纪逐条吻合。据“天会五年”这条时间线索，我们找到《太宗纪》这年三月丁酉条册立张邦昌为大楚皇帝及“割地赐夏国”，即指此事。

（4）庆原路条附录“皇统六年，以德威城、西安州、定边军等沿边地赐夏国，从所请也。正隆元年，命与夏国边界对立烽候，以防侵轶”，有一条见于《熙宗纪》皇统六年正月庚寅“以边地赐夏国”。①

由此可见，《金志》北京路、南京路、鄜延路、庆原路附载史文得到同书《太宗纪》《熙宗纪》《世宗纪》及相关列传的印证，表明《金志》这些内容实无独立来源，而是采自这三朝实录，当系元末修史所为。② 且王鹗修史最终落实情况乃至《金史稿》实存与否仍悬而未决，③ 仅根据上述4路条目推测《金志》源于王鹗，恐难令人信服。

（二）南北舆地文献兼采说

陈学霖最初提出，《金志》取材渠道多元，除利用《金州郡县志》和《正隆郡志》外，《元丰九域志》（下文简称《九域志》）亦为其史源之一，然置而未论。④ 曾震宇亦持此说。⑤ 苗润博注意到，《金志》辽代地理沿革的系统记载与《辽史·地理志》内容多有重合，认为是直接采自金代陈大任《辽史》。⑥ 张良具体指出，《金志》大致以辽、宋旧疆为界，材料来源清晰可分：契丹地面以陈大任《地理志》为底本略加删削，北宋旧境则依据徽宗政和年间重修的《九域志》

① 《金史》卷24《地理志上》，北京：中华书局，1975年，第563—564页；卷8《世宗纪下》，第181页；卷25《地理志中》，第599页；卷77《宗弼传》，第1755—1756页；卷4《熙宗纪》，第77、82页；卷26《地理志下》，第650页；卷134《外国传上·西夏》，第2867页；卷3《太宗纪》，第56页；卷26《地理志下》，第653页。

② 陈晓伟：《〈金史〉本纪与〈国史〉关系再探——苏天爵“金亦尝为国史”辨说》，《内蒙古师范大学学报》2021年第4期。

③ 陈晓伟：《金〈宣宗实录〉考——再议王鹗〈金史稿〉为元修〈金史〉底本说》，《文史》2022年第2辑。

④ Chan Hok-Lam（陈学霖），“The Compilation and Sources of the Chin-Shih,” *Journal of Oriental Studies*, Vol. 6, No. 1 –2, 1961 –1964, p. 146.

⑤ 曾震宇：《〈大金国志〉研究》，硕士学位论文，香港大学历史系，2002年，第785页。

⑥ 苗润博：《〈辽史〉探源》，北京：中华书局，2020年，第211—217页。

确立规模，又参核宋朝国史略作补苴。金代本朝建置沿革则杂抄《正隆郡志》《大定职方志》一类文献而成。①

相比以前研究，新近提出的杂糅说立足于大量史文比对分析，推进很大，但对于史源方向的判断仍有难以自圆其说之处。第一，《金志》北方地理、南方地理体系颇为完整，而且本朝地理沿革很多记载晚于大定时期，贞祐至兴定时期建置尤属重头内容，《大定职方志》等书难以涉及。第二，志书旧宋州县建置尽管与《九域志》有重合之文，但若干市镇及山川形胜则系独家记载，实际反映的是金时状态。第三，尚未注意到元泰定时期民间类书《江北郡县》《舆地要览》等早在元末纂修《金史》之前已对金代全国地理形成了系统性记载，并且主体内容与《金志》吻合。②

总之，目前这两种《金志》史源说都有一定漏洞，远未揭示其史源系统及编纂问题。

二、《金史·地理志》路制与政区框架年代问题再检讨

清代学者施国祁提出，《金志》"以泰和末为断"。③ 谭其骧《金代路制考》承袭之，编制出泰和八年十一月以前路制表。④《中国历史地图集》据此绘制泰和八年金朝疆域全图，⑤ 后来学者皆踵此说。受此影响，邱靖嘉通过考察《金志》来源，进一步推测："史臣编修时必有一份系统记载泰和末金朝地理建制的完整资料为据。"⑥ 这种看法仍有商榷的余地。

---

① 张良：《〈金史·地理志〉抉原》，《历史地理研究》2021 年第 4 期。

② 参见周立志：《〈事林广记·江北郡县〉与金朝行政区划研究》，刘宁、齐伟编：《辽金史论集》第 15 辑，北京：科学出版社，2017 年，第 201—218 页；仝建平：《〈新编事文类聚舆地要览〉考析》，《西夏研究》2018 年第 2 期。

③ 施国祁：《金史详校》卷 3 上《地理志上》，陈晓伟点校，北京：中华书局，2021 年，第 143 页。

④ 谭其骧：《金代路制考》，史念海主编：《中国历史地理论丛》第 1 辑，西安：陕西人民出版社，1981 年，第 89—109 页。

⑤ 谭其骧主编：《中国历史地图集》第 6 册《宋辽金时期》，北京：中国地图出版社，1982 年，第 44—45 页。

⑥ 邱靖嘉：《〈金史〉纂修考》，第 175 页。

《金志》序文总结金代地理云：

> 袭辽制，建五京，置十四总管府，是为十九路。其间散府九，节镇三十六，防御郡二十二，刺史郡七十三，军十有六，县六百三十二。后复尽升军为州，或升城堡寨镇为县，是以金之京府州凡百七十九，县加于旧五十一，城寨堡关百二十二，镇四百八十八。①

《大金国志》（下文简称《国志》）卷38《京府州军》末附“总计”云：“京府州军一百七十九处，城寨保关一百二十二处，县六百八十三处、镇四百八十八处、添税务一百八十二处。”② 钱大昕、施国祁注意到，《金志》与《国志》的最后统计数字密切相关，并作详尽考证，然而尚未揭橥二者之间的文献关系。③《金志》全国路制划分准《国志》“二十路”无疑，只是据序文“大定后罢路，并入大定府路”一语，将“临潢府路”及领州县合并到大定府路（北京路），而厘定为十九路。

《国志·京府州军》列“转运司十三处”、“统军司三处”、“招讨司三处”、“提刑司九处”及各司具体机构，经曾震宇列表比对，确认《国志》这些建置与《金志》亦正相合，只不过被元朝史官打散抄录于各府条目中。④ 须知，《国志》杂采诸书，并不是最原始的文献，《京府州军》具体抄自张棣《金虏图经》。⑤《金虏图经》原书已佚，《三朝北盟会编》（下文简称《会编》）卷244节引其书，⑥

---

① 《金史》卷24《地理志上》，第549—550页。

② 宇文懋昭：《大金国志》卷38《京府州军》，典藏号14415，国家图书馆藏明钞本，第9页b—10页a。参见崔文印校证：《大金国志校证》卷38《京府州军》，北京：中华书局，2011年，第543页。

③ 钱大昕：《廿二史考异》卷84《金史一·地理志上》，方诗铭、周殿杰点校，上海：上海古籍出版社，2004年，第1170—1171页；施国祁：《金史详校》卷3上《地理志上》，第142—145页。

④ 曾震宇：《〈大金国志〉研究》，第1175—1195页。

⑤ 三上次男：《张棣的〈金国志〉就是金图经——〈大金国志〉与〈金志〉的关系》，曾贻芬译，《史学史研究》1983年第1期。

⑥ 徐梦莘：《三朝北盟会编》卷244引《金虏图经》，上海：上海古籍出版社，2008年，第1755页上栏—1756页上栏。

与《国志》内容相互观照（下文统称《金虏图经》系统）。① 《金志》与《金虏图经》系统因袭关系相当明确，见表 1。

表 1 《金虏图经》系统与《金志》京府等级表

《国志》本	《会编》本	《金志》
京都六留守司五处	**京都五处**	
上等二处：中都大兴府、南京开封府	上：中都大兴府、南京开封府	大兴府，上； 开封府，上，留守司
中等三处：北京大定府、东京辽阳府、西京大同府	中：北京大定府、东京辽阳府、西京大同府	大定府，中，北京留守司； 辽阳府，中，东京留守司； 大同府，中，西京留守司
上京会宁府		
总管府十四处	**总管十五处**	
上等七处：平阳府建雄军、真定府成德军、益都府镇海军、东平府天平军、京兆府永兴军、太原府武勇军、大名府天雄军	平阳府建雄军、真定府成德军、益都府镇海军、东平府天平军、京兆府永兴军、太原府武勇军、大名府天雄军	平阳府，上，总管府，建雄军； 真定府，上，总管府，成德军； 益都府，上，总管府，镇海军； 东平府，上，总管府，天平军； 京兆府，上，总管府，永兴军； 太原府，上，总管府，武勇军； 大名府，上，总管府，天雄军
中等四处：河间府瀛海军、庆阳府安国军、临洮府镇洮军、凤翔府凤翔军	河间府瀛海军、庆阳府安国军、临洮府镇洮军、凤翔府凤翔军	河间府，中，总管府，瀛海军； 庆阳府，中，总管府，安国军； 临洮府，中，总管府，镇洮军； 凤翔府，中，总管府，凤翔军
下等三处：延安府彰武军、咸平府安东军、临潢府	延安府彰武军、咸平府安东军、临潢府、会宁府	延安府，下，总管府，彰武军； 咸平府，下，总管府，安东军； 临潢府，下，总管府； 会宁府，下
散府八处	**散府八处**	
上等二处：河中府护国军、济南府	河中府护国军、济南府兴德军	河中府，散，上，护国军； 济南府，散，上，兴德军
中等三处：归德府宣武军、河南府德昌军、平凉府平凉军	归德府宣武军、河南府德昌军、平凉府平凉军	归德府，散，中，宣武军； 河南府，散，中，德昌军； 平凉府，散，中，平凉军
下等三处：广宁府、兴中府、彰德府	广宁府、兴中府、彰德府	广宁府，散，下，镇宁军； 兴中府，散，下； 彰德府，散，下

① 宇文懋昭：《大金国志》卷 38《京府州军》，典藏号 14415，第 1 页 a—10 页 a。参见崔文印校证：《大金国志校证》卷 38《京府州军》，第 537—543 页。

《金虏图经》同一系统两个版本存在差异，《会编》节录本不及《国志·京府州军》详细，后者载京府更加具体，划分为上、中、下三等，综合对照两书与《金志》则能揭示诸多问题。如表1所示，《金志》记述京府性质及其等级与《金虏图经》系统若合符契，唯一争议之处是“会宁府”。《会编》节录本记载京都五处，无上京会宁府，而下文总管府十五处中有该府。《国志》本留守司“中等三处”却多出“上京会宁府”，自相矛盾，显然是编书者把原本总管府下的会宁府调整到“京都”条。《金志》作“会宁府，下”与《会编》本同。

循着上文线索，再检《国志》本《金虏图经》记载：

> 节镇三十九处：上等十处、中等十处、下等十九处。
>
> 防御二十一处：上等七处、中等七处、下等七处。
>
> 刺史七十五处：上等十四处、中等二十五处、下等三十六处。
>
> 十六军并改作州：上等三州、中等三州、下等十州。

各条下具列各州名称。[①] 它们同样与《金志》州等次、军号全盘相合，[②] 唯有《金虏图经》抚州（刺史，下）一条不合。《金志》抚州作“下，镇宁军节度使”、“章宗明昌三年复置刺史，为桓州支郡，治柔远”、“承安二年升为节镇，军名镇宁”，[③] 一方面采纳承安二年（1197）镇宁军号和节度性质，另一方面沿袭《金虏图经》等级作“下”。与《金志》相比，《金虏图经》无全州、兴州、德兴府、昌州、裕州、息州、晋州7条，反而能佐证《金志》州等性质是根据《金虏图经》编写的。《金志》云：

> 全州，下，盘安军节度使。承安二年置……县一：安丰，承安元年十月改丰州铺为安丰县，隶临潢府，二年置全州盘安军节度使治。
>
> 兴州，宁朔军节度使……承安五年升为兴州，置节度，军名宁朔。

---

① 崔文印校证：《大金国志校证》卷38《京府州军》，第540—543页。

② 曾震宇：《〈大金国志〉研究》，第1182—1195页。

③ 《金史》卷24《地理志上》，第566页。

德兴府，晋新州，辽奉圣州武定军节度，国初因之。大安元年升为府，名德兴……德兴倚。旧名永兴县，大安元年更名。

昌州，天辅七年降为建昌县，隶桓州。明昌七年以狗泺复置，隶抚州。

裕州，本方城县，泰和八年正月升置，以方城县为倚郭，割汝州叶县、许州舞阳隶焉。

息州，本新息县，泰和八年升为息州，以新息为倚郭，割真阳、褒信、新蔡隶焉。

晋州。兴定四年正月以寿阳县西张寨置。①

《金志》中的以上记载恰好从《国志》京府州军资料来源和形成时间中得以解释。据孙建权考证，《国志》这份州府系统记事系年确切是金章宗明昌六年（1195），《会编》本《金虏图经》下限在明昌三年。② 因这六州一府于承安元年以后设置，故《金虏图经》系统不载。除全州外，其余均未标等第性质，体例明显不同，表明《金志》靠零散材料增补。今检《金史》诸篇内容，《章宗纪》承安二年六月甲寅"置全州盘安军节度使，治安丰县"，《郭文振传》兴定四年（1220）诏升"寿阳县西张寨为晋州，从文振之请也"，③《大明清类天文分野之书》（下文简称《分野之书》）卷 23 奉圣州沿革云"金大安元年升为德兴府"，④ 似为《金志》编制全州、晋州、德兴府条目的根据。

对比可见，元修《金志》不可能直接采用《会编》本《金虏图经》。尽管《国志·京府州军》内容较全面，然《金志》亦非抄自这个版本。如《金志》载

① 《金史》卷 24《地理志上》，第 561、562、567 页；卷 25《地理志中》，第 592、596 页；卷 26《地理志下》，第 630 页。

② 孙建权：《〈大金国志·京府州军〉记事系年辨正》，《东北史地》2014 年第 3 期；《关于张棣〈金虏图经〉的几个问题》，《文献》2013 年第 2 期。

③ 《金史》卷 10《章宗纪二》，第 242 页；卷 118《郭文振传》，第 2584 页。

④ 刘基编：《大明清类天文分野之书》卷 23，《四库全书存目丛书》，济南：齐鲁书社，1997 年，子部，第 60 册，第 747 页下栏。《四库全书存目丛书》所收为影印南京图书馆藏洪武刻本，书中少许版页漫漶不清，参考国家图书馆藏（典藏号 16446）、北京大学图书馆藏（典藏号 NC/3020/7）两种洪武刻本。

“邓州武胜军节度使”,[①]《会编》本同,[②]《国志》本则作“邓州利汝军”,[③] 差异很大。据此推测，元修《金史》时应当参考一个与上述两书稍有不同且较为完备的《金虏图经》版本。[④] 我们注意到,《金史·世纪·穆宗》叙女真创业史，云“凡《丛言》、《松漠记》、张棣《金志》等书皆无足取”,[⑤] 此句系元朝史官按语,《金志》即《金虏图经》。《世纪》未取其文字，但从中看到当时纂修《金史》确有张棣书可资参考。

综上，可得出如下结论：《金志》序文、路制、州府等第应照搬《金虏图经》，这套明昌年间形成的统县府州系统是全书的主体框架，由此构建出金代政区基本轮廓。

三、《金史·地理志》杂采诸书考

《金志》以《金虏图经》为主体骨架编写，不过是提纲挈领，那么金末地理以及州县沿革这两大方面内容又是如何形成的?《金志》序文云，“虽贞祐、兴定危亡之所废置，既归大元，或有因之者，故凡可考必尽著之，其所不载则阙之”。[⑥] 其中“考”当指志书广征文献，最为明确的是大量引据“金实录”。

我们对《金志》全部史文作出分析，发现大量内容与《金史》本纪等重合，乃同取实录的结果，这又可归纳为三种类型：第一，抄撮各类宫殿等，尽量整合出一套宫阙制度；第二，凡涉及地理者附录于相应州县条目之下；第三，遇到州县建置变动的条文，亦作增补。

首先,《金志》中都路条的燕京城市宫阙，材料来源较为庞杂，其中“应天

① 《金史》卷25《地理志中》，第592页。

② 徐梦莘:《三朝北盟会编》卷244引《金虏图经》，第1755页下栏。

③ 崔文印校证:《大金国志校证》卷38《京府州军》，第541页。点校本已将“利汝”校改作“武胜”，参见本卷校勘记28，第584页。

④ 同样案例，如《会编》卷181引《伪豫传》、《国志》卷31引《齐国刘豫录》虽同为一书，但具体内容有明显差异。参见陈晓伟:《〈金史〉源流、纂修及校勘问题的检讨与反思》,《中国历史研究院集刊》总第4辑，北京：社会科学文献出版社，2022年，第50—104页。

⑤ 《金史》卷1《世纪》，第12—13页。

⑥ 《金史》卷24《地理志上》，第550页。

门十一楹”至“应天门旧名通天门”200 余字①搬引范成大《揽辔录》。② 又有与《金史》印证之文：“瑶池殿位，贞元元年建”，《海陵纪》贞元元年（1153）十一月己丑“瑶池殿成”同；“皇统元年有元和殿”、“皇统元年有宣和门”是指《礼志》受尊号仪条皇统元年正月十日“帝服衮冕御元和殿”、十二日“恭谢祖庙，还御宣和门”事；“京城北离宫有太宁宫，大定十九年建，后更为寿宁，又更为寿安，明昌二年更为万宁宫”，与《百官志》万宁宫提举司条小注“旧太宁宫，更名寿安宫，又更今名”吻合。另外，南京路条所载汴京规制，“都城门十四”的名称乃至次序皆与《百官志》京城门收支器物使条相同；下文“宫城门”至“北门曰安贞”750 余字，③ 出自杨奂《汴故宫记》，同样也是整篇抄录。④

与中都路、南京路这两条整段抄引他书方式有所不同，会宁府、辽阳府、大同府本路条目下宫殿制度，多数条文分散在今本《金史》中，见表 2。

表 2　上京路条会宁府、东京路条辽阳府、西京路条大同府宫阙史文检索表

编号	《金志》⑤	《金史》参考条目
1	会宁府:其宫室有乾元殿,天会三年建,天眷元年更名皇极殿	卷 3《太宗纪》:(天会三年三月)辛巳,建乾元殿
2	庆元宫,天会十三年建,殿曰辰居,门曰景晖,天眷二年安太祖以下御容,为原庙⑥	卷 4《熙宗纪》:(天眷二年九月丙申)立太祖原庙于庆元宫
3	朝殿,天眷元年建,殿曰敷德,门曰延光,寝殿曰宵衣,书殿曰稽古	
4	又有明德宫、明德殿,熙宗尝享太宗御容于此,太后所居也	卷 4《熙宗纪》:(天会)十五年正月癸亥朔,上朝太皇太后于明德宫

① 《金史》卷 24《地理志上》，第 572 页。

② 范成大：《揽辔录》，《范成大笔记六种》，孔凡礼点校，北京：中华书局，2002 年，第 15 页。参见该书“点校说明”，第 3—4 页。

③ 《金史》卷 24《地理志上》，第 573 页；卷 5《海陵纪》，第 101 页；卷 24《地理志上》，第 573 页；卷 36《礼志九》，第 832 页；卷 24《地理志上》，第 573 页；卷 56《百官志二》，第 1286 页；卷 25《地理志中》，第 587 页；卷 57《百官志三》，第 1306 页；卷 25《地理志中》，第 587—588 页。

④ 王岩：《邹伸之〈使鞑日录〉抉微》，余太山、李锦绣主编：《丝瓷之路Ⅷ——古代中外关系史研究》，北京：商务印书馆，2021 年，第 87—142 页。

⑤ 《金志》引文均出自《金史》卷 24《地理志上》。

⑥ “二年”原作“元年”，点校者据《熙宗纪》校改。参见《金史》卷 24《地理志上》，第 579 页。

续表 2

编号	《金志》	《金史》参考条目
5	凉殿，皇统二年构，门曰延福，楼曰五云，殿曰重明。东庑南殿曰东华，次曰广仁。西庑南殿曰西清，次曰明义。重明后，东殿曰龙寿，西殿曰奎文。时令殿及其门曰奉元。有泰和殿，有武德殿，有熏风殿	卷4《熙宗纪》:(皇统二年四月)庚午，五云楼、重明等殿成
6	其行宫有天开殿，爻剌春水之地也。有混同江行宫	卷4《熙宗纪》:(天会十三年十一月)己丑，建天开殿于爻剌
7	太庙、社稷，皇统三年建，正隆二年毁	卷4《熙宗纪》:(皇统三年五月)甲申，初立太庙、社稷
8	原庙，天眷元年以春亭名天元殿，安太祖、太宗、徽宗及诸后御容。春亭者，太祖所尝御之所也	
9	天眷二年作原庙，皇统七年改原庙乾文殿曰世德，正隆二年毁	卷33《礼志六·原庙》:熙宗天眷二年九月，又以上京庆元宫为太祖皇帝原庙。皇统七年，有司奏“庆元宫门旧曰景晖，殿曰辰居，似非庙中之名，今宜改殿名曰世德”
10	大定五年复建太祖庙	卷33《礼志六·原庙》:(大定)五年，会宁府太祖庙成，有司言宜以御容安置
11	兴圣宫，德宗所居也，天德元年名之	卷5《海陵纪》:(天德元年十二月)乙亥，追谥皇考太师宪古弘道文昭武烈章孝睿明皇帝，庙号德宗，名其故居曰兴圣宫
12	兴德宫，后更名永祚宫，睿宗所居也	
13	光兴宫，世宗所居也	卷8《世宗纪下》:(大定二十四年)五月己丑，至上京，居于光兴宫
14	正隆二年命吏部郎中萧彦良尽毁宫殿、宗庙、诸大族邸第及储庆寺，夷其趾，耕垦之	卷5《海陵纪》:(正隆二年)十月壬寅，命会宁府毁旧宫殿、诸大族第宅及储庆寺，仍夷其址而耕种之
15	大定二十一年复修宫殿，建城隍庙	
16	(大定)二十三年以甓束其城	卷120《世戚传·乌古论元忠》:世宗欲甓上京城，元忠曰:“此邦遭正隆军兴，百姓凋弊，陛下休养二十余年，尚未完复。况土性疏恶，甓之恐难经久，风雨摧坏，岁岁缮完，民将益困矣。”
17	有皇武殿，击球校射之所也	卷8《世宗纪下》:(大定二十五年四月)癸亥，幸皇武殿击球，许士民纵观
18	有临漪亭，为笼鹰之所，在按出虎水侧	卷8《世宗纪下》:(大定二十四年)六月辛酉，幸按出虎水临漪亭
19	辽阳府:皇统四年二月，立东京新宫，寝殿曰保宁，宴殿曰嘉惠，前后正门曰天华、曰乾贞	

续表 2

编号	《金志》	《金史》参考条目
20	(皇统四年)七月,建宗庙,有孝宁宫	卷 4《熙宗纪》:(皇统四年)七月庚午,建原庙于东京
		卷 64《后妃传 · 睿宗贞懿皇后》:其寝园曰孝宁宫
21	(皇统)七年,建御容殿	卷 33《礼志六 · 原庙》:(皇统七年)是岁,东京御容殿成
22	大同府:大定五年建宫室,名其殿曰保安,其门南曰奉天,东曰宣仁,西曰阜成	
23	天会三年建太祖原庙	卷 3《太宗纪》:(天会三年十月甲辰)诏建太祖庙于西京
		卷 33《礼志六 · 原庙》:太宗天会二年,立大圣皇帝庙于西京

表 2 中共计 23 条，只有第 3、8、12、15、19、22 条无考，第 1、2、4、5、6、7、11、13、14、17、18、20 条的“建宗庙”见于诸帝本纪，第 9、10、21 条与《礼志 · 原庙》同，第 23 条并见于纪、志，第 16 条与《世戚传 · 乌古论元忠》合，第 20 条的“孝宁宫”详见于《后妃传》。《金志》材料来源迹象特别明显：“兴圣宫，德宗所居也，天德元年名之”，《海陵纪》天德元年（1149）十二月乙亥作“庙号德宗，名其故居曰兴圣宫”；“光兴宫，世宗所居也”，《世宗纪》大定二十四年五月己丑作“至上京，居于光兴宫”；“有皇武殿，击球校射之所也”，《世宗纪》大定二十五年四月癸亥作“幸皇武殿击球，许士民纵观”；“有临漪亭，为笼鹰之所，在按出虎水侧”，《世宗纪》大定二十四年六月辛酉作“幸按出虎水临漪亭”。[①] 以上条文都是根据本纪内容写成的，而本纪改编自实录。参酌第 14 条志、纪载正隆二年（1157）毁上京城的史文雷同，应出自《海陵实录》，据此可知《礼志》与《金志》相同内容也是共同采据实录。

其次，《金志》提取实录条文的方式较为冗杂，实际不拘原则，凡与地理有关者即作为注文附录其下。兹列表 3。

① 《金史》卷 24《地理志上》，第 551 页；卷 5《海陵纪》，第 94 页；卷 24《地理志上》，第 551 页；卷 8《世宗纪下》，第 187 页；卷 24《地理志上》，第 551 页；卷 8《世宗纪下》，第 188 页；卷 24《地理志上》，第 551 页；卷 8《世宗纪下》，第 187 页。

表3 《金志》与同书纪、志、传同源史文表

<table>
<tr><th>编号</th><th>《金志》</th><th>《金史》参考条目</th></tr>
<tr><td rowspan="2">1</td><td rowspan="2">恤品路:本率宾故地,太宗天会二年,以耶懒路都孛堇所居地瘠,遂迁于此(卷24)</td><td>卷3《太宗纪》:(天会二年)二月丁酉,命徙移懒路都勃堇完颜忠于苏濒水</td></tr>
<tr><td>卷70《完颜忠传》:(天会)二年,以耶懒地薄斥卤,迁其部于苏滨水,仍以术实勒之田益之</td></tr>
<tr><td>2</td><td>恤品路:以海陵例罢万户,置节度使,因名速频路节度使。世宗大定十一年,以耶懒、速频相去千里,既居速频,然不可忘本,遂命名[石土门]亲管猛安曰押懒猛安①(卷24)</td><td>卷70《习室传》:初,海陵罢诸路万户,置苏滨路节度使。世宗时,近臣奏请改苏滨为耶懒节度使,不忘旧功。上曰:“苏滨、耶懒二水相距千里,节度使治苏滨,不必改。石土门亲管猛安子孙袭封者,可改为耶懒猛安,以示不忘其初。”</td></tr>
<tr><td>3</td><td>复州:旧贡鹿筋,大定八年罢之(卷24)</td><td>卷6《世宗纪上》:(大定八年)十月辛亥,诏罢复州岁贡鹿筋</td></tr>
<tr><td>4</td><td>临潢府:有天平山、好水川,行宫地也,大定二十五年命名(卷24)</td><td>卷8《世宗纪下》:(大定二十五年五月)壬寅,次天平山好水川</td></tr>
<tr><td>5</td><td>桓州:曷里浒东川,更名金莲川,世宗曰:“莲者连也,取其金枝玉叶相连之义。”(卷24)</td><td rowspan="2">卷6《世宗纪上》:(大定八年五月)庚寅,改旺国崖曰静宁山,曷里浒东川曰金莲川</td></tr>
<tr><td>6</td><td>抚州:有旺国崖,大定八年五月更名静宁山(卷24)</td></tr>
<tr><td>7</td><td>抚州:有麻达葛山,大定二十九年更名胡土白山(卷24)</td><td>卷35《礼志八》瑞圣公条:即麻达葛山也,章宗生于此。世宗爱此山势衍气清,故命章宗名之。后更名胡土白山,建庙</td></tr>
<tr><td>8</td><td>蓟州玉田县:有行宫、偏林,大定二十年改为御林(卷24)</td><td rowspan="2">卷7《世宗纪中》:(大定二十年正月)丁丑,以玉田县行宫之地偏林为御林,大淀泺为长春淀</td></tr>
<tr><td>9</td><td>滦州石城县:有长春行宫。长春淀旧名大定淀,大定二十年更(卷24)</td></tr>
<tr><td>10</td><td>河南府洛阳县:有北邙山,正隆六年更名太平山,称旧名者以违制论(卷25)</td><td>卷5《海陵纪》:(正隆六年)三月己卯,改河南北邙山为太平山,称旧名者以违制论</td></tr>
<tr><td>11</td><td>河南府登封县:少室山,宣宗置御寨其上(卷25)</td><td>卷111《撒合辇传》:又拟少室山顶为御营,命移剌粘合筑之</td></tr>
<tr><td>12</td><td>汝州梁县:正隆六年,敕环汝州百五十里内州县商贾,赴温汤置市(卷25)</td><td>卷5《海陵纪》:(正隆六年四月)戊申,诏汝州百五十里内州县,量遣商贾赴温汤置市</td></tr>
<tr><td>13</td><td>同州:旧贡圆箸茧耳羊,大定十一年罢之(卷26)</td><td>卷6《世宗纪上》:(大定十一年)六月己酉,诏曰:“诸路常贡数内,同州沙苑羊非急用,徒劳民尔,自今罢之。”</td></tr>
</table>

① 《金史》卷24《地理志上》,第553、579页。“石土门”三字原无,点校本据《习室传》校补。

以上 13 条内容涉及部族迁徙、土贡、行宫、榷场、山川等。从文献传抄角度分析，第 2 条《金志》节取世宗之语却遗漏“石土门”以致语义不明，《习室传》则保存原文。结合下面案例总结史官拆解实录的通行模式：《世宗纪》大定八年五月庚寅“改旺国崖曰静宁山，曷里浒东川曰金莲川”，此原系《世宗实录》史文，《金志》据此拆分到抚州条、桓州条；《海陵纪》正隆四年正月辛酉“罢凤翔、唐、邓、颍、蔡、巩、洮、胶西诸榷场，置场泗州”，《食货志》榷场条有相同记载，① 均本自《海陵实录》，②《金志》也利用这条史文，邓州条、唐州条、蔡州条皆谓“尝置榷场”，颍州条“尝置榷场，正隆四年罢榷场”，而泗州条直接把整段抄录其中。③

再次，《金史》纪、志、传所记州县建置内容在《金志》中也有所体现，见表4。

表4 《金志》州县建置与同书纪、志、传同源史文表

编号	《金志》	《金史》参考条目
1	上京路：旧有会平州，天会二年筑，契丹之周特城也，后废（卷 24）	卷 3《太宗纪》：（天会二年四月）戊午，以实古乃所筑上京新城名会平州
2	隆州：天眷三年，改为济州，以太祖来攻城时大军径涉，不假舟楫之祥也，置利涉军（卷 24）	卷 2《太祖纪》：（收国元年）八月戊戌，上亲征黄龙府。次混同江，无舟，上使一人道前，乘赭白马径涉，曰：“视吾鞭所指而行。”诸军随之，水及马腹。后使舟人测其渡处，深不得其底。熙宗天眷二年，以黄龙府为济州，军曰利涉，盖以太祖涉济故也
3	曷苏馆路：天会七年，徙治宁州（卷 24）	卷 3《太宗纪》：（天会七年）十一月庚戌，徙曷苏馆都统司治宁州
4	乌古迪烈统军司，后升为招讨司（卷 24）	卷 44《兵志・大将府治之称号》：（天德二年）又改乌古迪烈路统军司为招讨司，以婆速路统军司为总管府
5	婆速府路，国初置统军司，天德二年置总管府（卷 24）	
6	辽阳府：太宗天会十年，改南京路平州。军帅司为东南路都统司之时，尝治于此，以镇高丽 小注：后置兵马都部署司，天德二年，改为本路都总管府，后更置留守司（卷 24）	卷 44《兵志・大将府治之称号》：（天会）十年，改南京路都统司为东南路都统司，治东京以镇高丽……及海陵天德二年八月，改诸京兵马都部署司为本路都总管府

① 《金史》卷 6《世宗纪上》，第 142 页；卷 5《海陵纪》，第 109—110 页；卷 50《食货志五》，第 1113 页。

② 参见陈晓伟：《〈金史・食货志〉修纂考》，《黑龙江社会科学》2022 年第 4 期。

③ 《金史》卷 25《地理志中》，第 592、596、597、598 页。

续表4

编号	《金志》	《金史》参考条目
7	全州安丰县:(承安)二年置全州盘安军节度使治(卷24)	卷10《章宗纪二》:(承安二年六月)甲寅,置全州盘安军节度使,治安丰县
8	大同府:皇统元年,以燕京路隶尚书省,西京及山后诸部族隶元帅府(卷24)	卷77《宗弼传》:(皇统元年)诏以燕京路隶尚书省,西京及山后诸部族隶元帅府
9	宁边州:贞祐三年隶岚州(卷24)	卷14《宣宗纪上》:(贞祐三年二月)乙未,改宁边州隶岚州
10	平州:天辅七年以燕西地与宋,遂以平州为南京,以钱帛司为三司(卷24)	卷2《太祖纪》:(天辅七年二月)戊申,诏平州官与宋使同分割所与燕京六州之地。癸丑,大赦。是月,改平州为南京,以张觉为留守
11	霸州信安县:元光元年四月升为镇安府,所以重高阳公张甫也(卷24)	卷118《移剌众家奴传》:元光元年,移屯信安,本张甫境内。张甫因奏:"信安本臣北境,地当冲要,乞权改为府以重之。"诏改信安为镇安府
12	开封府:天德二年罢行台尚书省(卷25)	卷5《海陵纪》:(天德二年十二月)己未,罢行台尚书省
13	单州:兴定五年二月置招抚司,以安集河北遗黎(卷25)	卷16《宣宗纪下》:(兴定五年)二月丙辰朔,置招抚司于单州
14	大名府路:贞祐二年十月置行尚书省(卷26)	卷14《宣宗纪上》:(贞祐二年十月)乙卯,遣参知政事孛术鲁德裕行尚书省于大名府
15	石州:兴定五年复隶晋阳,从郭文振之请也(卷26)	卷118《郭文振传》:(兴定五年)诏以石州隶晋阳公府
16	平阳府浮山县:兴定四年更名曰忠孝(卷26)	卷16《宣宗纪下》:(兴定四年十一月甲午)更浮山县名忠孝
17	隰州仵城县:兴定五年正月升隰川之午城镇置(卷26)	卷118《胡天作传》:诏升蒲县为蒲州,以大宁县隶之,仵城镇为仵城县
18	隰州蒲县:兴定五年正月升为蒲州,以大宁隶焉(卷26)	
19	绛州翼城县:兴定四年七月升为翼州,以垣曲、绛县隶焉(卷26)	卷118《胡天作传》:(兴定四年)天作请以晋安府之翼城县为翼州,以垣曲、绛县隶焉。置平水县于汾河之西,朝廷皆从之
20	绛州平水县:兴定四年七月徙置汾河之西,从平阳公胡天作之请也(卷26)	

从《金史》各部分对比看,《金志》关于会平州、隆州、曷苏馆路、安丰县、大同府、宁边州、平州、开封府、单州、大名府路、浮山县建置的记载,全袭本纪之文。这种本纪与志书互证的最典型者,当数《章宗纪》泰和四年六月戊申"罢惠、川、高三州,秀岩、滦阳、徽川、咸宁、全安、利民六县"这条记载。① 细检

① 《金史》卷12《章宗纪四》,第268页。"全安"疑误,点校本改作"金安",即泰州属县。参见本卷校勘记3,第286页。

《金志》记载：大定府神山县条记“泰和四年罢（惠）州及滦阳县”；兴中府宜民县条云“泰和四年罢（川）州及徽川县来属”；大定府三韩县条谓泰和四年高州废；盖州秀岩县“泰和四年废为镇”；京兆府咸宁县“泰和四年废”；兴州条小注记“又有利民县，承安五年以利民寨升，泰和四年废”。除“全安”无考外，其他州县皆合，可知《金志》这些条目根据《章宗实录》编写。

表 4 第 4 条乌古迪烈统军司、第 5 条婆速府路、第 6 条辽阳府与《兵志》合，《兵志》主要摘抄金朝诸帝实录而成，这 3 条虽不见于今本《金史》本纪，但能通过相关佐证判断其来源。《兵志》大将府治之称号条共计天德二年八月和九月、三年三则纪事，最后 1 条见于《海陵纪》天德三年十一月癸亥“诏罢世袭万户官，前后赐姓人各复本姓”，[①] 从而判断以上均来自《海陵实录》。表 4 大同府、信安、石州、忻城、蒲县、翼城、平水 7 条则与本传相同，而传文详细叙述建置经过，双方渊源关系相当明显。

元末纂修《金史》时，“金实录”作为主体资料被重复利用，编排成各类篇什，并不仅仅用于改编本纪。我们将《金志》与同书纪、志、传质证，从中找到若干条同源线索，既而证实史官还把实录中相关主题的史文分条摘录到相应条目之下，以充实金源地理内容。

不过“金实录”虽有一些内容，但远不具备一代地志的规模。从《金志》杂抄诸书的背景观察，我们确实看到编纂者以实录拼织其他文献留下的破绽，如秦州条云：

> 国初置节度，皇统二年置防御使，隶熙秦路，大定二十七年来属。元光二年四月升为节镇，军曰镇远，后罢，贞祐三年复置。

“元光”在“贞祐”后，此处两条纪年倒置。《金史》点校者认为，“疑‘元光’当作‘贞祐’，‘贞祐’当作‘元光’”，[②] 亦即贞祐二年（1214）升为节镇。然

---

① 《金史》卷 24《地理志上》，第 556、558、561 页；卷 26《地理志下》，第 641 页；卷 24《地理志上》，第 563 页；卷 44《兵志》，第 1003 页；卷 5《海陵纪》，第 98 页。

② 《金史》卷 26《地理志下》，第 647 页。参见本卷校勘记 52，第 663 页。

而《宣宗纪》兴定三年四月庚午作“秦州防御使女奚烈古里”,[①] 此时该州仍承皇统二年建置为“防御”。可见,《金志》秦州条绝非简单的史料系年问题。《分野之书》卷13秦州沿革云“金初降为防御,后升为镇远军”,[②]《金志》“皇统二年置防御使”、“元光二年四月升为节镇,军曰镇远”时序与之相合,应同出一个体系,而“贞祐三年复置”明显摘自另一个系统,诸条史料无法整合为一体才造成上述问题。

再考卫州条云:

> 宋汲郡,天会七年因宋置防御使,明昌三年升为河平军节度,治汲县,以滑州为支郡。大定二十六年八月以避河患,徙于共城。二十八年复旧治。贞祐二年七月城宜村,三年五月徙治于宜村新城,以胙城为倚郭。正大八年以石甃其城。[③]

《金志》这条建置先载“明昌”事,再叙“大定”、“贞祐”、“正大”事,纪年顺序混乱。根据《分野之书》卷9卫辉府条“金大定二十九年改为河平军节度,贞祐二年移治宜村,以胙城县为附郭邑”及汲县条“金贞祐二年迁州治胙城县”记载,[④] 说明《金志》“贞祐二年七月城宜村”等属于该地理体系,其余条目另有来源。

有迹可循者,《金史·世宗纪》大定二十六年八月戊寅云:“尚书省奏,河决,卫州坏。命户部侍郎王寂、都水少监王汝嘉徙卫州胙城县。”《河渠志·黄河》曰:“初,卫州为河水所坏,乃命增筑苏门,迁其州治。至二十八年,水息,居民稍还,皆不乐迁。”[⑤]《金志》与这2条记载相合,均本自《世宗实录》。通过卫州这条史料,可以看出《金志》是将不同系统文献杂糅,结果导致编排不当问题的出现。

---

① 《金史》卷15《宣宗纪中》,第344页。

② 刘基编:《大明清类天文分野之书》卷13,《四库全书存目丛书》,子部,第60册,第589页上栏。

③ 《金史》卷25《地理志中》,第607—608页。

④ 刘基编:《大明清类天文分野之书》卷9,《四库全书存目丛书》,子部,第60册,第505页下栏。

⑤ 《金史》卷8《世宗纪下》,第194页;卷27《河渠志》,第673页。

《金志》金代建置内容已排除主要来自“金实录”的可能性，亦非出自《金虏图经》，因《金虏图经》不仅内容有限，而且与正史地理志的编纂体例有很大差距。钱大昕、施国祁指出，《金志》总序言散府、节镇、防御郡、刺史郡及辖县与书中各项数目无一相合，[①] 实缘于序文、正文内容分属不同地理系统。《金志》序及诸府上、中、下等级根据《金虏图经》编定，但条目下叙述沿革的文字则超出范围，如通州等条目下正式标注的等第与其正文叙述并不一致。胪列如下：

通州，下，刺史。天德三年升潞县置，以三河隶焉。兴定二年五月升为防御。

单州，中，刺史。贞祐四年二月升为防御。

寿州，下，刺史。贞元元年来属，泰和六年六月升为防御。

陕州，下，防御。皇统二年降为防御，贞祐二年七月升为节镇。

汝州，上，刺史。国初为刺郡，贞祐三年八月升为防御。

亳州，上，防御使。贞祐三年升为节镇，军名集庆。

蔡州，中，防御使。泰和八年升为节度，军曰镇南。

宿州，中，防御。国初隶山东西路，大定六年来属。贞祐三年升为节镇，军曰保静。

泽州，上，刺史。天会六年以与北京泽州同，加“南”字，天德三年复去“南”字。贞祐四年隶潞州昭义军，后又改隶孟州。元光二年升为节镇，军曰忠昌。

德顺州，上，刺史。皇统二年升为州，大定二十七年来属。贞祐四年四月升为防御，十月升为节镇，军曰陇安。[②]

以上 10 条引文系有金一代的沿革内容，这些州的等级、性质曾有过变动。元代类书《江北郡县》则是通州“防御使”、单州“防御使”、寿州“防御使”、陕州

---

① 钱大昕：《廿二史考异》卷 84《金史一・地理志上》，第 1170—1171 页；施国祁：《金史详校》卷 3 上《地理志上》，第 142—145 页。

② 《金史》卷 24《地理志上》，第 574 页；卷 25《地理志中》，第 591、594、595、596、598 页；卷 26《地理志下》，第 638、645 页。

"节度"、汝州"防御使"、亳州"节度"、蔡州"节度"、宿州"节度"、泽州"节度"、德顺州"节度",[①] 均与《金志》诸州条文相合，知此乃金后期建置。

《金志》标注诸州等级来源，若单从陕州、汝州两条看，编者是从建置变动前或金前期沿革的史文中总结而来，但问题是，其余 8 州并未提及金初以降沿革，而是直接叙述后期已经改置情况。其中通州、单州、蔡州、德顺州条有迹可循，检《分野之书》载金代地理：通州"天德中改黎阳之通州为濬州，以此县升为通州";[②] 单州"皇统元年以地里近归德，故改属归德府。贞祐四年升为防御州"；蔡州"皇统初降为防御州，泰和八年升为镇南军"；德顺州"皇统二年升为州，大定二十二年升隆德、治平二寨、水洛一城各为县，以来属"。[③]《金志》与这些内容一致。

又如《金志》载咸平府等建置：

> 咸平府，下，总管府，安东军节度使。天德二年八月，升为咸平府，后为总管府。(《分野之书》卷 24 咸平府：金为咸州，天德二年升为咸平府。)[④]
>
> 河间府，中，总管府，瀛海军。宋河间郡瀛海军。天会七年置总管府。(《分野之书》卷 23 河间府：宋大观元年升为瀛海军节度，属河北东道。金天会中升为次府，属河北东路。)[⑤]
>
> 太原府，上，武勇军。宋太原郡河东军节度，国初依旧为次府，复名并州太原郡河东军总管府，置转运司。(《分野之书》卷 12 太原府：金为太原

① 《重编群书类要事林广记》乙集卷 3 中，长泽规矩也编：《和刻本类书集成》第 1 辑，上海：上海古籍出版社，1990 年，第 221 页下栏—224 页上栏。

② 刘基编：《大明清类天文分野之书》卷 23，典藏号 16446，国家图书馆藏洪武刻本，第 9 页 a。

③ 刘基编：《大明清类天文分野之书》卷 22，《四库全书存目丛书》，子部，第 60 册，第 734 页下栏；卷 21，《四库全书存目丛书》，子部，第 60 册，第 725 页上栏；卷 13，《四库全书存目丛书》，子部，第 60 册，第 589 页下栏。

④ 《金史》卷 24《地理志上》，第 553 页；刘基编：《大明清类天文分野之书》卷 24，《四库全书存目丛书》，子部，第 60 册，第 757 页下栏。

⑤ 《金史》卷 25《地理志中》，第 599 页；刘基编：《大明清类天文分野之书》卷 23，《四库全书存目丛书》，子部，第 60 册，第 741 页下栏。

府，兼河东北路兵马都总管府。)①

平阳府，上。宋平阳郡建雄军节度。本晋州，初为次府，置建雄军节度使。天会六年升总管府，置转运司。(《分野之书》卷 12 平阳府：宋为晋州，仍为建雄军节度。金初为平阳府，天会六年于平阳府置河东南路总管。)②

河中府，散，上。宋河东郡。旧置护国军节度使，天会六年降为蒲州，置防御使。天德元年升为河中府，仍旧护国军节度使。(《分野之书》卷 12 蒲州条：宋太平兴国七年为护国军节度，金天德元年复为河中府。)③

京兆府，上。宋京兆郡永兴军节度使。皇统二年置总管府。(《分野之书》卷 13 西安府条：（宋）京兆为次府。金改为总管府。)④

延安府，下。宋延安郡彰武军节度使，皇统二年置彰武军总管府。(《分野之书》卷 13 延安府：金置延安路总管府。)⑤

庆阳府，中。宋安化郡庆阳军节度。本庆州军事，国初改安国军，后置定安军节度使兼总管，皇统二年置总管府。(《分野之书》卷 13 庆阳府环县条：金皇统二年置庆阳府。)⑥

《金志》各府条目下的等级与《金虏图经》相同。《金志》太原府、平阳府“置转运司”，同于《金虏图经》“转运司十三处”的西京路“大同置司”、河东南路“平阳置司”，⑦ 且二者的沿革变化与《分野之书》金代内容基本吻合。

---

① 《金史》卷 26《地理志下》，第 629 页；刘基编：《大明清类天文分野之书》卷 12，《四库全书存目丛书》，子部，第 60 册，第 543 页下栏。

② 《金史》卷 26《地理志下》，第 634 页；刘基编：《大明清类天文分野之书》卷 12，《四库全书存目丛书》，子部，第 60 册，第 550 页下栏。

③ 《金史》卷 26《地理志下》，第 636 页；刘基编：《大明清类天文分野之书》卷 12，《四库全书存目丛书》，子部，第 60 册，第 554 页下栏。

④ 《金史》卷 26《地理志下》，第 641 页；刘基编：《大明清类天文分野之书》卷 13，《四库全书存目丛书》，子部，第 60 册，第 567 页上栏。

⑤ 《金史》卷 26《地理志下》，第 648 页；刘基编：《大明清类天文分野之书》卷 13，《四库全书存目丛书》，子部，第 60 册，第 577 页下栏。

⑥ 《金史》卷 26《地理志下》，第 650 页；刘基编：《大明清类天文分野之书》卷 13，《四库全书存目丛书》，子部，第 60 册，第 585 页下栏。

⑦ 崔文印校证：《大金国志校证》卷 38《京府州军》，第 538 页。

《金志》杂抄诸书，肯定不是根据单一地理文献编纂。我们初步揭示，《金志》不仅有“金实录”条文，而且糅合了两套不同的地理文献系统，除已经明确的《金虏图经》外，还与《分野之书》密切相关。

四、《金史·地理志》州县沿革抄自《大元大一统志》系统说

《金志》记述全国行政地理结构完备，州县沿革、隶属关系颇为清晰，不过它与《新唐书》《宋史》《元史》中《地理志》相比较，明显有一大缺失，即整体失载金代全国诸县等第。唐宋以来，依据“政治地位”和“户口”标准区分各县级别已成为通行制度，[①] 金亦承袭之。《金史·百官志》记载，“赤县谓大兴、宛平县”，“次赤县又曰剧县”及“诸县”，并有明确标准，“凡县二万五千户以上为次赤、为剧，二万以上为次剧，在诸京倚郭者曰京县。自京县而下，以万户以上为上，三千户以上为中，不满三千为下”。《金志》平阳府临汾县有条小注“天会六年定临汾为次赤，余并次畿”可与之印证。

然而吊诡的是，整部《金志》仅有中山府曲阳、沂州临沂、密州诸城、济南府长清、宁海州文登、绛州正平及曲沃7县标注等级曰“剧”，[②] 其余700余县皆无此类记注。我们知道，金源历朝多次纂修全国郡志，也不乏成熟的户口统计制度，若元朝根据这些档案编修《金志》，作为地理志一项重要因素的诸县等第，应不至于阙载严重。[③] 通观《金志》的整体风格，经深入探究，我们在《大元大一统志》（下文简称《元一统志》）找到了线索。

（一）从《大元大一统志》佚文中探求《金史·地理志》的来源方向

《元一统志》始纂于至元二十二年（1285），至元三十一年成书，稍后重修，

① 参见齐子通：《宋代县望等级的划分标准探析》，《历史地理研究》2021年第2期。

② 《金史》卷57《百官志三》，第1314—1315页；卷26《地理志下》，第634页；卷26《地理志下》，第607、610、612、613、637页。

③ 据学者考证，金代普遍设立城市行政管理机构：警巡院、录事司和司候司。这属于重要的地理建置，理应编入《地理志》，但同样被疏漏（韩光辉、魏丹、何文林：《〈金史·地理志〉城市行政建制疏漏及补正研究》，《地理学报》2012年第10期）。

最终在大德七年（1303）定稿，凡1300卷。① 该书早已散佚，今从佚文中可以发现它与《金志》有关的蛛丝马迹。

第一，乾隆《钦定热河志》卷61引《元一统志》川州条云：

> 金天眷二年川州属懿州。三年废咸康为镇，入宜民。大定初州废，隶咸平府。承安二年复置川州，治宜民县，仍升徽川寨为徽川县以隶之。后割属懿州，惟存宜民县。②

《金志》兴中府宜民县条："大定六年降为宜民县，隶懿州。承安二年复置川州，改徽川寨为徽川县，为懿州支郡。泰和四年罢州及徽川县来属。"③ 两者叙述川州废置过程近乎一致。

第二，《永乐大典》卷5200引《元一统志》代州条云：

> 金天会六年改都督府为代州震武军，本州置西面制置经略使司，又置宣抚司，领宁化、火山二军，雁门、繁畤、五台、崞四县。元置宁化军，立巡检司入管州。火山军立巡检司，入保德州。繁峙升为坚州。崞县升为崞州。五台升为台州。不相统摄，惟存雁门一县。④

《永乐大典》同卷引《太原志》代州条叙金元沿革，亦抄袭《元一统志》，较上述佚文详细。⑤《金志》代州条"天会六年置震武军节度使"及元领雁门、崞县、五台、繁畤，其中五台"贞祐四年三月升为台州"、繁畤"贞祐三年九月升为坚州"，⑥ 均与《元一统志》佚文记载相印证。

以上两例均系他书转引佚文，文字或因节略而有所残缺。下面不妨从《元一

---

① 余元盦：《〈大元大一统志〉卷次之推测》，西北民族文化研究室编辑部：《西北民族文化研究丛刊》第1辑，上海：永泰祥书店，1949年，第145—165页。

② 孛兰肹等撰，赵万里校辑：《元一统志》卷2，北京：中华书局，1966年，第192页。

③ 《金史》卷24《地理志上》，第561页。

④ 孛兰肹等撰，赵万里校辑：《元一统志》卷1，第106页。

⑤ 《永乐大典》卷5200先字韵原字目，北京：中华书局，1986年，第2254页下栏。

⑥ 《金史》卷26《地理志下》，第632—633页。

统志》残本中择要举例分析，原书卷548葭州条云：

（元符二年八月甲午）诏升为军，名曰晋宁，以临泉倚郭，定胡为属邑。金初为夏人所践。皇统二年复立军治，仍隶河东路，而临泉、定胡还属石州。大定元年升为州。二十三年闰十二月改为葭州……贞元元年隶汾阳军节度……管八寨：曰通秦、曰神泉、曰乌龙、曰吴堡、曰宁河、曰弥川、曰太和、曰神木。有通安、晋宁二堡，于通秦隶焉。永作、唐安二堡，于乌龙隶焉。濩川、弥川、靖川三堡，于弥川隶焉。通津，于神木隶焉。宁河，则本寨隶焉。正大三年改隶鄜延路。元领吴堡、弥川、通秦、葭芦四县，后又益以太和、建宁。①

《元一统志》这段文字详于《金志》，且相互契合。《金志》“本晋宁军，贞元元年隶汾州，大定二十二年升为晋宁州，二十四年更今名”及所辖八寨、九堡与《元一统志》同。《元一统志》这条还涉及临泉、定胡两县在宋金时期隶属变动，《金志》石州临泉县“宋隶晋宁军”及孟门县“旧名定胡，明昌六年更。宋隶晋宁军”亦相合。②

又《元一统志》卷586废西宁县条云：

本秦州甘泉堡。金大定二十二年十二月升为县。有司言延安府已有甘泉县，改为西宁县。贞祐四年十月升为州，以甘谷、鸡川、治平三县隶。治平，本德顺之一寨也。③

《金志》秦州西宁县“贞祐四年十月升为西宁州，以甘谷、鸡川、治平三县隶焉”与之雷同。志书又载德顺州治平县本治平寨，④ 与《元一统志》“治平，本德顺之一寨也”契合。

再《元一统志》卷585兰州条谓元丰四年（1081）九月乙酉李宪收复兰州，

① 孛兰肸等撰，赵万里校辑：《元一统志》卷4，第372—373页。
② 《金史》卷26《地理志下》，第632页。
③ 孛兰肸等撰，赵万里校辑：《元一统志》卷4，第477页。
④ 《金史》卷26《地理志下》，第646—647页。

“又乞置龛谷寨东关、皋兰二堡。六年又置阿干、西关二堡。”“崇宁三年收复兰泉，置县以为之属。”其又记载：

> 金置定远、定羌城。大定二十二年升龛谷、阿干、定远为县。正大三年州陷河西，以龛谷为金州治所，定远属焉。①

对比《金志》，兰州三县定远、龛谷（宋旧寨）、阿干（宋旧寨），与《元一统志》大定二十二年条合；“城二宁远、安羌”当指“金置定远、定羌城”，后者名称“宁”、“定”当系文献传抄之讹；堡三“东关”、“质孤”及“西关”沿袭宋旧名，② 仍与《元一统志》相符。

另外，《元一统志》卷586会州条：“金大定二十二年十二月置保川县，而旧县名并废矣。明年陷于河西，侨治州之西南一百里会川城，名新会州。”③《金志》会州条“旧有会川城”即指此地。④

《元一统志》会州保川县条：

> 金大定二十二年置县。明年会州陷于河西，迁州治于会川城而县属如故。金末兵乱地荒。

废保川县条：

> 有二乡及会宁镇、会川城。宋元符三年收复会州，筑保川城。至金大定二十二年，户有三千三百五十一，遂升为县。

废通安寨条：

---

① 孛兰肹等撰，赵万里校辑：《元一统志》卷4，第468页。
② 《金史》卷26《地理志下》，第654页。
③ 孛兰肹等撰，赵万里校辑：《元一统志》卷4，第474页。
④ 《金史》卷26《地理志下》，第655页。

又有平西寨，皆属会州。金大定二十三年会州及平西寨陷于河西，别于会州城置新会州，惟存通安一寨。

会安关条：

金大定八年十二月改为会安关，嫌与会宁县同名也。①

上文详细记载金时期保川县、通安寨等地建置沿革，《金志》保川县及“寨二平西、通安。关一会安，旧作会宁”的记载正与此对应。②

综上考证，《钦定热河志》川州条、《永乐大典》代州条及《元一统志》残卷葭州条、废西宁县条、兰州条、会州条均与《金志》印证，并且对金源州县记载颇为详细。《金志》与《元一统志》，还有中都路条内容相重合，详见表5。

表5 《金志》诸书所载燕京制度对照表

《金志》	《元一统志》系统文献
中都路条：**辽会同元年为南京，开泰元年号燕京。海陵贞元元年定都，以燕乃列国之名，不当为京师号，遂改为中都**（卷24）	**辽会同元年升幽州为南京，幽都府仍名卢龙军。统和二十二年改幽都为析津府，开泰元年复更府名，号燕京。**金天辅五年议割燕云旧地遗宋，宋宣和四年改燕山府，升永清军节度，实未受地，五年复归金。天会三年复称燕京，**贞元元年遂徙都于燕，改号中都，仍名永安，以析津府为大兴府**（《分野之书》卷23北平府）
大兴府：晋幽州，**辽会同元年升为南京，府曰幽都，仍号卢龙军，开泰元年更为永安析津府。**天会七年析河北为东、西路时属河北东路，**贞元元年更今名**（卷24）	
中都路条：**天德三年，始图上燕城宫室制度，三月，命张浩等增广燕城。**城门十三，东曰施仁、曰宣曜、曰阳春，南曰景风、曰丰宜、曰端礼，西曰丽泽、曰颢华、曰彰义，北曰会城、曰通玄、曰崇智、曰光泰。浩等取真定府潭园材木，营建宫室及凉位十六（卷24）	**天德三年，海陵意欲徙都于燕。**上书者咸言上京临潢府僻在一隅，官艰于转漕，民难于赴愬，不如都燕以应天地之中。言与意合。**乃命左右丞相张浩、张通、左丞蔡松年调诸路民夫筑燕京，制度如汴。**诏曰：“燕本列国之名，今立京师不当称燕京，改号中都，以析津府为大兴府。”（《钦定日下旧闻考》卷37引《元一统志》）

注：黑体字为内容相同的部分。

① 孛兰肹等撰，赵万里校辑：《元一统志》卷4，第476—477页。

② 《金史》卷26《地理志下》，第655页。

《钦定日下旧闻考》引《元一统志》详细叙述天德三年营建燕京始，而《金志》删削迁都诏书等相关内容，约略抄之。① 此外，志书“城门十三”内容也有迹可循。元末熊梦祥编《析津志》有一段关于燕京制度的记载：

> 辽开泰元年，始号为燕京。海陵贞元元年定都，号为中都。天德三年，始图上燕城宫阙制度。三月，命张浩等增广燕城。城之门制十有二：东曰施仁、宣曜、阳春，南曰景风、丰宜、端礼，西曰丽泽、灏华、彰义，北曰会城、通玄、崇智。改门曰清怡，曰光泰。浩等取真定府潭园材木营造宫室及凉位十六。②

《析津志》明显节抄《元一统志》，所载“城之门制”亦如此。《金志》与这段文字同样雷同，四方三门名称及顺序完全契合。③ 不过《析津志》作“改门曰清怡，曰光泰”，“改门”不知何义，④《金志》不取清怡门，又将光泰门列作北面城门，结果改写为十三门。这是《金志》直接改编《元一统志》的又一证据。

关于金中都建置，《分野之书》同样提及，这与上面《分野之书》和《金志》互证情况一致。研究指出，洪武十七年（1384）官修《分野之书》，洪武以前沿革及建置抄自《元一统志》。⑤ 根据《金志》与《分野之书》《元一统志》佚文重合的结果，再结合上文论证，元末编纂金代地理志很有可能就是取资《元一统志》系统。

① 于敏中等编纂：《钦定日下旧闻考》卷 37《京城总纪》引《元一统志》，北京：北京古籍出版社，1981 年，第 588 页。

② 于敏中等编纂：《钦定日下旧闻考》卷 37《京城总纪》引《析津志》，第 586—587 页。

③ 张棣《金虏图经·京邑》云：“都城之门十二，每一面分三门，一正两偏焉。”（徐梦莘：《三朝北盟会编》卷 244 引《金虏图经》，第 1750 页下栏—1751 页上栏）

④ 参见于杰、于光度：《金中都》，北京：北京出版社，1989 年，第 20—23 页。

⑤ 王颋：《〈元史·地理志〉资料探源》，《历史地理》第 8 辑，上海：上海人民出版社，1990 年，第 221—229 页；韩道英：《〈大明清类天文分野之书〉考释与历代星野变迁》，硕士学位论文，暨南大学历史系，2008 年，第 10—17 页。

(二)《大明清类天文分野之书》所载金代地理

《分野之书》大量涉及辽金元地理沿革内容，对于探索《辽史》《金史》《元史》的《地理志》史源问题具有重要参考意义。① 王颋较早发掘《分野之书》史料价值，用于补正金代地理，② 可惜没有深入探讨它与《金志》的文献关系。我们系统整理《分野之书》的金代内容，将其与《金志》逐条比较，现分为两种情况讨论：一是两书金代沿革相同，具有近乎一致的史文；二是两者内容互有参差，《分野之书》有许多细节逸出《金志》之外，见表6。

表6 《金志》《分野之书》对照表

编号	地名	《金志》	《分野之书》
1	咸平府	国初为咸州路，置都统司。**天德二年八月，升为咸平府**，后为总管府(卷24)	金为咸州，天德二年升为咸平府(卷24咸平府)
2	盖州秀岩县	**本大宁镇，明昌四年升**。泰和四年废为镇，贞祐四年复升置(卷24)	明昌四年升大宁镇为秀岩来属，后复改盖州，属东京(卷24盖州卫)
3	大定府	**统和二十五年建为中京，国初因称之。海陵贞元元年更为北京**(卷24)	辽统和二十四年即奚王创置城阙，号曰中京大定府。金初因之，海陵贞元元年迁都于燕，遂改此为北京大定府(卷24大宁路)
4	大定府神山县	**章宗承安二年尝置惠州，升孩儿馆为滦阳县，以隶之**。泰和四年罢州及滦阳县(卷24)	<u>天辅五年州罢为惠和县</u>，承安二年复置，治神山县(卷24大宁路惠河县)
5	大定府金源县	**唐青山县，辽开泰二年置，以地有金甸为名**(卷24)	唐属青山县，辽开泰二年徙其部落于涿州范阳县。金置金源县。取金甸子以为名(卷24大宁路金源县)
6	大定府三韩县	太祖天辅七年以高州置节度使，皇统三年废为县，**承安三年复升为高州，置刺史，为全州支郡，分武平、松山、静封三县隶焉**。泰和四年废(卷24)	金天眷中省州存县，承安三年复置州，析武平、松山等县来属(卷24高州)
7	利州龙山县	**辽故潭州广润军县故名，熙宗皇统三年废州来属**(卷24)	辽开泰二年建为潭州。金皇统间改为龙山县，属利州(卷24大宁路龙山县)
8	义州	辽宜州，**天德三年更州名**(卷24)	金天德三年□□□□□州(卷24义州)

① 参见苗润博：《〈辽史〉探源》，第211—237页。

② 王颋：《完颜金行政地理》，第3页。

续表 6

编号	地名	《金志》	《分野之书》
9	瑞州	本来州，**天德三年更为宗州，泰和六年以避睿宗讳，谓本唐瑞州地，故更今名**（卷 24）	金天德三年改为宗州，太和六年复改瑞州（卷 24 瑞州）
10	兴中府宜民县（川州）	**大定六年降为宜民县**，隶懿州。**承安二年复置川州，改徽川寨为徽川县，为懿州支郡**。泰和四年罢州及徽川县来属（卷 24）	金天眷二年升州为刺史，属懿州。大定初州罢，隶咸平府。承安二年复置川州，仍属懿州（卷 24 川州）
11	大同府	**怀仁辽析云中置，贞祐二年五月升为云州**（卷 24）	辽改为怀仁县。金升为云州（卷 11 大同府怀仁县）
12	丰州	**皇统九年升为天德总管府，置西北路招讨司**，①**以天德尹兼领之**（卷 24）	金为天德军□度，又置招讨□（卷 12 丰州）
13	桓州	**军兵隶西北路招讨司**。明昌七年改置刺史（卷 24）	（金）于此置桓州，属西京威远军节度使（卷 23 桓州）
14	抚州	**章宗明昌三年复置刺史，为桓州支郡，治柔远**。明昌四年置司候司。**承安二年升为节镇，军名镇宁** （柔远县）**大定十年置于燕子城，隶宣德州，明昌三年来属**（卷 24）	金置柔远镇，大定十年升为县，属宣德州。明昌三年升为抚州，属西京。承安三年升州之新城镇为威宁县，其年又升为镇宁军（卷 23 隆兴路）
15	抚州威宁县	**承安二年以抚州新城镇置**（卷 24）	金本新城镇，初属宣德府。大安初与西京平地县同置。承安三年升新城镇为威宁县（卷 23 隆兴路威宁县）
16	德兴府	**大安元年升为府，名德兴**（卷 24）	金大安元年升为德兴府（卷 23 奉圣州）
17	德兴府德兴县	旧名永兴县，**大安元年更名**（卷 24）	金大安元年升为德兴府，县居郭下（卷 23 奉圣州永兴县）
18	宣德州	**大定七年更为宣化州，八年复更为宣德**（卷 24）	金天眷二年改宣德州，隶大同府。大定七年改宣化州，又明年复改为宣德州（卷 23 宣德府）
19	宣德州宣平县	**承安二年以大新镇置**，以北边用兵尝驻此地也（卷 24）	金本宣德县之大新镇，承安二年以大新镇为宣平县（卷 23 宣德府宣平县）
20	中都路	**海陵贞元元年定都，以燕乃列国之名，不当为京师号，遂改为中都**（卷 24）	天会三年复称燕京，贞元元年遂徙都于燕，改号中都，仍名永安，以析津府为大兴府（卷 23 北平府）
	大兴府	**贞元元年更今名**（卷 24）	
21	大兴府宝坻县	**本新仓镇，大定十二年置，以香河县近民附之。承安三年升置盈州，为大兴府支郡**，以香河、武清隶焉。**寻废州**（卷 24）	金初为新仓镇，大定十二年始为县，取境内产盐，故名宝坻。承安三年置盈州。泰和四年州罢复县，仍名宝坻（卷 23 通州宝坻县）

① “西北”，点校本《金史》改作“西南”（参见本卷校勘记 42，第 583 页）。相关讨论详见本文第 6 节。

续表 6

编号	地名	《金志》	《分野之书》
22	大兴府香河县	**辽以武清县之孙村置**(卷 24)	辽本武清孙村地,置香河县,属析津府。金初属大兴府,承安三年属盈州(卷 23 北平府香河县)
23	通州	**天德三年升潞县置,以三河隶焉**。兴定二年五月升为防御(卷 24)	金天德中改黎阳之通州为濬州,以此县升为通州(卷 23 通州)
24	通州潞县	晋县名(卷 24)	金天德中置通州,以县属焉(卷 23 通州潞县)
25	蓟州平峪县	**大定二十七年,以渔阳县大王镇升**(卷 24)	唐为大王镇,亦属渔阳。金大定二十七年立县存汉旧名(卷 23 蓟州平峪县)
26	涿州定兴县	**大定六年以范阳县黄村置**,割涞水、易县近民属之(卷 24)	金大定七年创置城郭,名定兴县,属涿州(卷 23 保定府定兴县)
27	涿州奉先县	大定二十九年置万宁县以奉山陵,**明昌二年更今名**(卷 24)	金明昌元年析良乡、宛平、范阳三县地置邑,名奉先(卷 23 涿州房山县)
28	顺州温阳县	**旧名怀柔,明昌六年更**(卷 24)	金仍为州,置温阳县(卷 23 北平府顺义县)
29	平州	**天辅七年以燕西地与宋,遂以平州为南京**,以钱帛司为三司。**天会四年复为平州**,尝置军帅司(卷 24)	金天辅七年升为南京,天会四年复为平州,升兴平军节度,仍隶中都路(卷 23 永平府)
30	平州抚宁县	**本新安镇,大定二十九年置**(卷 24)	辽初置新安镇,属平州。金大定二十九年升为抚宁县,仍属平州(卷 23 永平府抚宁县)
31	平州迁安县	**大定七年更今名**(卷 24)	金大定七年改迁安县,属平州(卷 23 永平府迁安县)
32	平州昌黎县	**皇统二年降州来属,大定二十九年以与广宁府重,故更今名**(卷 24)	金皇统二年降广宁县,大定二十九年改昌黎郡,属平州(卷 23 永平府昌黎县)
33	雄州	**天会七年置永定军节度使。隶河北东路,贞元二年来属**(卷 24)	金天会七年升为永定军节度,属河间路。贞元二年隶中都路,属燕京(卷 23 保定府雄县)
34	雄州容城县	泰和八年割隶安州,**贞祐二年隶安肃州**(卷 24)	金贞祐二年改属安肃州(卷 23 保定府容城县)
35	霸州	**隶河北东路,贞元二年来属**(卷 24)	金天会七年置信安军,属河间路。贞元二年属中都路(卷 23 霸州)
36	霸州益津县	**大定二十九年创置,倚郭**(卷 24)	金大定二十九年改为益津县(卷 23 霸州益津县)
37	保州	**顺天军节度使**。宋旧军事,**天会七年置顺天军节度使,隶河北东路,贞元二年来属**(卷 24)	金天会七年改顺天军,属河间路,贞元二年属中都路(卷 23 保州府)

续表 6

编号	地名	《金志》	《分野之书》
38	保州清苑县	**宋名保塞,大定十六年更**(卷 24)	宋建隆元年改为保塞县……金大定十六年复置清苑县(卷 23 保州府清苑县)
39	保州满城县	**大定二十八年以清苑县塔院村置**(卷 24)	金大定二十八年析清苑县,复置满城县,属保州(卷 23 保州府满城县)
40	安州	**天会七年升为安州,隶河北东路,后置高阳军**。大定二十八年徙治葛城,因升葛城为县,作倚郭。**泰和四年改混泥城为渥城县,来属,八年移州治于渥城,以葛城为属县**(卷 24)	金天会七年改为安州,治高阳县,属中都路。泰和八年迁治渥城县(卷 23 安州)
41	安州渥城县	**泰和四年置**(卷 24)	金本容城县地,泰和元年于混泥城置新安州,四年置渥城县(卷 23 安州新安县)
42	安州高阳县	**泰和八年正月改隶莫州,四月复**(卷 24)	金初属安州,未几属莫州。泰和八年仍属安州(卷 23 安州高阳县)
43	遂州	**天会七年改为遂州,隶河北东路**,贞元二年来隶,号龙山郡。**泰和四年废为遂城县,隶保州**,贞祐二年复置州(卷 24)	金天会七年改遂州,治遂城县,属中都路。泰和四年州废,以县属保州(卷 23 遂州)
44	安肃州	**天会七年升为徐州,军如旧**,隶河北东路,贞元二年来属。**天德三年改为安肃州,军名徐郡军**。大定后降为刺郡,废军(卷 24)	金置安肃县,属中都路。天会七年为徐州,天德二年为安肃州(卷 23 保定府安肃县)
45	开封府通许县	**宋名咸平,大定二十九年以与咸平府重,更**(卷 25)	金大定二十九年改为通许县,属开封府(卷 21 开封府通许县)
46	开封府杞县	**宋雍丘县,杞国也,正隆后更今名**(卷 25)	金世宗大定初改雍丘为杞县(卷 22 杞县)
47	睢州	**国初犹称拱州,天德三年更**(卷 25)	金天德三年八月改为睢州,以水经睢口故也,属开封府路(卷 22 睢州) 金天德三年改拱州为睢州,而县属仍旧。正大末以兵火所毁,遂省入襄城(卷 22 睢州柘城县)
48	归德府睢阳县	**宋名宋城,承安五年更名**(卷 25)	金承安五年改为睢阳(卷 22 归德府睢阳县)
49	单州	**贞祐四年二月升为防御**,兴定五年二月置招抚司,以安集河北遗黎(卷 25)	金皇统元年以地里近归德,故改属归德府。贞祐四年升为防御州(卷 22 济宁府单县)
50	陕州	**皇统二年降为防御,贞祐二年七月升为节镇**(卷 25)	金皇统三年罢保义军节度,止为陕州,贞祐三年改西安军(卷 17 陕州)
51	河南府	初置德昌军,**兴定元年八月升为中京,府曰金昌**(卷 25)	金兴定元年间又升为中京金昌府,五年罢(卷 17 河南府)

续表 6

编号	地名	《金志》	《分野之书》
52	嵩州	**旧名顺州,天德三年更**(卷25)	金天德三年六月改为嵩州,以州在嵩岳之西也(卷17 河南府嵩县)
53	钧州	旧阳翟县,**伪齐升为颍顺军。大定二十二年升为州,仍名颍顺,二十四年更今名**(卷25)	金伪齐为颍顺军,大定二十二年改为顺州,明年改为钧州(卷17 钧州)
	阳翟	倚(卷25)	金大定二十三年置顺州,以阳翟为倚郭县(卷17 钧州阳翟县)
54	蔡州	**泰和八年升为节度,军曰镇南**(卷25)	金皇统初降为防御州,泰和八年升为镇南军(卷21 汝宁府)
55	泗州睢宁县	**兴定二年四月以宿迁县之古城置。又有淮滨,兴定二年四月以桃园置,元光二年四月废**(卷25)	金兴定二年始以邳州宿迁县之古城为睢宁县,古城乃汉睢陵故地也,隶泗州,未几属邳州(卷10 邳州睢宁县)
			金本淮阳军,即邳州宿迁县之桃源镇。兴定二年升为淮滨县,属泗州,后罢(卷10 桃源县)
56	郑州管城县	倚贞祐四年更名故市。(卷25)	金贞祐二年改县为(中阙)洧川,又改故市县,(中阙)郑州,仍为管城属焉(卷21 郑州管城)
57	蠡州	**宋永宁军,国初因之,天会七年升为宁州博野郡军,天德三年更为蠡州**(卷25)	金初为宁州,天会七年升为博野郡,天德三年仍改蠡州(卷23 保定府蠡县)
58	莫州	**贞祐二年五月降为鄚亭县。** **县一:任丘**(卷25)	金贞祐二年置莫亭县(卷23 莫州莫亭县)
			金置莫亭、任丘二县,属河北东路(卷23 莫州)
			金置莫亭,任丘并属莫州(卷23 河间府任丘县)
59	献州	本乐寿县,**天会七年升为寿州,天德三年更今名**(卷25)	金天会七年改寿州,天德三年复更为献州,以河间献王都故名(卷23 河间府献县)
60	冀州	**天会七年仍旧置安武军节度**(卷25)	金天会七年为武安军,属河间路(卷11 冀州)
61	景州	**国初升为景州,贞元二年来属。大安间更为观州,避章庙讳也**(卷25)	金天会七年仍升为景州,崇庆(中阙)避章宗嫌名而改为观州焉(卷23 景州)
62	真定府获鹿县	**兴定三年三月升为镇宁州**,权河北西路,以经略使武仙驻焉(卷25)	金兴定初改为镇宁州(卷11 真定府获鹿县)

续表6

编号	地名	《金志》	《分野之书》
63	真定府阜平县	**明昌四年以北镇置**(卷25)	金初改为北镇,明昌四年置阜平县(卷11 真定府阜平县)
64	威州	**天会七年以井陉县升**,置陉山郡军,后为刺郡(卷25)	金天会七年始置治于井陉县,曰威州,属真定府(卷11 广平府威县) 金天会七年置威州,治□□(卷11 真定府井陉县)
65	沃州	**天会七年改为赵州,天德三年更为沃州**,盖取水沃火之义,军曰赵郡军。后废军(卷25)	金天会七年仍为赵州,天德三年又改为沃州(卷11 赵州)
66	洺州	**天会七年以守边置防御使**(卷25)	金属河北西路,天会七年置防御使(卷11 广平府)
67	洺州广平县	**本魏县,大定七年更**(卷25)	金大定七年并魏县地,置广□县,属洺州(卷11 广平府广平县)
68	彰德府林虑县	**旧林虑镇,贞祐三年十月升为林州**,置元帅府(卷25)	金贞祐□年升为□州(卷9 彰德府林县)
69	中山府	**天会七年降为定州博陵郡定武军节度使**,后复为府(卷25)	金天会七年复为定州,军名如旧。太和六年改为中山府(卷11 定州)
70	中山府永平县	**贞祐二年四月升为完州**(卷25)	金更为永平县,贞祐三年改为完州,属真定路(卷23 保州府完县)
71	浚州	天会七年以边境置防御使。**皇统八年,嫌与宗峻音同,更为通州,天德三年复**(卷25)	金皇统八年改为通州。天德三年复为濬州,属河北西路,隶省部(卷9 大名府浚县)
72	卫州	宋汲郡,天会七年因宋置防御使,明昌三年升为河平军节度,治汲县,以滑州为支郡。大定二十六年八月以避河患,徙于共城。二十八年复旧治。贞祐二年七月城宜村,三年五月徙治于宜村新城,以胙城为倚郭。正大八年以石甃其城(卷25)	金大定二十九年改为河平军节度,贞祐二年移治宜村,以胙城县为附郭邑(卷9 卫辉府)
73	卫州苏门县	**本共城,大定二十九年改为河平,避显宗讳也。明昌三年改为今名。贞祐三年九月升为辉州**,兴定四年置山阳县隶焉(卷25)	金世宗改为河平县,又改为苏门。宣宗升为辉州,因州之百泉有威惠王殿曰清辉,故名(卷9 卫辉府辉县)
74	卫州胙城县	本隶南京,海陵时割隶滑州,泰和七年复隶南京,八年以限河来属。**贞祐五年五月为卫州倚郭,增置主簿**。兴定四年以修武县重泉村置县,来隶(卷25)	金属卫州。贞祐中南迁于河北岸宜村,复建元帅府,以胙城为倚郭(卷9 卫辉府胙城县)
75	滑州	**大定六年割隶大名府**(卷25)	金皇统六年属开封府,大定七年属大名府(卷9 大名府滑县)
76	莒州	**大定二十二年升为城阳州,二十四年更今名**(卷25)	金大定中复为莒州,属益都府(卷10 莒州)

续表6

<table>
<tr><th>编号</th><th>地名</th><th>《金志》</th><th>《分野之书》</th></tr>
<tr><td rowspan="3">77</td><td rowspan="3">宁海州</td><td rowspan="3">本宁海军,大定二十二年升为州。
县二:牟平、文登(卷25)</td><td>金刘豫以牟平县立宁海军。大定二十二年升为宁海州,属山东东路(卷8宁海州)</td></tr>
<tr><td>金以县立宁海军,后升为宁海州,属山东东路(卷8宁海州牟平县)</td></tr>
<tr><td>金皇统年间属宁海军,大定间改宁海州,文登县仍属焉(卷8宁海州文登县)</td></tr>
<tr><td>78</td><td>东平府汶上县</td><td>本名中都,贞元元年更为汶阳,泰和八年更今名(卷25)</td><td>金贞元初改名汶阳县,泰和八年改为汶上县(卷9东平州汶上县)</td></tr>
<tr><td>79</td><td>东平府寿张县</td><td>大定七年河水坏城,迁于竹口镇,十九年复旧治(卷25)</td><td>金大定六年徙治于竹口镇,二十年复旧治(卷9东平州寿张县)</td></tr>
<tr><td rowspan="4">80</td><td rowspan="4">济州</td><td rowspan="4">天德二年徙治任城县,分巨野之民隶嘉祥、郓城、金乡三县(卷25)</td><td>金天德二年城为黄水所圮,迁州于任城,析钜野民户入嘉祥、金乡、郓城三县(卷22济宁府)</td></tr>
<tr><td>金天德年间迁州治于任城,为水患故也,钜野县省,属郓州(卷22济宁府钜野县)</td></tr>
<tr><td>金天德二年迁治任城(卷22济宁府济州)</td></tr>
<tr><td>金天德三年迁济州治于任城(卷22济宁府任城县)</td></tr>
<tr><td>81</td><td>济州郓城县</td><td>大定六年五月徙治盘沟村以避河决(卷25)</td><td>金大定四年徙置盘沟村(卷22济宁府郓城县)</td></tr>
<tr><td>82</td><td>兖州</td><td>泰定军节度使。宋袭庆府鲁郡。旧名泰宁军,大定十九年更(卷25)</td><td>金天会五年仍为兖州,复为泰宁军,大定十九年改泰定军(卷10兖州)</td></tr>
<tr><td>83</td><td>泰安州</td><td>本泰安军,大定二十二年升(卷25)</td><td>金置泰宁军。大定十九年改为泰安军,二十二年升为州,属泰定军,今兖州是也(卷8泰安州)</td></tr>
<tr><td rowspan="2">84</td><td rowspan="2">曹州东明县</td><td rowspan="2">初隶南京,后避河患,徙河北冤句故地。后以故县为兰阳、仪封,有旧东明城(卷25)</td><td>金因水徙于济阴县西墟,以立城郭,亦属开封府(卷9开州东明县)</td></tr>
<tr><td>金析东明六乡为县,取其首乡曰兰阳以名之。又曰东明镇,旧有兰阳废城也(卷22睢州兰阳县)</td></tr>
<tr><td>85</td><td>开州</td><td>皇统四年复更今名(卷26)</td><td>金天会初复为澶州,皇统四年改为开州(卷9开州)</td></tr>
<tr><td>86</td><td>太原府徐沟县</td><td>本清源县之徐沟镇,大定二十九年升(卷26)</td><td>金以清源之徐沟镇为县,又分平晋、榆次县地益之,属太原路(卷12太原府徐沟县)</td></tr>
</table>

续表6

编号	地名	《金志》	《分野之书》
87	太原府寿阳县	**兴定二年九月尝割隶平定州**（卷26）	金兴定二年以县之西张寨置晋州，寻移治清源，而此县仍属太原郡（卷12太原府寿阳县）
		晋州。兴定四年正月以寿阳县西张寨置（卷26）	金兴定四年置晋州，寻迁治于此。金末复为县，属太原（卷12太原府清源县）
88	平定州	**本宋平定军，大定二年升为州**（卷26）①	金大定二十二年改军为平定州（卷12平定州）
89	平定州乐平县	**兴定四年正月升为皋州**（卷26）	金兴定三年升为皋州，县仍隶焉（卷12平定州乐平县）
90	汾州	**天会六年置汾阳军节度使**，后又置河东、南、北路提刑司（卷26）	金天会六年置汾阳军节度（卷12汾州）
91	石州宁乡县	旧名平夷，**明昌六年更**（卷26）	金明昌六年改为宁乡县（卷12石州宁乡县）
92	代州	**天会六年置震武军节度使**。贞祐二年四月侨置西面经略司，八月罢（卷26）	金天会六年改都督府，为代州震武军（卷12代州）
93	代州五台县	**贞祐四年三月升为台州**（卷26）	金贞祐四年升为台州，属太原路（卷12代州五台县）
94	代州繁畤县	**贞祐三年九月升为坚州**（卷26）	金改名坚州，属太原路（卷12代州繁峙县）
95	岚州	**天会六年置镇西节度使**（卷26）	金升为镇西军节度（卷12岢岚州岚县）
96	管州	**本宋宪州静乐郡，天德三年更**。兴定三年升为防御（卷26）	金改宪州为静乐郡，天德三年复改为管州（卷12太原府静乐县）
97	平阳府	本晋州，初为次府，置建雄军节度使。**天会六年升总管府**，置转运司（卷26）	金初为平阳府，天会六年于平阳府置河东南路总管（卷12平阳府）
98	平阳府霍邑县	**贞祐三年七月升为霍州**，以赵城、汾西、灵石隶焉。兴定元年七月升为节镇，军曰镇定（卷26）	金贞祐二年升霍州，以霍邑为倚郭县（卷12霍州霍邑县）
			金贞祐二年改属霍州（卷12霍州）
99	河中府	天会六年降为蒲州，置防御使。**天德元年升为河中府**，仍旧护国军节度使（卷26）	金天德元年复为河中府（卷12蒲州）
100	河中府荣河	**贞祐三年升为荣州**，以河津、万泉隶焉（卷26）	金贞祐二年改为荣州（卷12蒲州荣河县）
101	绛州翼城县	**兴定四年七月升为翼州**，以垣曲、绛县隶焉。元光二年升为节镇，军曰翼安（卷26）	金兴定三年改为翼州（卷12平阳府翼城县）
102	解州	**贞祐三年复升为节镇，军名宝昌**。兴定四年徙治平陆县（卷26）	金贞祐三年升为宝昌军节度（卷12解州）

① 点校者指出，疑“大定”下脱“二十”二字（卷26《地理志》校勘记7，第656—657页）。

续表6

编号	地名	《金志》	《分野之书》
103	潞州	**天会六年，节度使**兼潞南辽沁观察处置使（卷26）	金天会七年复为潞州昭义军节度（卷12潞州）
104	潞州涉县	**贞祐三年七月升为崇州，以黎城县隶焉。四年八月以残破复为县。兴定五年九月复升为州**（卷26）	金贞祐三年升为崇州，后复为县。兴定五年复立崇州（卷11磁州涉县）
105	孟州	**天会六年降河阳府为孟州，置防御**，守盟津（卷26）	金天会六年改置孟州防御使。<u>大定二十七年城为黄河水所害，□城筑今城，徙治焉。土人谓之上孟州，兴定三年复治故城，土人谓之下孟州</u>（卷21颍州孟县）
106	京兆府咸宁县	倚。**本万年，后更名**。泰和四年废，寻复（卷26）	金大定二十一年改为咸宁（卷13西安府咸宁县）
107	乾州	**宋尝改为醴州，天德三年复**（卷26）	金天德三年改醴州复为乾州（卷13乾州）
108	乾州武亭县	**本武功，大定二十九年以嫌显宗讳更**（卷26）	金大定二十九年改为武亭县，□□□□□故名（卷13乾州武功县）
109	同州韩城县	**贞祐三年升为桢州，以合阳县隶焉**（卷26）	金贞祐三年改为祯州（卷13同州） （合阳县）金割属祯州，后复属同州（卷13同州）
110	华州	宋华阴郡镇潼军节度，治郑，国初因之，后置节度使，皇统二年降为防御使。**贞祐三年八月升为节镇，军曰金安，以商州为支郡**（卷26）	金升为金安军节度，以商州来属（卷13华州）
111	凤翔府凤翔县	**旧名天兴县，大定十九年更**（卷26）	金大定中改天兴县曰凤翔（卷13凤翔府凤翔县）
112	凤翔府盩厔县	**贞祐四年升为恒州，以郿县隶焉**（卷26）	金贞祐四年升为恒州，以盩厔、终南、郿县隶焉（卷13西安府盩厔县）
113	镇戎州	本镇戎军，**大定二十二年为州**，二十七年来属（卷26）	金大定二十二年升为镇戎州（卷13平凉府开城县）
114	镇戎州东山县	**本东山寨**（卷26）	宋本镇戎地，咸平三年置东山寨。<u>金大定二十二年升为县</u>，隶镇戎州防御使（卷13广安州）
115	庆阳府	国初改安国军，后置定安军节度使兼总管，**皇统二年置总管府**（卷26）	金皇统二年置庆阳府（卷13庆阳府环县）
116	巩州定西县	**贞祐四年六月升为州，以通西、安西隶焉。镇一盐川**（卷26）	<u>金大定二十三年改为定西县，隶巩州</u>。贞祐四年升为定西州（卷13巩昌府安定县） 金升为盐川镇（卷13巩昌府鄣县）

注：两书内容相同者，仅《金志》字体加黑；《分野之书》多出细节加下划线。

尽管《金志》《分野之书》有些条目存在纪年差异，如《金志》东平府曹州："本隶南京，泰和八年来属。大定八年城为河所没，迁州治于古乘氏县。"① 《分野之书》卷 22 济宁府曹县条："金罢，复降为曹州。大定二十八年河决，移治于东北七十里故乘氏废县地，今州是也。泰和八年割属东平府。"② 但通过文字能明显看出这两条内容高度相似。而表 6 统计出的 116 条，更能充分表明两者密切相关。典型条目如第 40 栏：《金志》安州"大定二十八年徙治葛城，因升葛城为县，作倚郭"，其下葛城县即云"大定二十八年置"；安州下文复云"泰和四年改混泥城为渥城县，来属，八年移州治于渥城，以葛城为属县"，渥城县记作"倚。泰和四年置"。③ 此与《分野之书》卷 23 安州及新安县、葛城县条均一一相合。④

又第 55 栏：《分野之书》卷 10 睢宁县条"金兴定二年始以邳州宿迁县之古城为睢宁县，古城乃汉睢陵故地也，隶泗州，未几属邳州"；桃源县条"金本淮阳军，即邳州宿迁县之桃源镇。兴定二年升为淮滨县，属泗州，后罢"。⑤ 《金志》泗州睢宁县注文将此合并为一条云："兴定二年四月以宿迁县之古城置。又有淮滨，兴定二年四月以桃园置，元光二年四月废。"⑥ 但《金志》不及《分野之书》详细。

经与《分野之书》比较可见，《金志》像第 55 栏的删削情况非常多见。如第 80 栏《分野之书》济宁府条内容，分别见于钜野县条、任城条、济州条，⑦ 《金志》济州条文字与此高度雷同，而任城等县条目则删之。⑧ 这当然是为求简略，

① 《金史》卷 25《地理志中》，第 617 页。

② 刘基编：《大明清类天文分野之书》卷 22，《四库全书存目丛书》，子部，第 60 册，第 735 页上栏。

③ 《金史》卷 24《地理志上》，第 577—578 页。

④ 刘基编：《大明清类天文分野之书》卷 23，《四库全书存目丛书》，子部，第 60 册，第 739 页下栏—740 页上栏。

⑤ 刘基编：《大明清类天文分野之书》卷 10，《四库全书存目丛书》，子部，第 60 册，第 521 页上栏、522 页下栏。

⑥ 《金史》卷 25《地理志中》，第 599 页。

⑦ 刘基编：《大明清类天文分野之书》卷 22，《四库全书存目丛书》，子部，第 60 册，第 733 页下栏—734 页上栏、736 页上下栏。

⑧ 《金史》卷 25《地理志中》，第 614 页。

但往往会造成地理信息缺失，如第 112 栏《分野之书》卷 13 西安府盩厔县条："金贞祐四年升为恒州，以盩厔、终南、鄠县隶焉。"[①]《金志》只称"贞祐四年升为恒州，以鄠县隶焉"，凤翔府鄠县、京兆府终南县两条下皆不书改隶恒州事。[②] 表 6 中的 116 条内容互有详略，但《金志》均能从《分野之书》中找到相应记载。

就内容多寡而言，《金志》绝对数量当然要多于《分野之书》，但后者不乏独家材料，值得格外关注。仅在表 6 两书相合条目中，《分野之书》第 4 栏大宁路惠河县条、第 10 栏川州条、第 13 栏桓州条、第 15 栏隆兴路威宁县条、第 18 栏宣德府条、第 20 栏北平府条、第 24 栏通州潞县条、第 35 栏霸州条、第 41 栏安州新安县条、第 47 栏睢州柘城县条、第 49 栏济宁府单县条、第 51 栏河南府条、第 53 栏钧州阳翟县条、第 54 栏汝宁府条、第 56 栏郑州管城条、第 69 栏定州条、第 75 栏大名府滑县条、第 77 栏宁海州牟平县和文登县条、第 82 栏兖州条、第 85 栏开州条、第 105 栏颍州孟县条、第 114 栏广安州条及第 116 栏巩昌府安定县条有关史文，皆为《金志》所不载。除此之外，我们还能从《分野之书》独立于《金志》记载的其他条目中统计出大量金代地志史料，大体分为三类：

第一类，金代新立州县名称取义之缘由。表 6 中通州宝坻县"取境内产盐，故名宝坻"（第 21 栏）、睢州"以水经睢口故也"（第 47 栏）、嵩州"以州在嵩岳之西也"（第 52 栏）、献州"以河间献王都故名"（第 59 栏）、辉州"因州之百泉有威惠王殿曰清辉，故名"（第 73 栏）等。该表以外其他条目也有记载：卷 12 太原府河曲县"金大定二十四年改为隩州，州距黄河五十二里，置河曲县，取河千里一曲之义"，卷 21 开封府洧川县"金崇庆元年改镇为县，因洧水为名"，卷 23 莫州会川县"金改为会川县，因州境有会川故名"，奉圣州缙山县"金皇统三年罢州为缙山县，取县北山为名"，共计 4 条；卷 23 景州吴桥县，"金本吴川

① 刘基编：《大明清类天文分野之书》卷 13，《四库全书存目丛书》，子部，第 60 册，第 569 页上栏。

② 《金史》卷 26《地理志下》，第 641、645 页。

地，属将陵县，金以户口繁富置此县”，① 交代了改镇为县的缘由。

第二类，建置时间更为周详，其中以县制为大宗。兹胪列如下。

卷8：济南府“（金）治历城，属山东东路。贞元二年罢，后以为济南散府，属益都路”；济阳县“金析临邑县置济阳县，属济南府。大安元年改为清阳县，后复旧名”；齐河县“金始置为县，大定八年筑城，属济南府”。德州安德县“金承安中复为州治”。胶州“金皇统间改为胶西县，属密州”。

卷9：卫州汲县“金贞祐二年迁州治胙城县”。大名府“天会八年以刘豫为齐王，都此，后仍为大名府。贞祐二年改为安武军”；清丰县“金皇统间为德清军，带清丰县，后军罢，以县属开州”；大名县“金于西南十二里置营，修立城郭”。开州长垣县“金属滑州。泰和四年徙治柳蒙村”。

卷10：泗州“金以临淮为泗州，以盱眙为军，后又析临淮县地置淮平县，移州治于此”。虹县“金，县罢，遗民侨寄泗州，由此县属泗州”。

卷11：冀州枣强县“金徙于刘马村，即今治也”。广平府曲周县“金皇统二年省平恩县为镇，入焉”；鸡泽县“金天会中寄治于台头村。大定元年始筑县城，即今治”。德顺府唐山县“金大定二年改为唐山县，属邢州”。祁州“金天会七年复置祁州，十三年置元帅府，后罢。别筑西城，移州置焉，属真定路”。大同府平地县“金立平地裊”。磁州“金天会六年属信德府，明昌二年属彰德府”。

卷12：太原府阳曲县“金天会中移治郭下”；榆次县“金大定中以其地阔远，分入寿阳、太谷、平晋等县，而但领四村，县名不改”；交城县“金天会六年罢监（大通监），仍为县，属太原路”；临县“金罢军，大定二十九年置临水县，改定北为盂门县，隶石州，以地接西河葭州，置兵马都元帅府，后府废，仍属石州”。忻州“金降为刺史，属太原府，为支郡”。解州夏县“金贞祐三年属解州”。潞州襄垣县“金天会九年以县治隘窄展筑其城”。

---

① 刘基编：《大明清类天文分野之书》卷12，《四库全书存目丛书》，子部，第60册，第546页上栏；卷21，《四库全书存目丛书》，子部，第60册，第720页下栏；卷23，《四库全书存目丛书》，子部，第60册，第744页上栏、748页上栏、743页上栏。

辽州“金天眷二年移城于近南二里，今治是也”。

卷13：临洮府金县“金大定间升寨及城为县，以属会州。正大三年以兰州陷于河西，以龛谷为金州治所，以定远为属邑”。秦州秦安县“金正隆间升为县”。

卷17：河南府宜阳县“金大定二十六年改名宜阳县”。许州“金天德中复为许州，后改为武昌军”。

卷21：开封府封丘县“金大定六年河溢没其城，迁于西南三十五里，曰新城”。颍州“金皇统初降为防御使，大定二十二年仍为颍州”。

卷22：济宁府嘉祥县“金大定二十九年始置嘉祥县”。宿州“金熙宗天眷元年降为防御使，皇统元年割虹县，属泗州，复升为节度使”。

卷23：河间府宁津县“金本保安镇，始置县，属景州”。保定府庆都县“金大定二十一年改为庆都县，泰和六年改武定军为中山府，以县属焉”。

卷24：盖州“金皇统三年改刺史，省宁州入焉”。旧澄州“金皇统三年改曰海州。天德三年以山东有海州改为澄州”。

以上共计39条，《分野之书》内容相当翔实，而《金志》只存州县名，省书或略记沿革变化。此外，《分野之书》较《金志》优势体现在它对州县隶属关系记载更加清晰，如《金志》登州条作“宋东牟郡”及领县四：蓬莱、福山、黄、栖霞等，十分粗疏。①《分野之书》卷8登州府条更详细，“金刘豫析牟平、文登，置宁海州，以登州所属两水、杨疃二镇为福山、栖霞二县”。福山县、栖霞县分别重述登州条上文内容，其余蓬莱县、黄县“宋金元并仍其旧”。②

第三类，独见于此的州县记载，如《分野之书》卷10峄县条曰：“金初为承县，天眷二年割属邳州，明昌二年改为兰陵县，兴定五年于县置峄州。”卷17河南府黾池县条：“金正大三年升为韶州，置黾池司候司。”南阳府条云：“大定四年复得唐、邓州，正大中升为申州”，南阳县条亦作“金为申州治所”；镇平县条“金正大五年以邓州穰县阳管镇增立此县”。卷22徐州沛县条：“金初属邳州，皇

① 《金史》卷25《地理志中》，第613页。

② 刘基编：《大明清类天文分野之书》卷8，《四库全书存目丛书》，子部，第60册，第499页上下栏。

统九年为源州，县省。”卷 22 归德府夏邑县条：“金正大四年属永州，‘下’易为‘夏’。”卷 23 景州故城县条：“金上故城镇，属恩州历亭县。”卷 24 辽东辽阳县条：“金改为金德县，大定中改名辽阳县。”兴中州条：“金省州县，改营丘为洪宁县。”建州条：“置县曰建平。”广宁路凌川县条：“金本新茂州。”辽镇县条：“辽为西州，金天会七年废州为辽镇。”①

上述峄、申、源、韶、新茂五州，镇平、建平、金德三县及辽镇、下邑改“夏邑”，其中峄州条、申州条、韶州条于《元史》中得到印证：其一，《地理志》峄州条：“金改兰陵县，于县置峄州。”其二，南阳府条：“金升为申州。”其三，《世祖纪》至元七年十二月壬寅“降河南韶州为渑池县”；《地理志》陕州渑池条云“金升为韶州，置渑池司候司”。又《世祖纪》至元八年三月辛巳“复立夏邑县”可证金末确曾改名“夏邑”。② 然而这些金初废罢及金末所设新州信息，在《金志》中全无踪迹。

还应注意，《金志》的很多内容超出《分野之书》范围。第一条，《金志》德兴府缙山县：

> 皇统元年废州来属，崇庆元年升为镇州。③

《分野之书》卷 23 奉圣州缙山县条作“金皇统三年罢州为缙山县”，④ 无“升为镇州”事。

第二条，《金志》应州山阴县：

---

① 刘基编：《大明清类天文分野之书》卷 10，《四库全书存目丛书》，子部，第 60 册，第 517 页上栏；卷 17，《四库全书存目丛书》，子部，第 60 册，第 657 页上栏、659 页上下栏；卷 22，《四库全书存目丛书》，子部，第 60 册，第 738 页上栏；卷 23，《四库全书存目丛书》，子部，第 60 册，第 743 页上栏；卷 24，《四库全书存目丛书》，子部，第 60 册，第 750 页上栏、753 页下栏、756 页下栏。

② 《元史》卷 58《地理志一》，北京：中华书局，1976 年，第 1372 页；卷 59《地理志二》，第 1404 页；卷 7《世祖纪四》，第 132 页；卷 59《地理志二》，第 1404 页；卷 7《世祖纪四》，第 134 页。

③ 《金史》卷 24《地理志上》，第 567 页。

④ 刘基编：《大明清类天文分野之书》卷 23，《四库全书存目丛书》，子部，第 60 册，第 744 页上栏、748 页上栏。

大定七年以与郑州属县同，故更焉。贞祐二年五月升为忠州。[①]

《分野之书》卷11应州山阴县条亦作“金大定七年改山阴县”,[②] 不载“忠州”。

第三条，《金志》平阳府：

天会六年升总管府，置转运司。兴定二年十二月以残破降为散府。[③]

《分野之书》卷12平阳府条“金初为平阳府，天会六年于平阳府置河东南路总管”[④] 与《金志》同，但不载“降为散府”。

第四条，《金志》绛州：

天会六年置绛阳军节度使。兴定二年十二月升为晋安府。[⑤]

《分野之书》卷12绛州条作“金置绛阳军节度，贞祐三年改为晋安府”。[⑥] 改为“晋安府”的时间，两书记载不同。

《金志》《分野之书》既有重合内容，又存在差异。这些不见于《分野之书》的建置在《金史》其他部分中则有迹可循：《忠义传·毕资伦》“崇庆元年，改缙山为镇州”；《斡勒合打传》贞祐初以功迁山阴令，“县升为忠州，合打充刺史”；《宣宗纪》兴定二年十二月己亥“升绛州为晋安府，总管河东南路兵，降平阳为散府”。[⑦] 从《金史》纪、传与《地理志》对比分析，绛州、平阳府2条

---

① 《金史》卷24《地理志上》，第568页。

② 刘基编：《大明清类天文分野之书》卷11，《四库全书存目丛书》，子部，第60册，第538页上栏。

③ 《金史》卷26《地理志下》，第634页。

④ 刘基编：《大明清类天文分野之书》卷12，《四库全书存目丛书》，子部，第60册，第550页下栏。

⑤ 《金史》卷26《地理志下》，第636页。

⑥ 刘基编：《大明清类天文分野之书》卷12，《四库全书存目丛书》，子部，第60册，第553页上栏。

⑦ 《金史》卷124《忠义传四》，第2706页；卷104《斡勒合打传》，第2302页；卷15《宣宗纪中》，第341页。

乃抄取《宣宗实录》条文。这表明元修《金志》州县沿革也受到“金实录”影响。

通过《分野之书》看出，《元一统志》的金代历史地理存在一个非常完善的记载系统。而《金志》与《分野之书》全文比较结果表明：两书既有一致的内容，又彼此不同，更关键的是《分野之书》有大量多于《金志》之文，其意义不仅仅在于补史之阙，还利于探讨取材渠道。这两部书的内容绝非直接传抄关系，很可能来源于同一个地理文献系统，既而循着《分野之书》同源文本追溯元修《金志》底本来源。

（三）《金史·地理志》节抄《大元大一统志》沿革系统之可能

《元一统志》千余卷，从现存佚文及本诸此书的《分野之书》足见其所载金源地志内容之详尽，尤其与《金志》重合的条文。置于元人从至正三年（1343）三月开始至次年十一月仓促编纂《金史》的具体工作背景中，《地理志》倘若从中取材，不失为一条便捷的途径。这缘于《元一统志》编纂体例特征，据《秘书监志》记述，“元贞二年十一月初二日，著作郎呈，黏连到《大一统志》凡例”：

> 一、某路
>
> 所辖几州　开；本路现管几县　开
>
> 一、建置沿革
>
> 禹贡州域；天象分野；历代废置：周、秦、汉、后汉、晋、南北朝、隋、唐、五代、宋、金、大元
>
> 一、各州县建置沿革
>
> ……①

根据这一凡例，《元一统志》详细记载金代州县沿革，甚至涉及县镇改置情况。结合《元一统志》的具体内容看，道光《承德府志》引该书云“金天眷二年废

---

① 王士点、商企翁编：《秘书监志》卷4，高荣盛点校，杭州：浙江古籍出版社，1992年，第81页。

恩州为恩化镇入大定县";[1]《永乐大典》卷5204"原"字引《元一统志》旧陕州条作"金大定二十四年改为陕州。州距黄河五十二里，置河曲县，取河千里一曲之义"；残卷卷282郑州管城县"金贞祐二年于此囚爱王，改县为洧川",[2]与《金志》大定府大定县"镇一恩化"、陕州河曲县、郑州管城的记载相比,[3]彰显了《元一统志》"建置沿革"记载详赡、内容全面。《金志》从这个文献系统中抄取历代"建置沿革"和"各州县建置沿革"的资料是有可能的。

《金志》钧州条："旧阳翟县，伪齐升为颍顺军。大定二十二年升为州，仍名颍顺，二十四年更今名。"[4]通检《金史》全书唯有此处称"伪齐"，肯定不是金人的称谓，应是元人所为。《分野之书》卷17钧州条："伪齐为颍顺军，大定二十二年改为顺州，明年改为钧州。"[5]推知《元一统志》底本即如此。诸书皆作"伪齐"，恐非巧合，乃《金志》纂修者直接从《元一统志》中抄出之故。下文从《元一统志》系统文献的具体史料考证《金志》编纂模式。通过《金志》与《分野之书》对照所见，关于辽宋至金时期诸县地名沿革叙事该贯，其所据文献明显出自一体，整理为表7。

表7 《金志》《分野之书》前代至金时期地名沿革对照表

编号	地名	《金志》	《分野之书》
1	广宁府广宁县	旧名山东县，大定二十九年更名。有辽世宗显陵（卷24）	汉望平地。辽为山东县，因割永丰县西之民为陵户，以其地在闾山之东而名焉。金初因之，置梁鱼务。大定二十九年改为望平县，复汉旧名（卷24广宁路望平县）
	望平县	大定二十九年升梁渔务置（卷24）	
2	大同府白登县	本名长清，大定七年更（卷24）	辽初置长清县。金改为白登县（卷11大同府白登县）

① 道光《承德府志》卷4《建置》引《元一统志》，道光十一年（1831）刻本，第19页a。

② 孛兰肹等撰，赵万里校辑：《元一统志》卷1，第124页；卷3，第226页。

③ 《金史》卷24《地理志上》，第557页；卷25《地理志中》，第597页；卷26《地理志下》，第633页。

④ 《金史》卷25《地理志中》，第595页。

⑤ 刘基编：《大明清类天文分野之书》卷17，《四库全书存目丛书》，子部，第60册，第663页上下栏。

续表 7

编号	地名	《金志》	《分野之书》
3	德兴府德兴县	旧名永兴县，大安元年更名（卷 24）	唐改为永兴县，于县置新州。辽改为奉圣州，县如故。金大安元年升为德兴府，县居郭下（卷 23 奉圣州永兴县）
4	应州山阴县	本名河阴，大定七年以与郑州属县同，故更焉（卷 24）	辽置河阴县，属应州。金大定七年改山阴县（卷 11 应州山阴县）
5	蓟州平峪县	大定二十七年，以渔阳县大王镇升（卷 24）	汉本旧平峪县，属渔阳郡，后罢。唐为大王镇，亦属渔阳。金大定二十七年立县存汉旧名（卷 23 蓟州平峪县）
6	平州抚宁县	本新安镇，大定二十九年置（卷 24）	辽初置新安镇，属平州。金大定二十九年升为抚宁县，仍属平州（卷 23 永平府抚宁县）
7	平州迁安县	本汉令支县故城，辽以所俘安喜县民置，因名安喜，大定七年更今名（卷 24）	西汉古今支县地，属辽西郡……辽乾亨四年于令支废城置安喜县。金大定七年改迁安县，属平州（卷 23 永平府迁安县）
8	保州清苑县	宋名保塞，大定十六年更（卷 24）	宋建隆元年改为保塞县，太平兴国六年升保州。金大定十六年复置清苑县（卷 23 保州府清苑县）
9	开封府通许县	宋名咸平，大定二十九年以与咸平府重，更（卷 25）	（宋建隆）五年升为咸平县。金大定二十九年改为通许县，属开封府（卷 21 开封府通许县）
10	开封府杞县	宋雍丘县，杞国也，正隆后更今名（卷 25）	五代晋改为杞县，汉复其故（雍丘），宋因之。金世宗大定初改雍丘为杞县（卷 22 睢州杞县）
11	归德府睢阳县	宋名宋城，承安五年更名（卷 25）	五代唐庄宗改宣武军为归德军，治宋城县，宋因之。金承安五年改为睢阳（卷 22 归德州睢阳县）
12	钧州	旧阳翟县，伪齐升为颍顺军。大定二十二年升为州，仍名颍顺，二十四年更今名（卷 25）	晋迁颍川郡治于此，罢故郡为阳翟县，改隶河南郡。东晋复于故郡地建阳翟郡。隋开皇初郡罢，唐宋皆不置此郡。金伪齐为颍顺军，大定二十二年改为顺州，明年改为钧州（卷 17 钧州）
13	陈州商水县	本溵水，宋避宣祖讳改（卷 25）	（隋开皇）十六年改为溵水县。唐属陈州。宋建隆元年改商水县。金因之（卷 21 陈州商水县）
14	洺州广平县	本魏县，大定七年更（卷 25）	金大定七年并魏县地置广平县，属洺州（卷 11 广平府广平县）

续表7

编号	地名	《金志》	《分野之书》
15	滨州沾化县	本名招安,明昌六年更(卷25)	宋庆历三年析渤海县地置招安县,熙宁六年省为镇,元丰二年复为县。金明昌四年改为沾化县。(卷8 滨州沾化县)
16	东平府汶上县	本名中都,贞元元年更为汶阳,泰和八年更今名(卷25)	(唐)天宝初更为中都县,后割入郓州。五代、宋并因之。金贞元初改名汶阳县,泰和八年改为汶上县(卷9 东平州汶上县)
17	兖州曲阜县	宋名仙源(卷25)	宋祥符间改仙源县。金皇统间复旧名(卷10 兖州曲阜县)
18	兖州宁阳	旧名龚县,大定二十九年以避显宗讳改(卷25)	(宋)大观四年改为龚县。金为宁阳县,属兖州(卷10 兖州宁阳县)
19	曹州定陶	本宋广济军,熙宁间废为定陶县(卷25)	(宋)太平兴国二年升定陶镇为广济军,四年析曹、单、濮、济四州之地置定陶县,以隶军。熙宁四年军罢,属曹州,元祐元年复之。金罢军,仍为定陶县,属曹州(卷22 济宁府定陶县)
20	石州宁乡县	旧名平夷,明昌六年更(卷26)	后周大象元年割离石县西五十一里置平夷县,属石州。隋属离石郡,唐属石州,宋因之。金明昌六年改为宁乡县(卷12 石州宁乡县)
21	吉州	旧名慈州,天德三年改为耿州(卷26)	(宋)元祐元年复置慈州。金天德三年改耿州(卷12 吉州)
22	京兆府咸宁县	本万年,后更名。泰和四年废,寻复(卷26)	唐初复为万年,天宝七年改万年为咸宁,至德三年复旧。五代梁改为大年县,唐复旧名。宋宣和二年改为樊川县。金大定二十一年改为咸宁(卷13 西安府咸宁县)
23	德顺州隆德县	本隆德寨(卷26)	宋天禧元年置羊牧隆城寨,庆历三年改隆德寨。金升为县(卷13 静宁州隆德县)
24	镇戎州东山县	本东山寨(卷26)	宋本镇戎地,咸平三年置东山寨。金大定二十二年升为县,隶镇戎州防御使(卷13 广安州)

对比分析的结果,一类是《金志》与《分野之书》的金代沿革内容相仿;另一类是《金志》追述前代建置曰“本”、“本名”、“旧名”、“宋名”等,其实

大多能从《分野之书》找到相应记载。如《分野之书》卷 24 广宁路条谓金代广宁府“领广宁、望平、闾阳、钟秀四县”：

（闾阳县）辽大圣会同二年建显州奉先军，又于州西南七里置乾州广德军节度，立奉陵县，后改曰闾阳。金大定七年徙闾阳，治南州，后隶广宁府。

（望平县）汉望平地，辽为山东县，因割永丰县西之民为陵户，以其地在闾山之东而名焉。金初因之，置梁鱼务。大定二十九年改为望平县，复汉旧名。

（广宁）汉无虑县地。辽于医巫闾山之东南建乾州奉先军，仍置奉先县，以为附庸邑。金天会七年改曰广宁县，隶居宁府。

（钟秀）辽奉玄县地。金天会□年置钟秀□，□□广宁府。①

《金志》广宁府条小注对此云“旧有奉玄县，天会八年改为钟秀县”，与《分野之书》钟秀县条合，“旧”当指辽代建置。广宁府领“县三”：广宁“旧名山东县，大定二十九年更名”；望平“大定二十九年升梁渔务置”；闾阳“辽乾州广德军，以奉乾陵故名奉陵县。天会八年废州更名来属”。大体而言，《金志》略而《分野之书》详。

《金志》“旧有奉玄县”、“旧名山东县”等显露抄撮《元一统志》前代沿革的痕迹。这种编纂方式因节录不当容易造成疏漏。例如，《金志》滕州：“本宋滕阳军，大定二十二年升为滕阳州，二十四年更今名。”② 宋时置滕县，并无滕阳军。《分野之书》卷 10 滕县条：“唐为滕县，属徐州。五代宋并因之。金升为滕阳军，大定二十三年改为滕州，亦置滕县。”③ 据此可知滕阳军实为金

① 刘基编：《大明清类天文分野之书》卷 24，《四库全书存目丛书》，子部，第 60 册，第 755 页下栏—756 页上栏。

② 《金史》卷 24《地理志上》，第 559—560 页；卷 25《地理志中》，第 615 页。

③ 刘基编：《大明清类天文分野之书》卷 10，《四库全书存目丛书》，子部，第 60 册，第 517 页上栏。

初设置,[1]《金志》抄录该州沿革不慎误为“宋”。

我们注意到，《金志》追溯沿革年代标准不一，诸条目所准时段并无定制。如华州“宋华阴郡镇潼军节度”,[2] 据《分野之书》卷13华州条“宋初升为镇国军，皇祐五年改镇潼军”,[3] 知此以后来的“镇潼”为准；潞州“宋隆德府上党郡昭德军节度使”,[4]《分野之书》卷12潞州条“宋太平兴国初改为昭德军，建中靖国元年改为隆德军，崇宁三年升府”,[5] 此作“昭德军”则取最初“太平兴国初”的建置。

元修《金志》需要体现历史建置，以上混乱不一的现象说明，编纂者有可能是在《元一统志》这个系统的“历代废置”中搜讨资料。上述各条还体现了《金志》所据的地理志文献具有整体连贯的特点，恐非元末史官将诸史糅合在一起。

据此重新检讨所谓《金志》兼采辽、金、宋三朝舆地文献说。如张良认为,《金志》州县叙宋沿革“北宋旧境则依据政和重修《九域志》确立规模，又参核宋朝国史略作补苴”。[6] 实际上,《金志》这些内容与《九域志》等宋代地理系统有着明显区别：表7第13栏商水改县名,《九域志》陈州条仅书“建隆元年改溵水县为商水”，而《金志》多出宋人避讳改名的记载；第18栏宁阳的宋代沿革,《九域志》记作“龚丘”，不载大观四年（1110）改为龚县；第22栏咸宁县,《九域志》只列“万年”,[7]《金志》则载有“后更名”事。

结合《分野之书》相关条目推知,《金志》以上内容均属《元一统志》“各

---

① 据《金史》卷81《高彪传》云：“齐国既废，摄滕阳军以东诸路兵马都统，抚谕徐、宿、曹、单，滕阳及其属邑皆按堵如故。”（第1824页）天会十五年十一月废齐国，此时已改“滕阳军”。

② 《金史》卷26《地理志下》，第644页。

③ 刘基编：《大明清类天文分野之书》卷13，《四库全书存目丛书》，子部，第60册，第570页下栏。

④ 《金史》卷26《地理志下》，第638页。

⑤ 刘基编：《大明清类天文分野之书》卷12，《四库全书存目丛书》，子部，第60册，第561页下栏—562页上栏。

⑥ 张良：《〈金史·地理志〉抉原》，《历史地理研究》2021年第4期。

⑦ 王存：《元丰九域志》卷1《京东路》，王文楚、魏嵩山点校，北京：中华书局，1984年，第35、17页；卷3《陕西路》，第104页。

州县建置沿革”原文。因此，笔者认为，《金志》与《九域志》即便有重合条文也不是直接抄录，乃是《金志》从《元一统志》系统中所得，而《元一统志》原本又征引过《九域志》。元初纂修《元一统志》，广采文献，《九域志》即为其中之一。[①] 仅从现存佚文中就能找到不少条目。

第一条，残本《元一统志》卷542临真废县条引《九域志》云："在府东南一百一十里。二乡。"[②] 此条见于《九域志》。[③] 《元一统志》下文接续宋代云"金正大属丹州"，[④] 可见原书中宋金沿革相贯通。

第二条，残本《元一统志》卷549葭州故银城县条称《宋九域志》载："在州南八十里，管银城、神木、建宁三寨，肃定、神木、通津、阑干四堡。"[⑤] 其与《九域志》河东路麟州银城条同。[⑥] 下文接着叙述"金时半陷西夏，惟存神木一寨，通津一堡。贞元间拔隶汾阳军"的沿革。[⑦] 《金志》葭州条"贞元元年隶汾州"及神木寨、通津堡与此相合。[⑧] 残本《元一统志》卷549葭州葭芦废县条亦引《九域志》，其文同样叙及至金代情况。[⑨]

除《九域志》外，残本《元一统志》卷586会州会安关条："本唐武德会宁镇，后废镇置关。《寰宇记》云'关，东西去州一百八十里。宋元符三年复会州，而关亦来归'。金大定八年十二月改为会安关，嫌与会宁县同名也。"[⑩] 检《太平寰宇记》会州会宁县条原文作"会宁关，东南去州一百八十里"，[⑪] 整段相合，唯有《元一统志》"西"字讹误。《金志》会州保川县条"关一会安，旧作会

---

① 参考庞蔚：《〈大元大一统志〉存文研究》，硕士学位论文，暨南大学历史系，2006年，第40—44页。
② 孛兰肹等撰，赵万里校辑：《元一统志》卷4，第389页。
③ 王存：《元丰九域志》卷3《陕西路》，第108页。
④ 孛兰肹等撰，赵万里校辑：《元一统志》卷4，第389页。
⑤ 孛兰肹等撰，赵万里校辑：《元一统志》卷4，第400页。
⑥ 王存：《元丰九域志》卷4《河东路》，第166页。
⑦ 孛兰肹等撰，赵万里校辑：《元一统志》卷4，第400页。
⑧ 《金史》卷26《地理志下》，第632页。
⑨ 孛兰肹等撰，赵万里校辑：《元一统志》卷4，第401页。
⑩ 孛兰肹等撰，赵万里校辑：《元一统志》卷4，第477页。
⑪ 《太平寰宇记》卷37《关西道十三》，王文楚等点校，北京：中华书局，2007年，第781页。

宁”,[①] 恰与《元一统志》上文相合。也就是说,《元一统志》叙述宋代地理沿革,参考、改编乃至直接引用《九域志》《寰宇记》等宋朝地志文献。《金志》则是直接抄取《元一统志》业已编定好的沿革条文,故造成《金志》与《九域志》史文近似。

《元一统志》于至正六年颁诏刊行,至正九年江浙行省承诏刻成。[②] 元人编修《金志》最有可能从《元一统志》稿本系统中抄取了现成资料,从而解答了我们最初提出的一大疑问,《金志》虽成体系但诸县等第整体缺失,乃缘于《元一统志》这部分内容旨在叙历代沿革和州县隶属“变”的过程,而非重点关注金源县等的一朝特定制度。

《金志》曲阳7县所存“剧”字缘何而来?通检《分野之书》计3条:卷24大宁路大宁县“辽建中京,置大定,赤县”;卷21开封府祥符县“宋大中祥符二年改名祥符,为赤县。金因之”及开封县“宋置赤县,金为中县”。[③] 由此看来,《元一统志》只是偶尔顺带记录金时期县等,而非整体记述,《金志》这些“剧”县或是抄取《元一统志》时顺带下来的。

五、《金史·地理志》引金代地志问题发覆

我们将《金志》与《金史》纪、志、传逐条质证,从中找到同源线索,证实史官除了依托《元一统志》金代沿革这条主线修史,还把金实录史文分条摘录到相应条目之下,既而表明《金志》具体条文乃杂抄多种文献而成。如此则需要追问,元修《金志》采摭金朝官修文献的说法能否成立?《金志》与《正隆郡志》《大定职方志》及类书《士民须知》到底是什么关系?下文尝试解答这些疑问。

(一)注文所见《士民须知》等书献疑

向来为学者所关注的问题是,《金志》中都路条末附考证引“金初州郡志”

① 《金史》卷26《地理志下》,第655页。

② 危素:《危太朴文集》卷9《送徐时之还句吴序》,《元人文集珍本丛刊》,台北:新文丰出版公司,1985年,第7册,第459页上栏。

③ 刘基编:《大明清类天文分野之书》卷24,《四库全书存目丛书》,子部,第60册,第752页上栏;卷21,《四库全书存目丛书》,子部,第60册,第720页上栏、722页上栏。

及旧本《太宗纪》、河南府条云“《正隆郡志》有寿安县，纪录皆无”、磁州邯郸县条引“《士民须知》惟有邯山镇”,① 由此成为探讨《金志》史源的“目标”文献，很多学者认为州县及其小注叙述金代各个时期的内容应来自上述诸书，以及《大定职方志》等。② 推测种种，并未加以论证。

据考证，所谓旧本《太宗纪》实即《太宗实录》。③ 上文已剥离出《金志》引实录的诸条内容，可知其仅作为补充资料，不具备系统性。而“金初州郡志”盖指金初张汇《金虏节要》所载宋地入金建置。《正隆郡志》仅此一见，在金元时期全无流传踪迹。唯有《士民须知》留下若干条记载，《金史·百官志》封王国号条、御史台条、殿前都点检司武器署条、典卫司条、诸乣条凡五见。④ 赵与时《宾退录》辨析《南迁录》真伪问题时亦引此书。⑤ 其中，最有价值的一条线索是，于钦《齐乘》卷3叙述河间路齐东县沿革注文引《金须知》，我们据此能探知其来龙去脉。如下：

> 齐东县，旧赵岩口。金为齐东镇（小注：见《金须知》），刘豫置夹河巡检司（小注：以濒大清河，故名夹河）。金乱，天兵南下，城之。壬子年因置齐东县，属河间路；癸丑年割属济南；至元二年，还属河间。⑥

《元史·地理志》河间路齐东县云“宪宗三年，隶济南路。至元二年，还属河间路”。⑦ 宪宗三年（1253）即癸丑年，《齐乘》与此处元代沿革相仿。《分野之

① 《金史》卷24《地理志上》，第578页；卷25《地理志中》，第593、606页。

② Chan Hok-Lam, “The Compilation and Sources of the Chin-Shih,” p. 146；王明荪：《金修国史及金史源流》，《书目季刊》第22卷第1期，1988年，第47—60页；曾震宇：《〈大金国志〉研究》，第785页；邱靖嘉：《〈金史〉纂修考》，第173—176页。

③ 陈晓伟：《〈金史〉本纪与〈国史〉关系再探——苏天爵“金亦尝为国史”辨说》，《内蒙古师范大学学报》2021年第4期。

④ 《金史》卷55《百官志一》，第1229、1241页；卷56《百官志二》，第1257、1267页；卷57《百官志三》，第1330页。

⑤ 赵与时：《宾退录》卷3，齐治平点校，北京：中华书局，2021年，第55页。

⑥ 于钦撰，刘敦厚等校释：《齐乘校释》卷3《齐邑外属》，北京：中华书局，2018年，第260页。

⑦ 《元史》卷58《地理志一》，第1364页。

书》卷8济南府齐东县条亦云：

> 宋旧为赵岩口，属济南路邹平县，后为齐东镇。金刘豫设立夹河巡检司。元置齐东县，属河间路，后改隶济南路，至元二年还属河间路。①

此与《齐乘》亦正相合，唯缺小注所引《金须知》。这表明，三书有关齐东县条内容相同。

将《齐乘》卷3《郡邑》与《元史·地理志》《分野之书》作整体对比，可知益都路、般阳府路、济南路所领州县等次、建置、历史沿革与《元史》《分野之书》一一相合。现列表8如下。

表8 《齐乘》《元史·地理志》《分野之书》金代沿革表

地名	《齐乘》	《元史·地理志》	《分野之书》
胶州	金亦为胶西县，属密州	金仍改为胶西县，属密州(卷58)	金皇统间改为胶西县，属密州(卷8)
峄州	金改曰兰陵，属邳州	金改兰陵县，于县置峄州(卷58)	金初为承县。天眷二年割属邳州，明昌二年改为兰陵县，兴定五年于县置峄州(卷10)
莱州	金升州为定海军节度，属山东东路	金升定海军，属山东东路(卷58)	金置招远县，升州为定海军，属山东东路(卷8)
登州	金初析牟平、文登两县置宁海军；以两水镇为福山县、杨疃镇为栖霞县，还登州		金刘豫析牟平、文登，置宁海州，以登州所属两水、杨疃二镇为福山、栖霞二县(卷8)
宁海州	金初，伪齐刘豫以两县置宁海军；大定廿二年，升为州，属山东东路	伪齐刘豫以登州之文登、牟平二县立宁海军。金升宁海州(卷58)	金刘豫以牟平县立宁海军。大定二十二年升为宁海州，属山东东路(卷8)
滨州	金复置蒲台县，大定十三年于此立盐使司，后又析置利津县，改招安曰沾化		金复置蒲台县，为益都□郡，后又置沾化、利津二县(卷8)
滨州利津县	本渤海县之永利镇，金明昌三年置为县		金明昌三年改滨州永利镇为利津县，盖以鱼盐之利而得名焉(卷8)

① 刘基编：《大明清类天文分野之书》卷8，《四库全书存目丛书》，子部，第60册，第489页下栏。

续表 8

地名	《齐乘》	《元史·地理志》	《分野之书》
滨州沾化县	金明昌四年,改曰沾化,取龚遂为渤海太守,海滨之民复沾圣化立名		金明昌四年改为沾化县(卷 8)

《分野之书》源出《元一统志》;《元史·地理志》改编自至顺二年（1331）《经世大典·赋典·都邑》，后者根据《元一统志》稿本修成。故《分野之书》《元史·地理志》金代沿革相同,① 而《齐乘》又与此二书同，则表明同样抄自《元一统志》系统。

根据这一论证结果，再探究《齐乘》与《金志》的关系。表 8 所列 8 条，《齐乘》与《分野之书》无一不合,《元史·地理志》除登州、滨州及其利津县、沾化县不载金代沿革外，其他 4 条亦同。以上内容在《金志》中确有所印证：邳州兰陵云“本承县，明昌六年更名”；登州有福山、栖霞二县；宁海州“本宁海军，大定二十二年升为州”，县二即牟平、文登；滨州利津“明昌三年十二月以永和镇升置”及沾化“本名招安，明昌六年更”，唯“兰陵”、“沾化”改县名时间稍有参差。

这种契合，显然都是出自《元一统志》文献系统的结果。据此便对《齐乘》引《金须知》作出合理解释：此条最初源自《元一统志》系统，然而《分野之书》已删注文，《金志》淄州邹平县齐东镇条更为简略，连沿革之文都削落殆尽。② 根据这种传抄模式，可知元修《金史》时虽有《士民须知》可资参考，不过《金志》磁州邯郸县条引《士民须知》有可能是将底本中的小注一并抄录。

我们可以根据《元一统志》引述金代地志而到元修《金志》删削改编的具体案例加以证明。《元一统志》叙述金代沿革，《士民须知》类文献仅为其中一种。③

① 王颋:《〈元史·地理志〉资料探源》,《历史地理》第 8 辑，第 221—229 页。

② 《金史》卷 25《地理志中》，第 610、612、613、615 页。

③ 《士民须知》内容颇为丰富，宋元时期在民间广为流行。《金虏承安须知》一卷记有“金虏名讳及增修朝官、职事、俸给、格式、服制、地里图之类也”（《附志》卷上地理类，晁公武撰，孙猛校证:《郡斋读书志校证》，上海：上海古籍出版社，1990 年，第 1132—1133 页）。

《分野之书》卷23河间府交河县条云：

> 金旧名石家落，大定七年始置县。按《地理志》为中水县，其城南枕滹沱水，北背高河，二水交，故以名县。①

据《太平寰宇记》深州故中水城条记载："汉县也，在今县西北三十里。高祖封功臣吕马童为中水侯，即此地。居两河之间，故曰中水。又《郡国县道记》云：'其城南枕滹沱，北背高河。高齐天保七年省'。"②《地理志》即贾耽《郡国县道记》。而《金志》献州交河条只云"大定七年以石家圈置"，③ 元末史官不取《元一统志》中的引用文献及地名释义。

学者关注的另一部金代志书是《大定职方志》，《元一统志》曾征引此书，今存4条佚文。④ 与金代州县沿革有关者共2条，第一葭州条"大定元年升为州。二十三年闰十二月改为葭州"小注引"《金集礼·地志》云：'晋宁州旧葭芦寨，以葭芦水为名。宋为晋宁军。金拟为葭州。'《图册》：'在大定八年。'""贞元元年隶汾阳军节度"注文云"金《大定职方志》'汾州为汾阳军'"。

第二吴堡县条，"宋《九域志》、金《大定职方志》并云本石州定胡县寨地，属西河郡"。⑤ 上文推测《金志》葭州、石州孟门县2条抄自《元一统志》系统，对比两书可知，元末史官删削原书引述的《金集礼》、金《大定职方志》及《图册》等注文。

我们以《士民须知》为线索钩沉《元一统志》征引金代地理志书情况，可窥见元修《金志》抄书多求简略，通常将底本中的繁杂注文删掉，行文偶留遗文。《金志》注文中出现的这些文献仍同样有可能源自《元一统志》系统，而不是元末史官重新考订增补的。若此，元修《金志》参考《士民须知》《正隆郡

① 刘基编：《大明清类天文分野之书》卷23，《四库全书存目丛书》，子部，第60册，第742页下栏。

② 《太平寰宇记》卷63《河北道十二》，第1295页。

③ 《金史》卷25《地理志中》，第600页。

④ 参见张良：《〈金史·地理志〉抉原》，《历史地理研究》2021年第4期。

⑤ 孛兰肹等撰，赵万里校辑：《元一统志》卷4，第372、374页。

志》这类系统性文献的观点，在无任何证据的条件下已成悬疑，至少从我们对志书整体沿革之来源及杂抄实录的结果分析看，很难说有哪一条出自金代本朝地志文献。

（二）佚本《金人疆域图》钩沉

《金志》恐非取资《正隆郡志》《大定职方志》等本朝文献，若与这些金代地志无关，那么棘手的问题随之而来：全国诸县小注所辖镇及河川形胜这种最为细节的资料从何而来？其中旧宋领地这部分，有学者推测《九域志》是《金志》北宋辖县注文的主要史料来源。① 但事实证明，《金志》《九域志》有大量龃龉不合之处，乃至系统性差异。

值得注意的是，《江北郡县》记载金末地理，各州标注镇数，路下还注明镇、务总数及改置情况，虽未列出具体名称，却揭示元代文献流传着一套金代基层地理系统。此外，探讨《金史》纂修者尚未关注到《金人疆域图》，通过此图可为解决《金志》诸县注文来源问题提供一个方向。

《金人疆域图》未见文献著录，胡三省《资治通鉴音注》（下文简称《胡注》）② 和顾祖禹《读史方舆纪要》（下文简称《纪要》）略有引用，说明元明时期曾一度流传。今从两书中梳理出 10 条佚文，在此与《金志》《九域志》比较如下。

第一条：《通鉴》开平二年（908）八月戊子“岐王所署延州节度使胡敬璋寇上平关”，《胡注》引《金人疆域图》云“隰州石楼县有上平关”。③《金志》隰州石楼县“关二永宁、上平关”与之相合。④

第二条：《通鉴》天福五年（940）六月丁未“帝复遣之归，使者将自桐墟济淮”，《胡注》引《金人疆域图》云“桐墟在宿州临涣县”。⑤《金志》宿州临

① 张良：《〈金史·地理志〉抉原》，《历史地理研究》2021 年第 4 期。

② 潘晟：《宋代地理学的观念、体系与知识兴趣》，北京：商务印书馆，2014 年，第 342—343 页。

③ 《资治通鉴》卷 267，后梁太祖开平二年八月戊子，北京：中华书局，1956 年，第 8704 页。

④ 《金史》卷 26《地理志下》，第 635 页。

⑤ 《资治通鉴》卷 282，后晋高祖天福五年六月丁未，第 9215 页。

涣县“镇三柳子、蕲泽、桐墟”相吻合,[1] 而《九域志》临涣县“柳子、蕲泽二镇”,蕲县“静安、荆山、西故、桐墟四镇”,此处桐墟则属蕲县。[2] 又《金志》蕲县“镇一静安”。[3] 可见《金志》与《九域志》差异甚大。

第三条:《通鉴》乾祐二年(949)十二月丁酉“密州刺史王万敢击唐海州荻水镇,残之”,《胡注》引《金人疆域图》曰“荻水镇在海州赣榆县”。[4]《金志》海州赣榆县:“镇二荻水、临洪。”《金人疆域图》与此相合。两书作“赣榆”,“本怀仁,大定七年更”。[5]《九域志》则谓怀仁“临洪一镇”,[6] 全书不载荻水镇。

第四条:《纪要》枣强县广川城条引《金人疆域图》云“枣强县有广川镇”。[7]《金志》冀州枣强县“镇一广川,后废”的记载相合,[8]《九域志》枣强县书作“杨家一镇”。此镇于政和二年(1112)改名“广川”,[9]《金志》所记为后来名。

第五条:《纪要》武邑县观津城条引《金人疆域图》云“武邑县有观津镇”。[10]《金志》冀州武邑县“镇一观津,后废”相合。[11]

第六条:《纪要》亳州义门镇条引《金人疆域图》云“谯县有双沟镇”。[12]《金志》亳州谯县“镇一双沟”,[13] 与《金人疆域图》相合。

第七条:《纪要》东阿县杨刘城条引《金人疆域图》云“东阿县有杨刘

---

① 《金史》卷25《地理志中》,第598页。
② 王存:《元丰九域志》卷5《淮南路》,第194页。
③ 《金史》卷25《地理志中》,第598页。
④ 《资治通鉴》卷288,后汉隐皇帝乾祐二年十二月丁酉,第9417页。
⑤ 《金史》卷25《地理志中》,第611页。
⑥ 王存:《元丰九域志》卷5《淮南路》,第195页。
⑦ 顾祖禹:《读史方舆纪要》卷14《北直五·冀州》,贺次君、施和金点校,北京:中华书局,2005年,第631页。
⑧ 《金史》卷25《地理志中》,第601页。
⑨ 王存:《元丰九域志》卷2《河北路》,第66、91页。
⑩ 顾祖禹:《读史方舆纪要》卷14《北直五·冀州》,第633页。
⑪ 《金史》卷25《地理志中》,第600页。
⑫ 顾祖禹:《读史方舆纪要》卷21《南直三·亳州》,第1067页。
⑬ 《金史》卷25《地理志中》,第595页。

镇”。[①]《金志》东平府东阿县“镇五景德、木仁、关山、铜城、阳刘”，[②]“阳刘”即“杨刘”，可见志、图相合。《九域志》东阿县：“景德、杨刘、关山、铜城、北新桥五镇。”[③] 两书“木仁”、“北新桥”两镇名字互歧，隶属各有不同。

第八条：《纪要》恩县东阳城引《金人疆域图》云“历亭县有漳南镇”。[④]《金志》恩州历亭县：“有永济渠，置河仓。镇四漳南、新安乐、旧安乐、王杲。”[⑤]《九域志》历亭县：“安乐、杨村、礼固、漳南四镇。有永济渠。”[⑥] 对此可见，两书除漳南镇相同外，其余三镇建置皆不同。此外，《金志》云“置河仓”，永济渠途经的南皮、东光、将陵亦有设置，[⑦] 实乃金制。

第九条：《纪要》环县马领城条引《金人疆域图》云“通远县有马岭镇”。[⑧]《金志》环州通远县：“镇三合道、马岭、木波。”[⑨]《九域志》通远县四镇，“木波、马岭、石昌、合道”，[⑩] 此处金代无石昌镇。

第十条：《纪要》镇原县善和镇条引《金人疆域图》云“原州有新城、柳泉二镇”。[⑪]《金志》原州彭阳县“镇三萧镇、柳泉、新城”相合。[⑫]

《胡注》《纪要》仅考证与史文有关的地名，故每条征引《金人疆域图》只列该镇，并不提及《金志》所载同县治下的其他诸镇。此外，《胡注》还引《疆域图》曰，“马嵬驿在京兆兴平县”、“孟津县有横水店”、“洛阳县有彭婆镇”、“涿州管下固安县有独流村”[⑬] 及《纪要》引该图云“永年县有黄龙镇”，比

---

① 顾祖禹：《读史方舆纪要》卷 33《山东四・东平州》，第 1563 页。
② 《金史》卷 25《地理志中》，第 614 页。
③ 王存：《元丰九域志》卷 1《京东路》，第 20 页。
④ 顾祖禹：《读史方舆纪要》卷 34《山东五・高唐州》，第 1608 页。
⑤ 《金史》卷 26《地理志下》，第 628 页。
⑥ 王存：《元丰九域志》卷 2《河北路》，第 73 页。
⑦ 《金史》卷 25《地理志中》，第 602 页。
⑧ 顾祖禹：《读史方舆纪要》卷 57《陕西六・庆阳府》，第 2764 页。
⑨ 《金史》卷 26《地理志下》，第 651 页。
⑩ 王存：《元丰九域志》卷 3《陕西路》，第 120 页。
⑪ 顾祖禹：《读史方舆纪要》卷 58《陕西七・平凉府》，第 2791 页。
⑫ 《金史》卷 26《地理志下》，第 652 页。
⑬ 《资治通鉴》卷 218，唐肃宗至德元载（756）六月丙申，第 6973 页；卷 222，唐代宗宝应元年（762）十月戊辰，第 7134 页；卷 228，唐德宗建中四年（783）正月庚寅，第 7339 页；卷 294，后周世宗显德六年（959）四月己亥，第 9596 页。

《金志》多出5条地名，侧面反映出《金人疆域图》内容更为丰富。

从诸条佚文中可见，《金志》与《金人疆域图》相合者多，而与《九域志》则差异较大，第二、三、四、七、八、九条就说明这一问题。也就是说，《金志》与《九域志》内容相重合不过是金承宋制相沿不废而已，如《纪要》内丘县石门寨条云："《寰宇记》邢台县有石门山，《金人疆域图》因之。"① 检《九域志》邢州龙冈县记"石门山"，② 龙冈于宣和二年（1120）改名邢台，《金志》邢台条注文同作"石门山"。③ 通过以上比较可见，《金志》与《九域志》即便有重合，仍不构成传抄关系。

《金志》具有独立的文献来源，又与《金人疆域图》关系密切。一大旁证是，该图所载诸州四至及其到达都城里程的内容。《胡注》所引"顺州至燕京一百十五里"、蠡州"北至燕京四百九十里"、"锦州南至燕京一千四百一十五里"、"建州南至燕京一千二百四十五里。辽阳府治辽阳县，至燕京二千二百一十里"、"雄州西北至燕京三百二十里"、"霸州至燕京三百五十五里"6条佚文，④ 虽不见于《金志》记载，不过仍留有蛛丝马迹。志书会宁府、蒲与路、合懒路、恤品路、胡里改路、庆州、泰州、净州、桓州、抚州集宁、凤翔府盩厔、积石州怀羌、洮州、河州14条均有详略不一的四至记载。其中，叙及至京城里程的条目如下：

（会宁府）东至胡里改六百三十里，西至肇州五百五十里，北至蒲与路七百里，东南至恤品路一千六百里，至曷懒路一千八百里。

（蒲与路）南至上京六百七十里，东南至胡里改一千四百里，北至北边界火鲁火曈谋克三千里。

（合懒路）西北至上京一千八百里，东南至高丽界五百里。

---

① 顾祖禹：《读史方舆纪要》卷15《北直六·广平府》，第677页；卷15《北直六·顺德府》，第666页。

② 王存：《元丰九域志》卷2《河北路》，第80页。

③ 《金史》卷25《地理志中》，第604页。

④ 《资治通鉴》卷268，后梁太祖乾化三年（913）正月丁巳，第8765页；卷282，后晋高祖天福六年六月戊午，第9222页；卷286，后晋高祖天福十二年二月甲戌，第9342页；卷288，后汉隐皇帝乾祐二年二月辛未，第9407页；卷294，后周世宗显德六年五月己酉，第9598页。

（恤品路）西北至上京一千五百七十里，东北至胡里改一千一百，西南至合懒一千二百，北至边界斡可阿怜千户二千里。

（胡里改路）西至上京六百三十里，北至边界合里宾忒千户一千五百里。①

诸路叙述本州至会宁府里程，与会宁府条相互印证。河州条又云“至都四千七百一十里”，“都”当指燕京。以上这种里程叙述模式与《金人疆域图》非常相似。

尤其是《金志》蒲与路条“至北边界”、合懒路条“东南至高丽界”、恤品路条及胡里改条“北至边界”，以及庆州条“北至界二十里”、泰州条“北至边四百里”、净州条“至界八十里”、桓州条“北至旧界一里半”、集宁条“北至界二百七十里”、怀羌条“西至生羌界”，与序言“金之壤地封疆，东极吉里迷兀的改诸野人之境”，② 勾勒金境四方范围。这极像是《金史》纂修者曾参考图册一类。综合佚文判断，《金人疆域图》精细至村镇、山川，并载有诸州四至，当属全国性“图册”性质，③ 比较符合元末编修《金志》之需。

综上，我们现将元修《金志》关于沿革建置主要参考资料总结如下：最基础的沿革部分属于《元一统志》系统，从目前掌握的证据看，《金志》《元一统志》至少共同源于一套地理文献系统无疑。再通过“金实录”补充若干条目，而县、镇及山川形胜等细节内容，与宋方文献无涉，很可能采用《金人疆域图》这类文献。据此判断，《金志》系统直接改编自金源本朝舆地文献以及兼采宋《九域志》的可能性不大。

六、正史地理志探源的意义

我们通过探索《金志》的史料来源及构成特征，对其编纂模式有了更深入的

---

① 《金史》卷24《地理志上》，第551—553页。

② 《金史》卷26《地理志下》，第655页；卷24《地理志上》，第562、563、566页；卷26《地理志下》，第654页；卷24《地理志上》，第549页。

③ 据《金史》卷55《百官志》记载，兵部掌“郡邑图志”（第1235页），说明金代官方曾编纂过这类资料。如金李俊民《泽州图记》引《晋城图经》，记述泽州四至及“大定年前里堠”（李俊民：《庄靖先生遗集》卷8，《九金人集》，台北：成文出版社，1967年，第2册，第633页下栏—635页上栏），《元一统志》葭州条小注引“《图册》‘在大定八年’”（孛兰肸等撰，赵万里校辑：《元一统志》卷4，第372页）。

认识，从中发掘出两大地理文献体系：一是《金虏图经》的路制及整个府州系统；二是《元一统志》系统所载州县沿革，同时兼糅“金实录”，杂抄多类文献而编成金源一代地志。我们解析《金志》，借此厘清文本形成过程，把握不同文献系统叙事脉络，扫除由于史官编纂造成的蔽障，从根本上揭示金代政区地理的真实面貌。下文仅以招讨司治所和“路下有路”这两桩公案为例进行分析。

（一）招讨司治所

金承辽制，于北部边境设西北路、西南路、东北路三个招讨司统辖各个部族，但前两者的置司地异常混乱。据《金史·兵志》记载：“西北路者置于应州，西南路者置于桓州。”① 《金志》所记则全然不同：

> 丰州，下，天德军节度使。辽尝更军名应天，寻复，金因之。皇统九年升为天德总管府，置西北路招讨司，以天德尹兼领之。大定元年降为天德军节度使，兼丰州管内观察使，以元管部族直撒、军马公事，并隶西南路招讨司。
>
> 桓州，下，威远军节度使。军兵隶西北路招讨司。

丰州条的“置西北路招讨司”与下文“并隶西南路招讨司”龃龉不合，施国祁主张“北”当改作“南”，② 点校本《金史》据此意见直接修改正文。③ 根据《金志》西京路丰州条、桓州条，施国祁还认为，《兵志》“置于应州”，“应”当作“桓州”；“置于桓州”，“桓”当作“丰”。④ 点校本亦从之。⑤ 这两处校勘对相关研究影响甚大。⑥ 这种标准划一的做法，无不以《金志》为准则，视其为一个绝对权威、静态的文本，却忽略了史源系统的复杂性及政治制度调适的动态

① 《金史》卷44《兵志·大将府治之称号》，第1003页。

② 施国祁：《金史详校》卷3上《地理志》，第157页。

③ 《金史》卷24《地理志上》，第565—566页。参见本卷校勘记42，第583—584页。

④ 施国祁：《金史详校》卷3下《兵志》，第248页。

⑤ 《金史》卷44《兵志》校勘记17，第1012页。

⑥ 《中国历史地图集》绘制金代西京图，以《金志》为准，西南路招讨司治丰州，西北路招讨司治桓州。参见谭其骧主编：《中国历史地图集》第6册《宋辽金时期》，第51页。

过程。

这一问题症结在于，《金志》丰州条、桓州条是拼合而成的。上文指出，《金志》路制、府州根据《金虏图经》系统编写，志书“丰州，下，天德军节度使”和“桓州，下，威远军节度使”乃根据《金虏图经》节镇“下等十九处”条桓州（威远军）、丰州（天德军），其地所置二招讨司亦如此。据《国志·京府州军》“招讨司三处”条记载：

西南路（丰州置司），西北路（桓州置司），东北路（泰州置司）。①

东北路“泰州置司”即《金志》“乌古迪烈统军司，后升为招讨司”，“丰州置司”即丰州条“并隶西南路招讨司”，“桓州置司”对应桓州条“军兵隶西北路招讨司”。按，《国志》断限在明昌时期，《金史·完颜安国传》谓明昌六年以功迁西北路招讨使兼威远军节度使，《完颜思敬传》“大定二年，授西南路招讨使，封济国公，兼天德军节度使”符合这一制度，② 此二人以节度使兼招讨使就是西北路置司桓州、西南路置司丰州的缘故。

不过《金志》仅在结构框架上因袭《国志》，而桓州、丰州条的具体史文则杂采他书。来源可考者，桓州条注文“曷里浒东川”抄自《世宗实录》大定八年五月庚寅条（表3第5栏）；丰州条“皇统九年升为天德总管府，置西北路招讨司，以天德尹兼领之”与《分野之书》卷12丰州“金为天德军□度，又置招讨□”恰好吻合，③ 结合上文对《金志》沿革的整体判断，这条应该本自《元一统志》所载金代沿革系统。意谓此丰州条下“置西北路招讨司”、“并隶西南路招讨司”分属《元一统志》《金虏图经》两个文献系统，代表了金初、中期不同时期的建置，其实这并不矛盾。

再检《金史·兵志》原文：

---

① 崔文印校证：《大金国志校证》卷38《京府州军》，第538页。

② 《金史》卷24《地理志上》，第553页；卷94《完颜安国传》，第2094页；卷70《完颜思敬传》，第1625页。

③ 刘基编：《大明清类天文分野之书》卷12，《四库全书存目丛书》，子部，第60册，第565页上栏。

> 东北路者，初置乌古迪烈部，后置于泰州。泰和间，以去边尚三百里，宗浩乃命分司于金山。西北路者置于应州，西南路者置于桓州，以重臣知兵者为使，列城堡濠墙，戍守为永制。①

《宗浩传》也有相关记载：

> 初，朝廷置东北路招讨司泰州，去境三百里，每敌入，比出兵追袭，敌已遁去。至是，宗浩奏徙之金山，以据要害，设副招讨二员，分置左右，由是敌不敢犯。②

《兵志》与《宗浩传》相合，而该志书主要抄撮实录。根据《宗浩传》细检《章宗纪》，泰和八年四月甲寅条云“以北边无事，敕尚书省，命东北路招讨司还治泰州，就兼节度使，其副招讨仍置于边”。可知《兵志》此条取资《章宗实录》，仍保存原书中关于西北路、西南路置司的记载。从宗浩奏议中看出，泰和八年显然重新调整了三路招讨司的布局，泰州金山县设立东北路招讨司分支，桓州由西北路改成西南路的治所，西北路置司地则新迁到应州。这也符合金朝的实际情况，因为随着北疆部族形势变化，三路招讨司辖区一直不断调整，故置司地屡有变化。如“国初于西北招讨司之燕子城、北羊城之间尝置之，以易北方牧畜”，③ 此地属抚州辖境。也就是说，西北招讨司治所最初游动不定，《金志》丰州条皇统九年“置西北路招讨司”同样契合这一特点。兹将三路招讨置司地及史源系统整理为表9。

表9　三路招讨置司地变更一览表

时间	西北路	西南路	东北路(乌古迪烈)
皇统九年(《元一统志》系统)	丰州	?	?
明昌间(《金虏图经》系统)	桓州	丰州	泰州
泰和八年(金实录系统)	应州	桓州	泰州(金山分司)

① 《金史》卷44《兵志》，第1003页。

② 《金史》卷93《宗浩传》，第2074页。

③ 《金史》卷12《章宗纪四》，第283页；卷50《食货志五·榷场》，第1113页。

（二）所谓“路下有路”问题

“路下有路”是金代路制研究中一个争议很大的问题。据《金志》记载，上京路条有蒲与路、合懒路、恤品路、曷苏馆路、胡里改路，东京路条有婆速府路，从而造成一种错觉：以上 6 路分别归上京路、东京路统辖，意谓“路下有路”。大多数学者信从上述记载；① 但余蔚对此强烈质疑；② 周立志根据《江北郡县》指出金代政区分路府州县体制和部族制，元修《金志》将两种制度夹杂，“路下有路”一说难以成立，但未有论证。③ 我们已大致摸清《金志》纂修模式，据此审视，可以较为圆满地解决以上争论。

《江北郡县》是一份简明记述金代政区体系的资料，很有价值，可惜前人对此关注不够。该书收在《重编群书类要事林广记》乙集卷 3，现存日本元禄十二年（1699）翻刻泰定乙丑（1325）增补本。《江北郡县》具备金朝政区整体框架特征，州县隶属详该，旧金领土划分如下：中都路、南京路、中京路、西京路、山东东路、山东西路、河东南路、河东北路、河北东路、陕西西路、陕西东路、益都府路、大名府路、辽阳府路、咸平府路、大定府路、临潢府路、熙河路、鄜延路、上京路共 20 路，与《金志》所载 19 路制差异在于，多出所谓“中京路”。

据《江北郡县》记载，中京路“金昌府”原为河南府，兴定元年升中京改府名，五年旋罢，其所辖嵩州等 13 州 1 府在《金志》中均属南京路。中间还夹杂着元代建置因素。最明显的一条是，所谓“上都路共十州”及开平府、昌州、隆兴府等均为元初始立。④

周立志详细考订《江北郡县》，指出该书与《金志》整体建置重合内容占八

① 参见朱希祖：《金曷苏馆路考》，《地学杂志》1932 年第 1 期；都兴智：《辽金史研究》，北京：人民出版社，2004 年，第 216—217 页；程妮娜：《古代中国东北民族地区建置史》，北京：中华书局，2011 年，第 298—304 页。

② 余蔚：《中国行政区划通史 · 辽金卷》，第 508—509 页。

③ 周立志：《〈事林广记 · 江北郡县〉与金朝行政区划研究》，刘宁、齐伟编：《辽金史论集》第 15 辑，第 216 页。

④《重编群书类要事林广记》乙集卷 3 中，长泽规矩也编：《和刻本类书集成》第 1 辑，第 221 页下栏—226 页上栏。

成以上，推测出自同一个系统。[①] 而两书其余龃龉不合者，恰是反映了作者编纂时侧重有别：《江北郡县》易州“易水公”、真定府“恒山公”、晋安府“晋阳公”、潞州“上党公”、河间府“河间公”、沧州“沧海公”、莒州“东莒公”及平阳府“行省”，这里是指兴定四年二月“九公封建”及其驻地范围。[②]

最明显的区别是，关于金末新置州的记载，见表10。

表10 《金史·地理志》所见金末建置表

开封府延津县:贞祐三年七月升为延州	大同府怀仁县:贞祐二年五月升为云州
朔州马邑县:贞祐二年五月升为固州	应州山阴县:贞祐二年五月升为忠州
应州浑源县:贞祐二年五月升为浑源州	蔚州定安县:贞祐二年四月升为定安州
真定府获鹿县:兴定三年三月升为镇宁州	彰德府林虑县:贞祐三年十月升为林州
中山府永平县:贞祐二年四月升为完州	卫州苏门县:贞祐三年九月升为辉州
平阳府霍邑县:贞祐三年七月升为霍州	隰州蒲县:兴定五年正月升为蒲州
河中府荣河县:贞祐三年升为荣州	绛州翼城县:兴定四年七月升为翼州
潞州涉县:贞祐三年七月升为崇州	平定州乐平县:兴定四年正月升为皋州
代州繁畤县:贞祐三年九月升为坚州	代州五台县:贞祐四年三月升为台州
蔚州灵丘县:贞祐二年四月升为成州	凤翔府盩厔县:贞祐四年升为恒州
秦州西宁县:贞祐四年十月升为西宁州	同州韩城县:贞祐三年升为桢州
巩州定西县:贞祐四年六月升为州	

表中所列贞祐以后23个县升为州，《金志》均将其作为注文附录县下。而《江北郡县》正式列出州名及其领县，且标注州的性质，除林州“节度”外，其他皆为“刺史”。

这说明，《江北郡县》多以金末最终制度为准，《金志》重新编纂时有所整理，但州县沿革未必能做到整齐划一。如晋州，兴定四年“以寿阳县西张寨置”，《江北郡县》载其为“刺史”，领祁县、太谷，《金志》虽将其独立出来，然无领县，此二县仍旧系于太原府。[③] 说到底，两书所载金代政区面目的差异，是由于编者采据同类底本而编排材料方式不同造成的。

① 周立志：《〈事林广记·江北郡县〉与金朝行政区划研究》，刘宁、齐伟编：《辽金史论集》第15辑，第201—218页。

② 参见余蔚：《中国行政区划通史·辽金卷》，第608—609页。

③ 《金史》卷26《地理志下》，第630页。

我们尚无证据坐实《江北郡县》的具体来源，不过从该书与《金志》具有共同内容的迹象推测，元人编修《金史》地志时应该掌握一份这样的统县政区资料，方可有条件将《金虏图经》《元一统志》系统和“金实录”等多个文献体系整合起来。

《金志》路制划分参据《金虏图经》系统，志书序言“置十四总管府，是为十九路。其间散府九”，是指汉制政区，并不包括蒲与路等六路及其管理机构，后者别成一体系。《江北郡县》单独归类为“长城外直北诸部族”，记载如下：

> 招讨司三处：西南路、西北路、东北路。
>
> 部族节度八处：迭刺部、唐古部、石叠部、助鲁部、计鲁部、孛特本部、讹里部、萌古部。
>
> 路分节度四处：葛苏馆路、胡里改路、蒲与路、速频路。
>
> 路分总管二处：曷懒路、婆速路。
>
> 群牧十处：耶鲁椀、蒲速斡、乌古里、乣斡、殴里本、讹都椀、乌展、牧满、驼驼部、讹鲁部。
>
> 详稳九处：咩乣、朱典乣、骨典乣、唐古乣、耶剌都乣、移典乣、苏谟典乣、胡都乣、霞马乣。
>
> 吾昆神鲁部族节度使，军兵事属西北路招讨司。①

《金史·百官志》“招讨司三处置，西北路、西南路、东北路”、“诸部族节度使”、“诸乣”、“诸群牧所”，② 与《江北郡县》一一吻合。不过整个内容却散见于《地理志》。

第一，“部族节度使”条乌昆神鲁、石垒、助鲁、孛特本、计鲁、唐古、迪烈（迭刺）七部相同，多出“乌古里”，《江北郡县》此部属“群牧”。从《金史》记载看，多合称“乌古里石垒部”或“乌古十垒部”，两部共设一节度使，此盖系史官误拆分为二；较之《金志》，《江北郡县》还多出讹里部、萌古部节

---

① 《重编群书类要事林广记》乙集卷 3 中，长泽规矩也编：《和刻本类书集成》第 1 辑，第 226 页上栏。

② 《金史》卷 57《百官志三》，第 1328—1330 页。

度使。《金志》"群牧十二处"比《江北郡县》"群牧十处"多出承安四年创置的"忒恩"、"蒲鲜"，而"讹里都"、"乌古里"互异，其余9处相同。① 以上"部族节度使"、"群牧"及"详稳"共同附于西京路条下。

第二，《江北郡县》"路分节度四处"，此即《金志》"曷苏馆路，置节度使"；"胡里改路，国初置万户，海陵例罢万户，乃改置节度使"；"蒲与路，国初置万户，海陵例罢万户，乃改置节度使"；"恤品路，节度使……以海陵例罢万户，置节度使，因名速频路节度使"，从中可知此系海陵时期建置。《江北郡县》"路分总管二处"，《金志》谓"合懒路，置总管府"及"婆速府路，国初置统军司"，则分别置于上京路、东京路条下。②

这些机构与三路招讨司共同构成一个相对独立的部族统辖体系。据《金史·兵志》记载，东北路部族乣军曰迭剌部，曰唐古部，以及助鲁、乌鲁古、石垒、萌骨、计鲁、孛特本；西北、西南二路之乣军，③ 指《江北郡县》"详稳九处"。然而元末史官在编修《地理志》时却将这套原本独立的"长城外直北诸部族"系统多番拆解，根据地域远近，就近糅合、割裂到汉式路制系统中，尤其是东北路、西北路、西南路招讨司更是分隶于置司地条下，所谓"路下有路"误解就是这样造成的。

我们以"招讨司治所"杂糅诸史和"路下有路"拆分文献而造成混乱的金代政区争议案例为示范，匡谬抉原，将文献逐层剥离，厘清底本来源系统，重新根据具体条文缕析金源政区地理之变化，才发现一些所谓的历史问题未必真是"问题"，而是编纂者制造出来的一大陷阱。本文通过史料溯源，旨在提醒：《金志》其实存在很多隐患，元末史官编写地志，整合不同文献系统，构建金代政区地理的过程需要引起重视。

〔作者陈晓伟，复旦大学历史学系教授。上海　200433〕

（责任编辑：管俊玮　李　壮）

① 《金史》卷24《地理志上》，第570、571—572页。

② 《金史》卷24《地理志上》，第552—557页。

③ 《金史》卷44《兵志》，第997页。

“达靼”源流及蒙元对达靼的认同*

白玉冬

摘　要：中古时期北方部族名称“达靼”（Tatar）或源自柔然可汗大檀/檀檀之名，柔然汗国统领下的室韦部落集团可能在大檀名下进行自我认同。柔然汗国灭亡后，柔然后裔仍生活在突厥汗国，突厥人、回鹘人承袭了“Tatar”这一称呼。将唐代活动于漠北的九姓达靼视作柔然后裔、蒙元时期的塔塔尔部视作柔然核心后裔，方能与中国北方民族的历史发展脉络贴合。元代蒙古语以“Mongγoldai”对译汉语“达靼”，指称大蒙古国出身者。蒙古统治者在与西方世界交流时，为便于对方理解也使用“Tatar”/“Tartar”。而元朝统治阶层为统治需要，排斥源自敌对集团塔塔尔部的蒙古语专称“Tatar”，使用汉语语境下的专称“达达”，体现其对不同文化的接受与包容程度有别，说明元代蒙古人未曾以塔塔尔部之名“Tatar”自我认同，亦未将鲜卑、柔然、契丹等视为同族。

关键词：蒙古　达靼　塔塔尔　柔然　族群认同

在中国北方为阴山—阿尔泰山—萨彦岭—雅布洛诺夫山—大兴安岭所环绕的高地，今被称为蒙古高原。生活在这里的主体族群被称为“蒙古族”（Mongγol ündüsüten），这一名称也是其自称。历史上，说古蒙古语的部族集团在被冠以“蒙古”之名前，还被称为“达靼”（Tatar）。关于其部族集团名称从达靼到蒙古的转变过程，虽然不及中国曾被称为“秦”（Sīn）、“桃花石”（Tavγač）、“赛里

* 本文系国家社科基金重大项目“北朝至隋唐民族碑志整理与研究”（18ZDA177）、中央高校基本科研业务费专项资助项目“隋唐至北宋古突厥语族群与华夏中央王朝之间的交流交往交融史研究”（2023jbkyzx011）阶段性成果。

斯”（Seres）那样受人关注，但与中国北方各民族发展史密切相关，也助于人们考察中国历史上各民族族群认同等问题，值得进一步探究。

在蒙古人统一蒙古高原之前，12 世纪蒙古、克烈、乃蛮、塔塔尔、汪古、蔑儿乞等游牧民集团均在该地域生活。虽然社会发展并不同步，但在中原史家笔下，他们往往被归为北方游牧民族泛称达靼（Tatar）名下。[①] 辽金两朝虽然时以阻卜、阻𩏂称呼其中的克烈部和塔塔尔部，但同时以达靼记录他们。历经元明清三朝后，蒙古高原彻底与达靼之名分道扬镳，而被归于蒙古名下。不可否认，若没有 13—14 世纪的大蒙古国，蒙古之名称恐怕不会为当时的东西方世界所知。不过，令人费解的是，同时期西方文献也时常以达靼（Tatar/Tartar）指称蒙古。由于蒙古治下曾有塔塔尔（Tatar）部族的后裔，而塔塔尔族名 Tatar 与达靼族名 Tatar 在蒙古语、古突厥语中的写法完全相同，使得蒙古与达靼的关系看上去是你中有我、我中有你。加之汉文史籍和西方文献对达靼和蒙古二名的泛用甚至混用，致使二者之间的关系愈发混沌。

方壮猷在讨论达靼之起源时，概括了东西方文献所见达靼之指代对象，提出四种可能：亚洲北方诸民族之统称、中国北方诸民族之总称、蒙古民族之别称、蒙古民族之一部塔塔儿（尔）部之专称。[②] 那顺乌力吉认为汉籍中狭义的达靼是北方游牧民族的一个部落名称，广义的达靼是北方民族的泛称。[③] 上述二位学者关于达靼涵盖对象的讨论多基于他者的叙述，未充分关注当事人的记录。

钟焓通过对《元典章》收录的回回人木八剌对汉人马三的诬告中提到的七名达靼人遇难故事、埃及马木鲁克王朝史书叙述的七位达靼逃难者故事、16 世纪察合台语史籍《选史—胜利之书》描述的七人蒙难故事，以及伽尔迪齐（Gardīzī）在 1050 年前后完成的《记述的装饰》（*Zainu'l-Axbār*）记录的寄蔑人（Kimāk）源自达靼人的七个部落之传说进行比对分析后认为，很可能早在著名的额尔古涅—昆传说之前，蒙古人中就已经流行以不儿罕山（今肯特山）为发生背景的“七个逃难者”的祖先蒙难叙事，它的原型可以上溯到 11 世纪寄蔑人源自达靼人的

---

① Tatar 对应中古部族名称的汉字写法众多，除引文外，本文统称为“达靼”。

② 方壮猷：《鞑靼起源考》，《国立北京大学国学季刊》第 3 卷第 2 号，1932 年。

③ 那顺乌力吉：《论“鞑靼”名称的演变》，《内蒙古民族大学学报》2008 年第 2 期。

七个部落之起源传说。[①] 不过，其讨论的四个核心故事时空跨度巨大、一脉相承，均有伊斯兰文化背景，且均得不到出自蒙古人自身史料的支持。概言之，钟焓的结论是在将达靼和蒙古等同视之的前提下得出的。刘迎胜进而提出，这是钟焓“将元代形成的以《脱卜赤颜》（《元朝秘史》——引者注）为代表的蒙古祖先历史称为成吉思汗家史，而将族源上溯至七位避难者一类的叙说视为蒙古各部的‘史前史’，多有发明”，并认为其所述蒙古各部的“史前史”相当于“广义”蒙古史。[②] 相对于“狭义”蒙古史的成吉思汗家族史，“广义”蒙古史是否真实存在过？解答这一疑惑，需要从蒙古人自身的历史记载中寻找踪迹，厘清“狭义”蒙古人是否认同“广义”蒙古人。

客观而言，匈牙利学者 Stephen Pow 在讨论中世纪资料蒙古和达靼二名并用的专论中，[③] 重点依据蒙古宫廷史料《蒙古秘史》、《史集》（*Jāmi‘ al-Tawārīkh*）、《元史》、《圣武亲征录》，以及《蒙鞑备录》《黑鞑事略》等他者的记述，推定在大蒙古国扩张的最初三四十年时间里，蒙古人使用达靼这个名称进行自我认同；至13世纪五六十年代，达靼逐渐被蒙古取代。其历史背景可能是1234年金朝覆灭引发蒙古人关注自己统治合法性，确立统领世界并在大蒙古国之下聚集诸部落的意识。不过，其关于蒙古人自我认同为达靼之观点同样未基于当事人的记录，也未辨析蒙古语语境下达靼和塔塔尔的异同，值得商榷。

新史料的发现和刊布，使我们重新考证达靼一词之源流成为可能。在此基础上，阐明蒙古人对达靼名称的认同，在汉蒙语境下具有不同寓意，进而对“广义”蒙古史研究进行前瞻和思考，促使更多学者关注此问题，即笔者的写作初衷。

一、达靼名称起源蠡测

部族名称达靼，古突厥语作 Tatar，最早见于732年所立后突厥汗国阙特勤

---

① 钟焓：《中古时期蒙古人的另一种祖先蒙难叙事——“七位幸免于难的脱险者”传说解析》，《历史研究》2016年第3期。

② 刘迎胜：《探寻13世纪以前的“蒙古”概念》，《黑河学院学报》2021年第1期，第3页。

③ Stephen Pow, “Nationes que se Tartaros Appellant: An Exploration of the Historical Problem of the Usage of the Ethnonyms Tatar and Mongol in Medieval Sources,” *Golden Horde Review*, Vol. 7, No. 3, 2019, pp. 545 – 567.

碑，734 年所立毗伽可汗碑和漠北回鹘汗国碑文也记录 Tatar 之名。明确记录达靼之名的汉文史料，目前所见最早为李德裕记录的会昌二年（842）来访唐廷的黠戛斯使者踏布合祖之言：“纥扢斯即移就合罗川，居回鹘旧国，兼以得安西、北庭、达怛等五部落。”① 此外，王国维言唐贞元年间宰相贾耽著《入四夷之路与关戍走集》，记录有回鹘牙帐东南数百里之地名“达旦泊”，表明当时回鹘国内已有达靼人居住。② 总之，在 8 世纪，达靼之名已为突厥、回鹘和唐朝所知。

关于部族名称达靼之来源，北宋初年宋白曾言：“达靼者，本东北方之夷，盖靺鞨之部也……其俗语讹，因谓之达靼。”③ 1245—1247 年访问蒙古的欧洲天主教修道士卡尔平尼（John of Plano Carpini）称，水蒙古人（Su-Mongol）依据流经他们所在地域的被称为 Tartur 的河流，自称为达靼（Tartar）。④ 这些记录系道听途说，缺乏确切依据，不足为信。

近代以来学者的相关意见可以概括为以下四种：第一，源自柔然可汗大檀/檀檀之名；⑤ 第二，与突厥鄂尔浑碑文的 Tatabï（奚）的 tata 相关，tata 是其单数形；⑥ 第三，来自古突厥语 tat（外族，蕃）；⑦ 第四，出自蒙元时期塔塔尔部

① 李德裕：《代刘沔与回鹘宰相书意》，傅璇琮、周建国校笺：《李德裕文集校笺》，石家庄：河北教育出版社，2000 年，第 143 页。

② 王国维：《鞑靼考》，谢维扬、房鑫亮主编：《王国维全集》，杭州：浙江教育出版社，2010 年，第 14 卷，第 252 页。

③ 参见《资治通鉴》卷 253 唐僖宗广明元年（880）七月戊辰条“李国昌战败，部众皆溃，独与克用及宗族北入达靼”胡三省注文（北京：中华书局，1956 年，第 8231 页）。

④ C. Dawson, ed., *The Mongol Mission: Narratives and Letters of the Franciscan Missionaries in Mongolia and China in the Thirteenth and Fourteenth Centuries*, New York: Sheed and Ward, 1955, p. 19；道森编：《出使蒙古记》，吕浦译，周良霄注，北京：中国社会科学出版社，1983 年，第 19 页。

⑤ 方壮猷：《鞑靼起源考》，《国立北京大学国学季刊》第 3 卷第 2 号，1932 年，第 2—6 页。相关总结参见张久和：《原蒙古人的历史：室韦—达怛研究》，北京：高等教育出版社，1998 年，第 126—128 页。

⑥ 此说由马迦特（J. Marquart）提出，转引自伯希和：《库蛮》，冯承钧编译：《西域南海史地考证译丛》第 1 卷，北京：商务印书馆，1962 年，第 2 编，第 23 页注 22。岑仲勉在此基础上有所发挥，参见《达怛问题》，《中山大学学报》1957 年第 3 期。

⑦ 普里查克认为 Tatar 是 tat 后续 är（人，男人），参见 O. Pritsak, “Two Migratory Movements in the Eurasian Steppe in the 9th – 11th Centuries,” *Studies in Medieval Eurasian History*, London: Variorum Reprints, 1981, pp. 157 – 163.

之名。[①] 上述四种意见中，第一种意见虽然提出较早，但未获得足够关注。第二种意见在语法学上难以成立。[②] 第三种意见在审音勘同上存在牵强之处，[③] 且没有史料支持，难以立足。第四种意见有明确记录支撑，较为可靠，是当前学界的主流看法。

第四种意见依据的是 14 世纪伊利汗国拉施特（Rašīd al-Dīn）所编《史集·部族志》的“塔塔尔”条：

> 他们的名称自古以来即闻名于世。从他们分出了许多分支。该部落共有七万户……尽管种种敌对和纷争盛行于他们中间，他们在远古的大部分时间内，就（已经）是大部分部落和地区的征服者和统治者，（以其）伟大、强盛和充分受尊敬（而出类拔萃）。由于（他们）极其伟大和受尊敬的地位，其他突厥部落（全体游牧部落和狩猎部落之泛称——引者注），尽管种类和名称各不相同，也逐渐以他们的名字著称，全都被称为塔塔儿（Tatar，达靼——引者注）。这些各种不同的部落，都认为自己的伟大和尊贵，就在于跻身于他们之列，以他们的名字闻名。[④]

此处，“大部分部落和地区”按之后文义应该是指“突厥”部落和地区，[⑤] 即全体游牧部落和狩猎部落及其地区。就专用名称 Otuz Tatar（三十姓达靼）和 Toquz Tatar（九姓达靼）业已出现于后突厥汗国的鲁尼文碑文而言，Tatar 之外延扩展，并发展成部落集团泛称的年代，即拉施特所言其他突厥部落（全体游牧部落和狩猎部落）逐渐以塔塔尔的名字著称、全都被称为塔塔尔的 8 世纪或之前。推而言之，《史集·部族志》所言远古的大部分时间，即塔塔尔部落曾是大部分部落与

---

① 参见亦邻真：《中国北方民族与蒙古族族源》，《内蒙古大学学报》1979 年第 3—4 期；陈得芝：《十三世纪以前的克烈王国》，《蒙元史研究丛稿》，北京：人民出版社，2005 年，第 211—232 页；张久和：《原蒙古人的历史：室韦—达怛研究》，第 178—180 页。

② 据马迦特之说推论，Tatar 应是 tata 的复数形式。但古突厥语复数词缀不存在 r，且 tata 一词无法考证其存在。

③ 相关批判参见张久和：《原蒙古人的历史：室韦—达怛研究》，第 128 页。

④ 拉施特主编：《史集》第 1 卷第 1 分册，余大钧、周建奇译，北京：商务印书馆，1983 年，第 164—166 页。

⑤ 中译本在“大部分部落与地区”之前补加“蒙古”二字，兹不取。

地区的征服者和统治者的年代或早于后突厥汗国。至少可以说，8 世纪鲁尼文碑文记录的 Tatar 中应当包括塔塔尔部落的先世。如最初只是九姓铁勒之一部族专名的回纥，日后成为回纥汗国属下众多部落之通称，蒙元时期蒙古从部落专名，变成大漠南北使用同样语言的诸多部落的共名（其下甚至包括部分非蒙古语族人员）。北方草原强大部落之名演变成游牧部族之共名，往往与该部落的社会发展不可分割，占据政治军事优势的部族集团对其他部落的影响不可忽视，甚至起决定性作用，如北匈奴西迁后残存于蒙古高原的宇文匈奴等就皆自号鲜卑。自东突厥汗国灭亡，至后突厥汗国复兴，蒙古高原先在薛延陀汗国管控之下，后为唐朝羁縻统治下的九姓铁勒所占据。突厥语族部族在蒙古高原势力占据优势的时代，蒙古语族塔塔尔部落不太可能成为“大部分部落与地区的征服者和统治者”，其名称也不太可能成为其他游牧部落和狩猎部落的通称。因此，笔者倾向于认为将塔塔尔部落这段历史，置于最早确切统治蒙古高原的蒙古语族部族所建柔然汗国时期，才更贴合历史事实。

波斯学者伽尔迪齐在 1050 年前后所著《记述的装饰》，记录了寄蔑（Kīmek）部落出自 Tatar（达靼）的传说：首领达靼（Tatar）死后，其二子不和，次子设（Šad）带着情人逃到额尔齐斯河流域。之后，7 个达靼（Tatar）亲戚——Īmī、咽蔑（Īmāk）、塔塔尔（Tatār）、Bayāndur（或 Bilāndir）、钦察（Qifčaq）、Lāniqāz、Ajlād 投奔设。后来，达靼人（Tatar）的本部营地遭到敌人攻击，其他部落也投向他们，进而按上述 7 人分成 7 个部落居住在额尔齐斯河流域。① 有意思的是，在这个故事中 Tatar 既是首领名称，又是部族名称。据 Stephen Pow 之说，在蒙古西征时，斡罗斯一位主教在 1244 年声称达靼之名源于一个叫 Tartar（达靼）的酋长，②

① A. P. Martinez, “Gardīzī's Two Chapters on the Turks,” *Archinum Eurasiae Medii Aevi*, Vol. 2, 1982, pp. 120 - 121；巴托尔德：《加尔迪齐著〈记述的装饰〉摘要——〈中亚学术旅行报告（1893—1894 年）的附录〉》，王小甫译，《西北史地》1983 年第 4 期；刘迎胜：《九—十二世纪民族迁移浪潮中的一些突厥、达旦部落》，南京大学历史系元史研究室编印：《元史及北方民族史研究集刊》第 12—13 合集，1990 年，第 80—106 页；刘迎胜：《西北民族史与察合台汗国史研究》，北京：中国国际广播出版社，2012 年，第 36—37 页。

② Stephen Pow, “Nationes que se Tartaros Appellant: An Exploration of the Historical Problem of the Usage of the Echnonyms Tatar and Mongol in Medieval Sources,” p. 548.

与伽尔迪齐的记录不谋而合。虽然此传说存在后来叙事者依据不同时期的传闻进行加工捏合的可能性，但达靼部落移居至额尔齐斯河流域的年代，肯定早于伽尔迪齐。980 年前后成书的佚名作者所著波斯文《世界境域志》，记录钦察是从寄蔑分出来的一个氏族，其国王由寄蔑任命。① 10 世纪寄蔑位于阿尔泰山—额尔齐斯河西面的草原地带。② 张广达、荣新江考订写于 10 世纪 30 年代的敦煌出土 S. 6551《佛说阿弥陀讲经文》，在记录早期高昌回鹘历史发展时言："遂得葛禄、药摩、异貌、达但竞来归伏，争献珠金。"③ 此处"异貌、达但"如可断读，异貌视作伽尔迪齐所记寄蔑的分族 Īmāk 较为贴合。④

以上列举的材料均喻示寄蔑部落登上历史舞台大约是在 10 世纪。不过，上述第二个分族名 Īmāk，王小甫译作咽面，杨富学译作咽蔑。《隋书·铁勒传》言："得嶷海东西有苏路羯、三索咽蔑、促隆忽等诸姓八千余。"⑤《旧唐书·高宗纪》永淳元年（682）条云："安西副都护王方翼破车薄、咽面，西域平。"⑥ 咽蔑也好，咽面也罢，隋至唐初均活动于中亚，与伽尔迪齐介绍的寄蔑营地相距不远。刘迎胜通过分析欧亚草原东西方之间民族移动事例，指出伽尔迪齐关于寄蔑起源传说的背后应该有真实的历史基础，并推定上述达靼人的移居约发生在回鹘西迁前后。⑦ 足备一说。不过，寄蔑属于操古代突厥语族语言的部落，而且前

---

① Hudud al- ‘Alam, *The Regions of The World: A Persian Geography 372A. H.* (*982AD*), trans. V. V. Minorsky, ed. C. E. Bosworth, Edinburgh: Edinburgh University Press, 1982, p. 100.

② Hudud al- ‘Alam, *The Regions of The World: A Persian Geography 372A. H.* (*982AD*), pp. 305 – 306; C. E. Bosworth, "KIMÄK," in *The Encyclopaedia of Islam*, *Vol. 5*, Leiden: E. J. Brill, 1986, pp. 107 – 108.

③ 张广达、荣新江：《有关西州回鹘的一篇敦煌汉文文献——S. 6551 讲经文的历史学研究》，张广达：《文书、典籍与西域史地》，桂林：广西师范大学出版社，2008 年，第 155 页。本文引文标点略作变动。

④ 华涛推论异貌是 Yemak，但未作断定，参见《西域历史研究（八至十世纪）》，北京：商务印书馆，2020 年，第 151 页。

⑤《隋书》卷 84《铁勒传》，北京：中华书局，1973 年，第 1880 页。该标点本断读作"得嶷海东西有苏路羯、三索咽、蔑促、隆忽等诸姓八千余"，兹不从。

⑥《旧唐书》卷 5《高宗纪下》，北京：中华书局，1975 年，第 109 页。

⑦ 刘迎胜：《九—十二世纪民族迁移浪潮中的一些突厥、达旦部落》，南京大学历史系元史研究室编印：《元史及北方民族史研究集刊》第 12—13 合集，第 80—106 页；《西北民族史与察合台汗国史研究》，第 36—38 页。

文所列7个部落中，除塔塔尔（Tatār）和Bayāndur外，其他部落名称难言与古代蒙古语族语言相关。这种说古代蒙古语族语言的达靼部落统领操古代突厥语族语言之部落的年代，令人联想起柔然汗国时期。若关注Īmāk可能的前身咽蔑或咽面，则寄蔑部落的起源时间，即达靼本土的7个部落向西迁移的时间有可能早于唐朝。① 诚然，伽尔迪齐在记录达靼的本土部落向西迁移时，只字未提突厥或乌古斯（铁勒），似乎表明该移居故事的发生年代是在突厥语部族离开达靼人的本土蒙古高原以后。这也在暗示我们：在该移居故事发生时，突厥或乌古斯（铁勒）尚未在蒙古高原站稳脚跟。

综上，关于波斯语《史集》《记述的装饰》相关史料的分析，提醒我们在利用汉籍讨论达靼名称来历时，更应关注早期记录。惜唐宋汉籍关于达靼的记载少之又少，且多集中于朝贡等。除贾耽记录的回鹘牙帐东南数百里之地名"达旦泊"，以及980年出使高昌回鹘的宋使王延德所记"达靼旧为回鹘牧牛"外，② 无法提供更多关于早期达靼及其起源的信息。此种情况，需要我们深入剖析现有材料，去伪存真。

《宋书·索虏传》"芮芮"条云："芮芮一号大檀，又号檀檀，亦匈奴别种。自西路通京师，三万余里。僭称大号，部众殷强，岁时遣使诣京师，与中国亢礼，西域诸国焉耆、鄯善、龟兹、姑墨东道诸国，并役属之。"③ 芮芮即柔然，大檀是柔然第四代可汗之名，也是柔然开国可汗社仑季父之子，最初统帅别部镇守西界，素得众心，后被立为牟汗纥升盖可汗（414—429年在位）。④ 大檀统治时期的柔然国势强盛，频繁与北魏发生战争。值得注意的是，为合力抵抗北魏，柔然与南朝采取远交近攻政策，互通使者。如升明二年（478），刘宋派遣骁骑将军王洪轨（一作范）出使柔然。柔然前往南朝的"西路"，以及王洪轨的出使路

① 伽尔迪齐书中还记录葛逻禄归属九姓乌古斯（回鹘汗国）的过程及其征服突骑施的故事等，并非所有材料反映的均是9—10世纪的历史。此可充当补助性佐证材料。

② 王明清：《挥麈录》前录卷4《王延德历叙使高昌行程所见》，上海：上海书店出版社，2001年，第28—31页。

③ 《宋书》卷95《索虏传》，北京：中华书局，1974年，第2357页。

④ 大檀事迹多载于《魏书》卷103《蠕蠕传》（北京：中华书局，1974年，第2292—2293页）等。参见内田吟風：「柔然時代蒙古史年表」、『北アジア史研究　鮮卑柔然突厥篇』、京都：同朋舍、1975年、第345—352頁。

线，由于北魏阻隔，均经由高昌（今吐鲁番）、吐谷浑（位于柴达木盆地）到益州（成都）。① 荣新江关于吐鲁番出土柔然永康九年（472）、十年送使文书的研究表明，当时柔然汗国与南朝间确实通过上述道路保持来往。② 如是，柔然别称大檀、檀檀，即便出自柔然使者，也应是经西域传入南朝。换言之，柔然控制下的上述焉耆、鄯善、龟兹、姑墨等西域诸国，还可能以大檀、檀檀称呼其宗主国柔然。这一称呼有可能是统率西界的大檀积极向西域拓展势力之结果。《宋书·索虏传》“芮芮”条内容简洁，吐鲁番出土文书并未记录有大檀、檀檀之名，但“芮芮一号大檀，又号檀檀”不应被简单视作误记。多年前京都大学吉田丰教授赐教，檀檀与 tatar/tartar 语音相合。檀檀中古音可以拟构为 d‘αn-d‘αn。③ 此 d‘αn-d‘αn实与 tartar 语音贴合，tatar 是 tartar 的词中辅音 - r 脱落后的形式。主张达靼之名源自柔然大檀可汗的观点，也是基于此点。那么，檀檀有无可能成为部落名称?

在北方民族史上首领之名成为部落名称的例子屡见不鲜。除众所周知的吐谷浑的得名外，在敦煌出土藏文 P. t. 1283 地理文书中，后突厥汗国及其余部以其第二代可汗默啜之名 ’Bug-čhor（Buγ Čor）予以记录。④ 见于《蒙古秘史》的蒙古部落名称多源自其祖先之名。而且，如前所述，伽尔迪齐和斡罗斯的某位主教均记录达靼之名源于一个叫 Tartar（达靼）的酋长。虽然这些事例除吐谷浑外均晚于柔然时期，但仍有参考价值。突厥阿史那氏，虽然其族源传说涉及西域的“西海”，以及狼祖和海神传说等，但其近祖是平凉杂胡。据正史记录，其迁徙过程大致可以复原如下：永和七年（439）匈奴沮渠氏建立的河西北凉政权为北魏所灭后，阿史那氏追随沮渠无讳西迁至鄯善、高昌，刘宋大明四年（460）柔然灭

① 相关介绍参见唐长孺：《南北朝期间西域与南朝的陆道交通》，《魏晋南北朝史论拾遗》，北京：中华书局，1983 年，第 190—192 页；余太山：《南北朝与西域关系述考》，《西北民族研究》1996 年第 1 期。

② 荣新江：《阚氏高昌王国与柔然、西域的关系》，《历史研究》2007 年第 2 期，第 8—9 页。

③ 参见高本汉：《汉文典》，潘悟云等编译，上海：上海辞书出版社，1997 年，第 77 页。

④ 森安孝夫：「チベット語史料中に現れる北方民族— DRU-GUとHOR —」、『アジア・アフリカ言語文化研究』第 14 輯増刊、1977 年、第 3、6、9、10 頁。

沮渠高昌国后，突厥阿史那氏被柔然迁徙于高昌北山，从而成为柔然锻奴。[①] 自河西迁至高昌一带的阿史那氏，原本对在西域的柔然并不了解，存在借用西域诸国对柔然的另一称呼大檀、檀檀（tatar/tartar）的可能性。

综上，伽尔迪齐记录的达靼人首领兼部族名 Tatar，存在出自柔然可汗大檀之名的可能性。

二、从柔然后裔到九姓达靼

既然《史集》云达靼之名来自塔塔尔部之名，而且伽尔迪齐记录的达靼人首领兼部族名 Tatar 存在出自柔然可汗大檀之名的可能性，那么我们就需要考虑塔塔尔部与柔然的关系。以漠北为根基的柔然立国约一个半世纪，在此期间不断侵袭中原，同时为获得丝路贸易霸权，积极向西域扩张。[②] 在同北魏和高车部之间的争斗中，柔然逐渐衰落。西魏大统十七年（北齐天保二年，551），阿史那突厥人奋起反抗柔然，次年柔然可汗阿那瑰兵败自杀。之后，柔然王室邓叔子一派在恭帝二年（555）投奔西魏，但被西魏转交突厥，斩杀于长安青门外。而柔然可汗庵罗辰一派等在天保五年至六年为北齐击溃，后庵罗辰不知所终。[③] 唐道宣介绍隋西京大兴善寺沙门、北天竺乌场国人那连耶舍时，称其“循路东指到芮芮国。值突厥乱西路不通。反乡意绝。乃随流转。北至泥海之旁。南岠突厥七千余里。彼既不安远投齐境，天宝七年届于京邺”。[④] 余太山推测那连耶舍“循路东

① 关于突厥阿史那氏的移居过程，参见薛宗正：《突厥史》，北京：中国社会科学出版社，1992 年，第 65—69 页。

② 关于柔然向西域的扩张，主要参见余太山：《柔然与西域关系述考》，《新疆社会科学》1985 年第 4 期。

③ 参见《北史》卷 98《蠕蠕传》，北京：中华书局，1974 年，第 3249—3267 页；卷 99《突厥传》，第 3285—3287 页；《周书》卷 50《突厥传》，北京：中华书局，1974 年，第 907—911 页；《北齐书》卷 25《王峻传》，北京：中华书局，1972 年，第 363—364 页等。兹据内田吟風：「柔然時代蒙古史年表」、『北アジア史研究　鮮卑柔然突厥篇』、第 392—396 頁。关于柔然汗国覆灭的考察，主要参见内田吟風：「柔然の滅亡年について」、『北アジア史研究　鮮卑柔然突厥篇』、第 319—322 頁。

④ 道宣：《续高僧传》卷 2《那连耶舍传》，《大正新修大正藏经》第 50 册，台北：中华电子佛典协会，2007 年，第 2060 号，第 11 页。

指”是取西域北道。[①] 荣新江在关于吐鲁番出土送使文书的研究中指出，474—475 年有柔然使者前来高昌，而前往焉耆的乌苌使和婆罗门使很可能是从柔然返回本国。[②] 参此而言，那连耶舍可能是经由今吐鲁番、哈密，沿唐代的“回鹘路”进入柔然。从“西路不通”、“反乡意绝”来看，他在柔然境内停留过一段时间。因突厥之乱，他只好“乃随流转”，抵达南距突厥 7000 余里的泥海。其跟随流转的对象，应是此前曾经收留过他、但此时遭到突厥反叛的柔然人。泥海可能是《魏书·乌洛侯传》所记于巳尼大水的简略音译，此大水又称北海（今贝加尔湖），距其国西北的完水还有 20 日行程。即便此勘同不足以令人信服，但从南距突厥 7000 余里也可看出当时柔然人除南投北齐和北周外，还有一部分在蒙古高原北缘活动。[③] 唐慧琳曾称“芮芮国：爇锐反，亦名耎国，北狄突屈中小国名”，[④] 明确记录突厥国内有柔然后裔存在。内田吟风认为此处芮芮国并非指《续高僧传·那连耶舍传》记录的北齐北周时期遭遇突厥叛乱的芮芮国，而应指在慧琳所处唐代的突厥国中处于被统治地位的小国茹茹。余太山也倾向于此。[⑤]

以上重点依据汉籍，对柔然后裔在突厥国内的活动情况作了一些探讨。毋庸置疑，在讨论华夏周边族群历史时，汉籍是无可替代的根本史源。不过，出土于华

① 余太山：《宋云、惠生西使的若干问题——兼说那连提黎耶舍、阇那崛多和达摩笈多的来华路线》，《早期丝绸之路文献研究》，北京：商务印书馆，2018 年，第 94 页。

② 荣新江：《阚氏高昌王国与柔然、西域的关系》，《历史研究》2007 年第 2 期，第 5—8、10—11 页。

③ 拜占庭史料记录，6 世纪中叶遭到突厥攻击的游牧民阿瓦尔人（Avares）逃入 Taugast（中国），一部分逃往 Moukri，另有一部分西迁进入东罗马境内。相关介绍参见沙畹（E. Chavannes）：《西突厥史料》，冯承钧译，北京：中华书局，2004 年，第 204—205 页。欧洲学界长期坚持此 Avares 即柔然人。余太山考证，真阿瓦尔人与东罗马的接触时间与柔然的向西发展年代不合，伪阿瓦尔人投奔东罗马的时间与柔然亡国年代不符，阿瓦尔实为悦般，又作阿拔，其投奔的 Moukri（余太山作 Murci）可能为铁勒仆骨部。参见《柔然、阿瓦尔同族论质疑——兼说阿瓦尔即悦般》，《文史》第 24 辑，北京：中华书局，1985 年，第 97—114 页。

④ 慧琳：《一切经音义》卷 91，《大正新修大正藏经》第 54 册，台北：中华电子佛典协会，2001 年，第 2128 号，第 1445 页。

⑤ 内田吟風：「柔然の滅亡年について」、『北アジア史研究　鮮卑柔然突厥篇』、第 321 頁；余太山：《柔然、阿瓦尔同族论质疑——兼说阿瓦尔即悦般》，《文史》第 24 辑，第 97—114 页。

夏边缘的胡汉语碑刻，与这些族群及其建立的政治体密切相关，往往为我们探讨这段民族交融的历史提供鲜活的第一手资料，如1975年发现于蒙古国中部的婆罗米文慧斯陶鲁盖（Khüis Tolgoi）第一碑。据D. Maue和A. Vovin研读，该碑书写语言接近于古蒙古语，碑文中出现柔然末代可汗阿那瑰（Ańaqay）和突厥汗国泥利可汗 N ī̤r ı Qaγan之名，以及突厥可汗Türüg Qaγan之字样。A. Vovin推测该碑使用的语言是拓跋语。[①] 魏义天提出该碑文语言属于柔然语，并采用D. Maue主张的碑文所记bodi-satva törö-ks qaγan为"菩萨铁勒可汗"之义，力陈该碑是603年以后抵抗突厥泥利可汗统治的回纥人建立的。[②] 敖特根、木再帕尔、包文胜在相关研究中引用慧斯陶鲁盖碑，惜在创建时间和背景等问题上均全盘接受魏义天意见。[③] 之后，A. Vovin在关于第一突厥汗国布谷特碑婆罗米文面和慧斯陶鲁盖碑的比较研究中改变观点，认为该碑文使用的是柔然语。值得一提的是，据A. Vovin释读，布谷特碑的婆罗米文面同样是以古蒙古语亲属语言的柔然语写成。[④]

关于慧斯陶鲁盖碑的创建背景及年代，魏义天所言缺乏合理性，他认为反抗突厥泥利可汗的回纥人借用柔然汗国的声望及其语言来记录自己的功绩。笔者曾分析创建该碑的达干和书写碑文文本者均出自曾经的柔然可汗阿那瑰的国土，是那个集团的首领。这一集团信仰佛教，服属于突厥汗国，获得突厥泥利可汗支持而建造了该碑。[⑤] 从慧斯陶鲁盖碑内容不难看出，第一突厥汗国国内存在使用古蒙古语亲属语言的柔然后裔，第一突厥汗国官方碑刻的布谷特碑婆罗米文面也能说明

---

① 该碑文近年获得解读。相关研究参见D. Maue，"Signs and Sounds，" *Journal Asiatique*，Vol. 306，No. 2，2018，pp. 291 - 301；A. Vovin，"An Interpretation of the Khüis Tolgoi Inscription，" *Journal Asiatique*，Vol. 306，No. 2，2018，pp. 303 - 313；É. de la Vaissière，"The Historical Context to the Khüis Tolgoi Inscription，" *Journal Asiatique*，Vol. 306，No. 2，2018，pp. 315 - 319.

② É. de la Vaissière，"The Historical Context to the Khüis Tolgoi Inscription，" pp. 315 - 319.

③ 敖特根等：《惠斯陶勒盖碑文与回鹘的崛起》，《敦煌学辑刊》2020年第3期；木再帕尔：《回鹘语与粟特语、吐火罗语之间的接触》，北京：中国社会科学出版社，2020年，第35页注1，第41页；包文胜：《泥利可汗与突厥政局的发展》，《内蒙古社会科学》2020年第2期，第62页。

④ A. Vovin，"A Sketch of the Earliest Mongolic Language：The Brāhmī Bugut and Khüis Tolgoi Inscriptions，" *International Journal of Eurasian Linguistics*，Vol. 1，2019，pp. 163 - 164.

⑤ 白玉冬：《东突厥汗国的拓拔鲜卑语佛教集团——婆罗米文慧苏图鲁盖碑文研究》，黄维忠主编：《西域历史语言研究集刊》第16辑，北京：中国藏学出版社，2021年，第31—49页。

这一点。总之，与中原地区改朝换代通常只是针对以皇帝和皇族为核心的统治集团相似，漠北草原的新政权不会把前朝遗民统统杀光。

自东突厥汗国灭亡至后突厥汗国成立为止（630—682），蒙古高原先在薛延陀汗国管控之下，之后为唐朝羁縻统治下的九姓铁勒所占据。这一时期，处于边缘地位的柔然后裔并未成为漠北草原的历史舞台主角。降至后突厥汗国时期，突厥碑文记录的三十姓达靼和九姓达靼，通常被认为是指蒙古语族部族集团，即汉籍记录的室韦。建于 732 年的阙特勤碑东面第 4、14 行和毗伽可汗碑（建于 735 年）东面第 5、12 行，[①] 分别记录三十姓达靼参加突厥可汗的葬礼，亦是突厥的敌人。毗伽可汗碑东面第 34 行记录 715 年之时，乌古斯（铁勒）民众和九姓达靼联合在一起，突厥人在 Aγu 地方与他们进行了两次大的战斗。[②] 可见，当时的九姓达靼已经在漠北占有一席之地，且与乌古斯部落关系密切。

回鹘汗国时期，第二代可汗磨延啜，即葛勒可汗记功碑希内乌苏碑（建于 759 年或稍后）与塔里亚特碑（建于 752 年）亦记有九姓达靼。前者详细记录九姓达靼和八姓乌古斯在 749 年之际背叛回鹘，遭到回鹘军队追杀，最终败于色楞格河一带。[③] 后者塔里亚特碑北面第 4 行记录九姓达靼与拔野古、拔悉密等构成回鹘汗国左翼，是左翼所属部族之一。[④]《新唐书·地理志》载贞元年间宰相贾耽所著《入四夷之路与关戍走集》，记录自今包头南的中受降城至回鹘牙帐的路线。其中，自戈壁入口处的鸊鹈泉起，“又十里入碛，经麐鹿山、鹿耳山、错甲

① 参见小野川秀美：「突厥碑文譯註」、『満蒙史論叢』第 4 輯、1943 年、第 289、292—293 頁；T. Tekin, *A Grammar of Orkhon Turkic*, Bloomington: Indiana University, 1968, pp. 232 - 233, 243, 264 - 265, 275；耿世民：《古代突厥文碑铭研究》，北京：中央民族大学出版社，2005 年，第 121、124、151、154 页。

② 主要参见小野川秀美：「突厥碑文譯註」、『満蒙史論叢』第 4 輯、1943 年、第 57 頁；T. Tekin, *A Grammar of Orkhon Turkic*, pp. 244, 277；耿世民：《古代突厥文碑铭研究》，第 162 页。年代考证见岩佐精一郎：「突厥毗伽可汗碑文の紀年」、和田清編：『岩佐精一郎遺稿』、東京：三秀舍、1936 年、第 203—204 頁。

③ 相关介绍与考证参见白玉冬：《回鹘碑文所见八世纪中期的九姓达靼（Toquz tatar）》，刘迎胜主编：《元史及民族与边疆研究集刊》第 21 辑，上海：上海古籍出版社，2009 年，第 155—162 页。

④ 相关考述参见白玉冬：《九姓达靼游牧王国史研究（8—11 世纪）》，北京：中国社会科学出版社，2017 年，第 51—52 页。

山，八百里至山燕子井。又西北经密粟山、达旦泊、野马泊、可汗泉、横岭、绵泉、镜泊，七百里至回鹘衙帐”,[①] 表明当时或此前达旦泊有达靼人居住。此外，刘迎胜介绍《史集》记录蒙元时期的扎剌亦儿人先世曾照看回鹘可汗的骆驼，证明回鹘国内当时存在处于被统治地位的蒙古语族部族。[②] 笔者考述 8 世纪，色楞格河中游北 200 里之地与贝加尔湖和库苏古尔湖之间有室韦部落存在，此室韦部落可堪同为同时期突厥鲁尼文碑文记录的九姓达靼，在突厥语族部族占据蒙古高原时期，突厥语族部族与蒙古语族部族之间的交界线并非以往认为的蒙古高原东部，而是更为靠西。[③]《突厥语大辞典》言达靼人有自己的语言，同时还会说突厥语。[④] 此亦反映在突厥语族群建立的游牧政权之下，曾有蒙古语族部族活动。

综上所述，在突厥语族部族掌控漠北草原时期，一直有达靼部落活动于蒙古高原内。若达靼（Tatar）之名源自柔然大檀可汗之名这一推定无误，那么前述《一切经音义》所记后突厥汗国境内的柔然后裔，视作 8 世纪突厥鲁尼文碑文记录的达靼最为稳妥。换言之，虽然没有确切可信的直接记录，但将九姓达靼视作突厥回鹘汗国境内的柔然人后裔，方能与漠北草原游牧民整体发展的史实相符。不过，需要补充的是，唐代的九姓达靼中恐怕包括塔塔尔、克烈、札剌亦儿等在辽代被归为阻卜（九姓达靼）部落的先世，当时的古蒙古语族部族因达靼部落之英名（源自柔然汗国大檀可汗）主动加入到达靼之行列。总之，依据汉文、波斯文、突厥鲁尼文材料所蕴含的信息，日后的塔塔尔部勘同为柔然人的核心后裔，方能与中国北方民族的历史发展脉络贴合。

值得一提的是，《辽史·太祖纪下》天赞三年（924）六月乙酉条记录契丹大军的西征：

---

① 《新唐书》卷 43 下《地理志七下》，北京：中华书局，1975 年，第 1148 页。

② 刘迎胜：《蒙古征服前操蒙古语部落的西迁运动》，余太山主编：《欧亚学刊》第 1 辑，北京：中华书局，1999 年，第 30—31 页；《西北民族史与察合台汗国史研究》，第 9 页。

③ 白玉冬：「8 世紀の室韋の移住から見た九姓タタルと三十姓タタルの関係」、『内陸アジア史研究』第 26 巻、2011 年、第 85—107 頁；《九姓达靼游牧王国史研究（8—11 世纪）》，第 18—31 页。

④ Mahmūd al-Kāšġarī, *Compendium of the Turkic Dialects*, ed. and trans. Robert Dankoff, Cambridge: Harvard University Printing Office, 1982 - 1985, Vol. 1, p. 83.

> 是日，大举征吐浑、党项、阻卜等部……九月丙申朔，次古回鹘城，勒石纪功。庚子，拜日于蹛林。丙午，遣骑攻阻卜……甲子，诏砻辟遏可汗故碑，以契丹、突厥、汉字纪其功。是月，破胡母思山诸蕃部，次业得思山，以赤牛青马祭天地。①

上文古回鹘城是指鄂尔浑河上游的漠北回鹘汗国都城，现喀剌巴剌噶孙遗址，阻卜是契丹人对蒙古高原游牧民九姓达靼的称呼。② 而胡母思山诸蕃部的胡母思，很可能是《史集》记录的扎剌亦儿部分族 Qumusun / Qumus。③ 蒙古西部出土的回鹘文乌兰浩木碑文，年代约属于 9 世纪后期至 11 世纪初期，碑主曾征讨图拉河一带的达靼人，其中就包括 Qomuz（胡母思，即 Qumus）。④ 此处，契丹大军在蒙古高原征讨九姓达靼—阻卜，以契丹、突厥、汉文纪其功。虽然这一纪功碑尚未被发现，但其隐含的信息值得我们重视。以契丹的官方文字契丹文和汉文纪功，其意义不言而喻，但以突厥文（即鲁尼文）纪功则令人费解。笔者以为，契丹人是在向兼通古突厥语且可能使用过鲁尼文的九姓达靼—阻卜宣示征讨蒙古高原诸部的功绩。

三、从达靼到蒙古：后回鹘时代蒙古高原主体部族的变迁

作为 10—12 世纪蒙古高原游牧民的代表性集团，九姓达靼—阻卜的历史因相关史料零散，难以把握完整细节。在讨论蒙古族源和蒙元初期历史时，如果抛开九姓达靼—阻卜的历史，难免断章取义、以偏概全。九姓达靼—阻卜于中国边疆史、广义蒙古史上的地位和意义，应重新评估。

---

① 《辽史》卷 2《太祖纪下》，北京：中华书局，1974 年，第 19—20 页。

② 参见前田直典：「十世紀時代の九族達靼：蒙古人の蒙古地方の成立」、『東洋学報』第 32 巻第 1 号、1948 年、収入氏著：『元朝史の研究』、東京：東京大学出版会、1973 年、第 233—263 頁；陈得芝：《十三世纪以前的克烈王国》，《蒙元史研究丛稿》，第 201—232 页。

③ 刘迎胜：《辽与漠北诸部——胡母思山蕃与阻卜》，余太山主编：《欧亚学刊》第 3 辑，北京：中华书局，2002 年，第 210 页。

④ 白玉冬、吐送江·依明：《有关高昌回鹘历史的一方回鹘文墓碑——蒙古国出土乌兰浩木碑释读与研究》，郝春文主编：《敦煌吐鲁番研究》第 20 卷，上海：上海古籍出版社，2021 年，第 216 页。关于年代考证和语音勘同，见该文第 218—223 页。

贾耽《入四夷之路与关戍走集》记录有室韦部落。其中，乾隆年间编武英殿刊本《新唐书》、乾隆四年校刊《钦定唐书》及《四库全书》收录的《新唐书》，均记录"又自（回鹘）牙帐东北渡仙娥河，二百里至室韦"。[①] 上述距仙娥河（即色楞格河）200 里的室韦，可以堪同为记录 8 世纪中期亚洲腹地情势的、敦煌出土藏文 P. t. 1283 地理文书中的 Khe-rged 族及其北面的 Ye-dre 七族。[②] 关于此 Khe-rged 族和 Ye-dre 七族，森安孝夫早年指出应属于室韦之部落，笔者考述此即回鹘汗国鲁尼文碑文记录的九姓达靼（Toquz Tatar），可以堪同为上述唐代色楞格河北 200 里的室韦部落及另一室韦部落俞折。[③]

唐开成五年（840），黠戛斯大军南下，终结了回鹘汗国在蒙古高原的统治，回鹘部众迁往天山南北、河西走廊以及阴山地区。之后经过黠戛斯的短暂统治，至迟在 10 世纪初，蒙古高原核心地区（主要指鄂尔浑河流域与杭爱山地区）的历史主角变成九姓达靼。天赞三年，当契丹军队进入鄂尔浑河流域时，居住那里的是

① 参见《新唐书》卷 217《回鹘传》，台北：艺文印书馆影印本，出版年不详，第 524 页；《钦定唐书》卷 217《回鹘传》，上海：上海图书集成印书局，1888 年，第 14 叶；《新唐书》卷 217《回鹘传》，景印文渊阁《四库全书》，台北：台湾商务印书馆，1983 年，第 272 册，第 651 页。关于此"二百里"，百衲本《新唐书》（台北：台湾商务印书馆，1976 年，第 315 页）和中华书局点校本《新唐书》（第 1149 页）均作"二千里"，谭其骧、严耕望、亦邻真、孙秀仁等、张久和均从二千里，兹不从。相关内容参见吴松弟编著：《两唐书地理志汇释》，合肥：安徽教育出版社，2002 年，第 323 页；严耕望：《唐代交通图考》第 2 卷《唐通回纥三道》，上海：上海古籍出版社，2007 年，第 633 页；亦邻真：《中国北方民族与蒙古族族源》，《内蒙古大学学报》1979 年第 3—4 期；孙秀仁等：《室韦史研究》，哈尔滨：北方文物杂志社，1985 年，第 23 页；张久和：《原蒙古人的历史：室韦—达怛研究》，第 135 页；白玉冬：「8 世紀の室韋の移住から見た九姓タタルと三十姓タタルの関係」、『内陸アジア史研究』第 26 巻、2011 年、第 85—107 頁；白玉冬：《九姓达靼游牧王国史研究（8—11 世纪）》，第 18—31 页。

② 白玉冬：「8 世紀の室韋の移住から見た九姓タタルと三十姓タタルの関係」、『内陸アジア史研究』第 26 巻、2011 年、第 85—107 頁；《九姓达靼游牧王国史研究（8—11 世纪）》，第 18—31 页。

③ 森安孝夫：「チベット語史料中に現れる北方民族— DRU-GU と HOR —」、『アジア・アフリカ言語文化研究』第 14 輯増刊、1977 年、第 25 頁；白玉冬：「8 世紀の室韋の移住から見た九姓タタルと三十姓タタルの関係」、『内陸アジア史研究』第 26 巻、2011 年、第 100—103 頁；白玉冬：《九姓达靼游牧王国史研究（8—11 世纪）》，第 31—34 页。

阻卜（达靼）。不过，关于黠戛斯退出蒙古高原的缘由，学界意见不一。① 叶尼塞碑铭中，E59碑记录黠戛斯人与九姓达靼保持往来，威巴特第九碑记录黠戛斯与达靼处于敌对关系。② 鉴于此，在黠戛斯退出蒙古高原一事中，九姓达靼发挥了重要作用。

关于后回鹘时代九姓达靼的历史，前田直典重点利用宋使王延德的《高昌行记》、回鹘汗国的鲁尼文碑刻和《辽史》，考证出10世纪九姓达靼居地位于漠北中心地域，他们构成辽代阻卜诸部的核心部分。陈得芝高度评价前田直典论文，论证13世纪之前的克烈部族属蒙古语族，社会发展也已达到“王国”阶段，堪同于前田氏考证的阻卜—达靼部落（即九姓达靼）。③ 笔者依据E59叶尼塞碑铭，考述10世纪九姓达靼被黠戛斯人称作“九姓达靼王国”，并通过对敦煌出土于阗文、回鹘文、粟特文、汉文文献的比较研究，阐明除了与契丹外，10世纪的“九姓达靼王国”还与沙陀后唐、北宋、甘州回鹘、沙州归义军政权、西州回鹘保持往来关系，并融入回鹘商人主导的丝路贸易网络。④ 钟焓对笔者关于九姓达靼融入丝路贸易的观点提出过疑问。⑤ 笔者对此也有回应，并力陈契丹在10世纪前后经由九姓达靼

① 主要有九姓达靼驱逐说、契丹人驱逐说、黠戛斯人自主放弃说、北庭回鹘驱逐说，参见白玉冬：《九姓达靼游牧王国史研究（8—11世纪）》，第193—194页。

② 白玉冬：「10世紀から11世紀における『九姓タタル国』」、『東洋学報』第93巻第1号、2011年、第90—116頁；《十至十一世纪漠北游牧政权的出现——叶尼塞碑铭记录的九姓达靼王国》，《民族研究》2013年第1期；《九姓达靼游牧王国史研究（8—11世纪）》，第75—95、221—226页；《叶尼塞碑铭威巴特第九碑浅释》，张公瑾主编：《民族古籍研究》第2辑，北京：中国社会科学出版社，2014年，第143—149页。

③ 前田直典：「十世紀時代の九族達靼：蒙古人の蒙古地方の成立」、『東洋学報』第32巻第1号、1948年、収入氏著：『元朝史の研究』、東京：東京大学出版会、1973年、第233—263頁；陈得芝：《十三世纪以前的克烈王国》，《蒙元史研究丛稿》，第201—232页。

④ 白玉冬：「10世紀から11世紀における『九姓タタル国』」、『東洋学報』第93巻第1号、2011年、第90—116頁；《十至十一世纪漠北游牧政权的出现——叶尼塞碑铭记录的九姓达靼王国》，《民族研究》2013年第1期，第74—86页；《九姓达靼游牧王国史研究（8—11世纪）》，第75—95、57—74、96—160、171—192页；《于阗文P.2741文书所见鞑靼驻地Buhäthum考》，朱玉麒主编：《西域文史》第2辑，北京：科学出版社，2007年，第231—243页；「十世紀における九姓タタルとシルクロード貿易」、『史学雑誌』第120巻第10号、2011年、第1—36頁；「沙陀突厥・九姓タタル関係考」、『東洋学報』第97巻第3号、2015年、第1—25頁；《关于王延德〈西州程记〉记录的漠北部族》，《中国边疆史地研究》2019年第1期；《12—13世纪粟特——回鹘商人与草原游牧民的互动》，《民族研究》2020年第3期。

⑤ 钟焓：《辽代东西交通路线的走向——以可敦墓地望研究为中心》，《历史研究》2014年第4期。

所在的漠北草原与西域、中亚保持联系。① 2021 年，森安孝夫利用基督教会关于亚洲腹地的突厥人改宗基督教的传说、丝绸之路上粟特文书信，以及吐鲁番布拉依克遗址出土、由基督教圣职者写给西州回鹘王族的德藏 COUL no. 04（U3890）文书，考述 11 世纪初克烈部改宗基督教属实，是受出身西州回鹘王国的基督教商人影响，并支持前述笔者观点。② 总之，经过上述研究，学界对 10—12 世纪占据漠北草原核心地区的九姓达靼的社会发展、对外交往、融入丝路贸易网络等有了大体了解。这里仅重点补叙反映九姓达靼与蒙古高原以西、丝路贸易重要节点高昌回鹘之间关系的三条新史料，以呈现九姓达靼融入欧亚大陆历史的实景。

张铁山、茨默解读中国文化遗产研究院藏 xj 222－0661.9 回鹘文书，讲述高昌回鹘早期某位可汗曾征服威胁高昌回鹘的九姓达靼。该史料云：

ata-sï 天［tängri］elig qutïnga arqa berip alqatmïš el-kä muyγa bolmïš toquz tatar bodunïn ügritrü③ balïq saqa-sïnda ünärär④ čärig urup yatmaq üzä öz-kä sanlïγ qïlu yarlïqap öz eli-ning basïnčïn ketärü yat ellig ayïγ saqïn č-lïγ yaγï-lar-qa ešidmiš-tä ök ïčanγuluq äymängülük qïlu yarlïqadï.

（那位可汗）帮助他父亲天王陛下，愚弄（原意为"使被欺骗"）对神圣的国家（即高昌回鹘）构成威胁的九姓达靼民众，在城下布置伏兵（原意为"让军队出现在城下并布置军队"），因而使他们（即九姓达靼之民众）服属于自己，解除了自己国家的危机，令外国国王和怀有恶意的敌人听到时就恐惧躲避。⑤

① 白玉冬：《"可敦墓"考——兼论十一世纪初期契丹与中亚之交通》，《历史研究》2017 年第 4 期。

② 森安孝夫：「前近代中央ユーラシアのトルコ・モンゴル族とキリスト教」、『帝京大学文化財研究所研究報告』第 20 集、2021 年、第 5—39 頁。U3890 文书中出现相当于西州回鹘国王的Yigädmiš BilgäTängri Ilig（Yigädmiš贤明的天王）和王子殿下（tigin tängrim qutï）之称号，参见同文第 23—26 页。

③ ügritrü 意为使被欺骗，张铁山、茨默二位读作 ögrätgü，指出该读法并不确定。

④ ünärär-意为使升起、让出发，张铁山、茨默换写作 'wyrk'r，转写作 ürkär，对译作 startling。

⑤ 第 9—14 行，参见 Zhang Tieshan and Peter Zieme, "A Memorandum about the King of the 'On Uygur' and His Realm," *Acta Orientalia Academiae Acientiarum Hungaricae*, Vol. 64, No. 2, 2011, pp. 137, 140－141.

笔者主张，上述九姓达靼和高昌回鹘之间的战斗发生在875年前后。[①] 之后，该文书继续谈道：

> öz-kä san-lïγ yerin suvïn ötükän bodunïn ornatu yarlïqadï.
>
> 他（即前引某位可汗）让于都斤（今蒙古杭爱山一带）的民众居住在属于他们自己的土地上。[②]

据文书整体文义，该句主语“他”仍是那位曾解除九姓达靼之威胁的高昌回鹘可汗。

笔者和吐送江·依明据实地考察，重新释读蒙古国西部出土回鹘文乌兰浩木碑，补充完善前人研究，并依据新发现的 Ögä Qočo-oo（于伽高昌王）、Qomuz（忽母思）、Mar（法师、大德）等词，主张该碑建于9世纪后期至11世纪初期，其背景是高昌回鹘与九姓达靼之间的战争。碑中言：

> ögä qočo-oo tatar qa süländi. anta čärig lädim. y（e）girminč-tä en（i）ttim. tuγ（ï）m T W L W // LQY，tübünä tuγl（a）ta kiši tükäl bulta üküš altïm.
>
> 于伽高昌王向达靼进军了，那时我出兵了。第20日，我降下了我的旌旗（即偃旗息鼓）……在故土（或老巢）土拉（河畔）发现了全部（敌）人，并俘获了很多。[③]

---

① 白玉冬：《有关高昌回鹘的一篇回鹘文文献——xj222－0661.9文书的历史学考释》，《中国边疆史地研究》2014年第3期。付马则认为发生在866—876年，九姓达靼使得回鹘可汗仆固俊身陷重围，甚至认为九姓达靼还有可能在866—869年摧毁过高昌回鹘的北庭城，具体参见《西州回鹘王国建立初期的对外扩张——中国文化遗产研究院藏xj222－0661.09回鹘文书的历史学研究》，朱玉麒主编：《西域文史》第8辑，北京：科学出版社，2013年，第151、153—155页；《回鹘时代的北庭城——德藏Mainz 354号文书所见北庭城重建年代考》，《西域研究》2014年第2期。

② 第39—40行，参见Zhang Tieshan and Peter Zieme，“A Memorandum about the King of the ‘On Uygur’ and His Realm，” pp. 139，142.

③ 第3—6行，译文略有改动。参见白玉冬、吐送江·依明：《有关高昌回鹘历史的一方回鹘文墓碑——蒙古国出土乌兰浩木碑释读与研究》，郝春文主编：《敦煌吐鲁番研究》第20卷，第218—223页。关于该碑文的创建年代，以往学术界主流意见认为属于回鹘西迁之前，兹不从。

关于以上出自回鹘文文献的三条史料所反映的历史背景，很难从汉文史料中找到确切的对应记录。不过，《资治通鉴》唐僖宗乾符二年（875）条言“回鹘还至罗川。十一月，遣使者同罗榆禄入贡。赐拯接绢万匹”。此“罗川”应为“合罗川”之误，且该“合罗川”不应是额济纳河，而是曾为回鹘牙帐所在地的、漠北鄂尔浑河流域之“合罗川”。加之，《续资治通鉴长编》所言太平兴国八年（983）“塔坦国遣使唐特墨与高昌国使安骨庐俱入贡”的塔坦国即九姓达靼，①则不难看出，当时九姓达靼与高昌回鹘之间有着千丝万缕的联系，他们融入回鹘商人主导的丝路贸易网络绝非偶然。②

接下来对比同时期的蒙古部历史。蒙古之名始见史乘，是《旧唐书·室韦传》中的蒙兀室韦，是活动在嫩江流域—大兴安岭—石勒喀河流域的室韦部落集团之一部，③其居住地大体是在大兴安岭北端额尔古纳河流域。④据《魏书》《隋书》《两唐书》的《室韦传》，室韦人从事游牧、狩猎、渔猎和粗放的原始农业。关于室韦的部落数目，《魏书》未记录，《隋书》中至少可见37个。⑤《旧唐书·室

① 《资治通鉴》卷225，唐僖宗乾符二年，第8181页；森安孝夫：「ウィグルの西遷について」、『東西ウイグルと中央ユーラシア』、名古屋：名古屋大学出版会、2015年、第279—280頁；《续资治通鉴长编》卷24，太平兴国八年条，北京：中华书局，1995年，第566页。

② 敦煌出土回鹘文、粟特文文书反映，10世纪回鹘商人的贸易网络涵盖包括九姓达靼所在的于都斤——鄂尔浑河地区在内的欧亚大陆东部，具体参见森安孝夫：「『シルクロード』のウイグル商人——ソグド商人とオルトク商人のあいだ」、『東西ウイグルと中央ユーラシア』、第407—435頁。

③ 关于北魏至辽代室韦居住地的研究成果众多，此处主要参见白鳥庫吉：「東胡民族考」、『史学雜誌』第21編第4、7、9号、第22編第1、5、11、12号、第23編第2、3、10、11、12号、第24編第1、7号、1910—1913年、收入氏著：『白鳥庫吉全集』第4巻、東京：岩波書店、1970年、第205—214頁；「室韋考」、『史学雜誌』第30編第1、2、4、6、7、8号、1919年、收入氏著：『白鳥庫吉全集』第4巻、第339—363、382—388、403—404、427—430頁；方壮猷：《室韦考》，《辅仁学志》第2卷第2号，1931年，第623—650、652—654、664—668页；王颋：《室韦的族源和各部方位》，中国蒙古史学会编：《中国蒙古史学会论文选集》，呼和浩特：内蒙古人民出版社，1983年，第128—138页。

④ 蒙古室韦居住地，此处据亦邻真：《中国北方民族与蒙古族族源》，《内蒙古大学学报》1979年第3—4期。

⑤ 《隋书》卷84《室韦传》，第1882—1883页。

韦传》《新唐书·室韦传》记录有18—19个，[①] 再加上前面介绍的P. t. 1283藏文地理文书记录的Khe-rged族及其北面的Ye-dre七族（即九姓达靼），总数达26—27，接近于同时期突厥碑文记录的三十姓达靼（Otuz Tatar）。据此而言，九姓达靼是8世纪中后期至9世纪活动在色楞格河中游一带、汉籍记录的室韦部落，属于三十姓达靼。与此相对，当时蒙古部尚活动在额尔古纳河流域，属于三十姓达靼之一部，但不属于九姓达靼。

840年漠北回鹘汗国的崩溃与回鹘人主体的西迁，及其引发的蒙古高原部族居住地的重新洗牌，导致黠戛斯人至迟在10世纪初退回叶尼塞河流域，九姓达靼在10—12世纪占据蒙古高原核心地域鄂尔浑河—杭爱山地区。这一时期，蒙古部从额尔古纳河流域向西迁居到鄂嫩河流域—蒙古高原。关于蒙古部的移居问题，前人已经做了很多工作，[②] 兹不重新考证，概述要点，以为补充。

《辽史》记载，辽代活动在今克鲁伦河下游与呼伦贝尔地区的，主要是敌烈部与乌古部，并记辽朝设置于蒙古高原的边防城镇州、静边城、皮被河城等，其防御对象有室韦、羽厥，未见蒙古（萌古）之名。[③] 后晋亡国后曾滞留契丹7年的胡峤曾言：

> （契丹）西则突厥、回纥。西北至妪厥律，其人长大，髦头，酋长全其发，盛以紫囊。地苦寒，水出大鱼，契丹仰食。又多黑、白、黄貂鼠皮，北方诸国皆仰足。其人最勇，邻国不敢侵。又其西辖戛，又其北单于突厥，皆与妪厥律略同。[④]

① 《旧唐书》卷199下《室韦传》记作19（第5357—5358页），《新唐书》卷219《室韦传》记作18（第6176—6177页）。《新唐书》卷220《流鬼传》把达姤视作室韦之种（第6210页）。

② 主要参见田村實造：「モンゴル族の開國傳説と移住の問題」、『東洋史研究』第23巻第1号、1963年、第47—58頁；陈得芝：《蒙古部何时迁至斡难河源头》，《南京大学学报》1981年第2期；白石典之：「モンゴル部族の自立と成長の契機：十—十二世纪の考古学資料を中心に」、『人文科学研究』第86期、1994年、第27—51頁；白石典之：『モンゴル帝国史の考古学的研究』、東京：同成社、2002年、第49—55頁。

③ 《辽史》卷37《地理志一》，第451页。

④ 叶隆礼：《契丹国志》卷25《胡峤陷北记》，贾敬颜、林荣贵点校，上海：上海古籍出版社，1985年，第239页。

另外,《辽史》仅记录两处蒙古部,即《辽史·道宗纪》"大康十年"(1084)条的"二月庚午朔,萌古国遣使来聘。三月戊申,远萌古国遣使来聘"。[①] 可见,当时的蒙古部与辽朝接触不多。王国维对辽金汉籍记录的蒙古部相关史料进行归纳整理,主张胡峤所记契丹东北方向的部族"韈劫子",以及辽末天祚帝投奔的阴山达靼毛割石(或为谋葛失)之名可堪同为蒙古。[②] 笔者以为韈劫子即日后的蔑儿乞,[③] 毛割石、谋葛失均为景教教名 Marcus 的对音。

南宋叶隆礼撰于1180年的《契丹国志》介绍蒙古部等:

> 正北至蒙古里国。无君长所管,亦无耕种,以弋猎为业,不常其居,每四季出行,惟逐水草,所食惟肉酪而已。不与契丹争战,惟以牛、羊、驼、马、皮、毳之物与契丹为交易。南至上京四千余里。又次北至于厥国……又次北西至鳖古里国。又西北,又次北近西至达打国……东南至上京六千余里。[④]

上引史料被认为出自庆历元年(1041)自辽投宋的赵志忠所撰《阴山杂录》,说明当时蒙古部已经西迁。[⑤] 《史集》记录契丹军队曾渡过克鲁伦河,攻击札剌亦儿部,战败的札剌亦儿人逃入成吉思汗七世祖母莫挐伦的住地,残杀了莫挐伦一

① 《辽史》卷25《道宗纪》,第289页。

② 王国维:《萌古考》,谢维扬、房鑫亮主编:《王国维全集》第14卷,第286页。田村实造持相同意见,参见「モンゴル族の開國傳説と移住の問題」、『東洋史研究』第23卷第1号、1963年、第50—51頁。

③ 参见白鳥庫吉:「室韋考」、『白鳥庫吉全集』第4卷、第429—430頁;箭内亙:「韃靼考」、『蒙古史研究』、東京:刀江書院、1930年、第538頁。贾敬颜视作《史集》部族志记录的Bkrin/Mkrin,参见《胡峤陷辽记疏证》,《史学集刊》1983年第4期,第15页。兹不从。

④ 叶隆礼:《契丹国志》卷22《四至邻国地里远近》,第214页。

⑤ 王国维:《萌古考》,谢维扬、房鑫亮主编:《王国维全集》第14卷,第286—287页;田村實造:「モンゴル族の開國傳説と移住の問題」、『東洋史研究』第23卷第1号、1963年、第52頁;陈得芝:《蒙古部何时迁至斡难河源头》,《南京大学学报》1981年第2期。在《契丹国志》所附《契丹地理之图》中,上京北偏西方向为蒙古,之后自东向西,依次记有于厥、鳖古里、韃靼。该地图上京西、蒙古南又有蒙古山,鳖古里与韃靼中间偏南另有萌古司。就蒙古山、萌古司而言,该图应作于南宋时期。在探讨当时蒙古部居住地时,我们不能过分依赖《契丹地理之图》。

族，唯有幼子海都幸免于难，后海都移至贝加尔湖畔的巴儿忽真脱窟木地方，直至成年后征服札剌亦儿人。① 按平均一世 20—25 年计算，成吉思汗六世祖海都成年期大概在 11 世纪三四十年代，大体上与赵志忠所处年代相符。不过，上述蒙古里国不会是几近亡族、远至贝加尔湖畔避难的蒙古部。诚然，如陈得芝所言，在成吉思汗十至十一世祖时期，蒙古部已经开始与鄂嫩河源的布尔罕山接触。② 但海都自贝加尔湖畔南下重振蒙古部，短期内势力不太可能囊括三河源头的肯特山一带。因此，笔者以为此处蒙古里国位置在鄂嫩河上中游一带，才较为合理。③ 上引《契丹国志·四至邻国地里远近》记录的达打国，应是九姓达靼，即克烈部或日后的塔塔尔部。

辽末金初的动荡波及蒙古高原诸部族，导致蒙古高原中东部地区原有社会秩序发生变化，引发游牧集团的相互兼并及居地的重新归属，蒙古部正是在这一时期开始扩大势力。笔者等此前据《完颜希尹神道碑》《行程录》等，归纳整理了 1130—1146 年蒙古部与金朝之间的关系。④ 具体而言，双方至少曾发生 4 次大的冲突。第一次是追讨耶律大石的金军顺路袭掠蒙古部，约在 1130 年。第二次是《完颜希尹神道碑》记录的“萌古斯扰边”，约在 1133—1134 年，结果是金军获胜。第三次是“呼沙呼北征”，约为 1138 年，金军曾进抵鄂嫩河流域，但粮尽而还，在上京西北的海岭遭到蒙古部重创。第四次是宗弼领中原所教神臂弓弩手 8 万人讨蒙古之役，约在 1138—1146 年。其中，第四次战争之后，金朝欲册封蒙古部酋长敖罗孛极烈为蒙古国王，但蒙古人不同意。正是在此种条件下，出现了宋人记录的 1147 年“蒙酋鄂抡贝勒乃自称祖元皇帝，改元天兴”一事。蒙古部改元“天兴”，是指在蒙古部内部的称汗，或为宣称脱离金朝统治的一种

① 拉施特主编：《史集》第 1 卷第 1 分册，第 18—19 页。《元史》卷 1《太祖纪》亦有相关记录，只是莫拏伦是成吉思汗八世祖母，年幼的海都是其长孙（北京：中华书局，1976 年，第 2—3 页）。

② 陈得芝：《蒙古部何时迁至斡难河源头》，《南京大学学报》1981 年第 2 期。

③ 古人对方位的认知，往往与现代地图所反映的标准方位间存在偏差。按现代地图，蒙古里国应位于契丹西北方，上引《四至邻国地里远近》记录的部族方位，大体应向逆时针方向移动 45 度左右。

④ 白玉冬、赵筱：《蒙古部“祖元皇帝”与“太祖元明皇帝”考》，刘迎胜主编：《元史及民族与边疆研究集刊》第 42 辑，上海：上海古籍出版社，2022 年，第 15—19 页。

表达，绝非汉语语境下的"改元"。此即12世纪前中期的"蒙古国"（Mongγol Ulus），有别于成吉思汗在13世纪初建立的"大蒙古国"（Yeke Mongγol Ulus）。不过，此"蒙古国"不久因金朝的打压和内乱而衰败，蒙古部不得已委身于西边的克烈部。至于铁木真作为克烈部属下而发展壮大等情，已为众人皆知，兹不赘述。

《辽史》记录的阻卜（即九姓达靼）包括后来的克烈部、塔塔尔部、札剌亦儿部等，未包括蒙古部，且《契丹国志·四至邻国地里远近》中蒙古里国与达打国并列。依此而言，把这一时期的蒙古视作达靼的一部，属于他者的认同，并非蒙古部自我承认是Tatar（达靼）。不过，突厥碑文记录的三十姓达靼，虽然是突厥人对其东邻室韦部落的统称，但也有可能是因为当时室韦自我认同是达靼人。如是，这个自我认同可以追溯到柔然汗国时期。因柔然汗国的统治波及室韦部落，故处于柔然属下、使用相近语言的古蒙古语部落自认是达靼之属。不过，时过境迁，当铁木真统一蒙古高原诸部后自不必说，即便是蒙古部与塔塔尔部对立的12世纪中后期以后，蒙古部也不会以敌对部落塔塔尔Tatar之名自我认同，更不会以此名称来统括"大蒙古国"的属民。此时，蒙古歹（Mongγoldai）之名应运而生。

四、蒙元对达靼的双重标准：排斥与接受

13世纪蒙古汗国的建立及其之后对欧亚大陆的征服，对世界历史影响深远。元朝及四大汗国灭亡后，斡罗斯史料仍以Tatar/Tartar代称蒙古，察合台汗国的游牧民后裔仍自称蒙兀儿（蒙古）人。明朝则称东部的蒙古人为达靼、西部为瓦剌，清朝将达靼和瓦剌一并归入蒙古名下。

那顺乌力吉认为，不同历史时期汉籍记录的达靼所指代的范围和内涵有所不同。具体来说唐五代史料中的达靼是部族名称，约在宋初演变为国家名称，蒙古汗国建立后北方各部族统称为蒙古，塔塔尔（达靼）名称从泛称演变为蒙古辖下一个部落的名称，两宋史官用达靼一词来指代北方游牧民族，甚至把达靼作为蒙古的通称，这一用法甚至沿用到明清时期。① 那顺乌力吉上述见解中，除塔塔尔

① 那顺乌力吉：《论"鞑靼"名称的演变》，《内蒙古民族大学学报》2008年第2期。

从泛称演变为蒙古统辖的一个部落名称之外，其余均是基于他者视角总结的蒙古高原游牧民的认同情况。笔者亦不持异议，故此处仅讨论作为当事者的蒙元王朝对达靼的认同问题。

早年，王国维提出元朝官修《辽史》《金史》时“讳言鞑靼”。[①] 蔡美彪最初支持王国维意见，后引用元代官私文献，考述蒙元朝廷和官民认同汉文的“达达”。[②] 上述两位学者从不同角度，讨论蒙古人对达靼的排斥与接受问题，但缺憾在于未对蒙古文史料给予关注。

蒙古文也松格碑约建于 1224 年，是成吉思汗率领军队出征花剌子模返回蒙古本土后聚会的纪念碑。[③] 其中有 qamuɣ Mongɣol ulus-un noyad 字样。蒙古语 ulus 原义是人们，在此基础上衍生出部族集团、国、国家之义。鉴于蒙古汗国的蒙古语名称是 Yeke Mongɣol Ulus（大蒙古国），也松格碑的 ulus 理解为人们更合文义，即 qamuɣ Mongɣol ulus-un noyad 是全体蒙古人的那颜之义。以此来理解，此处 Mongɣol 涵盖整个蒙古汗国的蒙古人集团。此外，1290 年伊利汗国阿鲁浑汗回信罗马教皇，其中言Čінggis Qan-u uruɣud öber-ün Mongɣolǰin durabar aǰu（成吉思汗的子孙们按全体蒙古人的意愿生活着）。[④] 可见，晚至 1290 年末，包括远在伊利汗国的蒙古人中依然存在全体蒙古人这一概念。

《史集·部族志》“塔塔尔”条记载，“正如现今，由于成吉思汗及其宗族的兴隆，由于他们是蒙古人，于是各有某种名字和专称的［各种］突厥部落，如札

① 王国维：《鞑靼考》，谢维扬、房鑫亮主编：《王国维全集》第 14 卷，第 255—257 页。

② 蔡美彪：《辽金石刻中的鞑靼》《元代文献中的达达》，氏著：《辽金元史考索》，北京：中华书局，2012 年，第 202—214 页。

③ 主要参见 B. B. Радлов, *Атласъ древностей Монголіи* (*Atlas der Alterthümer der Mongolei*), Санкт-Петербург: Типографія Императорской академіи наукъ, 1892, Plate. 49 - 3; Dobu, ed., *Uyiɣurjin Mongɣol üsüg-ün Durasqaltu bičig-üd*（道布编：《回鹘式蒙古文文献汇编》），北京：民族出版社，1983 年，第 3、5 页；D. Tumurtogoo and G. Cecegdari, eds., *Mongolian Monuments in Uighur-Mongolian Script* (*XIII-XIV Centuries*), *Introduction, Transcription and Bibliography* (*Language and Linguistics Monograph Series A-11*), Taipei: Institute of Linguistics, Academia Sinica, 2006, pp. 9 - 10, 675.

④ Dobu, ed., *Uyiɣurjin Mongɣol üsüg-ün Durasqaltu bičig-üd*，第 51—52 页。关于mongɣolǰin（全体蒙古人）之解释，参见乌云毕力格：《丝路沿线的民族交融：占星家与乌珠穆沁部》，《历史研究》2020 年第 1 期，第 100 页。

剌亦儿、塔塔儿、斡亦剌惕、汪古惕、客列亦惕、乃蛮、唐兀惕等，为了自我吹嘘起见，都自称为蒙古人，尽管在古代他们并不承认这个名字"。① 这表明，蒙元时期蒙古外延的扩大，使得众多非蒙古部出身者，甚至一些非蒙古语族人员也加入认同"蒙古"的行列。②

宋宁宗嘉定十四年（1221），出使河北蒙古军的宋使赵珙在《蒙鞑备录》中把蒙古归于黑鞑靼，并言自己"亲见其权皇帝摩睺国王，每自称曰我鞑靼人"。③ 不过，当时蒙古汗国早已建立，即便摩睺（木华黎）以蒙古语自称 Mongγol čud（蒙古人），但通过译者之口或赵珙之手，均有可能变成当时宋人对蒙古人的通称达靼。因此，此条记录无法成为当时蒙古人自我认同作 Tatar 的证据。

佚名作者所撰《圣武亲征录》成书于至元年间，是记录成吉思汗和窝阔台朝历史的重要史籍。其中，塔塔尔是蒙古敌对集团塔塔尔部的专称，且没有用以表述游牧民通称达靼的记载。参考《蒙古秘史》中塔塔尔同样是蒙古的敌对部落之专称，即便当时曾有过《圣武亲征录》及《史集·成吉思汗纪》底本《金册》（*Altan Debter*）所依据的蒙古语《实录》，也难以想象其中会以 Tatar 代称塔塔尔部以外的其他游牧部落。虽然在《蒙古秘史》的旁译和总译中，忙豁勒（Mongγol，蒙古）被译成达达，但这是明朝官方的见解，④ 不能说明在《蒙古秘史》蒙古文原文中蒙古写作 Tatar。笔者查阅蒙元时期蒙古语文献材料，亦未发现 Tatar 之例。⑤ 相反，据《黑鞑事略》，当时蒙古汗国周边的游牧民均有各自不同

---

① 拉施特主编：《史集》第 1 卷第 1 分册，第 166 页。

② 关于元代蒙古人的自我认同，元人文集和碑刻史料可以提供丰富的信息。因本文重点讨论蒙古人对达靼（Tatar）的认同问题，兹不赘引，另文再叙。

③ 参见王国维：《〈蒙鞑备录〉笺证》，谢维扬、房鑫亮主编：《王国维全集》第 11 卷，第 339 页。

④ 如明朝永乐五年（1407）设立四夷馆培养翻译人才，其中的鞑靼馆即掌管与蒙古之间的文书往来。

⑤ 主要参见 D. Tumurtogoo and G. Cecegdari, eds., *Mongolian Monuments in Uighur-Mongolian Script (XIII-XIV Centuries), Introduction, Transcription and Bibliography (Language and Linguistics Monograph Series A-11)*; D. Tumurtogoo and G. Cecegdari, eds., *Mongolian Monuments in 'Phags-Pa Script, Introduction, Transliteration, Transcription and Bibliography (Language and Linguistics Monograph Series 42)*, Taipei: Institute of Linguistics, Academia Sinica, 2010.

的称呼，蒙古人依据其名称呼之。① 顺而言之，现有材料并不支持 13 世纪蒙古高原游牧民有一个自我认同的通称 Tatar。

据伯希和介绍，在贵由汗 1246 年答复教皇英诺森四世的蒙古语信函的拉丁语译本中，末尾处标明“达达汗（Domini Tattarorum）致教皇书内容如此”。② 不过，在其波斯语译本的正文中，并未出现蒙古或达靼字样，该波斯语译本的信首是 3 行古突厥语，波斯语译文上加盖有 2 处蒙古文印文。据伯希和释读，其第 1—4 行写有 möngke t（e）ngri yin küčün-dür yeke mongγol ulus un dalai in xanu ǰ（a）rl（i）γ（长生天气力里，大蒙古国的海之汗的圣旨）。③ 其中的 yeke mongγol ulus，相比伯希和的译文 peuple des grands Mongols（大蒙古民族），译作大蒙古国更为精确。虽然此处 Mongγol 是国家之名，但喻示整个集团是在 Mongγol 这个名称之下。这与前面介绍的也松格碑记录的 qamuγ mongγol ulus（全体蒙古人）的 Mongγol（蒙古）异曲同工。以此看来，如同波斯语译文以伊斯兰历“六四四年第二月主马答（ǰumāda）之末日数内（1246 年 11 月 3 日至 11 日）写来”结尾一样，拉丁语译本末尾处的“达达汗”（Domini Tattarorum）是对教皇来信中蒙古人之称呼 Tartares 的礼节性答复，并非表明当时蒙古人自称 Tartar/Tatar。

汉籍则多次出现达达之称呼。④ 如《元史·太祖纪》在击溃克烈部的战事后言，“时乃蛮部长太阳罕心忌帝能，遣使谋于白达达部主阿剌忽思”。⑤《圣武亲征录》记录同一事件时，白达达作王孤部。⑥ 此王孤，《元史》通常作汪古，《史

① 关于蒙古周边国家或民族名称，《黑鞑事略》言：“其残虐诸国，已破而无争者，东南曰白鞑、金虏；女真。西北曰奈蛮，或曰乃满。曰乌鸹，曰速里，曰撒里达，曰抗里；回回国名。正北曰达塔，即兀鲁速之种。曰蔑里乞；正南曰西夏。”（王国维：《〈黑鞑事略〉笺证》，谢维扬、房鑫亮主编：《王国维全集》第 11 卷，第 395—396 页）其中的达塔，即塔塔尔部。

② P. Pelliot, “Les Mongols et la Papauté,” *Revue de l'Orient chrétien*, Vol. 23, 1922 - 1923, p. 14；伯希和：《蒙古与教廷》，冯承钧译，北京：中华书局，2008 年，第 14 页。

③ P. Pelliot, “Les Mongols et la Papauté,” pp. 16 - 23；伯希和：《蒙古与教廷》，第 18—19、25 页。朱印见 P. Pelliot, “Les Mongols et la Papauté” 第 24 页后附文。笔者转写方式与伯希和有异，内容相同。

④ 参见蔡美彪：《元代文献中的达达》，氏著：《辽金元史考索》，第 207—214 页。

⑤《元史》卷 1《太祖纪》，第 12 页。

⑥ 贾敬颜校注：《圣武亲征录》（新校本），陈晓伟整理，北京：中华书局，2020 年，第 165 页。

集》加复数词缀作 aūngūt,[①] 原音是 Öng。[②] 此处的白达达，视作编撰《元太祖实录》时对汉语词白达达的借用较为稳妥。《元史·世祖纪》中统二年（1261）八月辛丑条言“（以）贾文备为开元女直水达达等处宣抚使，赐虎符”。[③]《黑鞑事略》记录蒙古当时的“已争而未竟者”中，“西南曰斛速益律于，水鞑靼也”。此“斛速益律于”应为“斛速益律干”之误，是蒙古语水国民（husu/usu irgen）之音译。[④] 虽然彭大雅所言蒙古西南这一方位不确，但从其补注“水鞑靼也”可知，《元史》的水达达是元朝官方摒弃蒙古语自有词斛速益律干 husu/usu irgen，而对汉语词水达达的借用。此外，《元史·泰定帝纪》至治三年（1323）条记录的继位诏书中出现“达达国土都付来”、“达达百姓每”之文，[⑤] 这两处达达寓意蒙古。

《元典章》“投下达鲁花赤”条云：

> 大德八年六月，江浙行省准中书省咨：
>
> 大德八年三月十六日奏过事内一件：“台官人每俺根底与文书：‘各投下各枝儿分拨到的城子里，他每委付达鲁花赤有。一个月日未满，又重委付一个来有。于内多一半是汉儿、女直、契丹，达达小名里做达鲁花赤有。今后各投下各枝儿里说知：选拣蒙古人委付者，汉儿、女直、契丹，达达小名里，做达鲁花赤的，都合革罢了有。’么道，这般说有。俺商量来：今后诸王驸马各投下各枝儿里行与文书，他每分拨到城子里委付达鲁花赤呵，选拣蒙古人委付者。如果无蒙古人呵，选拣有根脚的色目人委付者。三年满呵，

---

① 拉施特主编：《史集》第 1 卷第 1 分册，第 229—230 页。

② 白玉冬：《丝路景教与汪古源流——从呼和浩特白塔回鹘文题记 TextQ 谈起》，《中山大学学报》2018 年第 2 期，第 153 页；《九姓达靼游牧王国史研究（8—11 世纪）》，第 246 页。有意见认为该名来自原蒙古语词 önggü（城墙），惜无法考证，参见额尔敦巴特尔：《拉施特〈史集〉所记若干名号考察》，《民族语文》2021 年第 4 期，第 83 页。

③ 《元史》卷 4《世祖纪一》，第 73 页。

④ 王国维：《〈黑鞑事略〉笺证》，谢维扬、房鑫亮主编：《王国维全集》第 11 卷，第 396、399—400 页。另，《元朝秘史》记录的“水”均为兀速 usu 或兀孙 usun（小泽重男：『元朝秘史全釈·上』、東京：风间書房、1984 年、第 349—350 頁）。不过，蒙元时期蒙古语词头音中，今音的部分 u - 尚带有喉音 h -。此处“斛速（husu）”即为一例。

⑤ 《元史》卷 29《泰定帝纪一》，第 638 页。

交他每依大体例替换了。若三年不满呵，不交重委付人呵，怎生?”奏呵，奉圣旨：“那般者。”钦此。①

《元典章》虽然由元朝地方官吏编修，但反映的是官方意志。上文讲述的是大德八年（1304）六月，江浙行省收到的中书省咨文。咨文引述了大德八年三月十六日中书省给皇帝的奏文，而奏文先引了御史台官给中书省的文书，然后给出中书省的处理意见。上奏的结果，是经皇帝批准的中书省的处理意见。于是中书省就此事给江浙行省发咨文。据御史台官所报，投下和皇室分族委派到所属城里的达鲁花赤中，有的一个任期未满，又另有一名达鲁花赤被派来，其中一多半由冒名达达的汉人、女直人、契丹人任达鲁花赤。所以要求各投下和皇室分族要挑选蒙古人委任达鲁花赤，罢免那些以达达之名任达鲁花赤的汉人、女直人、契丹人。中书省的处理意见是下发公文给诸王驸马投下和皇室分族，要求挑选蒙古人充任达鲁花赤，并补充说如果没有蒙古人，就挑选有背景的色目人担任，规定任期 3 年，不满 3 年不能随便换人。

上引《元典章》条文表述人物所属专用名词中，汉儿、女直、达达都可在宋末元初陈元靓编《事林广记》收录的汉蒙对译辞书《至元译语》中找到，分别对应扎忽歹（J̌auqudai/J̌aqudai）、主十歹（J̌ürčidei）、蒙古歹（Mongγoldai）。②《至元译语》未收入的契丹，其对应的蒙古语词是 Qitay/Qitat。在本文关注的达达的对译词蒙古歹（Mongγoldai）中，歹对应的 dai 是蒙古语表示所有格的词缀。同样的解释还适用于汉儿（J̌auqudai/J̌aqudai）和女直（J̌ür čidei）。类似以歹（dai）收尾的词，还有囊家歹（南家）、术里阇歹（jurjidai，女真）等。③ 蒙古歹（Mongγoldai）字面意思是“有蒙古的（人、物）”，扎忽歹（J̌auqudai/J̌aqudai）是“有扎忽的（人、物）”，主十歹（J̌ürčidei）是“有主十的（人、

① 断句参考《元典章》卷 9《吏部三》，陈高华等点校，天津：天津古籍出版社、北京：中华书局，2011 年，第 1 册，第 293 页；《元典章》，洪金富点校，台北：台湾“中研院”历史语言研究所，2016 年，第 1 册，第 400—401 页。

② 贾敬颜、朱风：《蒙古语女真语汇编》，天津：天津古籍出版社，1990 年，第 3 页。

③ 相关介绍主要参见刘迎胜：《“汉人八种”新解——读陈寅恪〈元代汉人译名考〉》，《西北民族研究》2020 年第 1 期。

物)"。不过，按此很难理解上述词的具体含义。在此借鉴与蒙古语表示所有格的词缀 - dai/dei 对应的古突厥语词缀 - lïγ/lig。

古突厥语词缀-lïγ/lig 通常表示具有某种物、事的物体。如 qutluγ 表示具有 qut（福气）的物、事，ärklig 表示具有 ärk（力量）的物、事，在佛教文献中代指阎王。不过，另有一种-lïγ/lig 通常接在地名之后，本义表示具有某地之义，另有表示以某地为出生地，即某地出身者之义。如在笔者和松井太解读的呼和浩特白塔元代回鹘语题记中，出现 män qamïl-lïγ sanggadaẓ ačari yuḳünü täginti（m），意思是"我，哈密出身的Sanggadaẓ阿阇梨谨拜了"。[①] 其中，qamïl-lïγ 即哈密（qamïl）后续表示所有格的词缀-lïγ，用于表示出身。笔者以为，元代文献中用于划分人群的蒙古语词缀-dai/dei（歹），与上述表示出身的古突厥语词缀-lïγ/lig 异曲同工。简言之，蒙古歹（Mongγoldai）的蒙古（Mongγol），扎忽歹（J̌auqudai/J̌aqudai）的扎忽（J̌auqu/J̌aqu），主十歹（J̌ürčidei）的主十（J̌ürči），并非指种族或部族，而是指地理范围。据额尔敦巴特尔之说，表示汉人的札忽歹（J̌auqudai/J̌aqudai），应是对契丹小字[契丹小字]（＊ʤjogur/＊jauqur，邻人、邻境，特指辽代燕云一带）的继承。[②] 此种解释与笔者上述看法暗合。如是，表示女直的主十歹（J̌ürčidei）的主十（J̌ürči），即指金朝之地理范围，蒙古歹（Mongγoldai）的蒙古（Mongγol），则是指"蒙古国"或"大蒙古国"的地理范围。即汉语语境下的达达对应的蒙古语之义是，以"蒙古国"或"大蒙古国"为出生地之人，即"蒙古国"或"大蒙古国"出身者。

不可否认，蒙古歹（Mongγoldai）这一概念的具体出现年代依然无法明断。不过，此种以地域名表示所属，进而区分不同人群的分类法，有可能早在 12 世纪中后期的蒙古部时期就已出现。而且，此种专称蒙古歹应该是伴随蒙古指代范围的扩大而渐次拓展，如在"大蒙古国"成立的 1206 年以后，应该包括当时均

---

① 白玉冬、松井太：「フフホト白塔のウイグル語題記銘文」、『内陸アジア言語の研究』第 31 巻、2016 年、第 37 頁。

② 额尔敦巴特尔：《拉施特〈史集〉所记若干名号考察》，《民族语文》2021 年第 4 期，第 84—85 页。爱新觉罗・乌拉熙春发现该契丹小字，并拟音作＊ʤjogur；苏航将该契丹小字拟音作＊jauqur，提出是"邻人、邻境"之意，特指辽代燕云一带。具体参见爱新觉罗・乌拉熙春：《辽金史与契丹女真文》，京都：东亚历史文化研究会，2004 年，第 94—95 页；苏航：《论札忽惕与契丹小字[契丹小字]》，《民族语文》2017 年第 2 期。

已归附蒙古的原克烈、塔塔尔等游牧部落。就上引公文而言，Mongγoldai（达达）与 Mongγol（蒙古，族属名，非政权名或国名）的指代对象不同。前者范围宽泛，后者范围相对窄小；前者包括蒙古部及其他被征服的蒙古语部落，甚至一部分非蒙古语部落（如汪古）在内，后者大概与元末明初陶宗仪撰《南村辍耕录》所记蒙古七十二种相当。塔塔尔既在后者之内，也在前者之内。从拉施特的记录中不难发现，蒙元统治阶层了解塔塔尔部的辉煌历史。不过，他们特意以具有“大蒙古国出身者”之义的 Mongγoldai 来指代汉语语境下的达达，并且始终给予 Tatar 唯一的专称塔塔尔。这是蒙元政权对 Tatar（塔塔尔）一词的排斥而引发的、以 Mongγol（蒙古）代替 Tatar（达靼）的表现。不过，他们了解到达靼一词在汉语语境中的使用含义及其悠久历史，在允许汉语词达靼行用的前提下，[①] 把稍显不恭的宋人用词鞑靼改造成了达达。

自 13 世纪初期开始陆续从北向南统一全国的蒙古人，面对的是一个以往在草原世界根本没有遇见甚至无法想象的全新世界。如前所述，表示汉儿的札忽歹（J̌auqudai/J̌aqudai）是对契丹小字[illegible]（＊ʤjogur/＊jauqur，邻人、邻境，特指辽代燕云一带）的继承。对新近接触的事物，蒙元借用宋金的称谓，不易引起误会且有助于政令的通行，汉语词达达就是一个鲜活的例子。

综上，元代蒙古语材料反映当时蒙古人之间并不存在 Tatar 这一通称，与西方世界交流时所用 Tatar/Tartar 是蒙古统治者顾及对方的理解和感受而为，出现在直译体公文等中的达达，对应的是具有“大蒙古国出身者”之义的蒙古语词 Mongγoldai（蒙古歹）。元朝对源自敌对集团塔塔尔部专称 Tatar 的排斥，同时对汉语语境下的专称达达的接受和改造，体现了元朝统治阶层依据统治需要，对不同文化的接受与包容程度有别。

结语：“广义”蒙古史叙事建构考索

根据正史中的《北狄传》，我们可以勾勒出“广义”蒙古史的重点研究对象东胡系民族/部族的历史谱系演变情况。

---

① 关于元代汉文史料所见达达的用例，蔡美彪进行了归纳整理，参见《元代文献中的达达》，氏著：《辽金元史考索》，第 207—214 页。

下图中，左侧（西移）表示自东胡故地大兴安岭地区向西面的蒙古高原发展的部族及其政权，右侧（南下）表示自大兴安岭地区向南发展的部族及其政权。由于《隋书》记录的鲜卑文书籍均未流传下来，关于这些部族的渊源，我们缺乏“广义”蒙古语族人群自身的记录。是故，当代“广义”蒙古史叙事建构的框架只能依赖于汉籍。

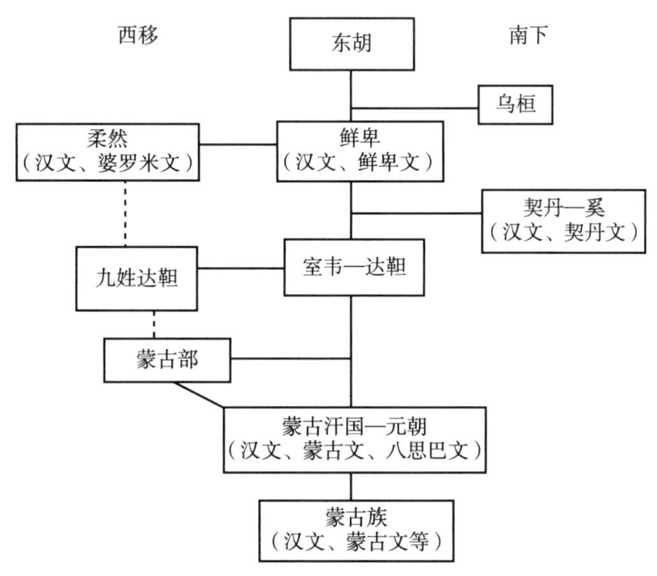

东胡系民族/部族历史谱系示意图

说明：图中括号所列文字，指该政权使用过的文字。

与中原王朝历来有为前朝修史，并附上《四夷传》的传统不同，自匈奴直至蒙古汗国为止，蒙古高原的游牧政权向无此传统。根据汉籍和出土文献等，人们早已清楚突厥汗国继承了柔然汗国一系列政治遗产，前文列举的二方婆罗米文碑文也证明了这一点。可是，包括后突厥汗国一系列大型碑文在内，记录的只是可汗家族兴衰史，对周边族群，即便是对同属突厥语族的铁勒人也极少言及，更谈不上对蒙古高原周边族群或毗邻国家历史与现实的记述。唯有一点，当涉及自身历史时，突厥人会适当地对他者（如唐朝）予以介绍，并不失时机地加以批判，以起到警示作用。此种做法的关键原因，除统治阶层视野狭小之外，恐怕在于对蒙古高原诸部族来说，突厥汗国是个外来政权。如何摒弃曾经的“主人”、“非我族类”所建柔然汗国的残余影响，整治包括前朝遗民在内的部众，强化立国的合法性，是突厥政权统治阶层面对的首要问题。盖源于此，即便柔然人使用过汉文、婆罗米文，信仰过佛教，我们在突厥汗国的材料中也很难发现其踪迹。东突厥汗国的那二方婆罗米文碑铭，仅可表明突厥建国初期对前朝遗民的安抚，不能说明其对前朝统治的认同。

此种文化传统也渗透到蒙古汗国时期的蒙古人中。与从阿尔泰山入居蒙古高原创建政权的突厥人类似，蒙古人是从蒙古高原东北部逐渐向西南方向移居过来的。蒙古人面对的是与自己半狩猎、半游牧的生产方式有别的游牧文明，他们不仅需要掠夺和占有牧场、人群，还要确保自己的政权被认可，因此，除军事行动外，还要在文化宣传上抑外扬己。蒙古汗国可以远征中亚和东欧，但没有记录下有关这些地区和周边族群或国家的历史及认知。以《圣武亲征录》《蒙古秘史》为代表，蒙古汗国时期的统治阶层并非不记录过去，他们更多热衷于宣扬自己家族的光荣历史。如也松格碑和贵由汗的玺文所反映那样，当时需要在 Mongγol（蒙古）这一名称之下统合全体民众。此种情势下，难以想象他们会以曾经仇敌塔塔尔部之名 Tatar 自我认同。诚然，伊利汗国出现了真正意义上的蒙古高原游牧民的历史叙述，即《史集·部族志》，但这是受波斯文化传统的影响，且其蓝本《金册》可能也是在元朝才产生。元朝吸收了华夏文化的优点，留下一批关于自身历史的原始材料。汉语词达达在元代公文中的行用，反映了元朝统治阶层尊重和包容中原地区的相关名称。

由于契丹语材料的完全解读尚需时日，“广义”蒙古史的叙述建构问题仍有待进一步考察。即便有朝一日能发现、解读鲜卑文资料，但其关于族源历史的记录仍然可能只是家族历史的传颂，或者就是《魏书》帝纪的鲜卑语版。如何阐明前文所举一系列东胡后裔的认同问题，是“广义”蒙古史叙述建构的重中之重，更是难中之难。在蒙古高原文字文化最为发达的蒙古人历史叙述（如《蒙古秘史》）中，我们可以见到距成吉思汗约 20 余世的“苍狼白鹿”传说，大体处于唐代史料记录的蒙兀室韦时代，但尚未见到对鲜卑、柔然、契丹的追述，[①] 也很少见到与蒙古部同时期的克烈、塔塔尔等部族有关的历史。不得不说，“广义”蒙

① 契丹人在元代多被划为汉人，不过，并非所有契丹人在元代都被划为汉人。如《元史》卷 13《世祖纪十》记“若女直、契丹生西北不通汉语者，同蒙古人”（第 268 页）。相关研究参见肖爱民：《契丹人消失之谜》，《寻根》2006 年第 3 期，第 32 页；刘迎胜：《“汉人八种”新解——读陈寅恪〈元代汉人译名考〉》，《西北民族研究》2020 年第 1 期，第 47 页。

古史有赖于当代学者挖掘汉籍史料，将蒙古汗国成立之前的鲜卑、柔然、契丹等归为蒙古人或“广义”蒙古人，正是当前蒙古古代史研究成果之一。与中原文化历来强调华夏始祖、华夏一体不同的是，匈奴、鲜卑、柔然、突厥、回纥、蒙古均是从蒙古高原外缘步入其核心。在蒙古汗国成立之前，蒙古高原不存在一族相承的历史。不过，蒙古汗国的建立与发展，给蒙古高原的游牧民提供了延续一族文化血脉的时空，退回漠北的蒙古后裔从未自我认同为达靼，[①] 蒙古族至今仍讳言达靼/Tatar。那种在早期蒙古人中曾流行的源自寄蔑人起源传说“七个逃难者”的祖先蒙难叙事观点，以及蒙古人在13世纪初曾使用专名达靼（Tatar）进行自我认同的看法，应属于后世学者围绕“广义”蒙古史进行的推演和想象。

时过境迁，肇自白山黑水的满人与蒙古人毗邻，且在政治、军事、宗教、语言文字等诸方面与蒙古有着千丝万缕的联系。他们没有接受明朝对蒙古的称呼——达靼和瓦剌，而是把达靼和瓦剌归于蒙古名下，并将这一称呼推广到清朝全境。以上，权充对“广义”蒙古史叙事建构之思索，敬乞方家评判。

〔作者白玉冬，兰州大学历史文化学院/敦煌学研究所教授。兰州　730030〕

（责任编辑：黄　娟）

① 达力扎布：《北元史研究三题》，《黑龙江民族丛刊》1991年第2期；《明代漠南蒙古历史研究》，海拉尔：内蒙古文化出版社，1997年，第29页。达力扎布还指出明后期汉籍记载“凡夷地称莽官儿噶扎（Mongγol Γaǰar，蒙古地方），北虏即野克莽官儿（Yeke Mongγol，即大蒙古）”。

清末边疆治理视域下的国家通用语文教育*

湛晓白

摘　要：清末新政时期，朝廷“一体兴学”谕令和预备立宪的相关要求，奠定了边疆地区学堂实施“国文”教育的制度基础。清廷的决策得到边疆官员的支持，得以贯彻到兴学实践中。1911年《蒙藏回地方兴学章程》出台，从国家法律层面厘定了边疆语文教育的若干基本原则，与《奏定学堂章程》一道构成清末新式教育的制度框架。清末边疆地区普及国家通用语文教育的历史实践，折射出边疆治理从“因俗而治”到“道一风同”的重要变化。

关键词：书同文　国家通用语文教育　边疆教育　边疆治理　《蒙藏回地方兴学章程》

“书同文”既是维系古代中国大一统的制度要件，也是中华文明的传统核心话语。[①] 自秦汉以来的历代王朝，在行政管理层面能做到“书同文”，但在国家教化层面上执行程度则不尽一致。就清朝而言，由于边疆治理的主体是旗人官员和少数民族上层，注重“因俗而治”的治理策略，因此清朝初中期并未在边疆地

* 本文系国家社科基金一般项目“新文化史视野下的民国国语运动研究”（17BZS078）阶段性成果。

① 苏力从“宪制”角度讨论中国古代国家构成时提出，正是得益于“书同文”和“官话”两项基本文化制度，古代中国才能将高度离散的人群“构成”有集体认同的社会共同体和实行有效政治治理的国家。这是富有建设性的看法，但却高估了“官话”在古代的普及程度，且未将边疆地区纳入考察范围。参见《文化制度与国家构成——以“书同文”和“官话”为视角》，《中国社会科学》2013年第12期。

区推广国家通用语文的政策。① 直至清末，当清廷边疆治理方略从“因俗而治”转向“道一风同”时，在蒙古、新疆、西藏等地区使用国家通用语文，开展国民教育，才从设想走向实践。②

在边疆地区普及汉语文，是构建国家通用语言文字的重要标识之一，也是统一多民族国家在教育实践层面贯彻“书同文”的关键。③ 对于这一重要历史问题，学界以往研究多限于蒙古、新疆、西藏等区域性个案，较少从全局视角审视该问题之于近代中国国家转型的重要意义。④ 具体表现为，一方面，将目光

---

① 参见马子木、乌云毕力格：《“同文之治”：清朝多语文政治文化的构拟与实践》，《民族研究》2017 年第 4 期；林士铉：《清代蒙古与满洲政治文化》，台北：台湾政治大学历史学系，2009 年，第 345—363 页；强光美：《清朝“内亚性”再商榷——以多民族语文合璧书写为视点》，《清史研究》2021 年第 4 期。直至咸丰年间，清廷仍在持续发布禁止蒙古人学习汉文的谕令。详见《为嗣后凡蒙古人务当学习蒙文不可任令学习汉字以副朕敦厚蒙古淳朴风俗之至意事》（咸丰三年八月十九日），军机处满文上谕档，档号 03—18—009—000097—0005—0027，中国第一历史档案馆藏。

② 早在 20 世纪 90 年代就有学者指出，就近代中国民族主义思潮的现实影响来看，“尽管激进革命派的‘排满革命，民族建国’为其主旋律，但近代中国毕竟是作为一多民族的共同体，因而也还面临着如何协调和处理国内不同民族或地区之间的矛盾与冲突，以及在此基础之上，变革统一民族国家的政治架构和不同民族之间的文化整合，这一更为深层和棘手的问题”。参见胡成：《略论晚清民族主义思潮对边疆事务的构思》，《近代史研究》1995 年第 6 期。此后，有学者进一步指出，关于近代中国民族国家建构的研究，主要聚焦于知识界、舆论界，而较少关注统治集团在新意识形态支配下的施政实践，较为忽视新思想、新政策对边疆民族地区的影响。参见扎洛：《清末民族国家建设与张荫棠西藏新政》，《民族研究》2011 年第 3 期。令人欣慰的是，学界近期成果已相当程度弥补了上述研究缺陷。受此潮流影响，有关清末边疆教育的研究也注意从国家建构角度切入。还有学者更直接和具体地提出，“应该高度重视近代以来中华民族共通语（common language），也即今天所说的国家通用语言文字形成、发展和建设的历史研究”，尤其应当注重共通语在民族地区流通史的探究。参见黄兴涛：《深化中华民族自觉史研究 铸牢中华民族共同体意识》，《民族研究》2020 年第 6 期。

③ 已有学者对清末新政期间国家通用语的构建历程作了整体梳理，但本文侧重边疆视角，参见黄兴涛、黄娟：《清末“国语”的概念转换与国家通用语的最初构建》，《近代史研究》2022 年第 6 期。

④ 主要研究成果有赵云田：《清末新政期间新疆文化教育的发展》，《西域研究》2002 年第 2 期；宝玉柱：《清代蒙古族学堂教育及其语言教育》，《中央民族大学学报》2002 年第 5 期；丁玲辉：《清末民国时期中央政府在西藏办学始末》，《西藏民族学院学报》2006 年第 5 期；于逢春：《中国国民国家构筑与国民统合之历程——以 20 世纪上半叶东北边疆

聚焦于边疆地区，忽视清廷中央决策及央地之间的互动，对普及通用语文教育的制度合法化历程缺乏必要梳理；另一方面，未能将广袤的边疆民族地区视为整体单元，难以把握存在于各地教育实践中的普遍性经验与问题。因此，本文拟重点考察清末边疆地区普及汉语汉文教育的制度背景和实践情形，力图从国家通用语的角度深化对清朝边疆治理的认识。

一、清廷中央与边疆地方的“兴学”共识

清末新政时期，清政府在教育领域内基本确立了汉语文作为国家通用语言文字的地位。这一历史进程由中央政府主导，关键步骤主要包括：1903年，清廷制定《奏定学堂章程》，奠定“国文”科在新式学堂教育中的基础性地位；1905年后，清廷陆续谕令蒙古及其他边疆地区一体兴学，力图将国民教育覆盖至全国，普及边疆地区的汉语文教育；1908年，清廷宣布预备立宪，随后学部将提升国民识字率、普及官话等事项纳入分年筹备事宜清单，责成各级地方政府完成，进一步推动边疆地区的汉语文教育进度。需要指出的是，上述政策规章的第一项尚未将边疆地区纳入，第二、三项尽管在事实上承认并且支持在边疆学堂普及汉语文教育，但尚未将之形诸正式书面文字予以说明。① 直至1911年清朝覆灭前夕，学部公布《蒙藏回地方兴学章程》（以下简称《章程》）之后，才明确边疆地区新式学堂语文教育的原则。事实上，与学堂语文教育相关的诸多原则性问题，朝廷一

民族国民教育为主》，哈尔滨：黑龙江教育出版社，2006年；扎洛：《清末民族国家建设与张荫棠西藏新政》，《民族研究》2011年第3期；朱玉麒：《清代新疆官办民族教育的政府反思》，《西域研究》2013年第1期；王曙明、周伟洲：《清末川边藏区近代教育研究》，《中国藏学研究》2013年第2期；赵峥：《清末民国时期西康藏区语言文字政策的演变》，《民族研究》2014年第1期。最接近本文主旨和研究视角的成果，当推凌兴珍《我国边疆教育的早期近代化转型——晚清蒙回藏教育之策的朝野认知与各方互动》（《民族学刊》2021年第8期），该文从国家顶层设计出发，较为系统地考察了边疆教育政策的推出和各方互动情况，其中部分涉及了朝野关于在边疆推广汉语文的认知和决策。

① 从普遍经验来看，在多民族国家开展统一的国民教育，通常面临选用何种民族语言文字传播国家文化的问题。在清末，除了革命派基于短期政治宣传需要别有主张之外，朝野各方较为一致地认可主体民族语言也就是汉语文作为国家通用语文的资格。从1904年后学部陆续颁布的系列学制章程普遍使用“中文”或“国文”，而非“汉文”概念来表达语文学科来看，其时政府方面也意在凸显汉语文作为国家语言而非族群语言的身份。

开始并未厘清并作出系统规划，恰恰是在边疆地区的兴学实践过程中才逐渐清晰。因此，有必要从边疆视角对这一历史过程作出更全面论述。

从国家层面来看，边疆兴学是清末新式教育改革的关键一环，其目的在于推行现代国民教育。正如学部所宣示的："普通教育所以培养国民之知识，增进国民之德艺，以民无不学为宗旨，以道一风同为归宿。凡属食毛践土之伦，奉正朔效臣服者，本无所歧视于其间也。"① 此时，清廷对边疆的统合方式正在发生重大改变，力图将传统"藩部"改造为近代国家的地方行政单元。伴随着边陲设治、移民实边等各项新政的展开，各级政府对于民间社会的管控力度也随之增强。② 作为清廷在边疆推行的整体性改革的重要组成部分，普及国民教育同样包含着强化国家治权、谋求一体化治理的用意。上述制度背景构成我们理解边疆兴学的历史前提。

面对"一体兴学"的最高谕令和预备立宪普及识字的要求，各边疆地方皆有响应。边疆兴学，首当其冲的就是语言教育的选择问题：在边疆民族地区开展统一的国民教育，究竟应当选用何种语言模式？在这一问题上，边疆官员表达了支持在语言、风俗不同的边陲之地谋求"书同文"和"语同音"的鲜明态度，普及国家通用语言文字事实上成为边疆大吏的共同认知。③ 当然，并不是说所有的边疆官员在这一点上都有着完全相同的认识，也不意味着支持普及汉语文就绝对排斥在学堂中使用或教授其他民族语言，但从当时大量奏牍和官方档案来看，官员们确实普遍赞同借汉文以广教化。细读史料还会发现，官员们的积极响应并不应被简单理解为面对朝廷号令不得不采取的表面姿态，而是有其内在认知逻辑。之所以如此，一方面是因为边疆上层官员多数久居内地，其中一些还不乏出洋游学考察的经历，思想普遍趋新，对于推动边疆国民教育发展心怀热忱。受传统的"书同文"观念和新兴的国语统一思潮影响，官员们认为，普及汉语文有利于打

---

① 《学部会奏议覆科布多大臣奏阿尔泰开办各项学堂酌拟简章约估常年经费折》，《政治官报》第 542 号，1909 年 5 月 3 日。

② 参见高月：《清末新政时期中央政府对边疆地区的治理与统合研究：以新疆、西藏、蒙古地区为中心的考察》，北京：中国社会科学出版社，2022 年，第 3—10 页。

③ 中央政府官员也不乏类似认识，以大学士身份兼管学部的大臣张之洞在提出的七条治藏意见中，就专门提到"于各地设立小学校，用新法教授，课程以汉文、汉语为主"。详见《中国经营西藏谈录》，卢秀璋主编：《清末民初藏事资料选编（1877—1919）》，北京：中国藏学出版社，2005 年，第 77 页。

破沟通壁垒，促进社会交融，凝聚国民情感。① 另一方面，他们身居边疆，了解边情，不乏地方官员的独特视角。官员的建言献策，反映了清朝统治集团对边疆治理问题的思考，直接影响了此后的中央决策以及政策落地。进而言之，边疆官员之所以支持在边地普及汉语汉文教育，主要基于以下考量。

首先，边疆官员普遍认同，实施汉语汉文教育乃边疆地区开启民智和文化交流的基本手段。

边疆官员认为，边民之所以普遍迷信宗教和昧于时势，主要症结在于与内地语言文字不通。如宣统二年（1910），时任宁夏副都统的蒙古八旗官员苏噜岱在奏折中感慨："朔北蒙古实为我国之勋旧，即为我国之屏藩，所以见迫于时势者，实由于言语不通。而中华文明之教育不能输通于沙漠，以致风气不能发达。若使语音通晓则教育普被，日见盛强，且必感情团结。"②

在多数边疆大员看来，汉语汉文等同于新知识和新观念本身，乃国家与边疆地区进行文化交流最为合宜的语文载体，其他民族语文则难担此任。宣统年间担任驻藏大臣的联豫认为："西藏为数千年来仅译注经典，而于伦理、经史、微言大义素未讲求，故进化甚迟，迷罔如故。"③ 又说藏人若"通中语，识中文"，"不数十年，则政日以美，俗日以良，民日以富，识见日以文明，实业日以发达，且不难与东西各国，竟名誉于环地球之上"。④ 光绪三十二年（1906），驻藏帮办大臣张荫棠离藏前自费设立基金奖励藏民子弟肄习汉文，且不忘语重心长地呼吁："藏中后进，非广设汉文书籍，能阅汉文报章，无由开智识而长见闻……此实为西藏谋富强之要著也。"⑤ 当时奏牍中的此类言论不胜枚举。官员们对于汉文文化载体优势的认识，还体现于边疆地区新式教科书的编纂。宣统元年，东三省蒙务局以光

① 有关清末国语统一社会思潮的相关研究，参见王东杰：《声入心通：清末切音字运动和国语统一思潮的纠结》，《近代史研究》2010 年第 5 期。

② 《奏为各边省及蒙古各地言语隔膜拟请挑拣教习教以京都官语事》（宣统二年十二月十二日），军机处录副奏折，档号 03—7572—095，中国第一历史档案馆藏。

③ 联豫：《详陈藏中情形及拟办各事折》，吴丰培编：《清代藏事奏牍》下册，北京：中国藏学出版社，1994 年，第 1476 页。

④ 《西藏中文学堂记》，吴丰培主编：《联豫驻藏奏稿》，拉萨：西藏人民出版社，1979 年，第 198 页。

⑤ 《咨驻藏大臣捐助各学堂汉文学生奖赏基金》，吴丰培编：《清代藏事奏牍》下册，第 1422 页。

绪三十四年商务印书馆编辑出版的小学国文教科书为底本，面向蒙古族学生组织编译《满蒙汉三文合璧教科书》，堪称典型。东三省总督锡良和奉天巡抚程德全在为教科书作序时，一致强调，“今学科物理名词尽在汉文，非通习汉文无以致用”。①

其次，使用通用语言文字，有助于缓解官民及族群隔阂，促进边疆融合。对于直接承担边陲治理重任、以维持社会稳定为主要职责的边疆官员来说，此乃其推动汉语文教育的直接动力。

在妨碍边疆治理的诸多因素中，语文不通是至为关键的一项，容易导致官民隔阂、政令不畅、当地民众与移民冲突等诸多问题。早在光绪八年，新疆首任巡抚刘锦棠就上奏朝廷：“缠回语言、文字，本与满、汉不同，遇有讼狱、征收各事件，官民隔阂不通，阿奇木伯克、通事人等得以从中舞弊。”② 光绪末年，任职川边的地方官员亦无奈地表示：“所难者，文诰之不知，语言之不习。假通译以治事，则舌人有时而穷，徙贫民以实边，则主客促难相洽。”③ 边地官员普遍认为，“如欲去此扞格，自非先从语言文字下手，不得其要领”。在官员们的认知逻辑中，若“各家男女小儿皆送入学校习读汉书”，则官民沟通自然顺畅；进一步而言，“读书有成者即可作官，次者即可教书，为人之师，或自行贸易”，对边民来说也是较好的出路。④ 若从长远来看，“牖之以经史，训之以忠孝”，⑤“播文化而变夷风”，可从深层激发边疆民众的向化之心，最终将原本的“蛮荒之地”导向教化。⑥

再次，汉语汉文教育对于培养符合国家行政需要的边疆基层官员、巩固朝廷

① 《满蒙汉三文合璧教科书》第1册，首都图书馆藏，1909年石印本，“叙”，第7页。

② 《钦差大臣刘锦棠奏裁南路回疆阿奇木伯克片》（光绪八年七月初三日），王树枏等纂修：《新疆图志》卷17《藩部二》，上海：上海古籍出版社，1988年，第194页。

③ 《奏设关外学务局折》（光绪三十三年），《清末川滇边务档案史料》上册，北京：中华书局，1989年，第144页。

④ 《示谕僧俗百姓制定德格地方章程仰一体遵照》，《清末川滇边务档案史料》中册，第617页。

⑤ 《本部章奏：议复驻藏大臣兴学事宜折》，《学部官报》第29期，1907年8月9日。

⑥ 光绪三十三年，两广总督岑春煊奏请清廷在蒙古地方多设学堂，奖励蒙古族学生与京外旗汉学生一体任用，认为“可使剃度日稀，渐化颛愚之习，此开蒙智之最要者也”，即可见出上述用意。参见《两广总督岑春煊奏为酌拟变通固边办法统筹西北全局事》（光绪三十三年四月二十八日），军机处录副奏折，档号03—5619—010。

在边地的统治和强化中央集权，具有重要意义。

尽管理藩院直至宣统二年才正式废止“禁止蒙古行用汉文”的旧例，① 但此一条文早已形同虚设，相反，阅读汉文了解朝廷政令，是清末边地官员必须具备的职业“素养”。光绪三十四年，库伦办事大臣延祉在上奏中表示，新政以来汉文“公牍十倍从前，不但翻译日不暇给，即兴办新政各项名目亦多蒙古所未见闻”。与此同时，朝廷还明令边疆各级官员订阅《政治官报》等各部官报，要求他们“切实讲解，宣示旗丁，以开风气”。② 这说明，此时边疆官员的日常政务处理显然已离不开汉文的使用。面对汉文的进一步推广，部分素来仅通晓满、蒙古文的基层行政人员颇感压力。③ 边地官员认为，即便从减少政令讹误的角度，也有必要加大力度多培养通晓汉语文的办事人员。④

部分边疆官员还意识到，应当积极发挥汉语汉文作为国家通用语文的政治认同功能。驻藏大臣联豫认为，本属蒙古的达木八族“原系大皇帝臣民，而习用番人之语言文字（指藏文——引者注），亦属非是”，于是特设小学堂，派遣教习授以汉语汉文，期待由此让官民“渐明事理”，归于同化。⑤ 新疆建省之初，巡抚刘锦棠曾奏请将能“诵习一经，熟谙华语”的维吾尔族学生给予“生监顶戴”功名，有意将此类具备语言沟通能力的维吾尔族人培养为乡约头目。朝廷虽没有完全同意这一方案，但还是支持政府对维吾尔族学生酌加鼓励，并允诺在他们“粗通文义”后可“酌设学额”。⑥ 署理归化城副都统三多更是深谙此点，

① 宣统二年，理藩部奏请变通旧例，称“禁止蒙古行用汉文各条宜变通也。旧例内外蒙古不准延用内地书吏教读，公文禀牍呈词等件不得擅用汉文，蒙古人等不得用汉字命名。盖不欲其沾染汉习变其朴俗也。今则惟恐其智不得开俗之不变，与昔日宗旨迥不相同。近日通行各边臣极力振兴蒙旗学务昌图等处蒙旗学堂业经奏准一体升学断无再禁其行用汉文汉字之理”。详见《理藩部奏预备宪政援案将旧例择要变通折》，《政治官报》第 1042 号，1910 年 9 月 22 日。

② 《又咨复凉庄副都统寄阅官报文》《又咨复科布多大臣寄阅官报文》，《政治官报》第 130 号，1908 年 3 月 10 日。

③ 《库伦办事大臣奏设蒙养学堂》，《申报》1908 年 9 月 20 日，第 2 张第 3 版。

④ 汉文公牍必须先翻译成满文而后译成蒙古文，过程辗转极易滋生讹误。详见《科布多参赞大臣溥鐲奏添设蒙小学堂折》，《政治官报》第 468 号，1909 年 2 月 18 日。

⑤ 《达木设小学堂三十九族派员住扎片》，吴丰培编：《清代藏事奏牍》下册，第 1494 页。

⑥ 《钦差大臣刘锦棠奏裁南路回疆阿奇木伯克片》，王树枏等纂修：《新疆图志》卷 17《藩部二》，第 194 页。

他建议清廷“饬下陆军部、理藩部，通咨西北各将军、都统、大臣，选择各部落各旗王公以次勋旧子弟，资质聪慧、年富力强者，送入陆军部贵胄学堂，附班肄业，俾与天潢贵族习处，交融濡染既深，感情益挚”，认为若能“教以汉话，课以汉文，则内向之心殷加”，“以军事教育，则勇锐之气奋。将来学成以归，提倡新政，智识大启，忠节弥敦。煽之不动，拘之不能，则西北屏藩，安于磐石矣”。[①] 张荫棠提议日后西藏“文武藏官兵丁”应全部出自汉文蒙小学堂，显然也有类似考量。

最后，晚清以降边疆危机严重，俄国、日本、英国在边地实行包括语言殖民在内的侵略扩张，尤其是日俄战争之后俄日两国在东北地区竞逐激烈，大肆办学，对边民多方蛊惑，引起清廷高度警惕。他们认识到，亟须加强边民的汉语文教育，以增进国家认同。

其时，列强语言殖民通常采取两种方式。其一，主动学习边疆各族语言，以窃取中国情报并煽动边疆分裂。[②] 其二，在边疆各地开设学堂，蛊惑边民学习该国语言文字，利用语言实现其同化甚至奴化当地民众的殖民阴谋。当时报纸已经注意到此现象，并对俄国在库伦地区教授蒙民学习俄语的后患多有剖析。据《申报》报道：

> 俄国派驻张家口库伦总领事施什马勒甫年将古稀，在中国北方已四十余年，通华蒙语言文字，而于中国口外风土人情尤为熟悉。自庚子乱后俄兵南

---

① 《署理归化城副都统三多奏请选蒙古王公勋旧子弟送入贵胄学堂肄业折》，《政治官报》第449号，1909年1月30日。

② 其时，俄国、日本两国或假借游历探险等名义潜入蒙古，在东北等地学习满语、蒙古语，或在本国特设语言讲习所。据报载：“日本东京殖民协会以蒙古地方俄人有觊觎之意，亦拟经营移植。目下设蒙古诸讲习所研究蒙古语言，以预备他日经营地步。又有理学博士鸟居龙藏氏前在蒙古学堂充当教员，自解约后现入蒙古学堂学习古语言文字。又东亚同文会前派上海同文书院卒业生二百余名实地调查中国事情，公刊支那经济全书近又派遣多数考察员往新疆伊犁蒙古各方面详细调查，其野心亦可见矣。”详见《日人经营蒙古之计划》，《申报》1907年10月18日，第11版。另外，赫佳妮重点探究了哲里木盟的语文教育，认为该地在1890年后经历了复杂的语言竞争，俄国和日本等各种势力均试图通过输入语言实现殖民目的。参见 He Jiani，“Literate in What Language? The Qing Empire's Trilingual Policy towards the Jirim League (1901 - 1911),” *Saksaha*, Vol. 15, 2018.

下调和兵民，其干练尤堪想见。近更多设学堂广传本国语言文字，俾附近蒙民习而化之。俄领事之用意可谓至深且远。大抵外人来华往往密探风土人情，教习语言文字，为收拾人民之计。中国之弱其原皆由于此。今俄人亦以此法施之蒙古，较之称戈比干尤为可患。且蒙民虽隶中国而于中国语言文字迥不相同。若俄领事如此办法，恐蒙民臣服中国数百年而未化于华者，得俄人教习推广数十年而反化于俄也。苟为俄所化将来蒙民未有不外附者，蒙藩一失则中国何堪设想？为今之计宜设法使蒙民均习华文学华语，则尚可以冀永隶版图不生疑贰，不知当轴亦计及于此否也？[①]

蒙古当地上层人士亦注意到这一问题。土尔扈特部亲王专门上书清廷，提请政府注意俄国在蒙古传教和非法教授俄文的危险。[②] 鉴于晚清以降，俄国屡屡通过宗教和教育渗透离间蒙古藩部与清廷关系，上述担忧并非杞人忧天。[③]

这种警惕或忧思，是朝野上下边疆理念发生变化的产物。因传统“治藩”只需确保少数上层对朝廷臣服即可，藩部保留民族语言文化或边民不通汉文，事实上并不影响“羁縻”统治。[④] 但是，时移势易，为加强中央政府权威和抵制外部势力渗透，有必要利用“祖国之文”激发普通边民的国家观念。《国粹学报》发表的一篇文章明确指出，“蚩蚩万众，诚得识别文字，粗习礼义，则爱国之心自油然而生，虽驰羁绁可也。不然土习鲜卑之语族，昧祖国之文，其势且日骎骎北向，则虽将军何用哉”。[⑤] 统合蒙旗、固边守防实有赖于语文教化，边地官员因所处位置更易认同此种理念。镇守西北边防的科布多参赞大臣溥鐗，就认为“游牧之地，近接强邻，久恐外人煽诱，即欲向其开陈利害晓以大义，非用汉字语言

① 《论俄人深谋》，《申报》1902 年 9 月 30 日，第 1 版。

② 陈去病：《漠南北建置行省议》，《国粹学报》第 4 卷第 5 号，1908 年 6 月 18 日。

③ 柳岳武：《清末“开蒙智”探微——以代表性蒙旗为中心》，《史学月刊》2015 年第 3 期。

④ 如《申报》所言：“虽隶我版图，奉我正朔，而文字仍各判也，语言仍不通也，风俗仍迥异也。其所以相安无事，不侵不叛者，一则地方困苦，二则民情浑穆。故易于恩威并济，慑服而抚绥之。而今则非可以昔比也。”（《阅申报纪蒙王兴学事喜而论之》，《申报》1902 年 12 月 28 日，第 1 版）

⑤ 陈去病：《漠南北建置行省议》，《国粹学报》第 4 卷第 5 号，1908 年 6 月 18 日。

亦不能声入心通”。①

总之，对边情的掌握和边地的独特行政经验，使得边疆地方官员对于普及汉语言文字的必要性乃至其背后的政治文化利益，形成了相较中央更为多元的思考。如果说朝廷要求边疆一体兴学的谕令在于追求“道一风同”，那么边疆官员群体的认知则较为具体和务实，体现出他们对民智不开、边疆治理混乱以及列强侵略危机的深切体认。当然，作为清廷官员，他们的认知整体上可视作中央话语的延伸性表达。要而言之，通过统一的语言文字，增强国家认同、促进社会稳定、加强文化交流，为国家一体化治理扫除文化障碍，乃是清廷和边疆地区的共同诉求。②

二、边疆地区汉语文教育的展开

尽管朝廷和边疆官员对推广汉语文教育有着较为一致的期许，但由于朝廷“一体兴学”的谕令极为笼统，学部又迟迟未能推出专门针对蒙古、新疆、西藏地区的教育制度，以致边疆各地学堂语言教育缺乏统一规划，不得不各自摸索。这不仅暴露了新政改革仓促的根本性缺陷，也给后人研究平添了难度。故而，要了解这一时期边地学堂语文教育的具体模式和实际情形，就只能从边疆地方及其与中央的互动方面着手。整体而言，在“一体兴学”框架下，边疆兴学自然不能脱离学部规定的基本方向，其学制规定、教学科目设计，虽可因地制宜有所变通，但大体仍需以《奏定学堂章程》为蓝本。国文、修身、算术等核心必修科目通常都必须开设。至于教科书之使用，中央并无统一规定，事实上可供选择的仅

① 《科布多参赞大臣溥鐲奏添设蒙小学堂折》，《政治官报》第468号，1909年2月18日。

② 参见常安：《清末中国的立宪、族群关系与国家建构》，喻中主编：《政治法学研究》第1卷，北京：法律出版社，2014年。宁骚总结了现代民族国家的主要特征：（1）具有得到内外承认的主权和统一的领土；（2）具有强大动员能力的中央集权制，废除任何的中间权力结构；（3）主权人民化，民众具有政治参与权；（4）国民文化的同质化，具有稳定的同一的认同；（5）统一的民族市场，国家内部没有市场壁垒。这一总结较为全面，颇具参考价值。参见《民族与国家：民族关系与民族政策的国际比较》，北京：北京大学出版社，1995年，第270—281页。

有学部审定的各学科汉文版本。[①] 这意味着，在边疆各地开办的普通学堂中，除了国文科，读经等其他必修科目也需要使用汉文教科书，或者在汉文教科书基础上修订形成包含汉文的双语或多语教科书。此种要求，无论对学生还是地方教育行政机构，无疑都是难度极大的挑战。因此，在条件不成熟或者主政者认为暂不适宜开设普通学堂的边陲地区，出现了大批具有过渡性质的官话学堂和汉语学堂。为尽可能全面呈现边疆各地推广汉语文教育的面貌，下文主要按地区予以分别论述。[②]

（一）蒙古地区

清代蒙古诸部分隶八旗和蒙旗，一般而言，少数驻防设有面向八旗蒙古的官学和义学，驻防八旗以外的蒙旗蒙古则主要经由私塾和喇嘛寺院接受教育。由于驻防官学重视满蒙语言的传习，民间私塾和喇嘛寺院以教授蒙古文为主，因此汉文和汉语在蒙古社会普及程度较低，[③] 形成两种不同的教育形态。

蒙古在清朝统属的诸政治单位中地位特殊，晚清边疆危机加剧之后，各界对蒙古的态势更加关注，要求“开蒙智”的呼声此起彼伏。光绪三十一年，朝廷首先谕令蒙古“一体兴学”。光绪三十四年清廷宣布预备立宪后，蒙古各地开始较为一致地启动兴学。蒙古地域辽阔，由于各地生产方式、汉化程度以及风俗传统等方面情形不尽相同，在兴学力度和语言教育模式上亦呈现出明显的地域差异。

---

① 《奏定初等小学堂章程》规定初等小学堂完全科课程科目为：修身、读经讲经、国文、算术、历史、地理、格致、体操。参见舒新城编：《中国近代教育史资料》中册，北京：人民教育出版社，1981年，第414页。

② 根据学者的界定，清朝疆域构造可大致依据中央政府统治力度强弱分为五类，分别为：（1）作为统治民族满族发源地的东北；（2）汉族占多数的内地直辖省；（3）南部和西南部的非汉族统治区域；（4）内外蒙古、新疆、西藏即藩部；（5）分布在周边地域的属国。参见高月：《论清代的疆域统合与地方政治变革——以东北为中心》，《社会科学辑刊》2012年第2期。本文所指“边疆”地区，主要含括上述分类中的第3、4类。考虑到明清时期对南部和云南、贵州等西南地区非汉族群的官方教化虽较为有限，但毕竟已经使用了统一的汉文和官话，故不将其纳入考察范畴，主要将重点放在多民族和多语言文化现象较为突出的蒙古、新疆、西藏等边疆地区。

③ 清末民国时期仍有不少蒙古文私塾留存，其中多数教学内容延续传统，教授满文或满、蒙古文字，也有部分处于新旧杂糅状态。本文仅讨论蒙古地区政府推动设立的新式学堂，不涉及传统蒙古文私塾或者由蒙古贵族自主创建的过渡性质学塾。

处于农牧交错地带的直隶、山西边外州县及内属蒙古各旗，蒙汉杂居普遍，因此创立各级学堂数量较多，普及汉语文的条件也较为成熟。① 以归化城土默特旗为例，同光朝以来，该旗官学、义学肄习汉文已成风气，至光绪年间更直接改变旧例，允许蒙旗生童与汉籍文童一体应试。清末奉命兴学后不久，地方官员先将土默特蒙古官学改造为高等小学堂。该学堂最初延续官学传统，教授满、蒙古、汉文，后于光绪三十四年陆续添聘中学教习和科学教习，才实现教学科目与学部定章名实相符。同时，鉴于该旗户口繁盛，学龄儿童超2000人，归化城副都统三多相继在归化城及周边创办初等小学堂和半日学堂各3所，吸收蒙旗子弟入学。所设初等小学堂均“照章规划”，半日学堂则以汉文识字为目标。② 由上可见，由于土默特旗本身汉化程度较高，学堂建设较为顺利，又反过来促进当地语言和文化教育的进一步汉化。

在卓索图盟、昭乌达盟、哲里木盟等地区，由于移民屯垦有效促进了当地蒙汉交融，新式教育整体发展较快。以哲里木盟为例，除个别蒙旗极力排斥新式教育外，绝大多数蒙旗均已设教兴学，只是所设学堂平均数量较少，且一般多为初等小学堂。在哲里木盟科尔沁左翼后旗等蒙汉杂居已久之蒙旗，由于“蒙民读汉文书者甚众”，所设蒙小学堂，不仅学科均依学部章程设计，各科使用的也均为学部审定之汉文教科书。③ 其他尚未形成通用汉语环境的蒙旗，则势必兼顾蒙文教育。如科尔沁左翼前旗所设官立蒙汉文学堂和两等小学堂，即“悉遵光绪二十

① 据姚锡光考察蒙古时的记载，直隶、山西边外的蒙旗通晓汉语汉文情形有所差别：“近边墙各旗，开辟最早，蒙汉杂处，蒙民习俗已与汉民不甚相远，汉语固无不通，而读汉书识汉字者，亦间有其人。是为蒙汉杂居之旗分。至离边墙稍远各旗，蒙汉自成团体，各住一区，每岁除租谷交涉以外，不相往来；其中通汉语者，尚不乏人，而识汉字者，已千不得一也。”此种区分同样适用于内属蒙古东部地区。详见姚锡光：《蒙古教育条议》，忒莫勒、乌云格日勒主编：《乌里雅苏台志略·科布多政务总册·筹蒙刍议（外五种）》，哈尔滨：黑龙江教育出版社，2014年，第158—159页。

② 《署理归化城副都统三多奏筹设土默特两等小学情形折》，《政治官报》第763号，1909年12月10日。

③ 科尔沁左翼前旗两等小学堂修身、国文、历史、地理、格致、算术诸科使用的均为商务印书馆、文明书局出版的汉文教科书，蒙古文科使用的是传统《清文鉴》及蒙务局组织编译的《满蒙汉三文合璧教科书》。参见忒莫勒、乌云格日勒主编：《哲里木盟十旗调查报告书》，哈尔滨：黑龙江教育出版社，2014年，第52—53页。

九年学部奏定章程办理，加添蒙文一科”。①

至于乌里雅苏台、科布多、库伦等地，因与内地相距较远，开展国民教育的条件虽然有所不足，兴学进程推进较为迟缓，但同样可以看到当地接受汉语教育的清晰轨迹。在这方面，科布多可称典型。

科布多系清朝西北边防重镇，自清初中期设立官学以来，一直以教授满语、蒙古语为主。直到清末新政时期，科布多旧有官学人才培养模式仍在继续。② 光绪三十四年，负责学堂办理的科布多参赞大臣联魁向朝廷奏报，科布多“地处极北，汉民罕来，所属地方皆是蒙部，汉文语言全不通晓”，和衣食语言与汉民相近的土默特旗等情形迥异，若设学堂不仅科目“骤难完备”，连汉文教授也无从实施。为务实起见，只能先在科布多所属部落“各设蒙文小学堂一所”，与原有蒙文学堂一体扩充。③ 清廷会议政务处表示理解，批示“拟先从蒙文入手深得循序渐进之意，自当准如所请”。④ 同年底，溥鐧接替联魁继任科布多参赞大臣，他同样认为科布多尚无能力兴办普通小学堂，但极不赞成前任专重蒙古文的策略，要求将重心转移到“启发蒙民注重汉文汉语”。在溥鐧看来，考虑到当地的实际情形，应倍加重视汉文教育。为此，他精心设计了一套颇具特色的办学方案。其一，在已有蒙古学堂之外添设蒙养学堂，于各部落挑选聪颖子弟数十人，“专学满蒙汉语言文字，以期默化潜移渐开风气”。⑤ 其二，将蒙养学堂学生分为甲乙两班，每年定期由参赞大臣考核。其中“学有心得汉语讲解精熟者，暂遣回牧转相传授”，“其资质鲁钝者留学补习，以资造就所遣之缺随时补调”。⑥ 概而言之，溥鐧的方案，就是在缺乏创办普通学堂条件的情况下，将重心放在语言教育尤其是汉文教育上。宣统元年，实际管辖阿尔泰的科布多办事大臣锡恒也提议，当地两所普通小学堂于“国文以外特设言语一科”，以加强汉语口语教学，

① 《理藩部代奏蒙旗创设学堂请立案折》，《政治官报》第1144号，1911年1月2日。

② 《科布多办事大臣锡恒奏遵旨覆陈阿尔泰情形及筹拟办法折》，《政治官报》第93号，1908年1月26日。

③ 《科布多参赞大臣联魁奏筹拟科布多情形折》，《政治官报》第239号，1908年6月29日。

④ 《会议政务处奏议覆科布多参赞大臣筹拟科布多情形折》，《北洋官报》第1765册，1908年7月1日。

⑤ 《科布多参赞大臣溥鐧奏添设蒙小学堂折》，《政治官报》第468号，1909年2月18日。

⑥ 《科布多参赞大臣奏设立学堂办理情形折》，《四川教育官报》第7期，宣统元年七月。

学部覆文允准。[①] 乌里雅苏台、库伦等地，亦选择了与科布多类似的兴学方案。宣统二年，乌里雅苏台将军堃岫奏报称“在乌城谋生之无业穷蒙间有二三稍通汉语者，其向在和硕居驻之人，于汉语概不练习，而汉文汉字更无论矣。至所属三乌梁海平日以打牲为业，蒙语尚不甚通，性同野蛮，更难遽期以普通之学”,[②] 因此也要求按照科布多模式兴办学堂。这说明科布多从语言文字入手的模式在外蒙古地区具有一定普遍性。

（二）新疆地区

由于清代新疆地区语言较为多样，加之该地区多种行政管理体制并存，朝廷主导的官学教育和科举学额自清中期之后主要实行于乌鲁木齐都统节制的地区。新疆建省前后，左宗棠、刘锦棠等在天山南北两路广设义塾，将汉语文及其承载的儒家教化推向更广的边陲之地。

清末新政之际，新疆重启之前未竟的文化工程。与左宗棠时代不同的是，此次变革是由学部主导的国家性举措，变革动力也不仅限于强化边疆治理。朝廷启动新政之后，地处边陲的新疆整体行动滞后于内地，直至光绪三十二年始应学部要求设立提学使司，各属设立劝学所，在全省范围内兴办新式学堂。

秉持“求普不求高”的兴学思路，新疆提学使杜彤将普及教育视为核心任务，在普及蒙小学堂、整顿义塾、推动简易识字等方面，取得明显进展。[③] 其中，数量较多的蒙养学堂和初等小学堂，主要创办于汉人较为集中的巴里坤至乌鲁木

---

① 《学部会奏议覆科布多大臣奏阿尔泰开办各项学堂酌拟简章约估常年经费折》，《政治官报》第542号，1909年5月3日。

② 《乌里雅苏台将军堃岫等奏举行新政请拨常年经费折》，《申报》1910年3月3日，第2张。

③ 杜彤以提学使身份赴日考察期间，提学使与日本文部省官员围绕中国新式教育如何发展等问题展开面谈，重点探讨了教育普及和国语统一等问题。详见《中国提学使东游访问纪略》，《东方杂志》第3卷第12期，1907年1月9日。关于杜彤在新疆任内兴学的举措和效果，历来褒贬不一。据1911年成书的《新疆图志》，新政期间新疆各地总计兴办各式学堂超过600所。但同时期《申报》的相关评价则要低得多：“各属小学系就原有义学或蒙养学堂改称，初等人数既少，教授亦未合法。两等小学，全省仅有数处。中学堂亦仅省城一处。至实业学堂尚无影响。此外如南路缠民普设汉语学堂，繁庶地方设艺徒学堂七处而已。”详见《新疆筹办宪政之困难》，《申报》1910年5月20日，第10版。

齐一带，规制大体与内地无异。[①] 而如何让大量非汉语人群接受国民教育，却没有标准模式可供遵循。巡抚联魁屡次向学部慨叹："新省孤悬塞外，地方辽阔，种族纷杂，蒙哈而外缠民最占多数。甚余汉回错处，回民又较汉民为多"，"加以宗教语言诸多隔阂，耕牧渔猎久安榛狉，其足为教育之障碍"。[②] 那么，究竟如何解决非汉语人群语言隔阂的教育难题？地方官员的思路是"化育边民以统一语言为入手"，[③] 优先开展汉语文教育。

在天山南路和其他维吾尔族聚集的地区设立汉语学堂，即是前述"化育边民以统一语言为入手"理念的集中体现，也是新疆兴学独具特色之处。当局认为，"新省缠民既占多数语言不通，教育安能普及"，因此自光绪三十四年底开始设立大量面向维吾尔族（包括不通汉语的蒙古和回族子弟）的汉语学堂。汉语学堂学制三年，"以为初等小学之预备，并期逐渐化除汉缠畛域"。[④] 按规定，只有在汉语学堂肄业，"汉语已具根底"且"聪颖造诣"的毕业生，方可获得普通小学堂和各专科学堂的准入资格。[⑤] 为引起各属重视，提学使三令五申："汉语学堂为缠民教育基础，实将来教育普及之阶梯，关系至为紧要"。同时，提学使多次饬令吐鲁番等各厅县，"嗣后凡设有汉语学堂之处，务当格外认真扩充极力整顿"，[⑥] 并严格把关初等小学堂所招录学生的汉语成绩。宣统二年，联魁向朝廷汇报学务进展时，大力表彰杜彤筹设汉语学堂的努力及成果，称不到两年各地已兴办汉语学堂 80 余所，且"后此仍拟逐年推广"。至于主要在北疆游牧的蒙古、

① 即便因教习欠缺或教科书不敷分布而不得不酌减课程的地区，仍被要求必修"国文经史舆地"科目。详见《咨新疆巡抚暂准变通学务办法文》，《学部官报》第 72 期，1908 年 11 月 14 日。

② 《新疆巡抚联魁奏新省办理学务情形折》，《政治官报》第 961 号，1910 年 7 月 3 日。"缠民"或"缠回"为清代至民国时期对天山南北两路地区维吾尔族的汉译名称。

③ 《覆新抚阿属学堂添授缠文办法文》，《学部官报》第 158 期，1911 年 7 月 15 日。

④ 《新疆巡抚联魁奏新省办理学务情形折》，《政治官报》第 961 号，1910 年 7 月 3 日。

⑤ 宣统二年，新疆提学使饬令各厅县严格把关，要求保证小学堂所挑选之汉语学堂学生"必以汉语通熟入学后能直接肄习"为标准。参见《新疆提学使张铣就各小学堂须选汉语通熟学生入学事札吐鲁番厅文》，中国边疆史地研究中心、新疆维吾尔自治区档案局合编：《清代新疆档案资料选辑》（35），桂林：广西师范大学出版社，2012 年，第 255 页。

⑥ 《新疆提学使杜彤就饬各属认真扩充汉语学堂事札吐鲁番厅文》，《清代新疆档案资料选辑》（35），第 7 页。

哈萨克等民族，由于人群分散且流动不居，建立学堂的难度可想而知。考虑到现实难度，伊犁将军没有在北部游牧地区复制南疆的教育模式，而是侧重在驻防兴学，因此整个新疆境内专门招收蒙古族学童的学堂为数极少。①

可以说，新疆地方政府较为彻底地贯彻了清廷在各级学堂普及汉语文的政策宗旨。除了大量设立汉语学堂，为照顾没有汉语基础的维吾尔族和蒙古族学童，当局还在各族混居的地区特意加设“国语”科以示重视。② 此外，当地的汉语文教育并非仅限于普通学堂，而是覆盖至所有专门学堂，如吐鲁番厅创设的实业学堂就设置了国文、汉语、习字等课程，③ 均体现了当局对兴学的重视。

清廷诏令正式预备立宪后，新疆亦需“认领”筹备任务。尽管由于地僻途远，新疆各地无法及时获取学部颁发的简易识字课本，只能以绘图字方代替，但是在筹备立宪的政治压力下，各属仍尽力推动民众识字，④ 吐鲁番厅于宣统二年至三年多次添设汉语学堂，加授简易识字钟点。⑤

（三）川边藏区

光绪三十三年，赵尔丰因平定巴塘之乱升任川滇边务大臣后，开始在川边藏区大规模的改流设治工程。面对尖锐的民族矛盾和社会冲突，以及外洋传教士的大肆活动，赵尔丰认识到，在武力征剿以外，“兴学”才是“收拾边地人心之第

---

① 新疆境内面向蒙古族的学堂仅有两处，一是由土尔扈特部郡王在省城设立的“文学堂”，二是在焉耆设立的喀喇沙尔蒙部小学堂。参见曾问吾：《中国经营西域史》，上海：商务印书馆，1936 年，第 407 页。

② 吐鲁番厅奏报中有“因无缠蒙子弟，国语一科改授经学”等语。详见《吐鲁番同知王秉章造报宣统二年上学期官立两等小学堂一览表》，《清代新疆档案资料选辑》（35），第 72 页。

③ 《镇迪道就举办推广简易识字学塾事札吐鲁番厅文》，《清代新疆档案资料选辑》（35），第 119 页。

④ 《新疆巡抚联魁奏筹备立宪第一届事宜并将咨议局选举章程酌拟变通办法》，《政治官报》第 584 号，1909 年 6 月 14 日。

⑤ 详见《吐鲁番厅就造报宣统二年所属城镇乡村筹办教育事宜情形申镇迪道文》，《清代新疆档案资料选辑》（35），第 45 页。从吐鲁番厅造报的官立汉语学堂及简易识字学塾学生花名清册来看，招收学生应主要是回族和维吾尔族生童。详见《吐鲁番厅造报官立第五汉语学堂及简易识字学塾教员学生花名清册》，《清代新疆档案资料选辑》（35），第 98 页。

一要务”。在其大力推动下，川边学务局不惜采取强制手段，试图在文教不修的边陲之地实现教育普及。

清末川边兴学的最大特色，在于其实施的汉语教育。赵尔丰认为，边地教育有别于内地，现阶段的目标“非急求造就人才”，而是适当降低要求，“只先求文字语言相通，然后为之陈说纲常名教之理，使其人皆晓然于中土圣化”。① 赵尔丰之所以如此强调灌输名教，一个重要原因是他担心传教士传播“异端邪说”，因此力图用儒家教化来“争人心”和“固我藩篱”。这并非赵氏个人见解，而是川边官员的共识。四川布政使许涵度与提学使方旭致赵尔丰的呈文，对此主张有详细阐发：

> 学务之兴，在关外尤不可缓者也。惟查关外兴学，与内地不同，内地学堂相国民程度深浅为之差等，意在储成大器，以裨世用。关外番童狉獉初启，除注重普及教育外，则惟官话与手工两项学堂而已，不能骤语以专门也。盖必习官话之人多，而后群情可以通。必识汉字之人多，而后文化可以溥。故欲谋普及，必广设学堂。②

官员的上述认知在制度中得到体现。川边兴学多结合地方情形变通办理，以设立官话学堂为首要任务，实际形成以官话学堂为主、初级小学堂为辅的办学格局。乡间所设一律为官话学堂，初等小学堂一般位于市镇。官方规定，“汉蛮民人子弟七岁以上者”均可入官话学堂，实际上招收学生则以“夷民子弟”为多。③ 依主办者设想，官话学堂“初年教以汉蛮语言、通用白话之字，次年教以将白话通用字联贯成句之法，以能写白话信札为度，授以计数珠笔各算学，训以事亲敬长并对待同等应行礼节、应尽情义”；“学生三年毕业，即令退学，各务本业”，毕业生可择优升入初等小学堂。④ 实际办学中，以修身、官话、国文、体操为共通科目，历史、地

---

① 《复陈川滇边务应办事宜并拟具章程折》，《清末川滇边务档案史料》上册，第119页。

② 《护理川督赵尔丰咨边务大臣关外学务事宜》，《清末川滇边务档案史料》上册，第146页。

③ 关外学务局禀报中有“夷民子弟不通汉语，专学国语国文，科学暂从末减办理”等语。详见《关外学务局禀筹办学务情形暨推广改良办法一案》，《四川教育官报》第11期，光绪三十四年十一月。

④ 《复陈川滇边务应办事宜并拟具章程折》，《清末川滇边务档案史料》上册，第124页。

理等其他科目，各校自由安排，教学课程、教材选择、教本编辑，均可根据当地需要不受部章限制自由制定，弹性较大。[①] 官话学堂因教学内容注重实用性，符合当地社会情形，在川边各类学堂中占比最大。初等小学堂数量较官话学堂为少，科目在部章基础上也有所简化，但“识字”等语文课程仍居于核心位置。从官话学堂和小学堂的开办情形来看，汉语汉文无疑在川边教育中占据中心地位，充分体现出因地制宜的特色。值得关注的是，考虑到女性对于子女教育的重要作用，当地女子学堂甚至比一般普通小学堂更为重视官话和汉文教育，[②] 颇能反映川边教育的导向。

清末川边兴学，以光绪三十三年成立的学务总局为引擎。学务分为五路，先以巴塘、理塘两处为中心，挑选“汉塘兵、商民及蛮头人子弟年龄及格者”入学堂，树立办学典范；再渐次覆盖至由土司管理的打箭炉等地，总体上依改土归流的进程而不断扩展。依靠行政体制和在边民中推行优待政策，川边兴学在短期内取得不俗成绩。粗略估算，至宣统三年，包括打箭炉厅在内各地学堂总数已有200余所，其中仅官话学堂数量就超过100所。[③] 宣统元年，四川总督高度评价关外学务局的办学成果，尤其表彰官话教育，称“各项章则教科虽与部章略有出入，而因地制宜，推行尽利，于官话尤为注重。信足以通彼此之情，握文化之纽，于穷荒边阻之区为推阐文明之举”。[④]

（四）西藏地区

相比蒙古和新疆，西藏教育近代化的启动尤为艰难，主要原因在于：其一，由于西藏地处边陲，清廷统治成本极高，加上乾嘉以来驻藏大臣多放任无为，影响了中央政府对西藏统治的深入；其二，西藏乃政教合一社会，地方统治和民众

---

① 张敬熙：《三十年来之西康教育》上卷，上海：商务印书馆，1939年，第85页。

② 川边当局制定的《关外章程》在阐发女子学堂之必要性时着重强调：其一，若女子不入学堂不通汉语，官方无法与其言语沟通，学堂如果想劝其送子女上学就会“阻力尤大”；其二，母亲若未受汉语教育，子女缺乏必要的环境和氛围，学习难有成效。参见赵艾东：《清末川边兴学对藏族女性的近代启蒙与塑造——巴塘女学堂师生合影考》，《中国藏学》2020年第4期。

③ 张敬熙：《三十年来之西康教育》上卷，第37—38页。

④ 《督宪批关外学务局详筹办边学缮申表册文》，《四川官报》1909年第26册。

生活均以宗教为中心，朝廷教化阙如。[①] 清朝末年，英、俄两国竞相渗透，尤其是英国擅自强迫西藏地方政府与之签订“西姆拉条约”，引起清廷极大震动。为抵制列强入侵和加强对西藏治权，清廷在藏地开启了以世俗化和国家化为导向的诸项改革。在这一历史背景之下，西藏近代教育开始艰难起步。

光绪三十二年被清廷派往西藏查办事件的广东籍官员张荫棠，在西藏近代教育史上具有重要地位。抵藏后，张荫棠被任命为驻藏帮办大臣，随后开始广泛与僧俗官员、寺庙喇嘛等接触。光绪三十三年底，张氏向中央政府提交大刀阔斧的“治藏计划”，提出“为今之计，自以破除汉番畛域，团结人心为第一要义”，“收回政权，兴学、练兵，为入手办法”，得到朝廷认可。张荫棠将“兴学”视作与“练兵”同等重要的抓手，至于汉语文教育，作为破除“汉番畛域”的直接手段，特为张荫棠所重视。此种理念，集中体现于张氏的《奏覆西藏情形并善后事宜折》：

> 查英据印度，即广设英文义塾，以教印民语言文字，实为属地与祖国同化之要枢。西藏内属二百余年，语言不相通，办事致形隔膜，汉番时相仇视。宜广设汉文小学堂，凡藏童七岁以上，一律入学堂教以汉文汉语，兼教以算学兵式体操……所有文武藏官兵丁，均由此选。先择冲要繁盛地方，约设蒙小学堂五十间，以冀教育普及。[②]

不难看出，在张氏的兴学计划中，普及汉文汉语居于核心地位，凸显了其有别于内地的办学特色：其一，西藏兴学首要任务即是兴办“汉文蒙学堂”，新式学堂的教学将以汉语汉文教育为中心，彰显了普及汉语文在藏地教育中的优先性；其二，从学堂遴选的西藏各级政府机关人员，将是普遍掌握汉语文的新式学生；其三，学堂一律重点教授“兵式体操”，意在普及教育之外，顺带为西藏新军训练输送人才，一举两得。此番设计，说明西藏各项新兴事业开展和新式人才培养，均以汉语文教育为基本前提。张荫棠还建议，藏官派遣学生入保定陆军学堂机器

① 据驻藏大臣联豫奏报：“从前设有义学四堂，学生约七八十人，教授管理诸法，无一不极形腐败。”（联豫：《详陈藏中情形及拟办各事折》，吴丰培编：《清代藏事奏牍》下册，第1476—1477页）

② 《奏复西藏情形并善后事宜折》，吴丰培编：《清代藏事奏牍》下册，第1398页。

局工艺局学习，也“宜先习汉文汉语一二年，以为预备”。对于具体教授办法，张氏亦有主张，如他提出“学生在学堂中宜专讲汉语，所用服役小娃宜用川人，则一年全通汉语。他日到中国游学经商，皆有裨益”。①

同期任驻藏办事大臣的联豫也较为重视兴学。光绪三十三年，联豫鉴于之前藏地近代教育阙如，将兴学目标降低，拟在藏设立初级小学堂两所，面向汉番子弟开放；学制由部章的四年改为三年。学部回复时认为所设学堂数量过少，需“切实扩充”；学制亦不能随意更改，仍需与部章统一。总体而言，居藏期间，联豫颇多兴革，先后设立汉藏文传习所、蒙小学堂、印书局、白话报馆等文教机构。光绪三十二年至宣统三年，联豫在拉萨等地共设蒙养小学堂、陆军小学堂计20余所，同时招收汉、藏学生。② 西藏的学堂规模虽无法与毗邻的川边地区相提并论，但已取得长足进展。而以“国文”为教育重心，更是联豫最引以为傲的办学经验，如他在奏报中所言，“以兴学为先务，多方劝导，逐渐经营，始由前藏办起，以次推及后藏、靖西、达木、山南等处，参酌初等小学及蒙养院章程，以国文为教科主体，改良其习惯语言，期于同我文化，数年来汉番人民，渐知向学之益”。③

综上可见，边疆各地新式教育建设步伐不一，所兴办学堂以层次较低的普通初等小学堂和专门性的官话学堂、汉语学堂为主。但是，至少在上述教育机构中汉语文教育得到了较为明确的制度保障，由此推进了边疆地区的“书同文”进程。

三、边疆地区推广汉语文教育的模式

兴学启动后，由于学部尚未顾及对边疆教育作通盘筹划，故各地在教育决策上享有较大自主空间。在语文教育方面，边疆官员在认同学制章程的大前提下，可以依据地方情形“变通办理”学堂，如在教育语言的选择上，采取“从语言文字入手”的过渡性策略。另外，对于学部尚未明示而办学过程中又不得不面对的

---

① 《咨外部为西藏议设交涉等九局并附办事草章》，吴丰培编：《清代藏事奏牍》下册，第1349、1351页。此处所谓四川“小娃”，当是川滇地区汉藏两族通婚后所生育后代，当地人一般称作“扯格娃”，能通汉藏两种语言，多充任通译者。参见任乃强：《西康图经》，拉萨：西藏古籍出版社，2000年，第244页。

② 联豫：《详陈筹办西藏事宜折》，吴丰培编：《清代藏事奏牍》下册，1517页。

③ 联豫：《又奏请拨学务经费片》，《政治官报》第889号，1910年4月22日。

疑难问题，如各级学堂是否可以保留民族语文教育，师资培育能否以双语能力培养为重心，教科书是否由国家统一编纂以及使用何种语言编写等，边疆地方政府亦可以提出各自主张。学部面对地方提出的变通方案，多数情况下都会承认“因地制宜”的合理性，予以允准。与此同时，学部也表达了希望各地尽可能遵守统一学制章程和最终贯彻通用语言教育的总体思路。对于兴学问题的摸索和解答，折射出这一时期边疆各地在语文教育模式、策略上所具有的某些共性特征。

（一）“从语言文字入手”

边疆地方官员主张“变通办理”的常见理由，是认为边疆与内地“语言宗教”存在隔阂，兴学之初即按照部章建设普通学堂并不现实。至于如何变通，不少官员认为，不妨采取“从语言文字入手”的策略，即先让学生专门学习语言文字，待语文能力娴熟后再进入普通学堂接受学科教育。“从语言文字入手”在不同地区所指并不统一，有时指代汉语文，有时指代少数民族语文。

新疆和川边藏区是提倡从汉语文入手最力的两个地区。面向维吾尔族设立的汉语学堂，以及面向藏民设立的官话学堂，均以教授汉语汉文为中心，实际是维吾尔族或藏民学童升入普通小学堂前的预备阶段。此种制度设计，主要是基于边民必须具备基本汉语文能力，方能接受普通学堂教育的判断。因此，即便在一些汉化程度较高的近边蒙旗学堂，也采取“注重汉文”的过渡策略。光绪三十三年，绥远城将军就向学部报称，驻防无读书识字之人，“若骤语以各科之课学本无此合格之资才”，“惟注重汉文以培其本，渐及科学以引其机，数载于兹，稍立基础，乃为进步之图”。①

就笔者所见，从少数民族语文入手的主张，主要来自蒙古地方官员和蒙古王公。他们之所以不主张从汉语汉文入手，固然是因为汉文教育难度大，也与蒙古文在清代国家多语文行政体系中地位独特，以及驻防官学注重满语、蒙古语的传统有关。前文曾提及的科布多参赞大臣联魁和乌里雅苏台将军堃岫，均主张蒙古诸部及乌梁海童幼子弟先“习学蒙字蒙文以植初基”，再择优升入小学堂进行汉

① 《绥远城将军贻奏缕陈现办学务暨筹款大概情形折》，《四川官报》1907 年第 15 册。

文学习。综合各方考虑，他们的奏请皆获学部允准。① 从宣统二年提交理藩院的《筹办蒙古教育建议案》（以下简称《建议案》）来看，“从蒙文蒙语入手”的主张获得多数蒙古王公的支持。另外还需说明的是，也有一些蒙古地方官员提倡专习“满蒙汉语言文字”，库伦办事大臣延祉奏请在地方设立蒙养学堂，“考取教习专教满蒙汉语言文字”，② 大抵可视作从汉、蒙古语文入手之外的另一种办学模式。东三省总督锡良总管东部蒙古地区的教育事宜时，对语言教育问题较为留意。相较而言，该地区推行的满、蒙古、汉文合璧教育模式最为成熟。锡良认为民族地区兴学语言障碍极大，必须多语文教授方能满足实际人才需要，对此他在《满蒙汉三文合璧教科书》序言中特意说明缘由：“方今国家累诏兴学，各蒙旗札萨克亦有深明大义筹设学堂者，特教科苦无善本，专注汉文，则蒙文几将绝绪，专注蒙文，则汉译仍多扞格，况蒙文义例本简，全恃满文反复证明，则非满蒙汉文兼习，难期致用。”③ 尽管蒙古地区有固有的蒙古文教科读本，但已与学部学科规制要求不合，无法继续使用。故宣统元年，锡良选用了满文学堂荣誉监督德荣编译和进呈的《满蒙汉三文合璧教科书》，印刷十万册分发至哲里木盟各旗学堂。④ 对于该教科书，锡良评价颇高，称其“体例完备，既可举一反三，又免顾此失彼，津逮初学，无善于此”。⑤

（二）坚持汉语文的国家通用语文地位和保留民族语文教育

“从语言文字入手”解决的是学前阶段的语言教育问题，那么，在初等和高等小学堂等边疆普通学堂中，当普及汉语汉文成为大势所趋时，是否还需保留传统民族语文教育的一席之地呢？答案不尽统一。以蒙古地区为例，就语言教育模式而言，仅有极少数蒙古州县或蒙旗学堂实行汉语单语教育，覆盖蒙、汉两种语言的双语教育

① 《乌里雅苏台将军堃岫等奏举行新政请拨常年经费折》，《申报》1910年3月3日，第2张。

② 《库伦办事大臣延祉等奏设蒙养学堂折》，《政治官报》第317号，1908年9月13日。

③ 《满蒙汉三文合璧教科书》第1册，“叙”，第3—5页。

④ 教科书是推行边疆教育的关键要素，边地学生入学伊始便使用汉文教科书无疑难度极大，因此，在东三省蒙务局推出多文合璧教科书之前，京师满蒙高等学堂总理伊克坦已经有意着手将汉文教科书翻译为蒙古文。详见《京师近事》，《申报》1909年3月25日，第1张第5版。

⑤ 《满蒙汉三文合璧教科书》第1册，“叙”，第7—8页。

则是常态。受蒙古官学传统影响，选择满、蒙古、汉三语教育的学堂亦不在少数。

其时蒙古各地学堂保留蒙古文教育的原因是多样的，归结起来有以下四点。第一，蒙古文也是清代国家和蒙古地方行之有效的官方文字，地方政府有责任培养通晓满蒙语文的办事人员和翻译人才。光绪二十八年，内阁蒙古侍读学士文年奏请在京师创办蒙古文学堂，诉诸的理由是，“不惟理藩院需用满蒙文字，及各路将军大臣亦当通晓，无于策治抚驭之道，方无隔膜，不致欺弊丛生”。① 第二，蒙古民间社会事务的处理和民族文化的延续，离不开对蒙古文的使用。② 一方面，蒙古族在历史上形成的蒙古文经典有其文化受众；另一方面，晚清以来，蒙古文传承有陷入危机之虞，在旗人官员看来，“精通蒙文者犹代不乏人，近则读书识字之人愈少，非特汉文茫无所知，即蒙文意义亦多昧昧”，以致“学务荒废已极……各旗翻译之文半杂俚语，译音而意未达也”。③ 他们对蒙古文可能荒废的黯淡前景忧心忡忡。在一些汉化较深的近边蒙旗，地方官员不得不设立专门的蒙古文学堂加以保护。宣统元年，归化城将军麟寿鉴于土默特旗蒙人渐失母语能力，特奏请设立崇古满蒙语文小学一所。④ 第三，在临近内地的蒙古州县或蒙旗，晚清以来的移民屯垦和边政改革增进了蒙古与内地之间的联系。此种新变化，一方面激励蒙古精英萌生通晓汉语文以融入国家的时代意识；另一方面促使地方政府采取措施，鼓励汉人学习蒙古语以服务边疆开发。光绪三十三年，绥远将军贻谷奏请在清文学堂中附设蒙文科，提出“蒙文之设，则因绥远统辖乌伊两盟，日与蒙接，现在报垦愈广交涉愈多，翻译需材，亟应预为造就”，反映的正是蒙古与内地深化融合的现实。⑤ 第四，俄、日两国为实现侵略意图加快培养满蒙语言人才，其行径引起地方官员警惕之余，亦刺激他们重视边疆语文。⑥

---

① 《内阁蒙古侍读学士文年奏请设立蒙文学校而治藩服事》（光绪二十七年六月十三日），军机处录副奏折，档号03—7210—094。

② 忒莫勒、乌云格日勒主编：《哲里木盟十旗调查报告书》，第21页。

③ 《满蒙汉三文合璧教科书》第1册，“叙”，第1—3页。

④ 《归化城将军麟寿奏设立崇古满蒙语文小学折》，《内阁官报》第83号，1911年11月14日。

⑤ 《绥远将军贻奏缕陈现办学务暨筹款大概情形折》，《北洋官报》第1362册，1907年5月16日。

⑥ 《兴立蒙学选译教科书以启边氓折》，中国科学院历史研究所第三所编：《锡良遗稿·奏稿》第2册，北京：中华书局，1989年，第985页。

当然，蒙古新式学堂之所以普遍开设蒙古文课程，还取决于实际教学需要。在地方教育主导者看来，开设蒙古文科和使用蒙古文教科书至少有两重好处：一是蒙人学习蒙古文相较学习汉文更加容易，其不失为“开蒙智”的有效途径；二是“国文”以及其他使用汉文教科书的学科，需要借助蒙古语教授。有官员因此认定，“必须先教蒙文，兼习汉语，然后再议读汉文书”。①

与蒙古地区不同，新疆兴学之初曾坚定执行汉语单语教育路线，直到辛亥革命前夕才作出制度改变。新疆地方当局的政策是将推广汉语学堂作为维吾尔族人教育中心，而未将维吾尔文一体纳入。光绪三十四年，学务公所组织视学员巡视以后，才意识到问题的严重性。维吾尔族之“绅富”在配合官府筹款及招生动员时，多次以学堂兼习维吾尔文作为附带要求。面对此种局面，提学使杜彤认为，宜赢得绅富对办学的支持，并消除维吾尔族民众对国家兴学的质疑，所谓“祛除疑阻之弊而鼓其向学之忱”，“非因势利导难生实效”。因此，杜彤在宣统三年致学部的咨文中，正式提出“拟将通省缠民汉语学堂简易识字学塾高初两等小学初等实业各学堂一律于定章课程外加授缠文一科”，“俟将来风气开通再行减裁”。②学部一方面认为杜彤提议“自系因时因地酌予变通，虽将缠文一例加入而于定章课程并不减少”，另一方面认为，“缠民习俗既殊，骤去其语言文字则不免多生疑阻”，担心操之急切，恐引起维吾尔族民众激变，遂对提议表示支持。与此同时，学部在覆文中又不忘补充强调，“加习缠文系为导缠入汉起见，不得喧宾夺主致使本末倒置”，由此可见朝廷对语言教育国家化主导方针的态度。③

联豫在西藏兴办的普通小学堂数量稀少，基本按照部章办理，并未安排藏文科目。但是，他本人因深感衙门机关译员欠缺影响交涉，因而推动设立汉文传习所、藏文传习所各一，积极培养汉藏双语翻译人才。与此同时，他还自筹

---

① 忒莫勒、乌云格日勒主编：《哲里木盟十旗调查报告书》，第102页。

② 最终实际规定如下：“规定改订两等小学堂简易识字学塾新章暨本省现行汉语学堂初等实业预科各课程，于原定学科钟点外加缠文一门，初等小学及与初等小学等级相类者定为每日一点钟，每星期六点钟，高等小学及与高等小学等级相类者定为间日一点钟，每星期三钟。高等小学以上不再加授。”详见《新疆提学使张铣就批复两等小学堂加习维文一事札吐鲁番厅文》，《清代新疆档案资料选辑》（35），第264页。

③ “缠文”即现代维吾尔文，详见《覆新抚阿属学堂添授缠文办法文》，《学部官报》第158期，1911年7月5日。

经费设立印书局一处，用藏文翻译《圣谕广训》和实学实业诸书。张荫棠有关西藏兴学的计划中，也未忽视藏文教育。他入藏之初即向藏人官员和喇嘛建议，“广兴教育，汉藏文兼教，使藏民人人能读书识字，以开民智”。① 他还提议，若普通小学堂所招收藏族幼童不识藏文，可酌加藏文教习一员，夜间专教藏文经典。②

综上可见，除了彻底贯彻汉语文教育的川边藏区，包括蒙古、新疆在内的其他边疆地方在坚持汉语汉文教育的前提下，皆保留了少数民族语文教育的空间。③

（三）重视双语师资培育

边疆语文教育的特殊性还反映在师资培养环节上。对教师语言能力的较高要求，是推进边疆兴学无法回避的困难。一方面，尽管普通学堂通常只能选用汉文教科书，但考虑到边地学生不通汉语，教师在实际教学中不得不采用民族语言教授。如果授课教师不通晓当地民族语言，课堂教学只能依赖通事翻译，教学效果自然受到极大影响。④ 另一方面，如上文所述，边疆多地皆自发形成汉语和民族语言并存的教育格局，在师资紧缺的情况下，教师有时不得不同时承担两种语言的教授任务。边疆新式学堂的合格师资，至少需要满足两项基本条件：通晓汉语文和当地民族语言，以及具备新式学科知识。

---

① 《传谕藏众善后问题二十四条》，吴丰培编：《清代藏事奏牍》下册，第 1336 页。

② 《咨外部为西藏议设交涉等九局并附办事草章》，吴丰培编：《清代藏事奏牍》下册，第 1351 页。

③ 以上主要就边疆地区普通学堂而言，实际上这一时期中央和地方政府所设立的不少专门学堂亦十分注重民族语文教育。区别在于，后者的育人目标是培养通晓民族语言和汉语的双语人才。例如，为解决“安边储才”的战略需要，学部和理藩部陆续创办了“满蒙文高等学堂”、殖边学堂、藏文学堂等教育机构，可视作清代“多语文制”传统的某种延续。而四川、吉林等地方省份主动创办多所藏文、蒙古文学堂，着意培养大批藏汉和蒙古、汉双语人才，则是此前从未出现过的现象。总之，注重双语人才的培养与在边疆地区普及汉语汉文教育，可谓制度设计的“一体两面”，体现出清末中央与边疆关系有别于以往的新变化。

④ 新疆义塾教学或依赖通事，或利用略通汉语的“缠回”生童为之传译，另有《杂字译回》等工具书作为辅助。详见《札发整顿义学章程》，《清代新疆档案资料选辑》(35)，第 126 页。

然而，在边疆之地符合上述条件的人才少之又少，无疑加剧了原本就存在的师资匮乏问题。科布多、库伦等地官员对此茫然失措，只能寄望于学部派遣教师。① 而学部并无此等人才储备，只能以“语言不通性情不习教授不免扞格”为由加以拒绝，同时提议由地方遴选“中学优长宗旨纯正”者数员，由督学局培训其研究教授管理诸法，学成后遣回故地派充教员。② 新疆巡抚联魁无奈表示，“新省客籍土著俱乏学有根抵之士，招选师范几于无从措手”。③ 尽管在川督锡良的支持下，四川较早就注重汉藏双语教师的培育，但由于短期内学堂急速扩增，实际师资储备仍相当紧张。为了应付急需，当地粗通文理者多被学务局强征充任临时教员。④ 川边某地虽有几所据义学改造而来的新式小学堂，但“师资教法学生功课历来均欠讲究”，尤其是教习乏人，不得不让随同入藏、曾在成都师范学堂肄业的一员笔帖式临时充任。光绪三十三年，驻藏大臣联豫不得已向川省请援，但四川提学使表示川中师范学员人数本就严重欠缺，即便合乎条件者亦不愿千里跋涉，对此爱莫能助。⑤ 川边当局拟在打箭炉设立优级藏文学堂时，奏报的师资困窘情形颇具代表性：

内地汉文教习又不能直接讲授，佐以翻译，乃能通晓。此等翻译，恐明正境内断无此通才。且皆不通中文，何能胜助教之任。……至造师之法，似宜仿京师国子监藏文学堂例，于炉城地方特设一优级藏文学堂，选内地各项优等卒业生……而异时译员皆出其中，庶不再供材异地矣。夫以明于科学之

① 据报载，“库伦办事大臣三多于本月二十四日电致学部，谓现在拟在库伦设立边务学堂一所。堂中分汉文蒙文俄文三科，其蒙俄文均聘有教习，惟汉文一席缺乏，拟在大部聘请师范毕业生四员教授汉文及舆地算学等科。其路费每员一百两，月薪每员八十两，闻学部已饬督学局遴选委派”。详见《京师近事》，《申报》1910 年 11 月 6 日，第 1 张。

② 《学部会奏议覆科布多大臣奏阿尔泰开办各项学堂酌拟简章约估常年经费折》，《政治官报》第 542 号，1909 年 5 月 3 日。

③ 《新疆巡抚联魁奏新省办理学务情形折》，《政治官报》第 961 号，1910 年 7 月 3 日。

④ 据档案记载，川边地区官话学堂教习本由师范传习所修业生中择优选派，但人数过少无法满足学堂需要，于是只好择当地略通汉藏语言者充数。这些临时教员“或为制营号书，或系本地商贾”，招聘之初带有强迫性质，月薪又较为低廉，实为兼职性质，故流动性极大。详见《关外学务局禀报本年学堂情形》，《清末川滇边务档案史料》上册，第258 页。

⑤ 《提学使司详请咨覆驻藏大臣拣派教员赴藏文》，《四川学报》1907 年第 3 期。

人，专令其练习藏语，不必一年，已可卒业。[①]

面对此种困窘，边疆各地展开师资培育时，不得不将遴选和培养具有双语能力之教习作为工作重心。

四川在总督锡良的推动下，于成都设立“以铸造边缴译员与各种教习为宗旨”的藏文学堂，面向内地汉人招生，学科首重藏文、藏语，同时“教以国文、修身、伦理并兼授英文及历史、地理、算学、体操诸种”。[②] 光绪三十四年十一月，藏文学堂第一届学生毕业，共计70余人。次年三月，此届毕业生分作两批派遣至关外。鉴于关外各地藏语方言不同，“特令该毕业生等在学务局补习师范及各方言语半年之后始行派充教习”。[③] 除川边藏区之外，西藏亦向四川提学使请求援助教习。大体言之，藏文学堂成立后短短几年，即向川边和西藏输送数百名通晓汉藏语言和科学知识的新式人才，对两地新式教育发展起到重要助推作用。为了真正缓解人才缺口和建立稳定师资队伍，宣统三年，关外学务局总办吴嘉谟在打箭炉厅创办关学师范传习所（后经代理边务大臣傅嵩炑批复改名为“藏语专修学堂”），明确以“预储师资，贯通语言”为育人目标，体现出川边师资培育首重语文的特色。[④] 张荫棠有关西藏兴学的计划中，也涉及教习培养，他提出的方案颇为具体，建议“汉人教习，用湖北、四川、北洋、广东陆军学堂毕业生，兼晓算学者，每人每月薪水约百元”，尤其优先考虑语言相近的邻近省份。[⑤] 蒙旗师范建设亦存在与川边地区同样的问题。光绪三十二年，曾两次奉命考察蒙古的清廷官员姚锡光向学部郑重提议：“专设蒙古师范学堂，作为蒙古地方教育基础”；师范学堂由学部派大员直接管理，其中2/3学生“由蒙地考选”，“汉人

① 《护理川督赵尔丰咨边务大臣关外学务事宜》，《清末川滇边务档案史料》上册，第146—147页。

② 《京外奏稿：川督奏开设藏文学堂片》，《学部官报》第18期，1907年4月23日。

③ 赵尔丰：《推广关外学务请添拨经费折》，《清末川滇边务档案史料》中册，第384页。

④ 关学师范传习所“招集西南两道明白子弟暨川省藏文毕业生，并炉厅附近通藏语而识国文者入学讲习”。详见《吴嘉谟详傅嵩炑请在炉开办关学师范传习所》《吴嘉谟详报傅嵩炑藏语学堂学生及开学情形》，《清末川滇边务档案史料》下册，第958、1048页。

⑤ 《咨外部为西藏议设交涉等九局病附办事草章》，吴丰培编：《清代藏事奏牍》下册，第1387页。

取文理优长，学有根柢者，蒙人取精于蒙文，粗通汉文者”。[①] 可见其将双语能力作为遴选教师的核心条件。宣统二年，东三省蒙务局鉴于“今之通蒙文者众矣，其于蒙语未必尽习练也。熟蒙语者亦多矣，其于科学又未必尽明瞭”的现实，向督宪提议于承德府设立“蒙汉文师范学堂一所”，考选“承德、朝阳各属生童暨土默特、哈喇沁诸旗蒙人共两百名学习，速成师范二年毕业”。[②] 之所以优先考选土默特等旗蒙人，原因在于上述地区蒙汉杂居“文化较优”，培养具有双语能力和科学素养的师资较其他地区难度要小。[③]

新疆在民族地区师资培育模式上经历过诸多探索。提学使杜彤在新疆省城创办中等学堂时，从京师千里迢迢调配“理化算学教习四人”后，学堂科目方能开设齐全，师资欠缺严重程度可见一斑。这显然与双语人才匮乏直接相关。[④] 后因全省各地多设学堂，而师资未及准备，各地方官纷纷向提学使请派教习，遂因陋就简，将该所中等学堂改造为简易师范班。为从速培养教师，简易师范班学习一年即毕业。师范学生毕业后当局以高薪优待派往地方各属，但人才仍远远不敷使用。[⑤] 光绪三十四年，学务公所决定开会商讨解决，最终决定“调缠生昔日曾入义塾者”进入“缠师范学堂”，进一步补充师资力量。[⑥]

由于学部兴学指令笼统，边疆大员可以根据地方情形作出决策。此种决策一定程度尊重了边疆教育的客观形势，确立的“从语言文字入手”、培育双语师资等导向，对推进边疆兴学具有积极影响。此外，上述决策既揭示出边疆在普及汉

---

① 姚锡光:《蒙古教育条议》，忒莫勒、乌云格日勒主编:《乌里雅苏台志略·科布多政务总册·筹蒙刍议（外五种)》，第166页。

② 忒莫勒、乌云格日勒主编:《哲里木盟十旗调查报告书》，第21页。

③ 《会同理藩部议复热河都统奏喀喇沁王旗建设师范学堂及宣解讲堂折》，《学部官报》第31期，1907年8月29日。

④ 王树枏等纂修:《新疆图志》卷38《学校一》，第355、356页。

⑤ 宣统二年，新疆巡抚联魁奏报称:“新省客籍土著俱乏学有根柢之士，招选师范几于无从措手。该学司锐意图维，苦心搜访，既就原有师范酌增课程，详订规则，作为简易科，以应急需。复选招新班，并选缠民中读书识字者，按其程度设缠师范甲乙两班。计自光绪三十三年冬至今，师范毕业者共有五班。历经派赴各属充当教员，今年更设法续设一年简易二年简易师范各一班增广师范一班，为各属续设学堂之预备。此办理师范之情形也。”详见《新疆巡抚联魁奏新省办理学务情形折》，《政治官报》第961号，1910年7月3日。

⑥ 王树枏等纂修:《新疆图志》卷38《学校一》，第356页。

语文教育过程中所面临的问题和处理方式的共性，又体现出一定的差异性。不过，学部虽暂时认可各地“变通办理”的权限，却不可能放任地方多元化办学状态的长期存在。

四、边疆地区推行国家通用语言的困难及其应对

在清廷和边疆地方官员的共同认可下，普及汉语汉文的教育决策在付诸实践中，尽管存在与官方预期不符的情形，但也取得一定成效。最直接显著的成果，即是培养了一批通晓汉语文的少数民族学子。在川边地区，据官方说法，巴塘一带初等小学堂“先学汉语，继学汉文”，三年之后，“男女学生竟能作数百言文字，余皆能演试白话，解释字义”。[①] 而且，经官话学堂培养的藏民子弟，不仅“能知汉语，有事可与汉官直接说话”，[②] 亦因通晓汉藏双语得以被地方政府招录充任巡警、教师等。[③] 民国学者前往康藏地区调查时，发现“全康多有略通汉语之藏民，悉此时期之官话校学生也”。[④] 可见清末推行的学堂人才培养举措，在促进汉藏交流的同时，亦带来边疆治理的积极变化。

另外，学堂的国家主义宣教也初见成效。边疆学子通过汉文教科书，从语言、历史和地理等角度，对何谓“中国”有了初步体认。[⑤] 为了说明这一问题，笔者援引新疆吐鲁番普通学堂学生马瑞图的国文、修身等科目试卷来略作说明。根据试题和答题程度初步判断，修读学生可能为初等小学高年级或高等小学堂学生。下文誊录试卷内容如下：

---

① 《关外学务办有成效请添拨经费以便推广折》（宣统三年正月十三），《清末川滇边务档案史料》下册，第841页。

② 赵尔丰：《推广关外学务请添拨经费折》，《清末川滇边务档案史料》中册，第384页。

③ 光绪三十四年，川边当局在巴塘设立警察，拨付边防军20名充任，结果“言语不通，动多隔阂，不数月依然解散”。复设巡警学校一所，招募“番民子弟数十人”，令习官话入手，后因故停办。宣统二年夏，另选边地各处之官话毕业生120名，集结于巴塘，专习警察，要求三年毕业之后，发回原籍协助警政。详见《边藏最近之闻见》，《东方杂志》第8卷第12号，1912年6月1日。

④ 任乃强：《康藏史地大纲》，拉萨：西藏古籍出版社，2000年，第195页。

⑤ 赵尔丰奏报称其巡视巴塘小学时，藏族生童“问以义务，皆知以忠君爱国为主”。详见《关外学务办有成效请添拨经费以便推广折》（宣统三年正月十三），《清末川滇边务档案史料》下册，第841页。

考试科目：国文

试题一：问燕伐齐下七十余城，其将何人？燕昭王不用他人而专用此人为将，其意何在？

答：燕之大将，用为乐毅。燕昭不用他人而专用毅为将，因毅有勇有谋，有争战之气，故用之为将。

试题二：问我国最大之川其名，为何然？发源何在？试详举之。

答：我国之大川，古推黄河为名。发源于青海之巴颜哈喇山。

试题三：问我国开矿始于何人，文字又系何人所造？

答：开矿始于黄帝，仓颉造字。

得分：100

考试科目：修身

试题：问朱子读书之法戒人之言，为何言茂不耻，恶衣恶食，而听耻者何事，试详以对。

答：朱子戒人读书之法，未得乎前则不求取其后。未通乎此，则不敢志乎彼。吉茂之所耻者，以一物不知即为耻也。

得分：90①

该生国文、算数得分均为满分100，修身得分90，根据吐鲁番学堂评优等级，大概可列入最优等。结合《清代新疆档案资料选辑》所收录其他学生试卷可知，国文试题以历史地理和时政知识为主，前者包含华夏先祖、汉字起源、黄河发源地等知识，后者涉及“论铁路之利益”、“种鸦片说”等议题论说。② 试题体现的教科书知识教育和知识结构，从空间上讲是以大一统中国为对象的，从时间维度上自古及今，从华夏文明起源直至现代中国时务都涵括在内。学生回答简略，相对

① 《吐鲁番学堂学生马瑞图之修身试卷》，《清代新疆档案资料选辑》（35），第435—436页。

② 《吐鲁番学堂学生边开榜之〈论铁路之利益〉论文》《吐鲁番学堂乙班学生喻良臣之国文试卷》，《清代新疆档案资料选辑》（35），第437—438页。该生参加考试年月不详，但因吐鲁番设学在光绪三十四年前后，故不会早于这个时间。试卷应当是作为优秀学生范例保存下来的，考试科目包括国文、算术、修身和毛笔笔试四门。其中，国文试题多偏重文史知识，这与光绪三十四年之后学部对小学堂课程尤其是“国文”科的整合性改革有关。

内地学生明显程度要低很多，但并未答非所问，文字大体通顺。尤其是对相关知识点的掌握，更能说明整体性的国家观念教育已显现成效。

对近代内蒙古青年群体的研究显示，晚清民国时期的新式教育加速了原本就存在的地方分化：汉化较深地区的蒙旗学子受益于学堂教育，在语言风俗上与汉人差别进一步缩小，有更强烈意愿和更多机会走出塞外深造，而汉化程度较浅地区的学堂毕业生，仍会因为“不谙汉语国文”而不愿升学。这种汉语言能力的差别，不仅相当程度决定了他们能否进入地方行政系统，而且也极大影响了该群体的社会流动、身份认同乃至对国家政治的参与程度。①

当然，由于边疆兴学持续仅短短几年，最为偏远的边陲地区甚至还停留在规划阶段即因清王朝的覆灭而中断，加之学堂普及程度又往往因地而异，因此要准确评估汉语文教育的收效并不容易。但透过史料，我们仍能看到边疆兴学进展不顺的客观事实。且不提仍处于游牧状态的蒙古、哈萨克牧民，因迁徙靡常无法聚集定居以响应朝廷兴学之计，即便人口集中定居的边疆地区，学堂建设也同样困难重重。在新疆、蒙古、川边部分地区，民众对入学堂猜疑恐惧，或视为“支差”，或“视同无端加罪”，极力抗拒乃至雇人冒名顶替的现象甚为普遍。而且，越是远离内地的隔绝封闭地区，发展新式教育难度越大。

对于边疆兴学的困境，官员在奏报中屡有提及，最常见的措辞即是“宗教语文，无不隔阂”，意在强调困扰边疆兴学的主要原因，在于其与内地迥然有别的社会文化生态。由于蒙古族、藏族、维吾尔族的语言文字在其世俗生活和宗教生活中扮演着重要角色，清廷以自上而下的方式在边疆推行汉语汉文教育，在短时期内必然面临种种阻碍。

在蒙古地区，各旗虽不崇尚读书识字，但蒙古文传承毕竟已形成固定路径，不仅寺庙喇嘛须识蒙字，王公贵族代有传承，且普通蒙古人子弟亦有为谋衙门书吏等文差而习蒙古文者。② 而且，边疆不通汉语本是官方普及汉语文教育的原因，但一些地方官员却反过来以此为由延缓或推诿办学。宣统元年，当朝廷打算采纳官员建议，在西北实施广设汉语半日学堂计划时，科布多办事大臣锡恒却认为此

① 参见田宓：《蒙古青年与“内蒙古自治运动”》，《近代史研究》2014年第5期。

② 忒莫勒、乌云格日勒主编：《哲里木盟十旗调查报告书》，第251—252页。

举不切实际，若照此办理不过是“徒有虚名”。① 而且，清初中期形成的文化封禁政策在偏远蒙旗影响仍在，官员调查发现，哲里木盟扎赉特旗“不但无学堂，并泥守旧日则例，仍禁旗下蒙众子弟读汉文书，即西边外各蒙旗有曾读汉文者，该旗视同妖异，屏绝不许居于蒙众聚集之地”。当黑龙江省提学使派员问询时，当地更以“全旗蒙众无一通汉语者，何以兴学”回复。② 即便一些新设学堂或私塾，也以激励部族意识为荣，对于“道德伦理声光化电”或者朝廷教化兴趣欠缺。③

在川边地区，面对官府强制边民读汉书学汉字等“用威驭夷”做法，一些土司反应消极，声称地方百姓“顽梗无知，习惯已久。惟知操习夷字，均不知汉文、汉语之益”，虽经再三劝导，“仍无向学之心”，不得不请求边务大臣免予办理学堂。④

透过上述史实，我们不难总结出清末边疆汉语文教育窒碍难行的主要原因。其一，数百年来边疆民族一直未被有效纳入国家统一教育体系，清朝又曾一度为防止其汉化而实行文化隔离政策，以致边民基本生活在与汉语文隔绝的环境之中，缺乏自发利用汉语文进行沟通的强烈社会需求，而这一社会文化生态在客观上又加剧了学习汉语汉文的难度，加重了边民的畏难心理。其二，蒙古族、藏族、维吾尔族识文断字者或因掌握民族语言文字获得世俗利益，或可借此获得受

---

① 光绪三十三年底，岑春煊在《统筹西北全局》中提议，“令各将军遍饬各部设立蒙学并于驻扎处所先设中学堂，凡蒙生皆从宽收录”；宣统元年，署理归化城副都统三多又以“西北各边蒙民不识汉文，于教育新政交通诸多不便”为由，奏请学部在西北蒙古实行划区设学，建议凡有学龄儿童30名以上地方即设汉语半日学堂一所。这两份奏折得到朝廷重视，于是饬令沿边将军和大臣妥筹商办。锡恒回复朝廷称：其一，“汉文汉语诚为目前开通边塞蒙旗之善政。惟内外蒙古远近悬绝，形式迥殊，盖有未可同日语者。内蒙古壤连内地常与汉民交接……虽未能多识汉字而汉语已通，教导自易。阿尔泰初创边防，蒙哈杂处，罔识稼穑，以牧代耕，迁徙靡常，俗同行国。此难行划区设学之制者一也”；其二，“游牧逐水草而居……无法强制定居”；其三，“和硕鄂克拓通汉文汉语者绝少见闻，若遏等以教将欲速转迟”。详见《京外奏牍：科布多办事大臣奏阿尔泰未能遍设半日学堂折》，《学部官报》第99期，1909年9月14日。

② 忒莫勒、乌云格日勒主编：《哲里木盟十旗调查报告书》，第101、102页。

③ 姚锡光：《蒙古教育条议》，忒莫勒、乌云格日勒主编：《乌里雅苏台志略·科布多政务总册·筹蒙刍议（外五种）》，第162页。

④ 《麻书土司禀请免办学堂》（宣统元年三月二十五日），《清末川滇边务档案史料》中册，第325页。

人尊崇的宗教职位。因此，官方许诺读汉书汉文即可“做官”、“为人师”的出路，对边民的吸引力较为有限，何况此种许诺一般并不能轻易兑现。其三，在边疆兴学过程中汉语汉文所承载的国家认同观念和近代学科知识，与各边疆民族习以为常的宗教文化差异甚大，对于边疆民众而言是抽象而难以理解的，仅通过学堂教育传播扩散新式文化、增进现代国家意识需要一个漫长的过程。因此，即便有些地方通过引入边疆地方知识和视角，编纂乡土教材，亦难以较快扭转这一局面。① 其四，部分地区教育实践中采用了行政手段，一定程度上引发了边民的猜疑，不利于朝廷教化和国民教育的展开。②

除上述原因之外，合格师资的欠缺也影响了边疆地区汉语文教育的效果。西藏仰赖四川调配师资，外蒙古寄望于学部驰援，极大妨碍了学堂建设。在内蒙古部分蒙旗，即便蒙古族教师能粗通汉文，“求其用汉语讲解，不能也”。考虑到这些因素，算学、地理等科目只能搁置。③ 川边地区对师资培育不可谓不重视，但藏文学堂学生仓促毕业，藏语藏文能力有限，大都只能书写藏文字母与简单语句，不得已强迫学生记忆汉字，难以完全胜任双语教学工作，以致“苦教数年，番童茫然不解所谓，纷纷逃去”。④ 在新疆，师资匮乏影响了学堂的设立和推广，双语教学质量效果不佳，维吾尔族生童“茫然不知所谓，愈益厌苦之”的现象屡有出现。⑤ 此外，部分边疆地区推动的多语文学习模式，也客观上加大了学习汉文的难度。正如东三省蒙务局官员调查报告所言：“蒙文之兼习汉文，与汉人之专习蒙文，其难三倍。……合三者（指满、蒙古、汉文——引者注）为统一之教授，记忆且难，而况欲其通讲解也。夫汉人自束发受书，即专一于汉文汉字，迨及五年，初等小学毕业，合程度者且只十之四五。若蒙人则既辨满、蒙字体，复习汉文识汉字，头绪已纷繁数倍，比及一年，不过适合一年程度耳。”⑥

---

① 川藏边区施教特重乡土教育，将川滇边事、藏卫沿革尤其是清政府平定大小金川等历史地理内容载入教材，以教育儿童由爱乡而爱国。参见代维：《清季川边新政与康区民族交融研究》，《民族论坛》2021 年第 1 期。

② 参见曾问吾：《中国经营西域史》，第 407 页。

③ 忒莫勒、乌云格日勒主编：《哲里木盟十旗调查报告书》，第 74 页。

④ 任乃强：《西康图经》，第 413 页。

⑤ 王树枏等纂修：《新疆图志》卷 38《学校一》，第 355 页。

⑥ 忒莫勒、乌云格日勒主编：《哲里木盟十旗调查报告书》，第 21—22 页。

教科书使用的混乱亦产生一定消极后果。清朝历史上，各少数民族教育多使用本民族语言教材，或者依据汉文改编的蒙学类教材。因此，清末由中央政府自上而下在边疆地区推行“书同文”，实施汉语文教育既属制度首创，相应地也就缺乏可资借鉴的历史经验。加之学部对于边疆各地的教材编纂及使用又未作出统一和明确要求，以致这一阶段边疆教科书使用较为混乱。其时，普通学堂多遵照部章选用学部审定之教科书，或以汉文教科书为蓝本翻译成民族语言；至于不在部章规定范畴的汉语学堂、官话学堂，一般有自主编写和使用教科书的权限。如川边藏区官话学堂教材基本由当地学务局自行编印。这种充分尊重边疆地方的做法，在国民教育的起步阶段有其积极意义，但容易滋生一些问题。例如，教科书编纂质量缺乏保障，不能尽数符合国民教育的基本要求。川边地区由地方自行编纂的官话教科书，不乏陈腐教条。① 受交通、印刷等条件限制，学部审定的教科书很难及时运输至边疆地区，无法满足学堂教学需要。加之部分学堂因汉文学习难度大和汉文教科书数量稀少，在教科书使用问题上态度较为随意，甚至仍沿用传统的蒙古文《三字经》《圣谕广训》或《四体合璧文鉴》教授。② 教科书使用的混乱，影响了国家教育精神和意志的有效传达。光绪三十二年曾调查东四盟的姚锡光，注意到蒙古学堂“授课所引譬，暇日所演说，时以恢复成吉思汗之事业，牖其三百万同胞以相鼓舞，而我朝圣武神功，阒未一闻”，由此引发他对“今日之兴学设教，其为各部札萨克代教其部民乎？抑为我国家养成国民，同执干戈，相与混化于无迹乎？”的质疑。③ 另外，对于学堂中汉语文和民族语文的修读顺序、教学比重等问题，学部亦未作出合理设计，实际仍处于无序状态。

边疆各地徘徊于追随学部与“变通办理”之间的不稳定状态，一直持续到清王朝统治的最后一年。实际上，早在光绪三十二年学部就已有意制定蒙古教育政策，为此特向在当地考察的姚锡光征求意见。姚氏在回复学部的《蒙古教育条议》中，开篇即表达其强烈的国家主义取向和明确的“蒙汉同化教育”理念。与姚锡光一道奉命考察蒙古的吴禄贞，也在其撰写的《经营蒙古条议》中，提出

① 梁瓯第：《赵尔丰治边时代的西康教育》，《教育研究》第 99 期，1941 年 11 月。

② 《库伦办事大臣奏设蒙养学堂》，《申报》1908 年 9 月 20 日，第 2 张第 3 版。

③ 姚锡光：《蒙古教育条议》，忒莫勒、乌云格日勒主编：《乌里雅苏台志略·科布多政务总册·筹蒙刍议（外五种）》，第 161、162 页。

“小学汉语为要，高等小学、中学汉文为要”的教育原则，体现出同样鲜明的国家立场。① 与此同时，学部在与边疆地方的频繁互动中逐渐认识到，“惟奏定学堂章程，施之内地固属完全，行之蒙藏恐难强合”，遂于宣统元年决议着手研究蒙藏教育，并饬令学制调查局另行编定蒙藏学制章程。② 同年学部拟定的分年筹备事宜清单之中，也明确宣示将于宣统二年拟定“蒙藏各地方兴学章程”。③ 从现有资料看，宣统三年公布的《章程》，与蒙古王公的推动和主张大有关系。宣统二年底，以那彦图、贡桑诺尔布为首的一众蒙古王公议员，在“蒙古久与内地为一家，教育自应一律普及”名义下，联名向资政院提出《建议案》。④ 该议案对于学部最终确定边疆地区教育政策影响极大。此处不妨抄录与本文主题最相关也是《建议案》最为核心的几项内容：

> 一是蒙文教育应以蒙文行之；
>
> 二是按照初等高等小学科目用蒙古编成教科书。初等全用蒙文而附浅近汉字于各课之后，高等用蒙汉文对照。
>
> 三是养成初等高等小学蒙文教员。其入手办法：一在京师设立蒙文师范学堂；二在京师编定蒙文教科书。⑤

结合前文来看，《建议案》试图解决的，正是当时蒙古乃至整个边疆教育尚存在分歧或悬而未决的重要问题。涉及教育语言的选择、师资培育、教科书编纂

① 吴禄贞：《经营蒙古条议》，忒莫勒、乌云格日勒主编：《乌里雅苏台志略·科布多政务总册·筹蒙刍议（外五种）》，第304页。

② 《学部编订蒙藏学制》，《时报》1909年5月15日，第2张。

③ 有关学部具体推动边疆教育方针决策出台的过程，参见凌兴珍：《我国边疆教育的早期近代化转型——晚清蒙回藏教育之策的朝野认知与各方互动》，《民族学刊》2021年第8期。

④ 《蒙古铁路教育案之大计画》，《国风报》第29期，1911年11月22日。在提交此议案之前，贡桑诺尔布作为与朝廷关系密切且思想开通的蒙古亲王，曾向政务处提交《整顿蒙古条陈》，共计8条。其中一条称“蒙人通晓汉文者百无一二即蒙文者亦甚寥寥”，亟须教育普及，仍有偏重汉文教育之意。详见《蒙古：喀喇沁王整顿蒙古条陈大要》，《广益丛报》第166期，1908年4月20日。

⑤ 《资政院近事纪要》，《申报》1910年11月28日，第1张第3版。

权限等，皆与语文教育有关。《建议案》最核心的条目，即是“蒙文教育应以蒙文行之”。为了体现这一核心诉求，《建议案》提出“初等全用蒙文”，“高等用蒙汉文对照”，也就是将蒙古文教育贯彻至初等和高等小学整个阶段，同时还要求各科目教科书均使用蒙古文编写。至于汉文教育，仅提议初等小学教科书“附浅近汉字”，高等采用蒙古、汉文对照。联系蒙古兴学以初等小学堂为主的现实情况来看，《建议案》无疑较大提升了蒙古文教育的比重。① 这一变化，或与不少蒙旗官员因汉文学习难度较大而主张从蒙古文入手过渡至汉文教授有关。当然，蒙古文教育传统的惯性作用，也是一种现实原因。总之，《建议案》力图将蒙文确立为蒙古普通学堂的主要教育语言，并未充分保障汉文作为国家通用语文的优先地位。

随后，资政院将《建议案》咨送学部、理藩部，并要求“延商蒙古王公，妥订详细章程”。各方讨论过程并不太长，宣统三年二月，由学部最终审定的《章程》即奏准公示。按照《章程》的说明，“其在各边墙蒙人及在天山南北路回民与汉民杂居或已通汉语者，仍照普通学堂章程办理”，可见其主要适用于边疆各地的非汉语人群。由于《章程》直接在《建议案》基础上修订而成，因此二者条目要点有相当交集，旨在回应边疆兴学的现实问题并明确其原则。据“总则”条目要求，“学部应于京师设立蒙藏回初级师范学堂，俟毕业有人，派往蒙藏回各地分设师范传习所。师范学生以娴习蒙藏回文及汉文者为合格”；“蒙藏回小学教科书，由学部另行编纂”；“学堂教科应遵照学部订课程表教授”；“蒙藏回初等小学堂及高等小学堂均以四年为毕业之期；蒙藏回初等小学堂，第一、二年专用蒙藏回语文教授；第三、四年参用汉语汉文；至高等小学堂则以蒙藏回语文与汉语文对照，以次渐加，务使高等小学毕业生能直接听汉语教授”。②

另外，《章程》“学科程度”部分以表格形式细化课程学时，以更细致和具体的方式对上述条文予以落实，呈现如下：

① 时人有从民族同化立场强烈反对这一主张，详见徐敬熙：《蒙藏回教育方针议》，《申报》1910 年 12 月 18 日，第 2 张后幅第 2 版。

② 详见《内蒙古教育志》编委会编：《内蒙古教育史志资料》第 2 辑，呼和浩特：内蒙古大学出版社，1995 年，第 118—120 页。

表 1　蒙藏回初等小学堂教授科目及学时

科目 \ 年级 / 周学时	一年级	二年级	三年级	四年级
蒙藏回语文	16	16	16(汉文占 2/10)	16(汉文占 4/10)
修身	2	3	3	3
算术	4	5	6	7
体操	6	6	6	6
周总钟点数	28	30	31	32

表 2　蒙藏回高等小学堂教授科目及学时

科目 \ 年级 / 周学时	一年级	二年级	三年级	四年级
蒙藏回语文	14(汉文占 1/2)	14(汉文占 7/10)	12(汉文占 8/10)	12(汉文占 9/10)
修身	2	2	2	2
算术	5	4	4	4
历史	3	3	3	3
地理	3	3	4	3
格致	0	2	3	3
体操	6	6	6	6
周总钟点数	33	34	34	33

注：表中数据根据《章程》“学科程度”部分测算。详见《内蒙古教育志》编委会编：《内蒙古教育史志资料》第 2 辑，第 120—121 页。

结合总则条文及表格可以看出，相比《建议案》，《章程》对教育语言问题相关规定作出较大调整。一方面，《章程》部分吸收了《建议案》中的提议，保障了民族语文教育的合法性和较大空间，表现为两点：一是规定蒙藏回初等和高等小学堂可持续教授“蒙藏回语文”；二是保障了小学堂阶段“蒙藏回语文”科目的优先地位，不仅初等小学堂“第一、二年专用蒙藏回语文教授”，第三、四年的教学比重明显超过汉文，且该科每周教授课时（16 钟点）也远超其他科目。另一方面，初等小学堂“第三、四年参用汉语汉文”，高等小学堂“依次渐加”等规定，事实上否定了《建议案》中“蒙文教育应以蒙文行之”的诉求，明显提升了汉语文教育的地位。而且，学部并没有放弃在边疆学堂普及国家通用语言的最终目标，只不过鉴于客观情势和对蒙古王公意见的顾虑，转而采取循序渐进的方式替代。

《章程》首次从国家法律层面，确立了边疆教育的基本原则，厘清了包括使用何种语言教授、教科书编纂主体、教员培养等问题，具有重要的制度革新意义。尤其值得一提的是，《章程》明确了汉语文教育和“蒙藏回语文”教育的地位及关系，以及国家教育部门编纂边疆地区教科书的主导权，结束了此前边疆各地在这一问题上的纷歧。这是对此前学部颁定的“癸卯学制”的重要补充，与之构成清末国民教育的制度体系。

民国肇建，从宪法上规定了各民族一律平等和“五族共和”的国策，在民初国家的民族语文教育设计上有一定体现。向来重视国语统一的蔡元培，在上任教育总长后旋即表示：“对于蒙、藏、回之教育。现既合五大民族为一国，自应使五族人民均受同等之教育。除满人已习用汉文、汉语，毋庸特为计划外，至蒙古、西藏及回部习俗、语文尚多隔阂，是宜特定教育方法，以期渐归统一。”① 但是，这一愿景并未很快落实。由于民初中央政权更迭频繁，职能部门最初无暇顾及边疆教育，直至 1920 年 3 月 15 日，北洋政府教育部才发布训令，针对蒙藏语文教育作出详细规定，其主要内容如下：第一，“拟自明年起，特别区域所属道县之师范学校，实业学校教授各种学科及国语、外国语之外，加授蒙语或藏语，以储国语通译之人材，即为推行国语之预备”。第二，“其为蒙藏人特办之初等中等各校，均应注重国语。注重国语之法，即使上项毕业生，先以蒙藏语教蒙藏人，使之习国语。俟彼等所习之国语稍有进步，直以国语教授种种科学”。第三，“特别区域之外，若甘肃之宁夏酒泉，陕西之榆林，以及奉天吉林，黑龙江与蒙古接壤地方，所有师范学校实业学校，应照上拟特别区域之办法办理，此外新疆之缠头回族，青海之番族，风俗语言，各有所异，且与汉族不同，故被他族之歧视，遭官吏之欺虐，为日已久，不无怨怼，则新疆及甘肃、西宁之师范学校实业学校，亦应参照上项办法”。② 不难看出，北洋政府教育部制订的边疆语文教育方针与清末学部出台的《章程》，在推广国家语言、用民族语言教授国语、培养双语

---

① 《向参议院宣布政见之演说》，《教育杂志》第 4 卷第 3 号，1912 年 6 月。

② 商务印书馆编译所编：《蒙藏教育应注重语文》，《最新编订民国法令大全》，上海：商务印书馆，1924 年，第 1053 页。

师资等方面，具有一定的历史继承关系。同时，两者也有着显著差别。相对而言，北洋政府教育部更加强调普及国语的主旨，但在政策上缺乏因地制宜的弹性。①

结　语

对于清廷中央和边疆地方政府而言，通过普及汉语汉文教育，可以培育具备统一的语文、知识及精神情感的边疆官民，最终在根本上提升边疆治理能力，形塑政治和文化上紧密联系的中华民族共同体。同时，由于传统时代边疆教育以经院教育和宗教教育为主，因而普及汉语文教育又是一个不断强化国家世俗化教育的过程。1911 年《章程》的出台，标志着国家以法律形式确认此项教育决策。这一历史进程，既折射出清廷边疆统合方式的变迁，也体现了增强国家认同的时代需要。同时，我们也看到，由于传统的政治体制构造、国家治理方式和统治理念等因素的持续影响，清廷开展边疆兴学、推动教育改革的既定目标并未有效达成。仅就推动变革的清廷统治阶层来说，他们的观念和认知尚存在分歧，不少官员既希望用通用的国家语言文字凝聚国民情感，又试图借其灌输腐朽的传统观念，致使在政策设计上难以与民族国家构建的整体目标保持一致。在行政层面，中央职能部门主导性不足，从国家通用语文与民族语文教学的层级关系，到教科书的编纂、审定和使用，以及师资的培养等方面，均缺乏统一且明确的规划。清廷虽在“一体兴学”的设想下推动教育制度先行改革，但因社会转型的严重滞后，难以实现预期效果。

从既有研究的学术演进来看，学界对王朝时代语言文字问题的关注长期存在两个焦点，一是秦朝所奠定的“书同文”，二是元、清两朝开创的多语文合璧制度。无论是“书同文”还是多语文合璧制度，在推动中国大一统和民族交流方面均有其作用。清末旨在打破内地与边疆民族沟通壁垒、促进文化交融的制度尝试，反映了中国统一多民族国家的进一步发展。

〔作者湛晓白，北京师范大学历史学院副教授。北京　100875〕

（责任编辑：焦　兵　刘　宇）

① 详见《关于蒙藏各地方制度及语言文字应在宪法上特别规定案》，《国宪起草委员会公报》第 2 册，1925 年 8 月 15 日。

日本全面侵华初期的持久战略与军政关系（1937—1938）*

张　展

摘　要： 卢沟桥事变爆发后，围绕持久战略，作为日军军令部门的陆军参谋本部与军政部门内阁陆军省产生分歧，这一分歧随战局发展进一步扩大。南京沦陷后，日本内阁自认为中国缺乏长期抵抗能力，主张停止对华媾和。陆军参谋本部和海军军令部表态反对，但因在权力博弈中失利而让步。内阁利用天皇的支持与人事任免等权力，间接干预军令部门的决策。徐州会战后，内阁与宫廷集团更换反对媾和的阁僚，推动日军战略再次转向“以战促和”。日军持久战略的变化过程表明，利用“统帅独立权”推行自身主张的军令部门，仍不可避免地受内阁影响。

关键词： 参谋本部　持久战　日军战略　近卫内阁　天皇

全面侵华初期，日本当局便制订了应对中国持久战的分析方案。通过多元材料的相互印证可以发现，负有政治责任的政治当局与负有军事责任的军令部门，在战争战略上存在不同设想和利益诉求。日军最终成型的战争战略，实际上是各方博弈的结果。本文尝试考察日军持久作战战略内容演变，探析其背后的权力结构与决策逻辑，厘清各权力主体的相互关系，在展现日本决策体系运作方式的同时，揭示日本各部门的战争责任。①

* 本文为国家社科基金青年项目“侵华日军军队体制研究（1937—1945）”（21CZS079）阶段性成果。

① 关于日本侵华军事史，尤其是日军战略问题，国内学界研究相对较少。除作为敌对面简

一、日军全面侵华初期的战略分歧

持久作战系“与速决战相对而言，持续时间较长的作战”，具体又可分为战术持久与战略持久。① 战略持久即毛泽东《论持久战》中与速决战的“亡国论”、“速胜论”相对的“持久战论”。② 日军亦以“持久战”指称应对长期战争的作

要论及之外，代表性专题研究有徐勇《征服之梦——日本侵华战略》（桂林：广西师范大学出版社，1993 年）及王辅《日本侵华战争》（沈阳：辽宁人民出版社，1999 年）等。整体而言，该领域的研究多处于宏观概述，对战略决策与作战细节关注较少。日本学界的战争史研究中，军事史同样处于薄弱环节，原因在于战后日本历史学界普遍反对战争，因此缺乏对军事史的关注。20 世纪 90 年代之前，军事史研究者以旧军人为主，论著以防卫省编纂的《战史丛书》（『戦史叢書』、東京：朝雲新聞社、1966—1980 年）为代表，但“缺乏对侵略战争的根本上的反省，为旧陆海军辩护的倾向显著”（吉田裕：「戦後の歴史学と軍事史研究」、『戦争と軍隊の政治社会史』、東京：大月書店、2021 年、第 375 頁）。日本军事史在 20 世纪 90 年代后半期才开始得到正视（参见波多野澄雄：「日本における日中戦争史研究について」、『外交史料館報』第 31 号、2018 年）。秦郁彦『盧溝橋事件の研究』（東京：東京大学出版会、1996 年）关注中日战争扩大的过程，波多野澄雄、户部良一编纂的论文集『日中戦争の軍事的展開』（東京：慶応義塾大学出版会、2006 年）概述了军队、战略、战场情况。可以说，20 世纪 90 年代之前，日本军事史研究为旧陆海军幕僚军官的“专有物”，研究重点为总结战争经验；90 年代之后，战争史主要从社会史和民众史的角度出发，对经济、观念、心理和民众境遇等方面进行微观研究，参见祁建民：《三十年来日本的抗日战争史研究》，《抗日战争研究》2021 年第 1 期，军事史仍然处于相对受忽视的地位。以此为背景，对长期战争的研究大多结合社会史从社会动员角度入手，有代表性的是纐缬厚『総力戦体制研究——日本陸軍の国家総動員構想』（東京：三一書房、1981 年）。要考察总体战与动员体制，不可避免地要涉及政军关系问题，尤其是权力结构问题，纐缬厚对此进行了深入研究（『近代日本の政軍関係——軍人政治家田中義一の軌跡』、岡山：大学教育社、1987 年；『近代日本政軍関係の研究』、東京：岩波書店、2005 年），北冈伸一则关注军政间权力的消长，尤其是内阁内部的权力问题（『政党から軍部へ—1924～1941』、東京：中央公論新社、1999 年；『官僚制としての日本陸軍』、東京：筑摩書房、2012 年）。上述研究大多宏观考察权力博弈的演变，而本文希望从战争决策与作战战略的角度切入，考察日本军政之间、陆军内不同部门之间的博弈关系，对照中日双方战略方针与战争实际，在展现日军战略的基本逻辑和演变过程的同时，分析其背后的权力运转机制，从而对日本的战争责任问题有更清晰的认识。

① 《中国军事辞典》，北京：解放军出版社，1990 年，第 649 页。

② 《毛泽东选集》，北京：人民出版社，1991 年，第 2 卷，第 439—440 页。

战、编制、动员、物资等规划,[①] 本文考察军事作战战略。

1936年，日军修订《帝国国防方针》，确定持久战略为不得已的预案。文件要求，以“先发制人，从速达成战争目的”为基本方针。[②] 受“帝国资源并不丰富，战时难以迅速扩充军备”等客观条件制约,[③] 日军“不希望战争陷入持久战”。[④] 但日军确定的四个主要假想敌按顺序为美国、苏联、中国与英国,[⑤] 海军以美国为头号假想敌，陆军以苏联为头号假想敌，由于“假想敌国均为大国，必然利用消耗战略，进入长期战争，须对此有所准备”。[⑥]

日本“陆军兵力主要应对苏联，海军兵力主要应对美国”,[⑦] 但陆军对苏兵力不足。日军“考虑到了苏军战时整备兵力，和西伯利亚铁路的运输能力，战时苏军向远东派遣兵力可达七十个师开外”，日本陆军“战争初期所需兵力，约以师团五十个为基干”,[⑧] 而“现在发起动员的话，只能动员三十个师团，与五十个师团还有相当差距”,[⑨] 常备兵力仅有“十七个师团及若干独立部队，总兵力约25万”。[⑩] 在日苏对峙一线，到1936年底，远东苏军有16个师，而在伪满洲国和朝鲜的日军只有5个师团。[⑪]

在对苏兵力不足的情况下，日军仍积极计划军事侵华，系基于对中国战争能

---

① 『戦史叢書——大本営陸軍部（1）』、東京：朝雲新聞社、1967年、第530頁；『戦史叢書——支那事変陸軍作戦（1）』、東京：朝雲新聞社、1975年、第431頁。

② 「帝国国防方針」（1936年）、『帝国国防方針』、JACAR（アジア歴史資料センター）、Ref. C14061005100。

③ 「軍令部総長・参謀総長帝国国防方針及帝国軍の用兵綱領改定案　上奏の際先任総長朗演　御説明案」(1936年)、『帝国軍の用兵綱領関係綴』、JACAR、Ref. C14121170400。

④ 「帝国及列国の陸軍」（1937年）、『帝国及列国の陸軍（4冊）　昭和9~12年版』、JACAR、Ref. C15120396400。

⑤ 「帝国国防方針」(1936年)、『帝国国防方針』、JACAR、Ref. C14061005100。

⑥ 『戦史叢書—大本営陸軍部（1）』、第394頁。

⑦ 「軍令部総長・参謀総長帝国国防方針及帝国軍の用兵綱領改定案　上奏の際先任総長朗演　御説明案」(1936年)、『帝国軍の用兵綱領関係綴』、JACAR、Ref. C14121170400。

⑧ 「帝国国防に要する兵力」(1936年)、『帝国国防方針』、JACAR、Ref. C14061005100。

⑨ 「軍令部総長・参謀総長帝国国防方針及帝国軍の用兵綱領改定案　上奏の際先任総長朗演　御説明案」(1936年)、『帝国軍の用兵綱領関係綴』、JACAR、Ref. C14121170400。

⑩ 「帝国及列国の陸軍」（1937年）、『帝国及列国の陸軍（4冊）　昭和9~12年版』、JACAR、Ref. C15120396400。

⑪ 『戦史叢書—大本営陸軍部（1）』、第400頁。

力的判断。制定《帝国国防方针》之际，军部认为，“中国不具备独力对抗帝国之实力”，“中国的政策及政情若无法实现我方期待，帝国即以强大威力处理之”。① 这一思路体现在对华战略规划上，则是奉行速决战、歼灭战的基本方针，“作战目标为摧毁敌野战军及敌主力舰”，后来又“新增加了占领所需疆域一项”。②

为避免分散兵力而影响对苏备战，日本陆军欲以局部战争实现侵华目标，妄称“中国为不统一之国家，国民政府衰弱，可能不会出现（中日）全面战争”，“应将作战限制于华北、华中或华南其中一方面，严防将局部战争扩大为全面战争”，“考虑到对苏警戒，要全力限制对华作战规模，尽可能利用小规模兵力，从速达成作战目标”。③ 但这一方针即使在日军内部也存在争议。在讨论 1937 年度作战计划时，日本海军认为，中国日渐走向统一，局部战争可能无法达成目标，应一开始便发动全面战争，投入充足兵力。陆军则主张“一定要从始至终地坚持局部战争”，担忧如果进行全面战争，中国会以持久战应对，利用领土广阔之利，实行“后退战略、消耗战法”，而日本受限于国际形势，既无法在军事上打赢速决战，又无法在思想上瓦解中国的持久战意志，从而陷入被动局面。在其坚持下，日军仍沿用原定的局部战争方针。④ 日军《1937 年度帝国陆军作战计划》将主要作战范围限定于华北，以中国驻屯军为前锋，开战后攻占北平、天津、张家口乃至济南，后续援军则着力“攻占黄河以北各要地”。⑤

日军要以较小投入实现战争目标，需要配合外交讹诈使中国让步。根据局部战争要求，卢沟桥事变前日军在华兵力较弱，如参谋本部作战课编制班松村知胜所言，“仅仅是华北一个规模不大的军司令部（约五千兵力的中国驻屯军——引者注），和台湾的一个混成旅团”。⑥ 日军妄图不战而胜，“原则上避免对华行使

---

① 「昭和 11 年 2 月 13 日　第 1 次会合（2）」（1936 年）、『帝国軍の用兵綱領関係綴』、JACAR、Ref. C14121168200。

② 「軍令部総長・参謀総長帝国国防方針及帝国軍の用兵綱領改定案　上奏の際先任総長朗演　御説明案」（1936 年）、『帝国軍の用兵綱領関係綴』、JACAR、Ref. C14121170400。

③ 『戦史叢書——支那事変陸軍作戦（1）』、第 101 頁。

④ 『戦史叢書——大本営陸軍部（1）』、第 414 頁。

⑤ 「昭和 12 年度帝国陸軍作戦計画訓令」（1937 年）、『北支那方面軍状況報告綴』、JACAR、Ref. C11110932800。

⑥ 松村知勝『関東軍参謀副長の手記』、東京：芙蓉書房、1977 年、第 187—188 頁。

武力”,[1] 利用中国外交弱势，以少量军事投入撬动较大外交成果。

对日本的企图，中国方面有所预料，计划予以抵抗。1935 年，德国军事代表团总顾问法肯豪森向蒋介石建议，在华北问题上，“日方必先设法不战而必达到此目的”，“用最后通牒式之空词恫吓，即可如愿以偿”，中国“万不可不战而放弃寸土”，“日方苟遇真实抵抗，则局势迥异”。[2] 1937 年 5 月，国民政府军事委员会参谋本部拟定《民国二十六年度作战计划（甲案）》，在“敌情判决”中指出，“敌惯以武装恫吓，以达其不战而胜，遂行其外交谈判，以局部军事行动，实行其国策”，判断日军“或因局部军事行动，而揭开战争之序幕”。[3] 蒋介石亦以这一思路观察日军行动，认为日本“无意激战，志在不战而屈之一点”，“倭寇使用不战而屈之惯技，暴露无遗，我必以战而不屈之决心待之，或可制彼凶暴，消弭战祸乎”。[4]

卢沟桥事变爆发后，日本内部就战争前景发生争论。参谋本部作战部长石原莞尔主张集中力量对苏备战，在华实行所谓“不扩大”战略。当时陆军内另一种观点认为，能以较小代价完成侵华战争，为对苏战争提供稳定的后方，主张“给予中国以一次痛击，使之屈服，从而实现以华北分治为主的我方一贯的要求”，此即所谓“对华一击”论，“认为这是百分百能实现的，要说后来实际陷入对华全面战争的泥潭，当时是做梦都没有想到的”。[5] 时任陆相的杉山元，便以“三月亡华”论著称。[6]

---

① 「支那事変前ニ於ケル帝国陸軍ノ支那ニ対スル作戦計画ニ就テ」(1946 年)、『支那事変に対する帝国参謀本部の作戦計画』、JACAR、Ref. C12120094300。

② 法肯豪森自认为“曾驻日五年，故对日本军界有深切之研究与认识，更信认识日方指挥官战略与战术上理想，及日本陆军之心理”，故从日军战略规划角度提出此建议，参见《总顾问法肯豪森关于应付时局对策之建议》，马振犊编：《中德外交密档》，桂林：广西师范大学出版社，1994 年，第 171 页。

③ 《国民党政府 1937 年度国防作战计划（甲案）》，《民国档案》1987 年第 4 期。

④ 《蒋中正日记》（手抄本），1937 年 7 月 16、17 日，斯坦福大学图书馆藏。

⑤ 井本熊男：『作戦日誌で綴る支那事変』、東京：芙蓉書房、1978 年、第 83 頁。

⑥ 作战课对三四个月速决战的规划，与“三月亡华”论断颇为相近，而与杉山共事的首相近卫文麿在回忆录中记载，太平洋战争前夕，裕仁天皇责问时任参谋总长的杉山元，“‘汝乃中国事变之际之陆相，其时表示事变约一月可收拾之，然已过四年之久，仍尚未收拾之。’总长闻言恐惧，辩解表示中国内地开阔，无法以预定计划作战”。参见近衛文麿：『平和への努力——近衛手記』、東京：日本電報通信社、1946 年、第 86 頁。

当时日本实行军令、军政分离制度，陆军内部参谋本部与陆军省并立。参谋本部与海军军令部掌管作战、用兵等军令权，承担作战责任。根据“统帅独立权”原则，他们可以绕过内阁直接上奏天皇。① 内阁中的陆军省、海军省承担预算管理、编制规划等军政职能，承担政治责任，无权直接干预军令部门的作战规划。时任首相的近卫文麿指出，陆军由此分成两个派别：以石原莞尔与后来担任参谋次长的多田骏为代表的“参谋本部派”，亦即“不扩大派”，和以陆相杉山元与陆军次官梅津美治郎为代表的“陆军省派”，亦即“扩大派”。② 石原莞尔的观点之所以能代表参谋本部，是因时任参谋总长闲院宫载仁亲王身为皇族不甚参与实务，参谋次长今井清病重，石原莞尔主持参谋本部实际工作，能利用其批准派兵及作战计划的权限，推行自身主张，并得到了战争指导课课长等人支持。但“几乎陆军全体”实际上都属于“扩大派”。③ 参谋本部内部也有不少人支持“陆军省派”意见，如作战课长武藤章与陆军省军事课长田中新一等共同形成了强硬派佐官的集团。④

“参谋本部派”与“陆军省派”的分歧，演变为陆军参谋本部与日本内阁的分歧。当时内阁的主导权由陆军省掌握。⑤ 外务省基于与陆军省一致的“对华一击”战略构想，同陆、海军省达成协议，准备对华提出“全面调整国交”的停战条件，包括要求国民政府承认伪满洲国等。⑥ 外务省设想“凭借武力逼迫蒋介石签订城下之盟，使其不得不全数答应我方条件”，或“我军击破中央军之后，可能导致蒋介石政权崩溃，出现新的中央政权，届时可以直接与之交涉”。⑦ 石原认为出兵上海会引发全面战争，但他担心在上海驻有海军陆战队的海军，会积极寻求在上海开辟战场，并要求陆军出兵。⑧

---

① 徐勇：《纐缬厚〈近代日本政军关系研究〉中文本序》，纐缬厚：《近代日本政军关系研究》，顾令仪、申荷丽等译，北京：社会科学文献出版社，2012 年，第 3 页。

② 近衛文麿：『平和への努力——近衛手記』、第 9、10 頁。

③ 井本熊男：『作戦日誌で綴る支那事変』、第 83 頁。

④ 纐缬厚：《近代日本政军关系研究》，第 309 页。

⑤ 纐缬厚：《近代日本政军关系研究》，第 309 页。

⑥ 「国交調整交涉ノ内容」（1937 年 7 月 23 日）、日本外務省：『日本外交文書・日中戦争（1）』、東京：六一書房、2011 年、第 29 頁。

⑦ 「北支時局収集に関する外務省の意見」（1937 年 7 月 30 日）、『支那事変関係一件第二巻」、JACAR、Ref. B02030512700。

⑧ 井本熊男：『作戦日誌で綴る支那事変』、第 146 頁。

日本陆军最终确定的战争方案，反映了争论双方的相互妥协，即进行局部战争但不排除全面战争的可能性。1937 年 7 月 11 日，日本内阁在与陆海军军令部门达成一致后，决定向华北增派三个师团，① 规定以华北为作战范围。② 7 月 13 日，参谋本部与陆军省共同通过《华北事变处理方针》，决定“现地解决”，继续谈判。③ 参谋本部作战部第二课据此制订战争方案，④ 要求暂时限制兵力投放，但在需要时“投入充足兵力在最短时间内平定战局，至少整体地解决华北问题”。⑤ 7 月 17 日，第二课制订了更为具体的作战方案，将战争分为两个阶段，第一阶段以“膺惩”第二十九军为目标，寻求华北问题的“解决”，第二阶段则是“为颠覆作为排日、抗日根源的中央政权而进行全面战争，从根本上解决中国问题”，“预期将在三四个月后结束”。⑥ 7 月 20 日，参谋本部确定“武力解决”方针，21 日由陆相上奏天皇允准。⑦ 8 月 8 日，参谋本部确认以局部战争“在冀察方面给予中国方面以痛击，动摇其战争意志”。⑧

1937 年 7 月下旬后，蒋介石的应敌战略由局部速决渐转向全面持久。事变爆

① 「支那事変勃発当時ニ於ケル対支作戦計画」(1945 年 12 月 13 日)、『連合軍司令部の質問に対する回答文書綴』、JACAR、Ref. C15010016900。

② 「盧溝橋周辺における軍事衝突を事変と見なす旨の閣議決定」（1937 年 7 月 11 日）、『日本外交文書・日中戦争（1）』、第 15 頁。

③ 「北支事変処理方針」（1937 年 7 月 13 日）、『支那事変戦争指導関係綴』、JACAR、Ref. C12120055100。

④ 当时参谋本部作战部第二课为战争指导课，系石原莞尔等人推动改革，将作战课的指导战争与指导作战事务相分离，由第二课（战争指导课）专门负责制订战争整体规划，以河边虎四郎任课长，由第三课（作战课）负责指导具体作战，以武藤章任课长。1937 年 11 月，接替石原莞尔担任参谋本部作战部长的下村定，重新合并指导战争与作战的职能，组建新的第二课（作战课），第三课则专管编制、动员等。参见河辺虎四郎：『河辺虎四郎回想録』、東京：毎日新聞社、1979 年、第 84 頁。

⑤ 「7 月 14 日以降ノ為北支事変指導要綱（案）」(1937 年 7 月 14 日)、『支那事変戦争指導関係綴』、JACAR、Ref. C12120055200。

⑥ 「北支ニ兵力ヲ行使スル場合対支戦争指導要綱（案）」（1937 年 7 月 17 日）、『支那事変戦争指導関係綴』、JACAR、Ref. C12120055300。

⑦ 「支那事変処理日誌」（1937 年 7 月 21 日）、『支那事変処理日誌』、JACAR、Ref. C12120365200。

⑧ 「北支事変処理要綱」（1937 年 8 月 8 日）、『支那事変戦争指導関係綴』、JACAR、Ref. C12120055400。

发之初，蒋要求“应即准备向华北增援，以防事态之扩大”。[①] 法肯豪森曾对蒋提议，“窃以华方所有新式兵器，从未有今日之充足，故苟以之临敌，我特能用以拒敌方初次攻击，并能用以逆袭，获局部胜利，阻止敌方攻击，如是方足启列强干涉之机”。[②] 国民政府对日作战计划亦要求集中优势兵力“采积极之行动，而歼灭敌军”，只有“于不得已，实行持久战”。[③] 蒋介石起初认为，日军“志在华北局部，而不敢扩大”，“战事最多限于局部”，中国应利用日本战争决心之不足，“集中一点作最后之反攻”。中央军北上后，蒋自以为战略优势已经建立，“倭寇已悟中央部队既入河北，对彼华北独立阴谋已受重大打击，不能达其目的矣”。[④] 对蒋借局部军事施压寻求日本让步的做法，时任军事委员会办公厅主任的徐永昌认为，“蒋先生对日举动有些投机性”。[⑤] 国民政府中亦有主张全面应战的意见。刘峙建言蒋介石，“拟请订定整个作战计划，密调部队乘势大举进攻，期一举占领榆关沿长城至多伦之线”，[⑥] “先发制人，大举进攻，消灭其在平津一带势力”。[⑦] 宋哲元致电蒋介石，强调“局部抗战易陷于被动地位”。[⑧] 陈诚也认为，“华北局部战为敌之企图，若我亦以局部应之，则我全陷于被动，且无胜算可操，职以为我军主力在华北应采取歼灭战”，“最大把握仍在发动全面战”。[⑨] 7 月 25 日、26 日，中日两军间相继发生廊坊事件、广安门事件，蒋意识到全面战

---

① 《蒋中正电徐永昌、程潜》，1937 年 7 月 8 日，《蒋中正“总统”文物》，台北“国史馆”藏，典藏号 002—090105—00001—024。

② 《总顾问法肯豪森关于应付时局对策之建议》，戚厚杰：《德国总顾问法肯豪森关于中国抗日战备之两份建议书》，《民国档案》1991 年第 2 期。

③ 《国民党政府 1937 年度国防作战计划（甲案）》，《民国档案》1987 年第 4 期。

④ 《蒋中正日记》，1937 年 7 月 20、21、23 日，斯坦福大学图书馆藏。

⑤ 《徐永昌日记》第 4 册，1937 年 7 月 18 日，台北：台湾“中研院”近代史研究所，1990 年，第 79 页。

⑥ 《刘峙电蒋中正》，1937 年 7 月 9 日，《蒋中正“总统”文物》，典藏号 002—090105—00001—217。

⑦ 《刘峙电蒋中正》，1937 年 7 月 29 日，《蒋中正“总统”文物》，典藏号 002—090105—00001—066。

⑧ 《宋哲元电蒋中正》，1937 年 7 月 29 日，《蒋中正“总统”文物》，典藏号 002—090105—00003—082。

⑨ 《陈诚电蒋中正》，1937 年 8 月 7 日，《蒋中正“总统”文物》，典藏号 002—090105—00001—102。

争恐难避免，“遭必不能免之战祸，当一意作战，勿再作避战之想矣”，若日本改局部战争规划为全面战争，则中国应战之道在于持久，“我能持久，则倭必不能久持也”。①

8 月，日本内部就全面战争的争论激化。11 日，海军军令部以“保护侨民”为名，要求陆军向上海派兵。② 内阁在 12 日夜召开四相会议（首相、外相、海相、陆相），通过了向上海派遣两个师团兵力的决定，③ 淞沪会战随即爆发。但石原莞尔代表参谋本部反对扩大战事，认为：“我一开始就认为与中国的战争是持久战，因此要尽可能的限制作战范围，这样的作战范围要保持多年。”石原认为，日军制订作战计划的作战参谋多出身于陆军大学，而“陆军大学专注于战术教育，缺乏指导持久战争的教育，进行决战战争尚可，指导持久战争是不行的”，“能应对决战战争，但不能应对持久战争。能把日本的战争能力和中国抗战能力，苏、英、美对远东的军事政治影响力，和德、意对其的牵制能力等综合考虑，在大脑中进行统筹，进而判断日本对华作战要投入多少兵力，并制订战争方策的人，在参谋本部一个都没有”。④

日本不惜冒陷入持久作战的风险，持续增兵扩大战争，是其内部博弈的结果。作战事宜本由军令部门以辅弼天皇为名单独决定，而战争的走向问题超越了具体作战的范围，需要与内阁商讨。石原后来就此强调，“持久战争不是参谋本部自己能决定的，具体要由统帅、政治两方各部门主事者合作决定，意见不一致的情况下则由天皇圣断”。⑤ 淞沪会战爆发之际，裕仁天皇质询参谋总长载仁，表达同时对华、对苏作战的担忧。但裕仁认为在对苏备战的同时，仍有余力进行侵华战争，并向载仁表示，“因为要考虑苏联的存在，（侵华战争）所能使用的兵力是有限的，但还是要尽可能地（投入）来进行战争”。⑥ 裕仁的表态名义上是质询（所谓“御下问”），实际上是“天皇借此来暗示特定方

---

① 《蒋中正日记》，1937 年 7 月 26 日。

② 近衛文麿：『平和への努力——近衛手記』、第 8 頁。

③ 『作戦日誌で綴る支那事変』、第 147 頁。

④ 『戦史叢書——大本営陸軍部（1）』、第 462 頁。

⑤ 『戦史叢書——大本営陸軍部（1）』、第 460—461 頁。

⑥ 宫内庁：「昭和天皇実録」（第七）、東京：東京書籍、2016 年、第 369—370、388 頁。括号文字为引者所加。

向……直接影响政治政策与军事方针”。[①] 石原莞尔随之不再反对在长江下游开辟新战场。

随着战争规模的扩大，日军正式准备了应对持久战的预案。8月15日，日本政府发表声明，无耻宣称要“膺惩暴戾之支那”，[②] 意即将战争对象从华北扩大至整个中国。而针对全面战争演变为持久战的可能，卢沟桥事变爆发后不久，参谋本部战争指导课便提出了简要思路，即战争全面化、长期化之际，限制占领范围于“河北省北部、上海和苏州之间”。[③] 淞沪会战后，石原莞尔按照限制战线的方针，制订了应对长期战争的方案，由参谋总长正式上奏裕仁。该方案要求切实控制华北占领区，对来攻的中国军队进行防御反击，占领上海以破坏中国经济，[④] 并适时封锁中国沿海来切断对外经济活动，而不准备继续扩大占领地区。[⑤] 9月，石原在权力斗争中失利，转任关东军副参谋长，退出了决策核心。日军随即加速对华增兵，战争范围也向华北与上海之外扩张。

在日本全面侵华之初的三四个月中，围绕应对持久战争的争论，本质上是陆军内部的博弈。日本陆军参谋本部与陆军省在侵略中国与维护陆军整体利益的根本目标上具有共识，也存在战略分歧。负责陆军作战事务的参谋本部关注苏联这一头号假想敌，以石原莞尔为代表，对华奉行“不扩大”方针以避免陷入全面持久战争，而“陆军省派”认为扩大战争规模可求得速决，持久战争风险微弱。值得注意的是，这一时期参谋本部确定了对华持久战的基本思路，即不扩大占领区，加强对华封锁，寻求在消耗战中取得优势，这在后来日军应对该问题之际得到沿袭。

① 藤原彰等:「天皇の昭和史」、東京：新日本新書、1988年、第45—46頁。

② 「帝国政府声明」（1937年8月15日）、『支那事変関係一件第十二巻』、JACAR、Ref. B02030534700。

③ 「北支ニ兵力ヲ行使スル場合対支戦争指導要綱（案）」（1937年7月17日）、『支那事変戦争指導関係綴』、JACAR、Ref. C12120055300。

④ 日军特别强调，占领上海对持久战的意义，是从经济角度削弱中国长期抗战的能力。法肯豪森亦向蒋提出，日军在上海主要希望“截断我与政治、财政、经济策源中心之联络”。参见《法肯豪森呈蒋中正条陈对沪上作战之意见》，“蒋档”，典藏号002—020300—00009—062，台北“国史馆”藏。

⑤ 『戦史叢書——支那事変陸軍作戦（1）』、第284頁；「御説明案」（1937年9月20日）、『支那事変陸軍用兵計画』、JACAR、Ref. C14121198700。

二、日本当局对持久战争前景的判断

战争全面爆发后，中日两军均面临如何进行持久作战的问题。淞沪会战后，国民政府调整战略规划，决定“国军部队之运用，以达成‘持久战’为作战指导之基本主旨，各战区应本此主旨，酌定攻守计划，以完成其任务”。① 11 月，日军登陆杭州湾，上海的中国军队遭包抄而快速溃退，首都南京危急，国民政府决定迁都重庆。蒋介石认为，迁都在于“为长期抵抗计”，“打破敌人讨城下之盟之妄念”，② 并向徐永昌等军事将领强调，要让日本“无法停止战争，彼居于被动地位终归失败”。③ 这一信息迅速为日方所知晓，并判断国民政府将行政机构内迁，是“已决定采取长期持久态势”。④ 11 月 20 日，蒋通电各省市政府及国民党党部，明言迁都是要“使中枢不受敌人暴力之威胁，贯彻我全国持久抗战之主旨，以打破日寇速战速决之迷梦”。⑤

日本陆军内部有人提出，应主动选择对华持久作战，以完全达成战略目的。华北方面军强调，应以伪政权取代国民政府，为此“要做好事变长期持续的准备，将之作为处理本次事变的最高方针”。⑥ 华北方面军认为，中国对日本的抵抗不会改变，日军媾和撤兵“只会让事变的巨大牺牲付诸东流，在数年后面对更排日的中国”，要从“政治、经济、思想”上全面改造中国，就需要“在占领区及其周边建立地方政权”，并扶植其逐渐成为“统制整个中国的政权”，为此不惜进行长期战争。⑦ 华北方面军参谋长冈部直三郎不仅积极活动，寻求陆军省支持，

① 《大本营颁国军作战指导计划训令稿》（1937 年 8 月 20 日），《中华民国史档案资料丛刊·抗日战争正面战场》，南京：江苏古籍出版社，1987 年，第 3 页。

② 《蒋中正日记》，1937 年 11 月 14 日。

③ 《徐永昌日记》第 4 册，1937 年 11 月 16 日，第 178 页。

④ 『戦史叢書——支那事変陸軍作戦（1）』、第 414 頁。

⑤ 《蒋中正通电各省市政府及中国国民党党部国民政府移驻重庆为贯彻中国持久抗战之主旨》，1937 年 11 月 20 日，“蒋档”，典藏号 002—020300—00009—146。

⑥ 「北方政権樹立に関する基礎的観察」（1937 年 11 月 8 日）、『北支那作戦史要』、JACAR、Ref. C11110929400。

⑦ 北支那方面軍：「事変収容策案ニ関スル意見」（1937 年 9 月 30 日）、转引自『戦史叢書——支那事変陸軍作戦（1）』、第 351—352 頁。

还要把这一“长期斗争”的观点向日本大众普遍推广。对此，陆军省“十分理解长期驻军的必要性”，外务省也私下与冈部通气，在华“如有相当长时间驻军之必要，将予以承认”。[①] 长期驻军即意味着战争的长期化，陆军省军事课长田中新一认为，扶植华北伪政权代表“真正的持久战才刚刚开始，日本要有这样的觉悟”。[②] 军务课也主张，如果媾和失败，要以伪政权取代国民政府，进行长期战争。[③] 参谋本部中国课认为，要将“新政权”视作未来中国的“中央政权”。[④] 关东军亦呼吁与国民政府断绝关系。[⑤]

国民政府对日持久战略的核心，在于利用广大国土，以空间换时间，与日本进行持久消耗战。具体到作战中，便是分段防守、层层抵抗，以分散日军兵力。战争初期，日军之所以能凭速决战获得局部胜利，与国民政府“在口头上一再宣称打持久消耗战”，但“实际上执行的是单纯防御方针”有关。[⑥] 南京失守后，国民政府吸取教训，将战略重点由大城市向广阔空间转移。蒋介石宣称“中国持久抗战，其最后决胜之中心，不但不在南京，抑且不在各大城市，而实寄于全国之乡村与广大强固之民心”，[⑦] 要“以广大之空间土地，求得时间持久之胜利，积各路小胜，而成全局大胜”。[⑧] 1937年12月13日发布的《军事委员会第三期作战计划》要求，“以确保武汉为核心，持久抗战”，以分散日军兵力为目标，“新构成强韧阵地于湘东、赣西、皖西、豫南各山地”，“以面的抵抗对敌之点或

① 「岡部直三郎大将日記」（1937年11月5日、12月11日、11月28日）、東京：芙蓉書房、1982年、第121、135、125頁。

② 『戦史叢書—大本営陸軍部（1）』、第520頁。

③ 「事変長期ニ亙ル場合ノ処理要綱案」（1937年10月30日）、『支那事変関係一件』、JACAR、Ref. B02030548300。

④ 「北支那政権樹立研究案」（1937年11月18日）、『支那事変関係一件』、JACAR、Ref. B02030551800。

⑤ 「支那事変対処具体的方策要綱」（1937年10月11日）、转引自『戦史叢書——支那事変陸軍作戦（1）』、第353頁。

⑥ 郭汝瑰、黄玉章主编：《中国抗日战争正面战场作战记》，南京：江苏人民出版社，2002年，第638页。

⑦ 蒋介石：《为国军退出南京告全国民众书》（1937年12月16日），《抗战与革命》，上海：文化编译馆，1939年，第13页。

⑧ 《蒋中正日记》，1938年3月5日。

线的夺取，使不能达速战速决之目的”，并发动游击战“以牵制扰乱破坏敌之后方”。①

对外界而言，中国的持久战意图不难判断。参谋本部认为，中国抗战的基本战略就是“诱引帝国军队深入内地，使事变长期化、复杂化”，“拉长战线以虚耗帝国国力、战力”，即进行持久消耗战。日军应对之道在于有计划地控制战线，保持主动地位，“除有特别必要外，不扩大战面”，“着力于维护占领地区的治安”。② 如何在扩大战果的同时减少消耗，是日军应对持久战的核心问题。日本媒体如《朝日新闻》也清楚地看到，“攻陷上海到南京”只能说是“第一期作战”，“中国方面构建了从汉口到广东、香港的防线，所谓长期抗战”，在如此漫长战线下进行的长期战争是“第二期作战”，“皇军当然要严防被诱入内地作战”，但同时也要有计划地继续进攻，“攻下中国第二期作战的基地”。③

日本陆军研究认为，在对华持久消耗战中占据优势是可能的。1937 年 11 月，参谋本部中国课课长影佐祯昭提交《对中国进入长期抵抗之际的形势判断》（以下简称为《判断》）。在参谋本部中，中国课的主张素来接近“陆军省派”，卢沟桥事变时任课长的永津佐比重“强烈主张对华一击论，以其在华活动的经验，认为拔刀威胁中国便可使之屈服”；④ 现任课长影佐祯昭则呼吁“从速援助以防共亲日为方针的华北新中央政权的组建”。⑤《判断》对中国战争能力评价较低，认为国民政府经济困窘，军事孱弱，坚持长期抵抗会导致分裂；中国之所以“借地域而行持久”，是寄希望于“借帝国战力疲敝、舆论分裂的机会，期待国际调停”，日本“应对长期抗战，首要在于使中国放弃长期抵抗的意志”。⑥ 以该文件

① 《军事委员会第三期作战计划》（1937 年 12 月 13 日），《中华民国史档案资料丛刊·抗日战争正面战场》，第 18 页。

② 「昭和 12 年末対支情勢判断」（1946 年 2 月）、『対支情勢判断』、JACAR、Ref. C12120146400。

③ 「支那の長期抗戦」、『東京朝日新聞』、1937 年 12 月 21 日、第 3 面。

④ 井本熊男：『作戦日誌で綴る支那事変』、第 84 頁。

⑤ 影佐后组建“影佐机关”主导扶植汪伪政府的具体工作，参见「北支那政権樹立研究案」（1937 年 11 月 18 日）、『支那事変関係一件』、JACAR、Ref. B02030551800。

⑥ 「支那ガ長期抵抗ニ入ル場合ニ対スル情勢判断」（1937 年 11 月）、『支那事変関係一件』、JACAR、Ref. B02030551400。

为基础，结合同时期日本陆军其他文件，可总结日军对持久作战的观察和预判。

第一，军事方面。日军认为中国军队希望在扰乱日占区的同时，“以主力固守陇海线与南京，并分兵固守华南沿岸，尔后逐渐退入中国内地，进行持久战争”。① 这一判断基本符合蒋介石对日战略，即在北方防守陇海线，在南方固守南京，其后以南昌、武汉为防守要点，且战且退，将四川作为最后防地。②

日军认为中国军队与日军的差距将扩大。军队素质方面，“中国第一线兵力由保安团和新兵补充，虽然数量可能不会减少，但素质不免逐渐低下”；战争资源方面，“长期抵抗阶段之前，中国军队武器弹药储备便将消耗大半，中国贫弱的兵工厂无法满足需要，且大部分已被我军占领或破坏，其补给只能依赖外国援助”；外部援助方面，中国进口的军需品“因我方的海上封锁而难以运输，加上欧洲最近也形势紧张，将愈加难以入手”，苏联的援助“因陆路运输而较为困难”，因此“不必过于担心中国恢复战力”；战争意志方面，“中国军队在华北和上海的败北，使其认识到日军实力，消磨抗战意识，将逐渐引发其最高统帅层内斗、中央与地方军阀间的不信任、军队的叛乱等”。③

第二，经济方面。《判断》认为中国经济无力支撑持久战：“丧失华北及上海等军费来源地，又遭我军海上封锁，政府收入将显著减少”，国民政府“只能加强对国民的征收力度，将使国民愈发感受到战败感”，“政府财政数月后甚至连军费也难以支出，国民经济亦受战争影响而逐渐破产”。④

中国持久抗战的基础是广阔的大后方，但《判断》却错误地认为大后方无力支持战时经济。毛泽东指出，中国抗战之命运“不决定于第一阶段大城市之是否

① 「支那ガ長期抵抗ニ入ル場合ニ対スル情勢判断」（1937年11月）、『支那事変関係一件』、JACAR、Ref. B02030551400。

② 《军事委员会第三期作战计划》（1937年12月13日），《中华民国史档案资料丛刊·抗日战争正面战场》，第18—21页。

③ 「支那ガ長期抵抗ニ入ル場合ニ対スル情勢判断」（1937年11月）、『支那事変関係一件』、JACAR、Ref. B02030551400。

④ 「事変対処要綱案（従来ノ中央政府否認後）」（1937年12月15日）、『支那事変戦争指導関係綴』、JACAR、Ref. C12120055900。「支那ガ長期抵抗ニ入ル場合ニ対スル情勢判断」（1937年11月）、『支那事変関係一件』、JACAR、Ref. B02030551400。

丧失”。[①] 蒋介石强调，“我国抗战根据，本不在沿江沿海浅狭交通之地带，乃在广大深长之内地，而西部诸省尤为我抗战之策源地，此为长期抗战根本之方略”。[②] 陈诚也提到，内地对抗战的意义体现在提供战略空间，令国民政府有“退守到兰州迪化”的余地，并提供“无穷的人力物力”。[③] 但《判断》认为，沿海大城市的工业是中国抗战的生命线，中国内地仍为自给自足的自然经济，“并不具备近代的作战及经济组织”，不足以应对近代化战争。[④] 这也和法肯豪森的悲观预判相合，后者认为中国富庶地区沦陷后，除非中国四川实现工业化，否则军备告罄，“必无战胜希望，而不啻陷中国于灭亡”。[⑤]

第三，政治方面。陆军省与参谋本部向来有共识，认为中国未实现完全统一，中央权威未能完全覆盖地方，各地割据势力强大，内乱不止。[⑥] 淞沪会战末期，陆军省军务课判断国民政府的地位将因战败而丧失，扶植“新中央政权”是应对长期战争的主要政治手段。[⑦] 作为媾和失败的预案，大本营陆军部（主要由参谋本部主导）准备以华北伪政权控制河北、山东、山西等，以华中伪政权控制江苏、浙江，在广东、福建建立华南伪政权，从而“终结持久战”。[⑧]《判断》预测随着华北伪政权吸收各地伪政权成为“新中央政权”，国民政府将无处容身而“趋于瓦解”。[⑨] 参谋本部亦准备促成“新兴政权与蒋政权相互妥协，从而在政治上终结对华战争”。[⑩]

---

① 《毛泽东选集》第2卷，第465页。

② 蒋介石：《为国军退出武汉告全国民众书》(1938年11月1日)，《抗战与革命》，第87页。

③ 陈诚：《对于持久抗战应有的认识》，广东省保安处政训科：《抗战重要文献》，第92页。

④ 「支那ガ長期抵抗ニ入ル場合ニ対スル情勢判断」（1937年11月）、『支那事変関係一件』、JACAR、Ref. B02030551400。

⑤ 《总顾问法肯豪森关于应付时局对策之建议》，马振犊编：《中德外交密档》，第173页。

⑥ 「第1次会合」(1936年11月)、『帝国国防方針』、JACAR、Ref. C14121168200。

⑦ 「事変長期ニ亙ル場合ノ処理要綱案」（1937年10月30日）、『支那事変関係一件』、JACAR、Ref. B02030548300。

⑧ 「事変対処要綱案（従来ノ中央政府否認後）」(1937年12月15日)、『支那事変戦争指導関係綴』、JACAR、Ref. C12120055900。

⑨ 「支那ガ長期抵抗ニ入ル場合ニ対スル情勢判断」（1937年11月）、『支那事変関係一件』、JACAR、Ref. B02030551400。

⑩ 「昭和13年以降ノタメ戦争指導計画大綱案」(1938年1月20日)、『支那事変戦争指導関係綴』、JACAR、Ref. C12120056000。

利用伪政权造成中国分裂，有利于日军拉拢离间抗战阵营。大本营陆军部认为存在“抗日政权内部的斗争”，“红色与白色，反日与亲日的不同势力之间存在矛盾”。[①]《判断》认为，“长期抗战将导致中国愈加艰难穷困，从而利于赤化势力渗透”，“随着抗战的持久化，其官民的抗战热情必然逐渐消磨，对赤色势力的增强而心存畏惧的一派，将逐渐发起反共、反战运动，两股势力将围绕长期抗战问题产生内讧，使南京政府陷入崩溃”，“随着赤色势力掌控大局，白色抗日分子将逐渐离开抗日阵营，南京政府会失去中央政府的实质，转为共产的一地方政府”，“军阀便获得了反中央的名分”，民间也可能“改变抗日思想”。日军计划“宣传上海会战中蒋介石的责任问题，策动南京政府内部红色、白色势力的冲突，从而促使其政府走向分裂与崩溃”，同时“以华北和上海为中心，促进对共产党的思想工作，结成反共、反中央阵营，促成地方实力派起事、敌军队和民众暴动”，“促成华中、华南的反中央暴动，诱导其普遍的排外情绪，尤其是排英运动”，[②] 并重点拉拢白崇禧、李宗仁、陈济棠等地方实力派，结合军事施压，使其展开“倒蒋安民运动”。[③]

第四，外交方面。《判断》预计国际形势暂时不会直接影响中日战争，日本可全力应对中国的持久战。苏联“极希望通过中国持久抗战来消耗日本国力，但苏联除非与英美法，至少与英美结成反日德意同盟，否则不太可能对日动武”；美国“虽然会呼吁中日和平，但会与其他列强保持协调，除非发生重大突发事件，不然不会武力干涉”；英国“会竭力调停，但无力强力干涉，甚至会在国民政府濒临崩溃时转而亲日，法国则会追随英国态度”；德国、意大利会“与日本保持一致，且德国为避免日本消耗对苏战备，会竭力调停中日问题”。[④] 参谋本

① 「事変対処要綱案（従来ノ中央政府否認後）」（1937 年 12 月 15 日）、『支那事変戦争指導関係綴』、JACAR、Ref. C12120055900。

② 「支那ガ長期抵抗ニ入ル場合ニ対スル情勢判断」（1937 年 11 月）、『支那事変関係一件』、JACAR、Ref. B02030551400。

③ 「大本営陸軍部対支時局打開策に関する件」（1938 年 3 月 5 日）、『大本営に関する綴』、JACAR、Ref. C12120350800。

④ 「支那ガ長期抵抗ニ入ル場合ニ対スル情勢判断」（1937 年 11 月）、『支那事変関係一件』、JACAR、Ref. B02030551400。

部甚至认为，“有必要让作战课长不为对外形势等事烦扰，专注于作战”。[①] 为维护这一国际环境，日本陆军要求外务省采取“防范苏联、施压英国、拉拢美国、亲近德意”的外交方针。[②]

第五，日本国内宣传和经济方面的应对。《判断》认为，战争长期化确实将引起国民反战情绪，为此要着力宣传日军作战的顺利，[③] 要求在国内“确立对内教化的指导精神，并对各个机关进行总动员”。[④] 1937 年 9 月，日本要求国民准备接受长期战争的困苦，以“涵养坚忍持久之精神，锻炼吃苦耐劳之身心”为主旨进行“国民精神总动员”。[⑤] 经济方面，《判断》认为，除石油等少数原料外，日本国内与占领区内资源可自给自足，支撑军需重工业的发展。[⑥] 日军正在建立“围绕财政、金融、工业、粮食、布匹、商业、贸易、交通、劳务全方面的战时体制”，[⑦] 着眼于“实现内外需求与供给的长期均衡”，发展生产、充实军备，实行“军需的总动员”，打造“耐久的国家总动员形态”。[⑧]

从后来战争实践的发展看，日军的上述观察分析有准确之处，但根本没有预见到中国人民抗日持久战争的韧性。上述分析虽未直接给出明确结论，但其大意显示，日本侵华持久战虽然不易，但未必不能取胜。而强调其“不易”的参谋本部，与预期乐观的日本内阁产生了激烈的争论。

---

① 「北支事変業務日誌」(1937 年 9 月 6 日)、『北支事変業務日誌』(防衛省防衛研究所)、JACAR、Ref. C12120364700。

② 陸軍省:「時局外交に関する陸軍の希望」(1938 年 1 月 29 日)、『日本外交文書・日中戦争（1）』、第 327—329 頁。

③ 「支那ガ長期抵抗ニ入ル場合ニ対スル情勢判断」（1937 年 11 月)、『支那事変関係一件』、JACAR、Ref. B02030551400。

④ 「事変対処要綱案（従来ノ中央政府否認後)」(1937 年 12 月 15 日)、『支那事変戦争指導関係綴』、JACAR、Ref. C12120055900。

⑤ 「国民精神総動員実践事項」(1937 年 8 月 31 日)、JACAR、Ref. C01005046400、昭和 12 年「陸普綴記室」(防衛省防衛研究所)。

⑥ 「支那ガ長期抵抗ニ入ル場合ニ対スル情勢判断」（1937 年 11 月)、『支那事変関係一件』、JACAR、Ref. B02030551400。

⑦ 「戦争指導計画書（中間報告)」(1937 年 8 月 1 日)、『戦争指導計画書（中間報告)』、JACAR、Ref. C12120384200。

⑧ 「事変対処要綱案（従来ノ中央政府否認後)」(1937 年 12 月 15 日)、『支那事変戦争指導関係綴』、JACAR、Ref. C12120055900。

基于淞沪战局的进展与对战争前景的预期，日本内阁的战争设想发生了变化。内阁不负责具体侵华作战事务，而主要着眼寻求使中国接受日本的条件。国民政府迁都说明日本原定的城下之盟不易促成，扶植傀儡政权似乎成为实现战争目标的捷径。11月26日，首相近卫文磨针对国民政府迁都的消息，强调日本不惜进行长期战争。① 表面上看，这是近卫对其9月5日在议会公开表态的重复，② 随着战局变化，近卫的信心已大大增强。据近卫心腹、时任内阁书记官长的风见章记录，③ 近卫此时认为“不用过于担心日本陷入长期战争”，④ 依据有三：“（一）放弃了南京的国民政府，把自己的基地迁移到四川重庆，这样会失去国民的信赖，必然会沦落为一个地方政权；（二）就算对方叫嚣长期抗战，也不过是将死之物的悲鸣，可以说日本陷入长期战争的风险是不存在的；（三）诱导新政权成立并提供帮助，使其发展壮大后，贯彻日本的要求来收拾时局。”⑤ 12月7日，日本政府通过《朝日新闻》透露，表示准备“否认”国民政府，正在讨论发表声明的时间。⑥ 12月13日，日本在华北扶植的伪政权“临时政府”宣告成立，华中的伪政权亦在筹备。如果中日实现媾和，这些伪政权便难以立足，因此其支持者坚持要求否认国民政府的政权合法性。⑦ 据具体负责组建华北伪政权的华北方面军特务部总务课长根本博回忆，该任务是陆相杉山元与次官梅津美治郎秘密指示的，⑧ 而陆军省正是要求叫停媾和、以伪政权取代国民政府的重要力量。

11月、12月间，在日本内阁内部，扶植伪政权取代国民政府，不惜对华进行长期战争的观点逐渐成为主流。徐永昌注意到，日本对中国长期抗战不以为

① 『戦史叢書——支那事変陸軍作戦（1）』、第459頁。

② 「長期戦も辞せず近衛首相の演説」（1937年9月6日）、『神戸又新日報』、神戸大学経済経営研究所新聞記事文庫。

③ 内阁书记官长一职为今日日本内阁的内阁官房长官前身，系首相制订政策、管理事务的主要助手。

④ 『戦史叢書——支那事変陸軍作戦（1）』、第480頁。

⑤ 風見章：『近衛内閣』、東京：日本出版共同、1951年、第105頁。

⑥ 「中外声明を発して、帝国、南京政府を否認発表期に慎重を期す」、『東京朝日新聞』朝刊、1937年12月7日、第2面。

⑦ 『戦史叢書——大本営陸軍部（1）』、第522頁。

⑧ 《日本军国主义侵华资料长编》（上），天津市政协编译委员会译，成都：四川人民出版社，1987年，第395页。

意，“敷衍德国，且戏辱我长期抗战之对策”。① 在日本内阁中，首相近卫与陆相、海相、外相各自动员下属谍报机关，均得出“否认国民政府是收拾时局最佳途径”的结论。日本要在华扶植伪政权“另起炉灶”，那么国民政府无论答应何种条件均无意义，于是在内阁中“和平交涉无用论占据了压倒性地位”。② 停止对华媾和，意味着内阁卸下谈判求和的责任，提出扶植傀儡政权控制中国的政治诉求，参谋本部就需要在军事上承担风险，在负责对苏备战的同时指挥长期的侵华战争。

参谋本部主张以军事角度优先考虑对苏备战任务，尽量避免对华持久战，放弃部分政治诉求。参谋本部作战课课长河边虎四郎、参谋次长多田骏均与石原莞尔主张相近，认为日军对苏战备严重不足，应全力避免长期分散兵力于侵华战争。作战课强调，“现在仍然要坚持以中央政权统一处理全中国问题的方针”，“在现中央政权确实沦落为一地方政权之前，我方不要下进行长期持久战的决心，而应该设法在保持其面子的情况下，实现媾和，期限为本年年末”；如果“南京中央政权坚持进行长期持久战，且事实上成为一地方政权”，再利用伪政权发动“政治攻势”。作战课从军事战略角度强调，“要从根本上、综合地解决中日整体的问题，进而向下一阶段的东亚经纶前进，中国中央政权的存在是必要的，因此反省的蒋政权或其继承政权的存在是必要的。若将之否定，便使其只能走向反日一途，无论其崩溃与否，中国都会出现经年累月的分裂，此际苏、英、美必然借机介入，使永久抗争在未来相当长时期内消耗帝国莫大的国力”。作战课据此判断，即便中国抗战阵营出现了所谓“赤色”、“白色”的内争，亦不利于日本“防共”，因此还是要迫使国民政府“在不过于严酷的条件下媾和”。③

11 月下旬，针对对华持久作战，参谋本部向内阁明确提出反对意见。负责参谋本部实务的参谋次长多田骏表现出“改变最高国策的决心”，④ 全力支持战争指导班提出相应方案。由于担心尖锐言辞与内阁产生冲突，“可能会引发不稳”，

① 《徐永昌日记》第 4 册，1937 年 12 月 29 日，第 208 页。

② 風見章：『近衛内閣』、第 104、105 頁。

③ 「対支那中央政権方策」（1937 年 11 月 21 日）、『支那事変戦争指導関係綴』、JACAR、Ref. C12120055600。

④ 如前所述参谋总长载仁为皇族，不负具体责任，而原次长今井清已因病重退职（1938 年 1 月病亡），接任次长一职的多田骏此时实际负责参谋本部事务。

该意见以战争指导班班长高嶋辰彦“私人方案”名义提出，实际上该班“全员同意此方案”，并得到参谋次长与作战部长支持。① 方案指出，内阁因不了解军事作战情况而出现重要误判，即以为日本不断胜利、中国陷入困境，而参谋本部为避免战线过长，在翌年一月便会令日军停止进攻，要认清“帝国在本次事变中期待让中国从根本上屈服，是不现实的”，“如果继续对华持久战争，即便中国方面战力被显著消耗，但我方对苏、对华、对英的国防总体力量也会相对减弱，将诱发苏联参战，或者苏、英等国干涉。在这种危局之下，凭日本的实力无以经纶东亚”，因此必须“排除万难，从速结束战争”。② 11 月 27 日，多田骏要求战争指导班“判断对华持久战的意义”，实际上是准备论证持久战争不利的材料，完成后交给陆相杉山元。③

参谋本部得到海军军令部支持，而陆军省则得到海军省支持。军令部总长伏见宫博恭王与参谋总长闲院宫载仁亲王同为皇族，实务由军令部次长岛田繁太郎主持。多田骏曾拜访岛田，提出“若错过媾和的最佳时机，战争会长期化”，因此要抓住机会实现媾和，由陆海军军令部门达成共识，通报“政府”（即内阁），岛田表示同意。对参谋本部“尽早停止同中国的战争，应对在远东增兵的苏联”的主张，海军军令部也准备为此整备第五舰队。④ 不同于之前对进攻上海的积极，海军军令部对继续向内陆推进战线兴趣不大，且与参谋本部同处负责作战事务地位，考虑有限资源的配置问题，反对将兵力与资源长期投入中国战场，影响其负责的其他方面作战任务的实现。但海军省与其他内阁部门保持一致。在 12 月 14 日的大本营政府联络会议上，多田骏质问内阁成员：“政府是有导向持久战的打算，还是想要解决事变?”阁员“皆表示希望解决之”，⑤ 但又强调无法实现。海

① 「機密作戦日誌」(1937 年 11 月 24 日)、『機密作戦日誌』、JACAR、Ref. C12120391400。

② 「情勢判断（高嶋大佐私案)」(1937 年 11 月 23 日)、『日支和平意見要旨』、JACAR、Ref. C12120409300。

③ 「機密作戦日誌」(1937 年 11 月 27 日、12 月 17 日、12 月 18 日)、『機密作戦日誌』、JACAR、Ref. C12120391500。

④ 『戦史叢書——大本営海軍部　大東亜戦争開戦経緯（1)』、東京：朝雲新聞社、1979 年、第 237、241 頁。

⑤ 「機密作戦日誌」(1937 年 12 月 15 日)、『機密作戦日誌』、JACAR、Ref. C12120391500。

相米内光政直言，“我认为实现和平的概率为零”。①

前文所言围绕“不扩大”的争论，主要还是日本陆军内部的观点对立，而是否要对华进行持久战，决定于内阁主导的媾和工作，于是催生了陆海军军令部门和整个内阁的博弈。首相近卫在回忆中指责，这是主导内阁的陆军省所为，“陆军省与参谋本部意见对立，一方要全力对华，一方要将着力点置于其他国家，军方的方针各行其是，事变更难解决了”。② 但实际上近卫等内阁成员并非超然事外，而是站在陆军省一方与参谋本部激烈交锋。

1938 年 1 月 11 日，在御前会议上，参谋总长代表参谋本部强调，虽然对持久战争早有准备，但考虑各种因素，还是要“尽速将事态导向终结”，“媾和解决”。海军军令部总长表示“对参谋总长所述有同感”。日本内阁坚持叫停媾和，1 月 15 日，日本召开大本营政府联络会议，与会的内阁成员，即首相、陆相、海相、外相等均提出停止媾和，陆相杉山元提出“要推进作战打到蒋介石屈服”，得到海相、外相附和，却遭到军令部门一致反对。③ 多田骏称，此举意味着“国家全体不得不做好进行持久战争的觉悟”，并预测“长期战争前途暗淡”，海军军令部总长与次长表示赞同。军令部次长古贺峰一也表示，战争拖长会削弱军备，海军也会受其影响，导致日本“在大陆和满洲的经营无法实现”。结果“政府与大本营的意见完全对立，在陆军内，大臣和次长的意见激烈对立”。④ 海相米内光政施压称，“作为外交当局的外相，与参谋本部的判断不同。政府推进国策当然要以外相的判断为基础，那么参谋本部不信任外相就是不信任政府，统帅部与政府意见不同，政府又不能插手指挥战争，那就只好辞职了”。多田骏听后坚决抗议，“声泪俱下”。⑤

战略见解分歧激化了军令与军政部门间的权力斗争。陆军省军务局要求“陆相发动人事权，果断更换统帅部首脑”，即换掉反对持久战争的多田骏。参谋本部中则有人呼吁在“不得已的情况下进行帷幄上奏，发挥独立统帅权之妙用”，

① 風見章：『近衛内閣』、第 88、96 頁。

② 近衛文麿：『平和への努力——近衛手記』、第 12 頁。

③ 『戦史叢書——大本営陸軍部（1）』、第 525 頁。

④ 『戦史叢書——支那事変陸軍作戦（1）』、第 75 頁；「機密作戦日誌」（1938 年 1 月 15 日）、『機密作戦日誌』、JACAR、Ref. C12120391600。

⑤ 『戦史叢書——大本営海軍部　大東亜戦争開戦経緯（1）』、第 249 頁。

绕过内阁直接借天皇权威推进其主张。① 多田骏取得海军军令部支持，通过身为皇族的军令部总长博恭王，请求裕仁天皇打破不在御前会议上发言的惯例；近卫文麿则希望裕仁只出席，不发言，把会议交给自己处理。裕仁答应了近卫的请求，② 实际上站在内阁一方，多田骏只得宣布为避免内阁解体"暂不反对"持久战方针。③ 1 月 15 日晚，参谋总长与军令部总长先后向裕仁表态同意内阁意见。④

日本侵华战争是由其军政部门共同协调推动的。1937 年、1938 年之交，日本高层围绕侵华战争的大讨论中，作为政治部门的内阁，寻求扶植"新政权"来全面实现其对华诉求，叫停与国民政府的媾和。但叫停媾和这一政治决断，意味着在军事上要进行持久作战，在国力有限的前提下，军令部门需要应对多方面作战的沉重压力与巨大风险，故明确提出反对。军政部门之间的博弈，以天皇倾向于政治部门而告结束。这也反映了在侵华战争中，日本政治部门的立场有时比军事部门更为激进。而军令与政治部门间的张力，导致日军军事规划无法保持稳定。

三、围绕持久战略的军政博弈与方针演变

日本内阁叫停对华媾和工作后，参谋本部认为，内阁沉迷于战胜的喜悦而使"国家进入不幸的长期战"，实际上对此"无认识，无决心"，没有意识到"战争要持续四五年之久"。参谋本部考虑的是世界战争临近爆发，在资源有限的前提下，必须准备对苏战备。⑤ 参谋本部还认为，既然内阁叫停媾和，由参谋本部承担持久战的压力，那么参谋本部今后也要向内阁"提出各种要求，满足持久战的需要"。⑥

① 根据日军军制，人事权在陆军省人事局，参谋本部职位变动，由参谋本部总务部起草方案，陆军省原则上照原样通过；参谋本部同其他部门的人事交流，则需陆军省与参谋本部协议。陆军省掌控着人事主导权，无论何种职位，经上奏许可发布任命的权限，均在于陆相。石田京吾、濱田秀：「旧日本軍における人事評価制度将校の考科・考課を中心に」、『防衛研究所紀要』、2006 年 9 月。

② 宫内庁：『昭和天皇実録』（第七）、1938 年 1 月 10 日、第 495 頁。

③ 「中島鉄蔵中将回顧」（1940 年 2 月）、转引自井本熊男：『作戦日誌で綴る支那事変』、第 195—197 頁。

④ 宫内庁：『昭和天皇実録』（第七）、1938 年 1 月 15 日、第 499 頁。

⑤ 堀場一雄：『支那事変戦争指導史』、第 143 頁。

⑥ 「機密作戦日誌」（1938 年 1 月 15 日）、『機密作戦日誌』、JACAR、Ref. C12120391600。

参谋本部应对持久战的基本原则是一贯的，即采取保守战略，限制战线以降低战争消耗。上文所言《判断》要求，在战争长期化之后，“彻底转向战略紧缩态势，严禁扩张占领区”，“为应对中国长期抗战，采取最低程度的军事行动”，“除防止中国军队反攻和维持地方治安之外，避免分散地面部队，做好随时将军队转用于所需方面的准备”。参谋本部认为应对持久战的核心，在于切实控制占领区以“增收”，尽力避免扩大战线以“减耗”：“从整体的政治、军事战略上的大局考虑，适时对占领区进行整理”，“严格控制占领区，维持治安、确保交通线”；随着扩张的停止，将作战重点转向“以陆海军航空兵力之大部轰炸中国内地，彻底破坏中国军事、政治、交通、经济等国家设施及生产设备”，打击中国抗战意志。① 停止扩张之后，日军要“从速建设警察队伍和所需军队，逐渐替换日本守备军队”，由伪政权承担战争功能。②

参谋本部的稳健策略，与日本内阁的行动并不完全同调。如前所述，参谋本部上书警告，沉浸于战胜喜悦的内阁不了解战争规划，而参谋本部已计划在 1938 年 1 月停止攻势。1 月 16 日，近卫内阁发表停止媾和声明，宣示要与国民政府作战到底，参谋本部却并未准备配套攻势。参谋本部主张，不应根据内阁的政治需求来决定战争进程，而应坚持自己的军事规划，认为该声明中“政府虽然表现得很强硬，却不知道怎么处理事变。因此我们军方要打坚决的持久战，制订大规模的计划来进行真正的持久战”。③ 所谓“大规模的计划”而非“大规模的行动”，表现在日军作战上，便是暂停攻势，制订长期战争规划。

1938 年 1 月下旬，参谋本部完成侵华持久作战方案，即《昭和 13 年以后战

① 「支那ガ長期抵抗ニ入ル場合ニ対スル情勢判断」（1937 年 11 月）、『支那事変関係一件』、JACAR、Ref. B02030551400；「事変対処要綱案（従来ノ中央政府否認後）」（1937 年 12 月 15 日）、『支那事変戦争指導関係綴』、JACAR、Ref. C12120055900；「昭和 13 年以降ノタメ戦争指導計画大綱案」（1938 年 1 月 20 日）、『支那事変戦争指導関係綴』、JACAR、Ref. C12120056000；「北支事変業務日誌」（1937 年 9 月 5 日）、『北支事変業務日誌』、JACAR、Ref. C12120364700。

② 「事変対処要綱案（従来ノ中央政府否認後）」（1937 年 12 月 15 日）、『支那事変戦争指導関係綴』、JACAR、Ref. C12120055900；「昭和 13 年以降ノタメ戦争指導計画大綱案」（1938 年 1 月 20 日）、『支那事変戦争指導関係綴』、JACAR、Ref. C12120056000。

③ 『戦史叢書—支那事変陸軍作戦（1）』、第 481 頁。

争指导计划大纲案》。[①] 方案回应了之前裕仁天皇“御下问”的内容：“若陷入持久战，国力将面临怎样的消耗？苏联若参与，形势将如何？”[②] 方案的核心是加强对苏军备，减少对华持久作战消耗，有两点突出诉求：一是要为对华持久作战留下充裕时间，作战要循序渐进，限制消耗；二是提供足够资源和体制支持，保证军备充足，从而在对华侵略的同时做好对苏防御。方案立足于“指导目前的对华持久战”，“计划时间约以昭和十三年至十六年（1938—1941 年——引者注）四年为期，为尔后预想将发生的国际形势的大变化做好战争准备”，[③] 将对华持久作战进程分为三个阶段。

第一，收缩战线、休整部队、消化占领区的“对华消极持久”阶段。本阶段为 1938 年至 1939 年上半年，主张以“纯粹的消极持久战方针来指导作战，极力减少国力尤其是战力的消耗”，在完成既定战略目标后，“彻底转向战略紧缩态势，严格控制占领区，严禁扩张”。

第二，以进攻武汉为中心的一系列“正面进攻战”阶段。本阶段为 1939 年下半年至 1940 年，作战核心在于“从三个方面，向武汉分进合击”，并配合政治手段促使国民政府崩溃或屈服。

第三，与抗日力量长期对峙的“长期普遍持久战”阶段。本阶段为 1941 年及以后，主要作战目标是“整顿中国的戡定地区”，将战争重点逐渐转移到“准备对苏联的战争上，应对下一步国际形势的变化”。

参谋本部不准备深入中国内地，要求“对华战争的终结，在于除去中国内地，实现华北、华中（尽可能加上华南）的统一”。[④] 在回答裕仁“如何处理南方残存的抗日军队”的“御下问”时，参谋本部表示“尽可能地击灭之，但不考虑无止境地去追击”，就控制华北伪政权，也准备“尽可能居于幕后，防止增

---

① 「機密作戦日誌」（1938 年 1 月 21 日、1938 年 1 月 24 日、1938 年 1 月 27 日）、『機密作戦日誌』、JACAR、Ref. C12120391500。

② 「機密作戦日誌」（1938 年 1 月 13 日）、『機密作戦日誌』、JACAR、Ref. C12120391600。

③ 指的是欧洲战争乃至世界大战。日军一直认为各大国要在 1941 年、1942 年才能做好战争准备，因此世界大战只可能爆发于此之后。在二战全面爆发的 1939 年，参谋本部仍认为“1942 年前后世界形势将出现巨大变化”。『戦史叢書——支那事変陸軍作戦（3）』、第 1、2 頁。

④ 「昭和 13 年以降ノタメ戦争指導計画大綱案」（1938 年 1 月 20 日）、『支那事変戦争指導関係綴』、JACAR、Ref. C12120056000。

加日本的负担”。[①] 这一全力节减在华消耗的方针，主要着眼于保留国力军力，用于未来对苏、美的战争，于1938年2月16日召开的大本营会议上审议通过。[②]

参谋本部采取收缩战略，引发了与内阁的争论。内阁公开发出与国民政府作战到底的声明，但日军却按兵不动。于是内相末次信正质问参谋次长多田骏“要如何使国民政府崩溃”，“从常识上看，当然知道没法靠武力一直追到四川去，但至少应该拿下汉口和广东”。多田骏以内阁支持不足来反驳：“这可不是什么常识，这只是军备不充实带来的结果。”[③] 而一旦日苏开战，参谋本部便将放弃华中，仅在华北留“一部分兵力应付对华持久作战”。[④] 这“一部分兵力”，实际上只有三个师团和三个飞行中队，[⑤] 即优先对苏备战。在内阁中，陆军次官梅津美治郎认为，参谋本部这一计划偏重于对苏战备，对华投入不足。[⑥] 陆军省军事课长田中新一批判，“这是放弃了利用军事力量解决事变，而企图以政略和谋略手段为主轴解决事变”，“统帅部（指参谋本部——引者注）不知道如何终结对华长期战争”，强烈要求以“今后一年间的作战，作为终结战争的作战”。[⑦] 天皇侍从武官本庄繁，也站到内阁一方，抗议参谋本部对持久作战“缺乏热情”。[⑧]

陆军省通过干预参谋本部人事，试图使其战略转向积极。华北方面军、华中派遣军为侵华而设，专注于完成其自身任务，因此反复请求加大对中国战场的资源投放，扩大战线。参谋本部派遣作战课长河边虎四郎前往前线部队司令部进行压制。河边向华北方面军强调，收缩战线的方针是“经大本营御前会议决定”的，对各种反对意见，参谋本部都“不以为意”。[⑨] 结果在3月1日，河边在视察

① 「機密作戦日誌」(1938年1月15日)、『機密作戦日誌』、JACAR、Ref. C12120391600。

② 「中国での作戦活動の可否をめぐる大本営御前会議の討議状況について」(1938年2月16日)、『日本外交文書・日中戦争（1）』、第264頁。

③ 「機密作戦日誌」(1938年2月4日)、『機密作戦日誌』、JACAR、Ref. C12120391700。

④ 「帝国陸軍作戦計画（案)」(1938年3月30日)、『昭和13年度帝国陸軍作戦計画(案)』、JACAR、Ref. C14121199200。

⑤ 「昭和13年度帝国陸軍作戦計画案ニ就テ」(1938年5月15日)、『昭和13年度帝国陸軍作戦計画（案)』、JACAR、Ref. C14121199200。

⑥ 『戦史叢書——大本営陸軍部（1)』、第536頁。

⑦ 『戦史叢書——大本営陸軍部（1)』、第537—538頁。

⑧ 「機密作戦日誌」(1938年2月4日)、『機密作戦日誌』、JACAR、Ref. C12120391700。

⑨ 『岡部直三郎大将日記』、第161、165、166頁。

途中突然接到调离参谋本部的指令。河边称，本次调动是路线之争导致的。[①] 时任作战课课员的井本熊男也认为，陆军省试图通过行使人事权力改变参谋本部战略方针。[②] 接替河边虎四郎的稻田正纯，正是来自坚决反对战略收缩的陆军省军事课。人事更替之后，华北方面军以“追击”国民党败军为名，提出派遣部分兵力南下的请求，得到参谋本部批准。同时，华北方面军、华中派遣军与中国方面舰队司令长官分别上书参谋本部与海军军令部，请求改变战略收缩方针，攻占徐州、安庆，[③] 配合内阁方面向军令部门施压。在台儿庄战役失利后，参谋本部迫于各方压力决定重采战略攻势。4 月 7 日，大本营下令进行徐州会战。

徐州会战与接下来进行的武汉会战，打乱了参谋本部原定的持久战争部署。日军持久战战略的核心思路在于限制战线扩大，切实控制占领区。日军当时正在实行战略收缩，专注于巩固占领区的“消极持久战”，但为寻求在徐州歼灭中国军队主力，参谋本部对增兵的要求急迫，“规模也远比最初设想的要大”。[④] 这导致其“被眼前的形势牵着走”，“消极持久战思想破产”。[⑤] 如毛泽东所观察的，日军在兵力有限的情况下，匆忙发动战略进攻，“将华北兵力集中于徐州，华北占领地就出了大空隙，给予游击战争以放手发展的机会”，“是敌人自己弄错，不是我们使之错的”。[⑥] 徐州会战后，参谋本部又进一步发动了武汉会战，计划在军事进攻的同时，“统合各种施策，捕捉终结战争的机会”。[⑦]

参谋本部匆忙改变作战方针，与内阁政策的调整有关。参谋本部作战课抱怨，在 1 月确定进行持久作战，结果“缺乏决心，只是空口一说”。[⑧] 背景是近卫内阁再度改变了对华态度。内阁在年初之所以叫停媾和，是预判国民政府失去中央政权

① 『河辺虎四郎回想録』、第 92 頁。

② 井本熊男：『作戦日誌で綴る支那事変』、第 202 頁。

③ 『畑俊六日誌』、東京：みすず書房、1983 年、第 126 頁。

④ 『畑俊六日誌』、第 130 頁。

⑤ 堀場一雄：『支那事変戦争指導史』、第 162、163 頁。

⑥ 《毛泽东选集》第 2 卷，第 505—506 页。

⑦ 「秋季作戦ヲ中心トスル戦争指導要領」（1938 年 7 月 31 日）、『支那事変戦争指導関係綴』、JACAR、Ref. C12120056400。

⑧ 「戦争終結ニ関スル最高指導案」（1938 年 8 月 18 日）、『支那事変戦争指導関係綴』、JACAR、Ref. C12120056500。

地位，伪政权将取而代之，因此不惧与国民政府的长期战争。但形势发展不如日本内阁所愿，使其意识到要从战争中脱身，还是需要与国民政府媾和。5月末，近卫文麿认为自己之前“在打倒蒋介石政权的问题上，话说得太彻底了”，提出承担政治责任下台，借主和的宇垣一成来“转换外交方针”。① 宫廷集团促使近卫留任，但进行“内阁改造”，由积极推动“不以国民政府为对手”声明的陆相杉山元、外相广田弘毅承担政治责任并下台，代之以对媾和持开放态度的板垣征四郎、宇垣一成。宫廷集团的目的是，利用精通中国事务的二人与国民政府媾和以完成战争。② 近卫在战后宣称，是多田骏、石原莞尔不满杉山元扩张战线的方针，筹划了陆相的更替。③ 但这显然是在为近卫本人与宫廷集团开脱战争责任，宫廷集团与内阁在人事安排、作战方针等方面，显示出了巨大的影响力。宫廷集团代表木户幸一参与策划的“内阁改造”，意在摆出拿下武汉的态势以加强军事施压，从而增加政治诱和的筹码。④ 6月24日，近卫内阁通过《今后之中国事变指导方针》，要求“在本年内达成战争目的”，在媾和问题上考虑接受“第三国友好的中介”。⑤

随着近卫内阁战争政策的调整，参谋本部持久战略规划再次遭到批判。外务省东亚局长石射猪太郎上书新外相宇垣一成，猛烈批判参谋本部的持久作战方案，强调收缩战线“会让国民政府以收复失地的名义聚拢民心，我方占领区内的治安愈发难以保障”，傀儡政权“根本无法威胁国民政府”，参谋本部进行的各种分化工作也不会动摇中国抗战大局，只能与国民政府媾和。⑥ 宇垣一成于是批示并推荐传播这一报告，推动其媾和主张。⑦

---

① 『西園寺公と政局』第7巻、東京：岩波書店、1952年、第5、6頁。

② 極東国際軍事裁判研究会編：『木戸日記・木戸被告人宣誓供述書全文』、東京：平和書房、1947年、第47頁。

③ 近衛文麿：『平和への努力——近衛手記』、第10頁。

④ 木戸幸一著、木戸日記研究会編：『木戸幸一日記（下）』（1938年5月19日）、東京：東京大学出版会、1966年、第645頁。木户幸一时任文部大臣，系裕仁天皇密友，凡遇大政方针与重要人事问题常蒙征询，被视为宫廷集团的代表。

⑤ 「今後の支那事変指導方針」（1938年6月24日）、『支那事変関係一件』、JACAR、Ref. B02030538600。

⑥ 「今後の事変対策に付ての考案」（1938年7月）、『支那事変関係一件』、JACAR、Ref. B02030513300。

⑦ 「対支和平工作の經過」、『宇垣日記』、東京：朝日新聞社、1956年、第328頁。

参谋本部为配合内阁媾和诉求而发动的大规模进攻，动摇了其进行持久战的基础。参谋本部要以限制战线来应对持久战，但进攻武汉意味着将战线扩张至极致。参谋本部分析认为，着眼完成战争，“以进攻汉口为中心的第一波解决机会，与进攻广东的第二波解决机会”，“如果上述两波工作尽了一切努力，仍然没能终结战争，那么军队自不用说，还要使全体国民决心永久抗争，决不让步，进入新持久战争”；但以战线拉长至武汉的态势，进行持久作战，那么战争投入“每年都十倍于建设满洲”，“到明年（1939年——引者注），国内的储备金将消耗殆尽，产业和贸易萎缩、国内经济疲敝”，经济、社会问题将大量涌现，再考虑到可能的对苏战争，最终将使“皇国走向自我毁灭”。① 届时别无他法，只能回归年初的战略，“极力限制战线之扩张，采取紧缩持久态势”。②

徐州、武汉会战期间，中国共产党领导的敌后抗战，从根本上冲击了日军的持久战略。中共中央指示：“敌之主要进攻方向在武汉，对华北、西北则均暂时无法多顾及，给我们以放手发展游击战争并争取部分运动战的机会”，“目前为配合中原作战，为缩小华北敌之占领地，为发展并巩固华北根据地，都有大举袭敌之必要”。③ 当时陆军省军事课长田中新一认为，扩大占领区可以增加地域、人口、资源，这也是持久作战的基础，所以“先用作战来寻求解决事变的机会，不成功的情况下，再去进行长期战”。④ 毛泽东指出，日军占领区的扩大，对其而言确实是一种“向上的变化”，“那就是他扩大了领土、人口和资源”，但是“他占领中国的土地是暂时的。中国游击战争的猛烈发展，将使他的占领区实际上限制在狭小的地带”。“发动普遍的游击战争，将敌人的后方也变成他们的前线，使敌人在其整个占领地上不能停止战争。”⑤

1938年末，随着武汉、广州沦陷，中日战争进入战略相持阶段，日军再次

① 参谋本部第二課：「戦争終結ニ関スル最高指導案」（1938年8月18日）、『支那事変戦争指導関係綴』、JACAR、Ref. C12120056500。

② 「秋季作戦ヲ中心トスル戦争指導要領」（1938年7月31日）、『支那事変戦争指導関係綴』、JACAR、Ref. C12120056400。

③ 毛泽东：《在华北西北放手发展游击战争》（1938年6月15日），《毛泽东军事文集》，北京：军事科学出版社、中央文献出版社，1993年，第2卷，第355页。

④ 「田中新一手記」（1938年4月1日）、『戦史叢書——大本営陸軍部（1）』、第538頁。

⑤ 《毛泽东选集》第2卷，第467、418页。

强调了停止扩张的战略收缩方针，[①] 并愈加重视中共敌后战场的发展。此时中日主战线已长达 2975 千米，是一战西部战线 790 千米长度的 4 倍左右，在华南 425 千米的战线，也远远超过日俄战争战线的长度。日军发现中共领导的敌后战场蓬勃发展，“新四军、冀中军区、冀南军区、冀察热宁边区、东进抗日挺进纵队、山东纵队等几乎都是这一年成立的”。武汉会战后，“各部队、各根据地乃至游击区都已经形成，成为中共军队发展的基础”。[②] 参谋本部总结当年战况指出，“徒劳的持续进攻内地，只会中了敌军的消耗战略之计，有害无益。而抽出大量兵力来作战，会让我占领区内部治安迅速恶化，尤其是中共军会迅速而强力地进行渗透，因此确保占领区的安定，目前来说最为紧急”，[③] 提出“汉口陷落后，事变将进入新的阶段，届时我军最大的任务是从速恢复中国的治安，因为治安不恢复，我军不管想干什么，都没法腾出手来，中国治安之癌便是赤色势力，为此要斩草除根地消灭共产军”。[④] 1939 年后，随着主战场向敌后逐渐转移，日军开始对中共抗战投入更多关注，着手编译毛泽东《论持久战》等论著。[⑤] 战争进入相持阶段，日军的战略也不得不根据形势进行调整，而参谋本部的持久战略的基础，也因敌后战场的发展而破产。

结　　语

日本军政当局的内部博弈深刻影响其侵华战略。日本陆军负责作战事务的军令部门参谋本部，主张集中力量对苏备战，在华采取限制战线、开放媾和方针，避免陷入持久消耗战。而作为军政部门的内阁陆军省及其他内阁阁员认为，凭武

① 第一复员局：「事変第 3 年度（昭和 14 年）」（1946 年）、『支那事変に対する帝国参謀本部の作戦計画』、JACAR、Ref. C12120094700。

② 北支那方面軍司令部：『中国共産党運動の解説』（1941 年 2 月 17 日）、JACAR、Ref. C11111490000。

③ 「昭和 13 年末対支情勢判断」（1946 年）、『対支情勢判断』、JACAR、Ref. C12120155500。

④ 「対支作戦参考資料（教）結言」（1938 年 10 月）、『対支作戦参考資料（教）』、JACAR、Ref. C11110435500。

⑤ 参见孙道凤、干保柱：《毛泽东〈论持久战〉在战时日本的译介及其影响》，《抗日战争研究》2021 年第 3 期。

力可迅速使中国屈服，即便不能如愿，中国长期抗战能力有限，日本可以在持久作战中居于优势。国民政府迁都重庆后，日本内阁不顾军令部门反对，决定叫停与国民政府的媾和，发动持久战争。参谋本部基于固有思路，确定了控制消耗的消极持久战略，而内阁方面先是寻求消灭国民政府，后又立足现实准备诱和，因此要求参谋本部采取积极进攻战略。但日军的进攻未能使其从中国脱身，相反极度拉长了战线，使参谋本部控制消耗的持久战略走向破产。

日军持久战略的制订及搁置过程，折射出其内部的权力结构和军政关系。日本天皇总揽大权但不承担责任，由内阁负政治责任，参谋本部与军令部组成的军令部门承担军事责任。两种权力的平行存在，为双方博弈留下了空间。20世纪30年代，日本军令部门利用“统帅独立权”干涉政治，以提升军部对国家事务的发言权。而在战争时期，政治决策可以对战争战略产生重要影响。如内阁叫停与国民政府媾和，意味着战争的长期化，实际上影响到军令部门的作战方针及其“统帅独立权”，军令部门为配合日本政治决策，而在压力下调整其作战规划。在政治机关与军令部门围绕各自主张与利益的争斗中，天皇及宫廷集团发挥了决定政策走向的关键作用。如石原莞尔所言，政治与军令部门意见不合，则由天皇“圣断”。缬缬厚在探讨日本军政关系之际也表示，“就历史事实而言，是宫中派的态度最终加速了军部主导的政军关系的，这一点是非常值得研讨的重要课题”。[①] 在军令与军政部门发生冲突时，军政结合的日本战争机器一直在不停运转，最终双方基于共同的侵略立场达成妥协，而天皇则在事实上掌握着主导战略走向的权力。

日军持久战略的制订和演变，也和中国共产党领导的敌后抗战的发展密切相关。日本不仅轻视中国敌后战场的创立和发展，也低估了中国持久抗战的坚定意志和抗日民族统一战线的韧性，结果在军政博弈中，未能坚持集中力量控制占领区的持久战争方针，而投机于扩大战线寻求国民政府屈服的速决战略。中共领导人敏锐地判断战争形势，采取符合实际的战略决断，把握了发展敌后根据地的机遇，这也颠覆了日军持久战略规划的基础。

〔作者张展，南开大学历史学院副教授。天津　300071〕

（责任编辑：赵　懿）

① 缬缬厚：《近代日本政军关系研究》，第305页。

德意志中世纪政制中的传统要素*

王亚平

摘　要： 中世纪西欧看似经历了同一个封建制度，但各国历史进程并不相同。德意志王国虽然与法国皆源自法兰克帝国，但因传统和习俗不同，走向不同政制道路。德意志王国建立初期确立的选王制始终掣肘王权，致使德国在整个中世纪难以出现君主集权；与罗马教会紧密联系的政教关系，为外部势力介入提供了条件，国内矛盾常演化为国际冲突；社会机制中长期存在马尔克要素，为社会团体提供了组建原则。以上三个传统要素在中世纪左右其政治制度发展，直至近代仍然在德国邦联制和议会选举制中留有印记。

关键词： 中世纪　德意志　选王制　政教关系　马尔克制

19 世纪末 20 世纪初，德国近代史学者在比较同一时期英、法两国政制发展轨迹后，提出“德意志特殊道路”（deutscher Sonderweg）论。此后百余年，该论断一直是德国近代史学界热衷讨论的议题。尤其是 20 世纪 50 年代后，有关普鲁士军国主义、德意志帝国专制主义、魏玛共和国等方面的研究，似乎都离不开“德意志特殊道路”命题。该命题核心观点是：19 世纪德国经济实现了工业化，却未走上自由社会和确立国家宪法的道路，因此在农业和工业之间、经济精英和政治精英之间造成紧张关系，进而演变出“国家社会主义”（Nationaler Sozialismus），最终走向极端的“民族社会主义”（Nationalsozialismus①）即纳粹

* 本文为国家社科基金重点项目“德意志中世纪经济社会史”（19ASS01）阶段性成果。

① 德语中“Nation”包含“国家”、“民族”两层意思，作为形容词多表示“国家的”，作为组合名词“National-”则多表示“民族 -”。德语文献中 Nationaler Sozialismus 和 Nationalsozialismus

主义。

1966年，比勒菲尔德学派[1]创建者汉斯－乌尔里希·韦勒出版《德国现代社会史》[2]一书，集中体现了其研究德国现代化的两种方式：一是跨学科研究，二是比较研究。由此，他认为，从普鲁士占主导的德意志帝国到魏玛共和国结束，帝国存在着“传统和现代之间的对立关系”，正是此种对立关系，才使德国未走上英法那样的现代化之路，而是有了结构上的“缺陷”，走向纳粹主义。他在此后出版的多部专著中进一步阐述和完善了此观点，强调社会结构及其演变在历史进程中的重要作用。多数学者把“德意志特殊道路”的起点定在19世纪普鲁士军国主义集权专制形成之初，因为普鲁士在政制方面与英法君主立宪政体背道而驰，走上军国主义专制“特殊道路”。20世纪80年代，德国学界掀起研究宗教改革运动的热潮，在对该运动的背景、基督教教派产生以及马丁·路德的宗教思想作深入讨论的同时，也聚焦德意志特殊道路，将其起点向前推到16世纪。但讨论宗教改革发生的历史背景，应该进一步追溯中世纪历史，即进行长时段考察。

中世纪早期，德国与法国共同经历了法兰克时代。德国学者认为，法兰克时期是德意志和法兰西共同的“史前史”；[3]然而，法兰克帝国解体后，德意志王国走过的路径与法兰西王国大相径庭。毋庸置疑，从历史长时段看，任何国家和地区的历史进程都带有自身习俗，比利时史家冈绍夫谈到西欧中世纪封建制度时

含义不同，前者通常指19世纪90年代欧洲在意识形态方面出现的一种潮流，即试图用各种方式把民族主义因素和社会主义要素结合起来，国内学界将其翻译为“国家社会主义”；后者从19世纪下半叶德国、奥地利的“民族运动”概念演化而来，民族运动宣扬民族主义、种族主义、极端反犹太主义等意识形态，国内学界将其翻译为“民族社会主义”或“纳粹主义”。

① 自19世纪以来，兰克史学在德国历史学界占据主导地位，研究重点是制度史，尤其是中世纪制度史。在这一领域涌现出一批知名学者，尤其是20世纪六七十年代，以弗莱堡学派学者为代表，学术成果一度层出不穷。但随着该领域热点问题被“穷尽”，论著日益减少。与此同时，比勒菲尔德学派兴起，声望不断扩大，中世纪史学研究深受影响，尤其是六七十年代之后的青年学者更是如此。

② Hans-Ulrich Wehler, *Moderne deutsche Sozialgeschichte*, Köln: Kiepenheuer & Witsch, 1966.

③ Herbert Grundmann, ed., *Handbuch der deutschen Geschichte*, Vol. 1, Stuttgart: Klett-Cotta, 1981, p. 92.

认为，“在这些国家中体现封土—封臣主关系的规则，在很大程度上，都是地区性或地方性习俗”。[①] 探究“德意志特殊道路”，应该梳理德意志王国产生以后的历史脉络，总结其与欧洲其他地区的不同特点和传统，进而深刻把握历史上乃至今天德国在欧洲的地位和影响力。在中世纪，德意志在政制方面形成了独特的传统要素：选王制度、政教二元结构、日耳曼人的马尔克制，正是这三个传统要素左右着德意志政制走向，使其在进入近代后走上不同于英法的政制之路。

一、法兰克政制遗产

中世纪的“德意志”是疆域模糊的地理概念，在德语语境中，deutsch 不是 German 的同义词。German 不是部族名称而是地理概念，源自恺撒在莱茵河以西地区设立的两个日耳曼尼亚行省：[②] 上日耳曼尼亚省和下日耳曼尼亚省。[③] 恺撒在《高卢战记》中，将居住在日耳曼尼亚省的所有异族人统称为日耳曼人。因为他们说着不同的语言，罗马人又将其统称为 Babarian，国内学界通常翻译为“蛮族”。塔西佗在《日耳曼尼亚志》中记述了迁徙至此的游牧部族，如巴伐利亚、施瓦本、法兰克、图林根等，欧洲很多地名都源自迁徙定居的游牧部族名称。[④] 但是，德意志（deutsch）并不是日耳曼人的一支，作为地理概念的“德意志”出现是在法兰克帝国解体之后。

---

① 弗朗索瓦·冈绍夫：《何为封建主义》，张绪山等译，北京：商务印书馆，2016 年，第 86 页。

② 有关罗马行省，参见爱德华·吉本：《罗马帝国衰亡史》第 1 卷，席代岳译，长春：吉林出版集团，2008 年，第 15—22 页。

③ 日耳曼尼亚省分为上下两部分，上日耳曼尼亚省包括今天瑞士西部、法国东北部阿尔萨斯、德国莱茵兰地区；下日耳曼尼亚省包括今天卢森堡、比利时东部以及荷兰南部地区。参见 Norbert Angermann et al., eds., *Lexikon des Mittelalters*, Vol. 4, Stuttgart-Weimar: Verlag J. B. Metzler, 1999, p. 1338.

④ 据此，后来进入罗马帝国境内的一些异族部落均根据其所定居的帝国行省或地名命名，但也有些地名是依据定居在此的异族名确定的，如意大利北部的伦巴德平原是因旺底利夷人（Vandalia）的定居而得名，施瓦本这一地名则可以追溯到斯维比人（Swabians）。参见塔西佗：《阿古利可拉传　日耳曼尼亚志》，马雍等译，北京：商务印书馆，1983 年，第 81 页。

法兰克人是日耳曼人的一支，最早见诸文献记载是在3世纪中叶。[①] 根据6世纪图尔主教格雷戈里（Gregor von Tours）在《法兰克人史》中的记载，法兰克人是由多个部落组成的大部族，从潘诺尼亚迁徙到莱茵河畔定居。[②] 按西方学者观点，与同时期在日耳曼尼亚省的其他部族相比，法兰克人进入高卢地区时间较晚，与罗马人接触较晚，其文明发展也较晚。5世纪中叶，法兰克人萨利尔部落军事首领墨洛维希，从今天比利时境内的图尔奈向外扩张兼并了其他部落，其子希尔代里克一世（Childerich Ⅰ）继任军事首领后被尊称为王，被看作法兰克部落王国第一任国王，开始了法兰克王国墨洛温王朝（Merowinger）的统治。[③]

法兰克人在高卢建立的王国依然保持自身政治传统和社会习俗。首先，他们通过武力进入高卢，其游牧民族的军事特质长久保留下来，加之6—7世纪战事不断，整个社会经常处于混战之中。国王身边聚集着武装亲兵（comtitatus），国内学者通常将其翻译为“扈从”。[④] 德国史家赫夫勒把法兰克王国王权称为“扈从王权”（Gefolgschafts-Königtum），扈从通过誓言与国王建立臣属关系。[⑤] 其次，在新建的王国里，法兰克人保持了日耳曼人的社会基本组织机制——马尔克。马尔克成员是享有平等权利的自由人，主要在经济制度上明显体现出来，即每个马尔克成员都分得一块份地（Huf）和宅基地，并在军事和司法上得到保护，他们也都享有权利和义务，参加公民大会决定马尔克乃至王国事务。

然而，随着法兰克王国不断兼并其他部族，国王权力日益增强，公民大会的职权反倒逐步减弱，马尔克成员的政治权利越来越小，所剩仅仅是王权保护下的人身自由权。可见，“保护”是法兰克政制中的重要因素，也是中世纪封建政制建设非常重要的基础。德国法律史家维泽尔认为，正是基于此种“保护”，墨洛

---

① Reinhard Schneider, *Das Frankenreich*, München: R. Oldenbourg Verlag, 1990, p. 5.

② 格雷戈里:《法兰克人史》，寿纪瑜等译，北京：商务印书馆，1981年，第66页。

③ 德国历史学家普遍认为，墨洛温王朝的名字应该源自最早在文字史料中的墨洛维希，1653年希尔代里克在图尔奈的棺木被挖掘打开，里面发现了“国王希尔代里克”（Childirici Regis）的字样。故将该王朝的起始年代划定为4世纪早期。参见Reinhard Schneider, *Das Frankenreich*, p. 10.

④ 弗朗索瓦·冈绍夫:《何为封建主义》，第12页。

⑤ Otto Höfler, *Das Königtum: seine geistigen und reichtlichen Grundlagen*, Lindau: Thorbecke, 1956, p. 101.

温王朝时期法兰克的国王是法兰克人的国王（rex Francorum），不是法兰克王国统治区域内的国王（rex Franciae），[①] 也就是说，在法兰克王国中实行的是国王个人统治。国王的治权依靠与其有家族关系的家臣和扈从，他们是“从属于国王”（in obsequio regis）的人。冈绍夫把扈从称为“依附于人的自由人”（ingenui in obsequio），认为由此产生了“委身制”（commendation）。[②]

法兰克人的习惯法中，“家族”成员不仅是指有血缘和亲缘关系的成员，还包括没有血缘关系的家奴和家臣，他们不能作为独立的自由人参与社会活动，不经主人允许不能随意离开。他们可作为财产被赠送、买卖，没有决定自己行为和去向的权利，必须完全服从家族主人支配。正因如此，他们得到国王信任，被委以重任且获得土地作为赏赐，还享有管理土地和附着在土地上的人之特许权，如司法权、征税权，甚至还有军事权。

这些人构成法兰克时期的贵族主体，法国史家杜比说过，“贵族是由国王的亲信构成，他们在战斗中表现突出，并且在战利品的瓜分中获得土地”，而且“他们是通过对国王的效忠与国王联系在一起的”。[③] 马克·布洛赫则指出，“贵族”在中世纪不同阶段含义不同，或者说 edel 一词所指的人群并不完全相同，墨洛温王朝时期，“配得上贵族称号的等级显然必须具备两个特点：第一，拥有自己的法律地位，能够保证其所要求的优越性，并使优越性实际有效；第二，地位必须是世袭的”。[④] 地位的优越性反映在《撒利克法典》中，无论是赔偿金还是其他方面，贵族与其他等级都有很大差异。[⑤]

随着墨洛温王朝在高卢地区站住脚，法兰克人先后征服日耳曼其他部族，尤其是在诸王争斗中，贵族结构发生变化，为国王服役的人尤其是宫相逐步参与王国统治。宫相原本是王室内负责管理奴仆的人，其权势逐渐扩大直至参与管理王

---

① Uwe Wesel, *Geschichte des Rechts. Von den Frühformen bis zur Gegenwart*, München: Beck, 2001, p. 278f.

② 弗朗索瓦·冈绍夫：《何为封建主义》，第 12、14 页。

③ 乔治·杜比主编：《法国史》上卷，吕一民等译，北京：商务印书馆，2010 年，第 213 页。

④ 有关法兰克早期贵族的论述，参见马克·布洛赫：《封建社会》下卷，张绪山等译，北京：商务印书馆，2004 年，第 471—479 页。

⑤ Patrick J. Geary, ed., *Readings in Medieval History*, Peterborough: Broadview Press, 1995, pp. 151, 153.

国的事务。[①] 6世纪中叶，宫相成为墨洛温王朝最有势力的人，在诸王权势斗争中形成奥斯特拉西亚和纽斯特里亚两大宫相家族。614年，克洛塔尔国王颁布敕令，允许在其家族所在地的氏族贵族中选出王室官员，包括管理地方的伯爵和主教。[②]

墨洛温王朝末期，宫相查理·马特为阻挡阿拉伯人入侵，建立有战斗力的骑兵队伍，以服骑兵役为条件封授土地，把法兰克人原有的委身制与早在罗马帝国就已实行的"恩地"结合在一起。所谓"恩地"并不是把土地所有权完全赐予委身者，只是获得"即时地、直接地享有对土地的控制权，即现代意义的物权"，[③] 是罗马帝国晚期广为流行的一种佃领地形式。委身制与佃领地制共同构成采邑制（Lehnswesen[④]）的基础。在罗马帝国覆灭、法兰克王国兴起，以及西欧原有政制失去效力、新政制尚未建立之际，委身制和佃领地制铸成了"脉络纵横交错地贯穿于社会各阶层的庞大的人际关系"，[⑤] 成为西欧封建制两个最基本因素。

法兰克王国在建国之初开始了基督教化，起点是498年首位国王克洛维率领三千亲兵皈依基督教。高卢地区的罗马贵族借助基督教与法兰克贵族融合，构成墨洛温王朝的贵族阶层。751年，查理·马特次子小丕平[⑥] 通过为罗马教会解难改换王朝，奠定了西欧中世纪政教联盟的基础。查理大帝执政后，一方面不断对外扩张，扩大了法兰克版图；另一方面设立大主教区，给予大主教各种世俗权利，以平衡新征服地区贵族权势，从而培植了教会贵族势力，在西欧封建政体中形成了政教二元结构。然而，广袤空间内的地区性或地方性差异，在封建化进程中明显体现出来。在法兰克人建立王国的大本营高卢地区，封建主义政制发展比较充分，日耳

① Norbert Angermann et al., eds., *Lexikon des Mittelalters*, Vol. 4, p. 1974.

② Reinhard Schneider, *Das Frankenreich*, p. 16, 18f.

③ 弗朗索瓦·冈绍夫：《何为封建主义》，第18—19页。

④ Lehn一词从Leihe演变而来，Leihe的原意是"借给"，土地是"借给"委身者使用，他有使用权。

⑤ 马克·布洛赫：《封建社会》上卷，第253—254页。

⑥ "矮子丕平"的原文为Pippin der Klein，最早出现在11世纪的史料中，但Kleine（小个子）与他的前辈Ältere（老年或长者）和Mitteler（中年）表述的意思不相符，德国史学家根据拉丁语文献推测，可能是因为11世纪的编年史家把8世纪的拉丁语Pippinus minor（年青的或小的）误翻译为11世纪的拉丁语Pippinus brevis（矮子），致使这一称谓一直谬传至今。现在的德国历史学家已将其还原为Pippin der Jüngere（小丕平）。参见*Neue Deutsche Biographie*, Vol. 20, Berlin: Duncker & Humblot, 2001, p. 469f.

曼原各个部族的首领通过土地分封与国王建立附庸关系，封君封臣关系较为稳固，庄园制逐步确立。在法兰克人后征服的东部地区，地区之间联系不密切，原日耳曼部落如萨克森、法兰克尼亚、巴伐利亚、施瓦本等逐步转变为独立公国，不同程度保留各自习俗及原社会组织，马尔克制占有土地现象较普遍地保留下来。西法兰克盛行的庄园制未在东部地区广泛出现，而正是在东部产生了中世纪德意志王国。

二、难以集权的选王制

9 世纪中叶，法兰克帝国在经历外族入侵及国内多次战乱后形成三大区域：东部的日耳曼尼亚（Germania）、西部的法兰西亚（Francia）以及中间的洛林（Lothringen）。[①] 840 年，法兰克皇帝虔诚者路易按日耳曼人的继承习俗，把三大区域分给三个儿子。843 年，三兄弟在凡尔登签订条约，帝国一分为三。870 年，长兄及其子嗣先后去世，另两兄弟在梅尔森再次瓜分了他的王国，由此法兰克被划分为东西两个王国。东法兰克王国涵盖了日耳曼尼亚和洛林的大部分地区，包括今天的荷兰、埃尔萨斯地区、弗里斯兰、莱茵兰、洛林和意大利的伦巴德地区，法兰克人、施瓦本人、巴伐利亚人和萨克森人居住的东部地区，以及帝国当时重要城市亚琛。[②]

应该强调的是，中世纪早期乃至中期，一直都不存在固定、明确的划分界线，大致是以斯梅尔德河、索恩河、默兹河以及罗讷河为界，地区归属更多取决于居民选择。庞茨明确说道，地区归属更多取决于生活在该地区的人与王权的关系是否密切，取决于他们忠诚于谁，依附于谁。[③] 芬纳也认为："西方封建制度最突出的特点就是政治上的忠诚和疆域是分开的。决定应该对谁服从的不是'你是哪个国家的?'而是'你的领主是谁?'——封建关系是跨区域的。"[④] 领有东

① 中间地区是洛达尔分得的领地，故被称为"洛林"（Lohring），意为洛达尔的属地。参见 Norman John Greville Pounds, *An Historical Geography of Europe*, Cambridge: Cambridge University Press, 1990, p. 116.

② Rudolf Schieffer, *Die Zeit des karolingischen Groβreichs 714 – 887*, Stuttgart: Klett-Cotta, 2005, p. 146ff.

③ Norman John Greville Pounds, *An Historical Geography of Europe*, p. 119.

④ 塞缪尔·E. 芬纳：《统治史》，王震等译，上海：华东师范大学出版社，2014 年，第 1 卷，第 5 页。

法兰克王国的是德意志路德维希（Ludwig der Deutsche①）。

deutsch（德意志）一词源于古萨克森语 thiod（民族、部落之意），加洛林王朝晚期，该词的延伸意义是“讲这个语言的人”，指在法兰克王国境内不讲罗马语言的人，即萨克森人、阿雷曼人、法兰克人、巴伐利亚人及图林根人，等等。②或者更确切地说，“德意志”是语言区域概念，不仅包括今天的德国，还囊括今意大利北部、法国东北部部分地区，荷兰、比利时、卢森堡等低地地区，西斯拉夫人居住的部分地区，以及奥地利、捷克和波兰的部分地区。

东法兰克是查理大帝后征服的地区，该地按照各部族所在区域划定公爵领地，允许世族家族继续以原有方式治理，前提是必须皈依基督教并设立大主教区。因此，该地区传统部族社会组织结构较完好地保留了下来，且具有相当程度的独立性，而以封君封臣关系为纽带的采邑制远不如西法兰克地区充分，既未出现“我的封臣的封臣不是我的封臣”式层层分封的政体结构，也未出现“我的封臣的封臣还是我的封臣”式较为集权的王权统治。

东法兰克王国王位如同虚设，世族家族势力不断增强，直至 9 世纪 80 年代逐渐形成独霸一方的五大势力，即继承王位的弗兰克的加洛林家族、萨克森的柳多夫家族、勃艮第的韦尔夫家族、巴伐利亚的卡尔曼家族和施瓦本的阿洛芬格家族，以其为中心构成五大世族公爵领地（Stammesherzogtum）。③

911 年 11 月，东法兰克国王逝世后并未由后裔继承王位，而是由五大公爵联合推举出即位者，东法兰克地区的大家族以此种方式结成松散的政治联合体。④值得一提的是，各大公国与王权之间不存在封建采邑关系，抑或可以说没有明确

① 国内学界大多把 Ludwig der Deutsche 译为“日耳曼路易”，但在德语中 deutsch（德意志）不是 German（日耳曼）的同义词，故笔者翻译为“德意志路易”。

② Gerd Tellenbach, “Vom karolingischen Reichsadel zum deutschen Reichsfürstenstand,” in Theodor Mayer, ed., *Adel und Bauern in deutschen Staat des Mittelalters*, Leipzig: Koehler & Amelang, 1943, p. 24.

③ Hagen Keller, “Zum Sturz Karls Ⅲ. über die Rolle Liutwards von Vercelli und Liutberts von Mainz, Arnulfs von Kärnten und der ostfränkischen Großen bei der Absetzung des Kaisers,” *Deutsche Archiv für Erforschung des Mittelalters*, Vol. 22, 1966, p. 333ff.

④ Hans-Henning Kortüm, “Konrad I. -ein gescheiterter König?” in Hans-Werner Goetz, ed., *Konrad I.: Auf dem Weg zum “Deutschen Reich”?* Bochum: Winkler, 2006, p. 52f.

的政治从属关系，维系联盟只是抵御外敌的共同要求。原因在于，10 世纪初匈牙利人曾长驱直入东法兰克地区，为抵御强大入侵者，德意志世族公爵不得不联合起来，于 919 年再次以选举方式推举当时实力最强大的萨克森公爵海因里希一世为国王，开始了萨克森王朝。19 世纪中叶德国史家威廉·封·吉泽布莱希特评价，海因里希一世被选为国王标志“一个新的、德意志王国的开始”；[①] 实证主义史学大家乔治·维茨称海因里希一世是“完全意义的德意志国王，他统治着一个真正的德意志王国”。[②] 20 世纪以后，德国史家普遍认为，919 年王位交替是德意志中世纪历史上一个重要转捩点：“统治权转交给海因里希一世，这是从东法兰克王国向德意志王国过渡的重要一步。”[③] 自此之后，在中世纪史料中，“德意志”逐渐取代“东法兰克”，919 年被视为德意志王国的诞生年，该观点在德国学界获得广泛认同。

“德意志王国”是由萨克森公国、阿雷曼公国、巴伐利亚公国、弗兰克公国，以及 10 世纪 20 年代后回归的洛林公国构成的政治联合体，五大公国享有同等政治地位。弗莱堡大学特伦巴赫教授阐述东法兰克王国转变为德意志王国时强调，在新建立的德意志王国中虽然确立了国王权威，但由于国王由公爵选举产生，所以公爵不是国王的封臣，他们分别担任王室重要职务，在决定王国事务时有举足轻重的作用；他们享有相当大的自主权和自治权，有相当大的独立性。[④] 拉贝也认为，与中世纪法国不同的是，日耳曼人的政治传统和贵族的原始权利在德意志大多被保留下来，权利未与采邑权融合；因此，从一开始国王就不是作为公爵的封君与世族公爵建立原始人身依附关系的。[⑤]

登上王位的海因里希一世借助各大公国，在抗击匈牙利人时取得重大胜利，

---

① Wilhelm von Giesebrecht, *Geschichte der deutschen Kaiserzeit*, Vol. 1, Leipzig: Duncker & Humblot, 1881, p. 207.

② Georg Waitz, *Jahrbücher des Deutschen Reichs unter König Heinrich I.*, Darmstadt: Wiss. Buchges, 1963, p. 111.

③ Herbert Grundmann, ed., *Handbuch der deutschen Geschichte*, Vol. 1, p. 226.

④ Gerd Tellenbach, *Die Entstehungen des deutschen Reiches von der Entwicklung des fränkischen und deutschen Staates im neunten und zehnten Jahrhundert*, München: Rinn, 1943, p. 142.

⑤ Horst Rabe, *Deutsche Geschichte 1500 – 1600. Das Jahrhundert der Glaubensspaltung*, München: Beck, 1991, p. 103f.

消除了外族入侵威胁。为巩固萨克森王朝王位，他改变了法兰克人诸子继承王位的习俗，指定次子为继承人，还规定合法继承人必须经由诸公爵选举，由大主教宣布是“由上帝选定的、君主指定的、诸公爵选举的”，接受民众的欢呼，并在大教堂圣坛前接受涂油膏礼。① 自此，德意志王国产生了特有选王制度。选王缺乏一定法律依据，王位继承人的合法性在于得到诸侯贵族认可；选王制也没有否定王位的家族世袭，因此在中世纪多次出现由时任国王指定幼子为王位继承人，一再上演幼儿国王登基现象，如奥托一世之子奥托三世6岁被选为国王，弗里德里希二世（Friedrich Ⅱ）3岁登基，② 等等。

毋庸置疑，选王制不利于集权，只能加剧政治分裂。11世纪中叶，5岁的海因里希四世（Heinrich Ⅳ）登基，由科隆大主教和美因茨大主教摄政，他们大权在握，竭力扩大势力范围，教俗贵族也借机肆无忌惮地掠夺王室领地。海因里希四世12岁亲政后，强势收回王室领地，不可避免地与贵族发生激烈冲突。同一时期，罗马教会经过改革，摆脱了世俗权力长期以来对教会事务的干预，尤其是对主教和大主教的任命，最终因为米兰大主教任命与海因里希四世产生直接冲突，由此引发长达半个世纪之久的主教授职权之争（Investiturstreit）。在争斗中，教皇与德意志反国王势力结成联盟，利用宗教权力对海因里希四世处以绝罚。德意志世俗贵族则趁机另选国王，并得到教皇为新王施加冕礼的承诺。由此，海因里希四世不得不向教皇低头，请求解除对他的绝罚。这是德意志教俗贵族第一次利用选王制对抗王权，选王成为遏制王（皇）权的强有力政治武器，在此后多次出现相互对立的教俗诸侯结派选王的现象，形成两王并立乃至三王鼎立局面，还出现由诸侯控制选出的“伯爵国王”（Grafenkönig），③ 以及由大主教操纵选出的所谓“教士国王”，甚至还选出从未到过德意志的外籍国王。

---

① Martina Hartmann, *Widukind von Corvey. Die Sachsengeschichte*, Mainz: von Zabern, 2001, p. 3ff.

② 国内学界通常按英语书写方式，把 Heinrich Ⅳ翻译为亨利四世，Frierdich Ⅱ译为腓特烈二世。

③ 德国史家B. 施耐德米勒在《中世纪的皇帝》一书中，把自1273年到1437年100多年间哈布斯堡王朝确立的10位德意志国王称为“伯爵国王”，参见 Berd Schneidmüller, *Die Kaiser des Mittelalters. Vom Karl dem Groβ bis Maximilian*, München: Verlag C. H. Beck, 2006, p. 87.

选王制不仅被德意志教俗贵族用来扼制王权，而且是他们索要特许权的有力依托。13 世纪初，4 岁的弗里德里希二世在罗马教会和德意志教会诸侯支持下登上王位，在教皇和科隆大主教庇护下长大，成年亲政后为了拉拢教会贵族颁布了《与教会诸侯联盟》（Confoederation cum principibus ecclesiasticis）法令。法令中写明，皇帝要维护教会的经济利益，给予教会诸侯所有经济特权，禁止任何人违背教会意愿修建城堡、建立城市；扩大教会诸侯的司法审判权，保护其控制城市的各种权利以及铸币权；等等。① 皇帝以成文法形式确认主教和大主教已有权利的合法性，禁止在领地设立新关卡和铸币所，禁止自治城市接受主教的依附农，禁止未加限制地在主教的城市里支付税金和货币。该法令还规定，国王必须禁止直辖区的长官和封臣侵害教会财产，确保世俗力量服从教会的处罚。②

10 年之后，弗里德里希二世的儿子海因里希（七世）在与世俗大贵族激烈的冲突中失利，不得不颁布《有利于诸侯的法令》（statutum in favorem principum）。③ 在该法令中，国王宣布放弃在诸侯邦国领地内的最高司法权、侍从权（Geleitrecht④）、铸币权、征收关税权、建立城堡和城市权；保证诸侯铸造的货币在城市内有效通行；给予诸侯防御城市的权利；要求市民维护诸侯权利。法令还明确规定，市民不得擅自结成同盟或者建立联盟，如果未经城市领主许可，即使国王也不得予以认可。⑤ 可见，这两个法令不仅很大程度上削弱了王（皇）权权威，而且也为市民阶层建立联盟设立法律障碍，避免德意志国王走向集权。

尽管如此，德国史家仍然给予上述两个法令正面评价，普遍认为这是德意志中世纪历史上的重要里程碑，它们之所以重要，不是因为在德意志形成了新的权

---

① Arno Buschmann, *Kaiser und Reich. Verfassungsgeschichte des Heiligen Römischen Reiches Deutscher Nation vom Beginn des 12. Jahrhunderts bis zum Jahre 1806 in Dokumenten*, Baden-Baden: Nomos-Verl. -Ges., 1994, p. 75ff.

② Dietmar Willoweit, *Deutsche Verfassungsgeschichte: vom Frankenreich bis zur Wiedervereinigung Deutschlands*, München: C. H. Beck'sche Verlagsbuchhandlung, 1997, p. 64.

③ Armin Wolf, *Gesetzgebung in Europa 1100 – 1500. Zur Entstehung der Territorialstaaten*, München: Beck, 1996, p. 235.

④ “侍从权”是指国王要求诸侯随从的权利，这是诸侯必须履行的采邑义务。

⑤ Herbert Grundmann, ed., *Handbuch der deutschen Geschichte*, Vol. 1, p. 449f.

力关系，而是将新权力关系以法律形式确定了下来。① 德国法制史家沃尔夫认为，13 世纪的这两项法令具有宪法意义，它们不再是针对个体，既不针对个体诸侯，也不是针对个体城市，而是面向所有教俗诸侯，以及所有城市和市民。② 两部法令以法律形式认可诸侯自治权和自决权，他们有权为领地划定疆界，设置边防线，从而使领地有了固定疆域，领主的采邑权因疆域内广为盛行的土地租赁制度而削弱，领地内不再实行“忠诚于谁，依附于谁”的施政模式。领地的此种变化被德国学者称为“采邑制的领土化”（Territorialisierung des Lehnswesens），因为“在中世纪晚期，以领主个人为特征的采邑权消弱了，统一在了领土化的制度中”。③ 领地有了现代国家的主权（Souveränität）概念，邦国（Territorialstaat）取代了公爵领地和伯爵领地。④

邦国制的形成加剧了选王乱象，德国学者把 13 世纪中叶后的一段时间称为“大空位”时期（Interregnum，1254—1273 年）。“大空位”并不是没有国王，而是该阶段德意志一再出现国王选举乱象，甚至英法王权也借机觊觎德意志王位，王位之争演变为国际纠纷，与英法的领地之争交织在一起。直至 14 世纪 50 年代，7 大选帝侯（Kurfürst）才达成一致，推举出新国王。新国王为了保证其政治地位的稳定，不惜向大贵族妥协，于 1356 年颁布《金玺诏书》（Goldene Bulle）。德国学者普遍认为，《金玺诏书》是中世纪德意志帝国第一部基本法，第一次以法律形式明文规定了国王选举程序。首先，以法律形式确定了有权选举国王的 7 位选帝侯：美茵茨大主教、科隆大主教、特里尔大主教、波希米亚国王、莱茵行宫的伯爵、萨克森公爵和勃兰登堡的马尔克伯爵。其次，规定了选帝侯的各项权利：不仅有权选举皇帝，还有权参与帝国立法；3 个大主教在德意志帝国境内享有绝对宗教权威；4 位世俗选帝侯必须履行长子继承制；选帝侯的领地不可通过任何形式被分割。再次，确定了选王程序：美茵茨大主教为帝国大首相，

---

① Herbert Grundmann, ed., *Handbuch der deutschen Geschichte*, Vol. 1, p. 450.

② Armin Wolf, *Gesetzgebung in Europa 1100 - 1500. Zur Entstehung der Territorialstaaten*, p. 235.

③ Bernhard Diestelkamp, “Lehnrecht und spätmittelalterliche Territorien,” in H. Patze, ed., *Der deutsche Terrirorialstaat im 14. Jahrhundert*, Sigmaringen: Thorbecke, 1986, pp. 72 - 79, 83.

④ 笔者专门阐述过德意志邦国问题，此处不再赘述，参见《中世纪晚期德意志的邦国制》，《世界历史》2018 年第 2 期，第 121—133 页。

主持选帝程序，必须在执政皇帝逝世后一个月内通知各选帝侯，邀请他们到法兰克福选举新“罗马国王”，候选者只有经过4位世俗选帝侯同意，并经过3位大主教选帝侯认可，才能由美茵茨大主教为其施加冕礼，成为合法德意志国王，再由罗马教皇在罗马为其施行皇帝加冕礼。① 德国学者称之为“选帝君主制”(Wahlmonarchie)。②

《金玺诏书》以立法形式确立了选王程序，某种程度上抑制了诸侯对选王的随意利用，也以立法形式保护了选帝侯的权利，选帝侯邦国在政治、经济、司法和军事上有了完全自主性，使德意志长期以来形成的多头政治更难突破，国王的权力局限在自己的邦国领地内。15世纪英法以王权为中心逐步克服封建分裂，步入民族国家进程时，貌似强大的神圣罗马帝国则无法逾越选帝侯造成的分裂障碍，延缓了德意志走向统一的近代国家之进程。

三、相互制衡的政教二元机制

中世纪西欧，基督教会是举足轻重的因素，在政制中的作用于法兰克时期就已确定。法兰克早期国王克洛维皈依基督教，是中世纪西欧社会基督教化的起点；丕平与罗马教皇结盟，确定了“君权神授”观念；查理大帝的教会政策奠定了政教二元政治机制。法兰克帝国解体后，帝国政体在西欧大陆再次消失。

奥托一世继位德意志国王时，面临内乱外侵双重威胁。尽管奥托建立了以家族成员为核心的贵族统治集团，但家族的联合并未保证集权统治。为此，奥托一世承袭查理大帝的教会政策，不仅给予主教、大主教和世俗大贵族同等权利，更重要的是掌握了主教、大主教和修道院院长任命权，希冀以此培植能抑制大贵族的新力量。为掌控教会，他任命最小的弟弟布鲁诺为科隆大主教并给予特许权，包括在科隆市设防、开办市场和铸币所、征收关税等，科隆成为王国最重要的城市。布鲁诺凭借大主教宗教权威，有效平衡了教会和世俗政治势力，稳定了洛林地区的局势。奥托一世从布鲁诺治理洛林的方式中找到新模式，在宫廷教堂培养

① Wolfgang Lautemann, *Geschichte in Quellen: Mittelalter, Reich und Kirche*, München: Bayer. Schulbuch-Verl., 1989, p. 772ff.

② H. Helmut Neuhaus, *Das Reich in der Frühen Neuzeit*, München: Oldenbourg, 1997, p. 8f.

大批教士，任命他们为各地主教和大主教，给予与公爵同样的司法审判权、征收关税权、开办集市权和铸币权，成为王权在各公爵领地内的代理人。与此同时，奥托一世还在各地建立修道院，赠予其大量土地，给予修道院院长对所获土地的行政管理权和司法审判权，史家称之为“奥托特恩权”（Ottonianum）。① 通过“奥托特恩权”，德意志建立了王国教会制度（Reichskirchensystem），培植能与世俗贵族抗衡的教会贵族，后者成为王权统治重要支柱。奥托的教会政策为德意志打造了政教二元政制结构，为此后长期分裂埋下伏笔。

10 世纪 50 年代末期，罗马教会不仅陷入罗马城内贵族争斗中，还面临意大利其他势力武力威胁，时任教皇不得不派使团向奥托求助，奥托看到了把“奥托特恩权”推向罗马教会的机会，率军直入意大利。962 年初，在奥托军事援助下稳住脚跟的罗马教皇，依据罗马帝国传统，在圣彼得大教堂为奥托戴上皇冠。由此，奥托自认为是查理大帝继承者，自称奥托大帝(Otto der Große)，② 西欧再次出现一个帝国——德意志帝国。与此同时，在德意志形成不成文的规定：只有德意志王才能在罗马由教皇施“罗马皇帝”加冕礼。因而，德意志国王在加冕为皇帝后，都立刻指定子嗣为新国王，从而在中世纪多次出现“儿国王”现象。

罗马教皇的初衷是为了借助奥托摆脱罗马城贵族的钳制，强调“君权神授”，奥托的职责只应是保护罗马教会，这显然与德意志君权的目的背道而驰，双方因此反目。教皇转而向拜占庭皇帝求援，奥托再次进军意大利，废黜教皇并指定他的封臣接任，在重申“奥托特恩权”的同时增添新内容：选举教皇时须经皇帝允许，新当选的教皇要向皇帝特使宣誓，履行对皇帝的义务。③ 此后，德意志皇帝经常染指教皇任免，从 955 年到 1057 年百余年间，罗马教会 25 位教皇中有 12 位是其推举就任的，罗马贵族推举的 13 位教皇中有 5 位被其废黜。④

---

① Gerd Tellenbach, *Die Kirche in ihrer Geschichte. Die westliche Kirche vom 10 bis zum frühen 12. Jahrhundert*, Göttingen: Vandenhoeck & Ruprecht, 1988, p. F54 – F60.

② Gerd Althoff, *Die Ottonen. Königsherrschaft ohne Staat*, Stuttgart: Kohlhammer, 2000, p. 115.

③ Water Ullmann, "The Origins of the Ottonianum," *Cambridge Historical Journal*, Vol. 11, 1953, pp. 114 – 128.

④ Water Ullmann, *Kurze Geschichte des Papsttums im Mittelalters*, Berlin: De Gruyter, 1978, pp. 110 – 118.

10 世纪初，法国克吕尼修道院为防止世俗贵族干预，开启以整肃修道院生活为主要内容的改革。该改革不仅得到罗马教会支持，也得到世俗君王赞同，后者从中看到了遏制地方贵族势力的契机。修道院改革运动很快波及西欧多地，形成各种改革流派。11 世纪初，在德意志皇帝指定下就任教皇的利奥九世，开启以反对买卖圣职、规范教士纪律、确立教士独身制等为内容的改革。这些改革内容，尤其是 1059 年颁布的有关选举教皇的敕令，完全摒弃世俗君主任免教皇的权利，增强了教会独立性，也激起罗马教会的权力欲。

首先，改革后的罗马教会通过选举教皇敕令以及反对买卖圣职，阻止世俗诸侯染指教会和修道院授职，尤其是罗马教皇任免权完全掌握在新设立的枢机主教团手中，很大程度上削弱了自法兰克时期以来世俗君王对基督教会的掌控。其次，教皇派遣使节到西欧各地，影响力超出罗马乃至意大利半岛，企图成为掌有实权、不受疆域限制的基督教世界最高权威。最后，罗马教会凭借对主教和大主教的授予权干预各国政治事务。改革后罗马教会谋求权力的野心，最终在 11 世纪 70 年代任免米兰大主教时，与德意志皇帝海因里希四世产生正面冲突，开始了持续半个多世纪的主教授职权之争。教皇首次对皇帝处以绝罚迫使其就范，与海因里希四世抗衡的贵族借机另选国王，迫使海因里希四世以忏悔者身份请求教皇宽恕，走上了“卡诺萨之路”（Canossagang①）。

中世纪历史上，罗马教皇多次干预英国和法国的政治事务，对其国王处以绝罚，但都没有产生像在德意志这样的政治影响，因为英法王权与罗马教会的关系没有那么密切，主教、大主教乃至修道院院长都是国王的封臣，缺乏能够与王权抗衡的选王机制。卡诺萨事件与其说是德意志国王对教皇的屈从，不如说是其对德意志教俗诸侯的妥协让步。毋庸置疑，政教之争加剧了德意志的分裂。13 世纪 20 年代初，弗里德里希二世与罗马教会再次发生权力之争，德意志教会诸侯以倒向教皇要挟，教皇更是处以弗里德里希二世绝罚，迫使其不得不向教会诸侯妥协，颁布《与教会诸侯联盟》法令。但他并未达到预期目的，甚至直到辞世都未

① 为阻止反对派诸侯另选新君，海因里希四世不得不前往罗马负荆请罪，在途中的卡诺萨城堡与教皇相遇，海因里希四世光头赤脚在城堡外请求赦免处罚。最后在海因里希四世的教父、克吕尼修道院院长及其姑母的调停下，教皇解除了处罚。这一历史事件被称为“卡诺萨之路”。

得到教皇赦免，只能穿普通修道士的僧衣下葬。

德意志政制中的政教二元机制在中世纪贯穿始终，德意志主教、大主教在政治机制中占据相当重要的地位，不仅干预国王权力，甚至决定国王人选。13 世纪确立的 7 大选帝侯中，大主教占据 3 席，享有选举国王及为新国王施加冕礼的权利。1245 年，科隆和美茵茨的两大主教甚至在没有世俗诸侯参与下，仅召集主教和大主教就选出了国王，即“教士国王”。13—14 世纪，英国和法国相继完成从封建的个人联合政体向近代议会君主制过渡，教会贵族的作用和影响力逐步减弱，确立了绝对主义王权，并走向统一民族国家，德意志仍然是松散大帝国，邦国林立且有多个政治中心，正是此种情形为 16 世纪宗教改革时期教派形成提供了政治土壤。宗教改革时期，英国和法国先后确立国内占统治地位的基督教教派，但德意志则确立“教随国定”（cuius region，eius religio）原则，在宗教还没有与政治完全剥离开，或说政治还没有完全世俗化的中世纪晚期，“灵魂得救”是诸侯的事务，而不是每个信仰者的事情。所以，cuius region，eius religio 按照当时的语言习惯翻译为德语意为“信仰诸侯定”（wes der Fürst，wes Glaub）。[①]“教随国定”虽然为新教教派组织扩张和发展提供了政治保障，但也愈加延缓了德意志民族国家形成的进程，阻碍了德意志迈向现代国家的步伐。直至今日德国也没有统一的国教，在邦联制政体中各州自己决定主导教派。因此，除圣诞节和世俗节日外，直至今日德国也没有全国统一的宗教节假日。

四、马尔克制原则

德意志王国在封建政制进程中之所以与英法所走道路不同，重要原因在于其组织社会的机制不同。法兰克时期土地封建化是采邑制度的基础，其社会组织结构是庄园制。庄园是经济单位，是组织社会生产的联合体，既是经营土地的单位，也是赋税单位，同时还是司法单位。我国研究西欧封建社会的学者马克垚先生，把庄园看作封建西欧农业生产中的一种特定组织形式，其中存在着劳役地

① Heinrich Lutz, *Das Ringen um deutsche Einheit und kirchliche Erneuerung. Von Maximilian I. bis zum Westfälischen Frieden 1490 bis 1648*, Berlin: Propyläen Verlag, 1983, p. 307.

租，因而也就存在控制农民的各种权力。[①] 德意志与英法一样，都是在封建土地制度基础上形成了社会结构，但如上文所述，由于法兰克东部地区封建化程度较弱，日耳曼人的马尔克制因素长期存留下来，持续发挥影响。

马尔克制是日耳曼人最基本的社会组织机制。马尔克（Mark）[②] 的拉丁词源是 margo（边界），指有明确边界的移民居住点，通常包含所迁徙地的一个或几个自然村落，以“马尔克石碑”（Markstein）作为边界线。马尔克也是社会最基层经济单位，具有保护共同财产之意，即所谓 Gewere[③] 制度。德国学者巴德尔认为，该词含义非常丰富，具有社团概念，起到了社会组织的作用，还包含社团对成员的保护，很难用现代词汇表述。日耳曼国王通常以马尔克为单位分配土地，马尔克再以份地形式分配给每位成员，成员有权支配共同财产，决定是否接受新成员，以及参与决定团体重大事务。[④] 马尔克也是日耳曼人基层社会法律单位，规定了每个成员必须履行的义务：遵守各种规定；参加公民会议；参与筑桥修路以及其他公共设施的建设和维护；等等。[⑤] 德国学者把此种基础社会团体称为马尔克共同体（Markgenossenschaft）。

迁至罗马帝国的日耳曼各部族先后建立部落王国，不仅用马尔克组织机制改造罗马大地产制社会，自身也发生一定变化。法国学者基佐认为，这是日耳曼人和罗马帝国两种社会各自衰微和相互融合的结果。[⑥] 然而，日耳曼人各部族发展水平不同，与罗马帝国接触时间有早有晚，受其影响程度也有所不同，因而在法兰克王国时期，东部和西部地区的发展很不平衡。西部地区是法兰克人立国大本营，采邑制是王权统治的基础，封建主以庄园形式组织社会经济活动。庄园是罗

① 马克垚：《西欧封建经济形态研究》，北京：人民出版社，2001 年，第 151 页。

② 国内学界通常把马尔克翻译为“农村公社”，笔者采用音译方式。参见 Norbert Angermann et al., eds., *Lexikon des Mittelalters*, Vol. 6, p. 1974.

③ Gewere 这个词很难找出相对应的中文词汇，在古德语中有“保护”的含义，即因为某种事物法官给予的保护，19 世纪西方的法学家认为这个词相当于中世纪拉丁语的 investitura（任职），它是古老德意志物权法的基础，参见 Norbert Angermann et al., eds., *Lexikon des Mittelalters*, Vol. 4, p. 1420.

④ Karl Siegfried Bader, *Dorfgenossenschaft und Dorfgemeinde*, Köln: Böhlau, 1974, p. 11.

⑤ Patrick J. Geary, ed., *Readings in Medieval History*, pp. 147 – 155.

⑥ 基佐：《法国文明史》第 1 卷，沅芷等译，北京：商务印书馆，1993 年，第 241 页。

马帝国时期的大地产制与日耳曼人马尔克社会组织机制融合的产物，所以不仅仅是简单经济机制，布洛赫强调，“领主不仅是经营上的领导者，他还对佃农们行使着统治权”；① 美国经济史学家汤普逊则明确说道，“庄园制度曾流行于所有中欧和西欧的部分，即在拉丁与日耳曼基督教国家境内：它是一种政府形式，也是一种社会结构、一种经济制度”。② 在此种体制中，从事农业生产的农民与领主结成了人身依附的法律关系，自由农民沦为依附农。

东法兰克是法兰克人后征服的地区，正如前文所述，东法兰克国王是在外族入侵的危机时刻由世族贵族发展而来的诸侯选立，他们与国王之间没有结成封君封臣式采邑关系，公爵领地和伯爵领地有着程度不同的自治权和自决权，尤其萨克森地区更是如此。正如恩格斯分析的，“在战胜了罗马帝国的德意志人中间，国家是直接从征服广大外国领土中产生的……由于被征服者和征服者差不多处于同一经济发展阶段，从而社会的经济基础依然如故，所以，氏族制度能够以改变了的、地区的形式，即以马尔克制度的形式，继续存在几个世纪”。③

由于层层分封的采邑制发展不充分，东法兰克地区形成松散的封建政治体制。不仅如此，东、西法兰克的社会结构也有明显差异，可以从农村社会组织机制不同名称中看出来。7 世纪以后，西法兰克地区文献中出现较多的是 mansus，国内学界通常译为“庄园”；东法兰克地区文献中最常出现的是 hoba（=hof，即 Hufe），通常译为“胡符”或“份地”。德国学者对 hoba 这个词做过深入研究，有学者认为，该词具有土地单位属性；有学者认为，其只是在农业经济方面的一个土地面积；也有学者认为，法兰克王朝早期，它只是用以说明庄园的所在地，直到查理大帝的立法中才明确作为土地单位被使用；还有学者指出，在不同时期文献中，该词含义有很大差异，9 世纪以前通常指马尔克中的份地，之后则指农民的农庄。④ 但学者似乎有一点共识，即胡符地不是领主的土地，而是农民共同

① 马克·布洛赫：《法国农村史》，余中先等译，北京：商务印书馆，1991 年，第 86 页。

② 詹姆斯·W. 汤普逊：《中世纪经济社会史》下册，耿淡如译，北京：商务印书馆，2017 年，第 358 页。

③ 《马克思恩格斯选集》，北京：人民出版社，2012 年，第 4 卷，第 186 页。

④ 参见 Walter Schlesinger, “Die Hufe im Frankenreich,” in *Ausgewählte Aufsätze*, Sigmaringen: Thorbecke, 1987, p. 591f.

体的财产，以份地形式分配给共同体成员，得到份地的农民享有所有权和使用权。

中世纪农庄（Hof）的含义与其现代意义有很大区别，直至今天德国史家对其含义还存在争议。有学者认为，农庄是用于赡养农民家庭的，但实际上其内涵丰富。奥地利史家多普施认为，农庄是农民家庭居住之所，也是家庭租赁耕地的单位，还是缴纳租金和赋税的计量单位。毋庸置疑，在中世纪封建制度中，农庄是领主的土地，正如布瓦松纳所说的，“没有一个领主是没有土地的”，而且“没有一块土地是没有领主的”。① 领主的土地分为自营地和小地产两类，自营地由农民以服徭役的方式耕种，他们领有领主的非自由农庄（mansi serviles），为领主服徭役；小地产则指自由农庄（mansi igenuiles）和半自由农庄（mansi lidiles），向领主缴纳实物地租。② 罗森那认为，无论是徭役还是赋税，都不是分派给农民个人的，而是分派到各个农庄，农庄可以说是领主纳税的一个计量单位。因为地租和徭役，农庄成为领地制的组成部分。③

“领地制”（Grundherrschaft）是现代概念，德国史家格茨诠释道：“领地制与财产和土地有关，也就是与土地占有有关：支配土地是领地制不可缺少的基础。作为技术术语，该概念同时含有组织、管理和使用方面的固定含义，即从经济角度理解领地制。此外，‘领地制’还含有从占有土地中派生出来的、与之相关的统治权力之意。当然不是对农村的统治，是对农村居住的人之统治，此即领地制的社会角度。把这两个因素组合起来说明，哪里占有了土地，能对人实施统治的权利，哪里就有领地制。”④ 封建领地制度中的农庄，承袭了马尔克最基本的法律原则：保护、自由和自治。

德国中世纪史研究中常提到的“保护”原则，源自日耳曼人部落，维系着领主与社会下层之间的统治（管理）关系。马尔克共同体中的自由人、半自由人和奴隶，都受到司法审判、所获土地不受侵犯及用益权方面的保护。被保护的马尔

① P. 布瓦松纳：《中世纪欧洲生活和劳动》，潘源来译，北京：商务印书馆，1985 年，第 121 页。

② Alfons Dopsch, *Wirtschaftsentwiklung der Karolingerzeit, vornehmlich in Deutschland*, Darmstadt: Wiss. Buchges., 1962, p. 329ff.

③ Werner Rösener, *Bauerm im Mittelalter*, München: Beck, 1986, p. 23.

④ Hans-Werner Goetz, *Leben im Mittellater*, München: C. H. Beck, 1996, p. 116.

克成员在法律上有一定自由。“自由”在不同时期含义不同，中世纪早期的自由多指不受领主徭役束缚，更确切地说，对土地的经营方式以及赋税形式决定了农民的法律身份。法兰克帝国时期，除封建领主的土地外，还存在着王室国库领地。帝国解体之后，西法兰克地区的土地或作为采邑被分封，或被侵占，国库领地也随之逐渐消失，但在东法兰克国库领地依然长期存在，[①] 国库领地所在地区保留了日耳曼人土地分配方式，农庄被组织在马尔克中，直接置于国王司法权保护下。从法律视角看，农民是自由人，有自己的农庄法庭，进行自我管理，但未经领主许可不得自由迁徙，即负有不能迁徙的义务（Schollenpflicht），否则将失去国王司法权保护，沦为封建主的依附农。

10 世纪后，西欧普遍展开“第二次大拓荒运动”，法兰西王国在克吕尼修道院改革运动引领下垦殖荒地和林地；在德意志王国，奥托大帝以及萨克森公爵等积极推行东北边疆政策，开启了持续几个世纪对于东部斯拉夫人的殖民运动（Ostsiedlung），历任皇帝和教俗大诸侯都有目的地以马尔克机制在新拓荒地区建立居民点，将宅基地、园地和份地分配给参加拓荒的农民，使其享有世袭租借使用权、土地用益权和继承权，给予他们法律上一定的保护。他们被称为王室的自由人、拓荒自由人或沙滩地自由农，等等。[②] 正如恩格斯所说，中世纪法兰西，“农民的土地总是变成了地主的土地，在最好的情形下，也要叫农民缴纳代役租、提供徭役，才归还给农民使用。可是，农民却从自由的土地占有者变成缴纳代役租、提供徭役的依附农民，甚至农奴”；但是，“在莱茵河以东，却还存在着相当多的自由农民”。[③] 德国史家普遍认为，德意志东进运动无论从法律角度还是经济角度看，都在农村中形成新社会关系模式，即农民依附性大大减弱，主要表现在三个方面：一是有了人身自由；二是有了可继承的财产权；三是为维护可继承的财产而参与共同体关系建构。[④]

---

① 詹姆斯·W. 汤普逊：《中世纪经济社会史》上册，第 313—314 页。

② Karl Bosl, *Frühformen der Gesellschaft im mittelalterlichen Europa*, München: Oldenbourg, 1964, p. 427.

③ 《马克思恩格斯全集》第 25 卷，北京：人民出版社，2001 年，第 577—578 页。

④ Friedrich-Wilhelm Henning, *Handbuch der Wirtschafts-und Sozialgeschichte Deutschlands*, Vol. 1, Paderborn: Schöning, 1991, p. 362.

东进运动中出现的大量自由农民改变了德意志农业经济结构，较早出现土地租赁，农产品进入商品流通轨道，活跃了商品贸易，这是中世纪城市兴起和发展的重要经济基础；自由农民也是新兴城市市民的“储备军”，12 世纪大规模东进殖民运动之后，尤其在东部新开发地区出现多座城市，如仅在奥德河两岸就新建 38 座城市。①

12 世纪，易北河至萨勒河流域仅有 250 座城市，13 世纪剧增至 2000 座。②城市规模不同，小城市一般不足 2000 名居民，中、大城市则超过 2000 名居民，多的可至 5000 名居民以上，除商人外，市民几乎都是从自由农民演变而来。比利时学者皮雷纳认为，从 11 世纪起，农村居民就受到城市吸引。③ 在一些城市，30% 的居民仍从事农业生产。④ 或许可以说，12—13 世纪的西欧，再没有哪个地区像德意志一样，城市如雨后春笋般涌现，汤普逊甚至认为，“13、14 和 15 世纪，德意志是欧洲‘最杰出的’市民国度”。⑤

地处欧洲中部的德意志水系发达，有从事远程贸易得天独厚的地理条件，12、13 世纪的拓荒运动尤其是东部殖民运动促进了农业发展，丰富的农产品进一步增加了贸易活力，无疑是该时期德意志城市兴起的重要经济因素。汤普逊肯定地说，中世纪城市是经济力量的产物。⑥ 然而，城市虽然作为新的社会机制出现，但其中依然有马尔克要素。首先是自由，“城市的空气使人自由”，这句在当时德意志非常流行的政治谚语，说明了中世纪城市的一个特征。城市的自由在封建社会中培植了新社会群体——市民（civis civitatis），“市民意味着居住在墙内居民的自由”（Civitas autem dicitur libertas sive habitantium im munitas），是 13 世纪编

---

① Fritz Rörig, *Die europäische Stadt und die Kultur des Bürgertum im Mittelalter*, Göttingen: Vandenhoeck & Ruprecht, 1955, p. 16ff.

② H. Kellenbenz, *Deutsche Wirtschaftsgeschichte. Von der Anfänge bis zum Ende des 18. Jahrhunderts*, Vol. 1, München: Beck, 1977, p. 82.

③ 亨利·皮雷纳:《中世纪的城市》，陈国梁译，北京：商务印书馆，2006 年，第 98 页。

④ Friedrich-Wilhelm Henning, *Handbuch der Wirtschafts-und Sozialgeschichte Deutschlands*, Vol. 1, p. 204ff.

⑤ 詹姆斯·W. 汤普逊:《中世纪晚期欧洲经济社会史》，徐家玲等译，北京：商务印书馆，1992 年，第 172 页。

⑥ 詹姆斯·W. 汤普逊:《中世纪经济社会史》下册，第 415 页。

年史家所作的说明。①

自由是中世纪区别城市居民和农村居民最重要的法律界限。德国史家迪斯坎普强调，“只有把自由作为一种法律现象，与一个共同体、一种法律制度以及治安和统治联系起来，分析具体的共同体、划分了界限的法律制度和特定统治关系范围内的发展才更有意义”。② 有人身自由的市民自发组织了社团——行会和同业公会，是按日耳曼习惯法结成的“誓约共同体”（Eidgenossenschaft）。正如德国史家施托普分析的，以誓约为依据建立的市民共同体，是城市实现自治的第一步；拥有社会组织的市民共同体，逐渐提出参与城市管理的要求，在管理城市事务中建立市政机构，具备司法、管理和防卫职能，是第二步；自治城市的重要标志是基于经济利益按地区结成城市同盟，如莱茵城市联盟、施瓦本城市联盟，乃至汉萨同盟。③ 以城市同盟为基础出现多个地区性经济中心，是14世纪德意志邦国制形成不可或缺的经济基础。

五、松散的大帝国

自12世纪起，西欧经历一系列重大历史事件，如大拓荒运动带动封建经济长足进步，经济发展改变等级社会结构，教皇革命改变政教二元政治格局，12世纪文艺复兴丰富了社会文化知识。上述变化推动西欧逐渐从分裂的封建政治体制走出来，尤其是进入14世纪，社会经济结构逐步与原有封建政制脱节，货币地租盛行以及领地制解体，在很大程度上弱化了封建主阶层原有各种权利。这就呈现一种悖论，一方面因为封建主剥削农民的方式有了很大变化，在地方上的权力尤其是在村镇层次的权力相应被削弱；另一方面，领地制的解体导致原有社会结构被打破，被布洛赫称为“双刃剑”的习惯法制约贵族的效力被减弱，④ 农民权益无法得到保证，迫使他们不得不武力反抗。

① U. Urlich Meier, *Mensch und Bürger. Die Stadt im Denken spätermittelalterlicher Theologen, Philosophen und Juristen*, München: Oldenbourg, 1994, p. 10f.

② Bernhardt Diestelkamp, "Freiheit der Bürger-Freiheit der Stadt," in Johannes Fried, *Die Abendländische Freiheit Vom 10. zum 14. Jahrhundert*, Sigmaringen: Thorbecke, 1991, p. 493.

③ Heinz Stoob, *Forschung zue Städtewesen in Europa*, Köln-Wien: Böhlau, 1970, p. 52f.

④ 马克·布洛赫：《法国农村史》，第85页。

14 世纪法国和英国的农民起义，16 世纪的德国农民战争都是基于此种原因发生的。安德森认为，社会经济变革引发权力变化，“其结果便是政治、法律强制向上转移到中央集权化、军事化的顶峰——绝对主义国家。这种权力在村社层次上被削弱的同时，全国范围内却实现了集权化。结果是强化王权机器，其常备政治功能便是将农民和市民群众压制在社会等级制度的最底层”。他谈到，中世纪晚期领主对农民剥削形式的变化，即货币地租的盛行并非微不足道，恰恰相反，正是这一变化改变了国家形式，出现了“绝对主义国家”（Absolutist state），它是“与金字塔式的四分五裂君主制及其领地制、封臣制这一整套中世纪社会结构的决裂”。“从本质上讲，绝对主义就是：经过重新部署和装备的封建统治机器，旨在将农民再度固定于传统社会地位之上——这是对农民由于地租广泛转化所获得的成果的漠视和抵抗。换言之，绝对主义国家从来不是贵族与资产阶级之间的仲裁者，更不是资产阶级反对贵族的工具，它是受到威胁的贵族的新的政治盾牌”。①

绝对主义国家主要体现在王权的绝对上，即绝对主义王权，或绝对君主制。英国学者霍布豪斯把“绝对”看作“能调和一切矛盾的力量”，“在绝对中，现实的各个组成部分都会按照其基本原则互相紧密联系，以便构成一个始终如一的整体，而当我们是部分地或者是分散地认识它们时，由于了解得不完全，就会引起各种表面上的矛盾”。② 法国学者阿尔都塞在总结绝对君主制特点时说，“绝对君主制的政治统治只是在商品经济发展阶段为保持封建统治及剥削方式而产生的新政治形式”。③ 在这一历史时期，商品经济的发展自下而上强化了私有财产，而君主专断权力则自上而下强化了公共权威，君主政体实现了集权化。

自 11 世纪以来，英国和法国历史进程各有不同，但进入 14 世纪之后殊途同归，形成专制君主制政体。然而，与法国封建制度“同根生”的德意志因为传统因素长期存在，王（皇）权无法建立集权统治，只能在邦联制基础上形成松散大帝国。英国学者芬纳则认为，“它很难算是一个帝国，甚至也算不上是一个国家。无论如何，它都不是一个单一的德意志国家。它变成了一个不合时宜的、虚构的

① 佩里·安德森：《绝对主义国家系谱》，刘北成等译，上海：上海人民出版社，2001 年，第 6—7、15 页。

② L. T. 霍布豪斯：《形而上学的国家论》，王淑钧译，北京：商务印书馆，1997 年，第 149 页。

③ 转引自佩里·安德森：《绝对主义国家系谱》，第 6 页。

东西，现在它是由数百个独立的公国和主教辖区，甚至王国共同组成”。[①] 当法王在巴黎有了绝对君主制政治中心，英国王权在伦敦建立专制王权堡垒时，德意志始终没有确立固定首都作为帝国政治中心，帝国也就不可能有固定的行政管理机构所在地，更何况由于各大公爵领地独立性较强，尤其是邦国制确立之后，皇帝几乎很少干预地方事务，也缺少集权君主制不可或缺的行政管理机制。

14世纪中叶颁布的《金玺诏书》明确规定，由7位选帝侯提出的候选人继任国王，试图规避两王甚至多王并立的分裂局面，然而此举使得选帝侯更加独大，在选王时产生严重分歧，互不妥协甚至兵刃相向。对立方为增强自己的政治实力，寻找可借助的外部力量，英国和法国乘机而入图谋德意志王位，使德意志的选王演变为国际事件。选帝侯制度不仅没有防止王位的双重选举，反而更加剧了帝国政治分裂，帝国内形成了具有各自政治中心的区域。

在西部地区，美因茨、科隆和特里尔三大教会选帝侯，控制莱茵河中游和下游教会地区的教会领地，同时还几乎掌控此地区所有世俗领地。四大世俗选帝侯之一的海德堡行宫伯爵一直在埃尔萨斯地区主沉浮；后起的符腾堡伯爵以斯图加特为中心，划定了稳固政治区域。在帝国北部，不莱梅大主教、梅克伦堡－波莫瑞公爵、德意志骑士团以及立沃尼亚各自为政，此外还有控制北海和波罗的海贸易的汉萨城市同盟。在帝国中部，马格德堡的大主教将其势力范围扩大到易北河中游地区；勃兰登堡的选帝侯以柏林为基础，扩大势力范围；维尔茨堡和班贝克的主教自行把教会领地联合起来，形成联合管辖区。帝国东部和东南部，则是波希米亚和摩拉维亚的属地。[②]

进入15世纪，英法两国专制统治日益加强，在两国之间历时百年的战争中各自滋生了民族意识。德国学者卢茨认为，1490年前后欧洲多个国家的王权都建立了集权统治，强大到足以使反抗力量屈服，也能排除外来影响，把各群体民众联合在一起，培育共同意识，但这种现象在德意志没有出现。[③] 因为大大小小的

① 塞缪尔·E. 芬纳：《统治史》第2卷，第347页。

② Heinrich Lutz, *Das Ringen um deutsche Einheit und kirchliche Erneuerung. Von Maximilian I. bis zum Westfältischen Frieden 1490 bis 1648*, pp. 148－152.

③ Heinrich Lutz, *Das Ringen um deutsche Einheit und kirchliche Erneuerung. Von Maximilian I. bis zum Westfältischen Frieden 1490 bis 1648*, p. 117.

邦国、多种类型的城市和城市同盟在政治上具有独立性，在经济上也没有统一的利益相关性，邦国的领土主权不仅肢解了皇帝权力，也极大地削弱了帝国财政来源，帝国会议的职能和权限都受到很大制约。15 世纪中叶起，德意志几任皇帝试图通过改革消除帝国政治分裂，开启帝国改革时代。卢森堡王朝的西吉斯蒙德皇帝最先提出司法改革主张，但尚未推行就因离世而搁浅。开启哈布斯堡王朝的弗里德里希三世于 1495 年在沃尔姆斯召开德意志历史上第一次“帝国会议”（Reichstag），不仅会议规模扩大了（除选帝侯和诸侯外，还有中小贵族、教士以及来自 65 个城市的市民代表），而且内容涉及社会各阶层利益。① 沃尔姆斯帝国会议改变了自中世纪以来帝国宫廷会议（Hofstag）的建制，所提出的议题和作出的决议也都具有了议会君主制性质，并且在这次会议上提出了进一步推行司法改革和货币改革的议题。②

然而，由于邦国制造成的政治分裂没有消除，诸侯与王（皇）权之间的较量依然存在，所以并未通过改革达到实现集权的目的。德国历史学家安格迈尔认为，沃尔姆斯帝国会议的目的并不是进行帝国改革，而是企图借助诸侯力量扩张哈布斯堡家族势力范围；诸侯及各社会等级也在力求维护已获权利，正是因为国王和诸侯目的不同，因此存在两股势力的对立和博弈，但博弈未导致国家权力统一，反而进一步加剧了权力分裂。③ 哥廷根大学历史系教授莫拉夫不认为沃尔姆斯帝国会议是政治“改革”（Reform），而是将其视为“帝国制度的改建”（Umgestaltung der Reichsverfassung）。④

帝国权力分裂的另一重要因素在于中世纪以来存在的政教对立。基督教教会在中世纪西欧社会一直占据举足轻重的地位，12 世纪以后，希腊古典哲学回归和

① Horst Rabe, *Deutsche Geschichte 1500 – 1600. Das Jahrhundert der Glaubensspaltung*, 1991, p. 116f.

② Arno Buschmann, *Kaiser und Reich. Verfassungsgeschichte des Heiligen Römischen Reiches Deutscher Nation vom Beginn des 12. Jahrhunderts bis zum Jahre 1806 in Dokumenten*, p. 196f.

③ H. Angermeier, *Die Reichsreform 1410 – 1555. Die Staatsproblematik in Deutschland zwischen Mittelalter und Gegenwalt*, München: Beck, 1984, p. 330.

④ P. Moraw, “Fürstentum, Königtum und ‘Reichsreform’ im deutschen Spätmittelalter,” in W. Heinemeyer, ed., *Vom Reichsfürstenstande*, Köln-Ulm: Gesameverein d. Dt. Geschichts- u. Altertumsvereine, 1987, p. 132.

阿拉伯文化传入，丰富了西欧社会对知识的了解和认识，知识解放了理性，理性改变了人们的信仰方式。13 世纪的异端运动更是强调个体信仰，基督教教会权威受到挑战，尤其是在“阿维尼翁之囚”之后，教会的宗教权威发生移位，“君权神授”的政治理论在英、法两国已被世俗政治理论取代，王权在实现集权化的同时也控制了本国教会。但在德意志，“君权神授”的政治理论还没有被破除，13 世纪中叶教廷还在插手德意志权势斗争，由教皇实施的加冕礼仍然是确认合法继承王位的重要标志之一。为此，德意志皇帝依然在染指教廷事务。

“阿维尼翁之囚”后，重返罗马的教廷因教皇候选人产生激烈对立，由此出现两个教廷对立、三位教皇鼎立的局面，出现长达 40 年之久的“西方教会大分裂”期（Abendländisches Schisma，1378—1417 年）。教会分裂加剧了德意志诸侯选王时的争斗，为弥合分裂，德意志皇帝多次参与其中，甚至亲自督促和干预教廷在康斯坦茨召开普世宗教会议。此外，德意志各级教会依然享有与世俗诸侯相同的政治和经济特权，具有相当独立性以及自治性，是德意志政治分裂中一股强大势力，更何况在 7 大选帝侯中大主教占据 3 个席位。因此，在宗教改革之前和之中，教会有关神学和信仰的争论常常与邦君之间的政治争斗纠缠在一起，教会的事件常常转化为与权势有关的政治斗争，在诸侯中产生分化，形成两大阵营，即天主教诸侯阵营和新教诸侯阵营。宗教改革之后的英法都有了统一教会机构，其都被置于绝对主义王权或专制王权之下。但在德意志，宗教改革则开启了一个教派化时代。教派化为德国宗教改革运动打上了两面性印记：一方面它被誉为早期资产阶级的革命，促进社会向现代化迈进；另一方面，教派化更增强了邦国独立性，从而延缓了帝国在政治上的统一。

六、帝国中的邦国

德意志帝国在政治上难以统一的一大重要原因是 14 世纪形成了邦国制。“大空位”时期，德意志诸侯利用选王时的混战扩充实力，向王（皇）权索取特许权，由此形成了具有主权意义的邦国。

邦国在封建领地基础上形成，领地制是包含了经济、政治、社会诸多因素的复杂综合体，体现了中世纪农村社会和经济的一种状态。法国历史学家马克·布洛赫说，“从经济角度看，一份大产业与许多小地产在同一个组织中的共存是领地制的最基本的特征”。[①] 领地制不仅涉及土地所有权，还关系对土地的支配和经营，必然也涉及与土地相关的人与人之间的社会关系，即人身依附关系。中世纪早期的土地因施行世袭采邑，领地是一个统治单位。领地制中最基本的单位是庄园，德国研究中世纪农村社会的著名学者巴德尔给庄园下的定义是：一个聚集所在地，一个赋税所在地，一个法庭所在地（Dinghof）。[②] 庄园因此成为一个权利联合体，伴随或取代了国家和家庭的权力。

邦国制形成于庄园制解体的 14 世纪，但邦国的形成不是庄园解体的结果，可以说是邦国形成的一个前提条件。导致庄园制解体的重要因素是土地经营方式转变为租赁制，地租形式同时发生改变，即实物地租和徭役地租被货币地租取代，由此解除了封建人身依附关系，人的个体性凸显出来。在英国和法国，人身的个体性是王权集权化重要社会基础；在德意志，由于诸侯的领地都有很强独立性，在与王权争斗中，诸侯获得越来越多的权利，这些权利汇聚成权力，诸侯在自己领地有了绝对权威，领地从而具有近代领土主权的性质。

早在 13 世纪的历史文献中就出现了“主权”一词，用于说明王权的最高司法权。[③] 英国学者霍夫曼在《主权》一书中强调，13 世纪的“主权”主要表现为君主集权，他把中世纪的主权看作“一个政治共同体总体上的权力”。[④] 英国学者詹宁斯则认为，“主权学说是中世纪末期，为了促进世俗国家摆脱教会控制的目的而产生的一种理论”。[⑤] 德国学者则更多从邦国制角度阐述主权含义。迪斯特尔坎普认为，在 13 世纪德意志帝国，金字塔式的采邑制仍很明显，但其结构的性质已有所改变，在领地区域内出现地区性治理，“对个人的统治越来越明显地建立在对地区的控制上”。他把这种统治形式的改变归结为“采邑制的区域化”。[⑥] 法学史学者威洛维特从法学角度探讨“主权”在臣属关系上的变化，认为该时期邦君的权力对所有臣民都有同等权限，不再认可用于划分臣民之间差异

① 马克·布洛赫：《法国农村史》，第 80 页。

② Karl Siegfried Bader, *Das mittelalterliche Dorf als Friedens-und Rechtsbereich*, Weimar: Hernmann Böhlaus Nachfolger, 1957, pp. 22 – 23.

③ Norbert Angermann et al., eds., *Lexikon des Mittelalters*, Vol. 7, p. 2068f.

④ 约翰·霍夫曼：《主权》，陆彬译，长春：吉林人民出版社，2005 年，第 44、42 页。

⑤ W. Ivor. 詹宁斯：《法与宪法》，龚祥瑞、侯健译，北京：三联书店，1997 年，第100 页。

⑥ Bernhard Diestelkamp, “Lehnrecht und spätmittelalterliche Territorien,” pp. 82f, 67.

的诸如司法特许权、受保护的权利和采邑权等。①

中世纪城市的兴起和发展，无疑是改变社会整体结构的重要因素。12世纪大拓荒运动推进了西欧整体农业大发展，促进了商业活跃，是城市兴起和发展不能忽略的重要基础，在此不再赘述。从城市兴起之初，居住在城市里的市民因不同于农村的经济活动，形成通过盟誓结成市民团体，马克斯·韦伯从社会学视角指出，“市民团体是市民的一种政治社会化的结果”，“一种自治的和自主的强制机构性的社会化，一种主动的‘区域团体’”。② 由各个行会和同业公会推举出的代表组成城市议会，由此获得治理城市的权利。城市市民在争取自由和城市自治中得到王权给予特许权的保护，在国王支持下从封建制度中破土而出，以第三等级身份进入议会，成为王权集权化可依靠的新政治势力。

早在12世纪法国，市民阶层代表就经常受国王邀请参与其召集的会议，通过特许权给予市民不同于农村居民的法律地位，把给予城市自治的权利与扩大王室的领地结合起来，王权在加强集权的斗争中得到市民极大支持。在英国，城市经济的发展及社会经济结构发生变化之后，市民阶层的利益常与贵族利益冲突，他们希望借助国王特许权获得某种保护。国王也希望借助正在形成的市民政治力量制衡贵族势力，因此积极支持市民以第三等级身份进入议会。13世纪中叶以后，国王越来越多地召集非贵族的郡长、城市等地方的代表参加议会。进入14世纪，地方代表参加议会已成常态。

与英国和法国比较而言，德意志中世纪城市形态更具多样性，有直接隶属皇帝的帝国城市（Reichsstadt），有完全自治的自由城市（Freistadt），有作为邦君驻跸地的邦国城市（Landstadt），以及其他类型的城市。所有这些城市都具有非常突出的贸易功能，美国经济史学家汤普逊认为，城市间的商业联系是中世纪德意志城市的突出特点。③ 因此，自奥托一世以来历任国王都通过特许权给予城市保护。然而，邦国制确立之后其疆域边界的划定，邦君在边界、流经河流的航道

① Dietmar Willoweit, *Rechtsgrundlagen der Territorialgewalt. Landesobrigkeit, Herrschaftsrecht und Territorium in der Rechtswissenschaft der Neuzeit*, Köln: Böhlau, 1975, p. 296.

② 马克斯·韦伯：《经济与社会》下卷，林荣远译，北京：商务印书馆，1997年，第576、604—607页。

③ 詹姆斯·W. 汤普逊：《中世纪晚期欧洲经济社会史》，第176页。

上设立关卡、[①] 收取通关税，不仅阻碍了贸易流通，还提高了运输成本。例如，14 世纪中叶，从宾根到科布伦茨直线约 50 公里的运输成本，仅关税一项就上升 53%—67%，[②] 严重损害了城市利益，为此一些利益相关城市按日耳曼人习惯法自愿结成“誓约共同体”。13 世纪中叶以后，德意志境内相继出现多个利益相关城市同盟，规模大小不等，有的甚至只是两个城市联合。[③] 这些城市同盟甚至因贸易往来自行与外部势力实现互利，在德意志形成多个地区经济中心，可见具有主权性质的邦国不仅延缓了国内统一市场的形成，也导致币制迟迟无法统一，阻碍了民族国家形成。

结　语

邦国制从确立之初就埋下阻碍王权集权的因素，为消除这些因素而有了选王制，但这个制度既没有相应程序，也没有一定规则，因而成为教俗贵族可随意利用的政治工具。西欧中世纪的历史上，没有哪个王国和地区如同德意志那样，多次出现两王对立乃至三王并存的格局，甚至还给英国和法国大贵族争夺德意志王权提供了可能。尽管 14 世纪《金玺诏书》以立法形式规范了选王制，但并未消除选王乱象，在德意志很难实现王权集权，缺乏实现绝对主义专制的政治条件。

政教关系在西欧中世纪封建制度中举足轻重，在德意志尤为如此。自从奥托在罗马戴上皇帝桂冠之后，德意志皇帝与罗马教皇之间就建立了剪不断的政教关系。教皇成为德意志诸侯抗衡德意志皇权的盟友，迫使皇权在争斗中不断向教俗贵族妥协，地方分裂因素因而无法消除，邦国的独立性、自决性和自治性一直延续到近代，为 16 世纪宗教改革期间基督教教派产生提供了政治土壤。实现君主议会制的英国和法国，根据各自政体需要，在国内确立了占统治地位的基督教教

---

① 有些河段的关卡密度很大，例如莱茵河从巴塞尔至鹿特丹区间，约每 10 公里有一处关卡，易北河的布拉格到汉堡区间每 14 公里一处，多瑙河从乌尔姆到帕骚区间每 15 公里一处。参见 H. Aubin and Wolfgang Zorn, eds., *Handbuch der deutschen Wirtschafts-und Sozialgeschichte*, Vol. 1, Stuttgart: Ernst Klett Verlag, 1978, p. 210.

② Friedrich-Wilhelm Henning, *Handbuch der Wirtschafts-und Sozialgeschichte Deutschlands*, Vol. 1, p. 286f.

③ 詹姆斯·W. 汤普逊：《中世纪晚期欧洲经济社会史》，第 179 页。

派，有助于绝对主义王权统治。而德意志“教随国定”原则使帝国的松散性更难克服，此种政治格局一直延续到19世纪，延缓了政制现代化进程。

严格说来，马尔克不是政治机制，而是一种组织和管理方面的社会机制。马尔克制在整个中世纪也不是一成不变，但其保护和自由原则却长期保存了下来。正是这两个原则，才使农村有了自由农民，尤其是在持续了几个世纪的东进运动中，自由农民大为增加。大量自由农民的存在，为实现租佃制提供了基础，促进了农产品商业化，农产品商业化则活跃了城市经济。自由农民也为中世纪城市兴起提供了人员储备，人的自由为城市的自由奠定了社会基础，城市自由表现为城市的自治，自治城市为保护自身利益结成了同盟。13世纪中叶以后，德意志境内相继出现多个利益相关的城市同盟，由此形成多个地域性经济中心。14世纪下半叶，尽管一些邦国试图通过关税同盟以及货币同盟形式谋取某种程度的统一，但直到16世纪都没有像在英法一样实现统一货币和关税制度，也未形成统一国内市场，成为延缓德意志政制现代化的要素之一。

虽然政制传统因素延缓了德意志走向现代化的步伐，但在经济中已萌生资本主义因素。首先，早在13世纪城市中就已产生富格尔、韦尔瑟、赫希斯泰特尔等大家族控制的商行，经营内容包括纺织业、矿业及金融业，范围涉及整个欧洲，也出现了大股份公司，其中最著名的是1380年成立的“拉文斯堡大联盟”（Magna Societasa）。其次，中世纪德意志的第一大手工业是采矿业和冶金业，决定了其很早就采用具有资本主义要素的股份制生产方式，采矿业和冶金业的技术在欧洲也一直处于领先地位。再次，普鲁士地区的大地产制改变了分散经营土地的方式，大地产主不仅占据了大片土地，还控制了粮食贸易，普鲁士以粮食出口融入欧洲工业化进程中。最后，值得一提的是，自14世纪以来，德意志各邦国君主相继创建大学，培养了众多知识精英，他们接受新人文主义以及启蒙运动思想，为推动社会意识和社会文化现代化起到了积极作用。抑或说，德意志政制中的传统要素与现代性的碰撞，引导德意志走上了“特殊道路”。

〔作者王亚平，天津师范大学欧洲文明研究院教授。天津　300387〕

（责任编辑：郑　鹏）

图书在版编目（CIP）数据

中国历史研究院集刊．2023年．第1辑：总第7辑／高翔主编．－－北京：社会科学文献出版社，2023.11
ISBN 978－7－5228－2564－9

Ⅰ．①中…　Ⅱ．①高…　Ⅲ．①史学－丛刊　Ⅳ．①K0－55

中国国家版本馆CIP数据核字（2023）第187062号

中国历史研究院集刊 2023 年第 1 辑（总第 7 辑）

主　　编／高　翔
副 主 编／李国强　路育松（常务）

出 版 人／冀祥德
组稿编辑／郑庆寰
责任编辑／赵　晨
责任印制／王京美

出　　版／社会科学文献出版社·历史学分社（010）59367256
　　　　　地址：北京市北三环中路甲29号院华龙大厦　邮编：100029
　　　　　网址：www.ssap.com.cn
发　　行／社会科学文献出版社（010）59367028
印　　装／北京盛通印刷股份有限公司

规　　格／开 本：889mm×1194mm　1/16
　　　　　印 张：18.75　字 数：310千字
版　　次／2023年11月第1版　2023年11月第1次印刷
书　　号／ISBN 978－7－5228－2564－9
定　　价／300.00元

读者服务电话：4008918866